ANALECTA
BYZANTINO-RUSSICA.

EDIDIT

W. REGEL.

PETROPOLI.
A. MDCCCXCI

VENUMDANT

PETROPOLI   **LIPSIAE**
EGGERS & S. ET I. GLASUNOF   VOSS' SORTIMENT (G. HAESSEL)

Pretium 2 R. 80 Kop. = 7 Mark.

ANALECTA

BYZANTINO-RUSSICA.

EDIDIT

W. REGEL.

PETROPOLI.
A. MDCCCXCI

VENUMDANT

PETROPOLI   **LIPSIAE**
EGGERS & S. ET I. GLASUNOF   VOSS' SORTIMENT (G. HAESSEL)

Pretium 2 R. 80 Kop. = 7 Mark.

Напечатано по распоряженію Императорской Академіи Наукъ.
С.-Петербургъ, Апрѣль 1891 года.

Непремѣнный Секретарь, Академикъ *А. Штраухъ*.

ТИПОГРАФІЯ ИМПЕРАТОРСКОЙ АКАДЕМІИ НАУКЪ.
Вас. Остр., 9 лин., № 12.

ARGUMENTUM.

	pag.
Prooemium	I—CLIV
I. Narrationes de Theophilo imperatore Constantinopolitano et Theodora imperatrice super restitutione sanctarum imaginum	1— 43
1. Vita sanctae Theodorae imperatricis	1— 19
2. De Theophili imperatoris absolutione	19— 39
3. De Theophili imperatoris benefactis	40— 43
Prooemium	III—XIX
II. Narratio de Russorum ad fidem christianam conversione	44— 51
Prooemium	XIX—XXXII
III. Acta electionis episcoporum Russiae temporibus Theognostae metropolitae Kijoviensis	52— 56
Prooemium	XXXII—XXXVIII
IV. Fragmentum epistolae Nassir sultani Aegypti ad Andronicum III imperatorem Constantinopolitanum.	57— 58
Prooemium	XXXVIII—XLI
V. Epistolae Isidori hieromonachi (postea metropolitae Kijoviensis)	59— 71
Prooemium	XLI—L
VI. Epistolae patriarcharum graecorum ad principes Moscoviae usque ad annum 1613	72—128
Prooemium	L—LI
1. Litterae Ioasaph patriarchae Constantinopolitani. 1557	72— 75

	pag.
Prooemium	CV

2. Litterae Ioasaph patriarchae Constantinopolitani et synodi ecclesiae orientalis confirmantes Ioanni IV magno duci Moscoviae titulum Caesaris. 1561 ..... 75— 79
Prooemium ..... LI—XCVIII
3. Litterae Ioasaph patriarchae Constantinopolitani. 1561 ..... 79— 83
Prooemium ..... CV—CVI
4. Litterae Ioasaph patriarchae Constantinopolitani. 1561 ..... 83— 85
Prooemium ..... CVI—CVII
5. Litterae Ieremiae patriarchae Constantinopolitani et synodi ecclesiae orientalis constituentes in Russia patriarchatum. 1590 ..... 85— 91
Prooemium ..... XCVIII—CIV
6. Epistolae Meletii Pegae patriarchae Alexandrini. 1583—1597 ..... 92—115
Prooemium ..... CX—CXII
Catalogus epistolarum Meletii Pegae ..... CXII—CLIV
7. Litterae Ioachim patriarchae Antiocheni et synodi ecclesiae Antiochenae. 1594 ..... 116—119
Prooemium ..... CVII—CVIII
8. Litterae Sophronii patriarchae Hierosolymitani. 1603 ..... 119—123
Prooemium ..... CVIII—CIX
9. Litterae Sophronii patriarchae Hierosolymitani. 1605 ..... 124—128
Prooemium CIX
Index nominum et rerum memorabilium ..... 129—153
Addenda et emendanda.
Tabulae I—IV.

PROOEMIUM.

Le travail consigné dans le présent volume est dû à une occasion pour ainsi dire fortuite. Lors de mes recherches dans les archives et bibliothèques de Patmos, Rome, Madrid, Londres et Moscou sur l'histoire byzantine du XII siècle, je me mis à collectionner tous les matériaux relatifs à la Russie qui me venaient à la main. A mesure que ces matériaux s'accumulaient, je me convaincais de plus en plus du grand intérêt que leur publication devrait présenter notamment pour l'histoire de Russie. Fixé sur ce point, je résolus à les réunir dans un recueil séparé.

En éditant les textes, j'ai eu soin de les présenter au public dans une forme épurée, quoique en même temps, autant que possible, conformes aux originaux manuscrits. Les notes dont ils sont accompagnés contiennent toutes les leçons et variantes de quelque importance. En outre, j'ai cru devoir signaler les altérations que j'ai fait subir aux textes, excepté les divergences que je ne jugeais pas de nature à nécessiter de mention spéciale, à cause de leur insignifiance. Ainsi, je n'ai pas marqué les amendements faits aux textes originaux dans les cas ci-après énumérés: ponctuation variée, accentuation fautive, sauf les mots où l'accent se trouve placé sur une autre syllabe, esprits rudes ou faibles mal placés, pourvu que le sens des mots n'est pas changé par cela, ι souscrits omis, union ou séparation vicieuse des prépositions des substantifs ou verbes auxquels elles se rattachent, de même qu'une pareille union ou séparation arbitraire de mots, comme p. ex. μὴ δὲ au lieu de μηδέ.

J'ai eu des difficultés avec les lettres des patriarches grecs (VII 1—5, 7—9). Il aurait fallu les reproduire littéralement, mais l'orthographe barbare de quelqu'unes d'entre elles fut la cause de ce que je dus épurer le texte, d'autant plus que les fautes que j'y trouvais ne pouvaient être imputées qu'à l'ignorance des copistes. Pourtant j'ai conservé toutes les expressions et tournures particulières caractérisant le parler du temps d'alors. Les lettres synodiques du patriarcat d'Antioche (VII, 7), qui dans la rédaction originale manquent absolument de clarté, durent être données en double leçon. Je n'ai édité littéralement, avec toutes les fautes, que les deux lettres synodiques de 1561 et 1590 après J.-C. (III, 2, 5), en vue de leur importance toute particulière.

Je manquerais aux devoirs de la reconnaissance, si je n'exprimais pas ma bien vive gratitude à Mr. Auguste Nauck, membre de l'Académie Impériale des Sciences, qui a bien voulu revoir deux fois les épreuves de tout le texte. Les corrections qu'il s'est donné la peine d'apporter au texte ont de beaucoup rehaussé la valeur de la présente publication. Je ne terminerai point cette introduction sans adresser aussi à MM. E. Kunik, B. Vassiliefsky et C. Vesselofsky, membres de l'Académie Impériale des Sciences, et à Monsieur N. Novossadsky, professeur de l'Université de Varsovie, mes sincères remercîments pour l'assistance éclairée qu'ils ont bien voulu donner à ce travail.

I.

Récits sur l'empereur Théophile et l'impératrice Théodora concernant le rétablissement du culte des saintes images.

Sous l'empereur Théophile (829—842) la lutte contre l'adoration des images se ralluma de nouveau et à vives flammes. En 832, l'empereur proclama un édit prohibant, à proprement parler, tout culte des images et en même temps ordonnant la radiation de l'epithète «saint» devant les noms des personnes honorées comme telles par l'église d'Anatolie. Les démêlés personnels qui s'élevèrent entre l'empereur et les moines zélés parmi ses adversaires amenèrent des mesures bien sévères, même cruelles. Les prisons se remplirent bientôt de moines, d'ecclésiastiques et de laïques de toute condition qui s'obstinaient à ne pas se soumettre aux édits iconoclastes de l'empereur et refusaient toute communion religieuse avec le patriarche Jean (832—842). L'impératrice Théodora, qui penchait pour le parti adorateur des images, usa en maintes occasions de son influence sur Théophile, dans le but d'avoir mitigées les dures peines d'exil infligées par le dernier, et, en général, contribua beaucoup au rétablissement de la paix intérieure de l'empire par son intervention en faveur des personnes persécutées.

Un changement radical des choses n'arriva cependant qu'après la mort de l'empereur Théophile (842), quand Théodora monta sur le trône avec son fils Michel III, âgé de trois ans. Elle fit de suite ouvrir les prisons aux iconolâtres captifs, rappela ceux qui languissaient dans l'exil et daigna honorer de sa confiance maints des catholiques. Théodora était résolue à reprendre la politique d'église de l'impératrice Irène, et le premier pas dans ce sens fut l'éloignement du patriarche Jean que le parti victorieux des iconolâtres craignait le plus d'entre ses adversaires, et non sans raison, à cause de ses facultés intellectuelles hors ligne. Jean fut chassé de son siége et relégué dans un monastère.

Ce fut Méthode, l'ardent défenseur des saintes images, que l'impératrice choisit pour le remplacer sur le siége patriarcal de Constantinople. A peine avait-il pris possession de son siége qu'il convoqua un concile formé de l'élite des évêques, moines et abbés qui avaient langui dans l'exil, ou autrement éprouvé la colère de l'empereur. Le concile confirma les décrets des sept conciles généraux antérieurement tenus, reconnut la canonicité de l'adoration des images et anathématisa les iconoclastes. Les évêques iconoclastes persistant dans l'hérésie furent déposés et remplacés par d'autres, de préférence choisis parmi ceux qui avaient souffert sous l'empereur Théophile. En prêtant son assistance aux évêques nouvellement élus, l'impératrice les amena à promettre de prier pour absolution de son époux défunt qui lui avait apparu, dans une vision, entouré de flammes, en prétextant que Théophile s'était repenti sur le lit de mort. Finalement, il fut statué au concile de célébrer avec solennité, en mémoire de ce qui s'était passé, chaque année, le premier dimanche de carême, la fête de l'Orthodoxie, en faisant des processions et en proclamant chaque fois à cette occasion l'anathème contre les iconoclastes. Cette fête fut célébrée pour la première fois immédiatement après la clôture du concile, le 19 Février 842, quand les saintes images furent de nouveau rétablies dans les églises de Constantinople. Plus tard l'idée primitive de la fête de l'Orthodoxie s'altéra tant dans l'église grecque que dans l'église russe orthodoxe. Ce n'était plus la fête en mémoire de la victoire remportée sur les iconoclastes, mais le triomphe sur toute hérésie en général.

La fête de l'Orthodoxie est intimement liée aux récits sur Théophile et Théodora concernant le rétablissement du culte des saintes images publiés dans le présent recueil. Déjà intéressants au point de vue des nombreux remaniements et altérations qu'ils ont subi, ces récits le sont encore plus par le fait qu'ils se trouvent répandus dans la littérature slave et surtout dans l'ancienne littérature russe.

La *première forme* des récits qui, probablement, est aussi la *primitive* nous est conservée par un manuscrit du British Museum à Londres Add. 28270, parchemin in-4°, datant de l'année 1111 ap. J.-C. Dans cette forme primitive ils sont composés de trois parties, savoir: 1) de la Vie de l'impératrice Théodora; 2) du Miracle de l'absolution de l'empereur Théophile; 3) du récit des bonnes oeuvres de l'empereur Théophile.

Ces récits dans leur rédaction primitive sont importants parce que Georges Hamartole s'en est servi dans sa Chronique. En parlant de l'oeuvre de Georges Hamartole, je n'ai pas en vue la Chronographie éditée par Muralt [1]). Le travail historique de Georges Hamartole s'arrête déjà à 842, à l'avènement au trône de l'impératrice Théodora et de son fils Michel et au rétablissement du culte des images. L'endroit où finit la chronique d'Hamartole proprement dit, a été marqué, dans le texte édité par Muralt, par la notice suivante: ἕως ὧδε τὰ χρονικὰ Γεωργίου· ἀπὸ τῶν ὧδε μόνον τοῦ Λογοθέτου [2]). La chronique du Logothète, cité ici comme continuateur, est, comme Mr. Vassiliefsky l'a démontré bien ingénieusement dans une des séances de la Société philologique près l'Université Impériale de St. Pétersbourg, identique à la chronique de Léon le Grammairien. Encore Hirsch se méprit sur la nature de cette dernière chronique n'y voyant qu'une compilation comparativement récente de Georges Hamartole [3]). Les deux chroniques primitives, celle d'Hamartole et du Logothète (Léon le Grammairien) servirent à leur tour comme source d'information à un auteur inconnu postérieur qui en a fait des extraits sans aucun ménagement et tout à sa guise; jusqu'à 842 les faits relatés dans ces deux chroniques marchent côte à côte, mais à partir de cette année les indications tirées de la première cessent et l'auteur ne se tient plus qu'à la chronique du Logothète. Cette compilation de date plus récente a été éditée par Muralt, erronément, sous le nom de Georges Hamartole.

---

1) Georg. Hamartoli Chron. ed. Muralt. Petropoli 1859.
2) Mich. c. 5, p. 721.
3) Byzantinische Studien. Leipzig 1876, p. 89 suiv.

La chronique de Georges Hamartole dans sa rédaction primitive est basée sur divers documents écrits. Ainsi, la source principale ou presque unique dont s'est servi Hamartole pour le règne de l'empereur Théophile est la Vie de l'impératrice Théodora ici éditée. Plus loin, je cite les passages empruntés à cette Vie, en me tenant au soi-disant Georges Hamartole, édité par Muralt. Pour le règne de Théophile, les chapitres suivants ont passé de la Vie de l'impératrice Théodora dans la rédaction primitive de Georges Hamartole: 1, 3 et le commencement du chapitre 17; pour le règne de Michel III les chapitres 1—4, excepté le commencement du chapitre 1. Tous les autres chapitres sur l'empereur, d'après cette édition, appartiennent presque sans exception à la chronique du Logothète.

Vie de Théodora.

p. 9, 21—23.

Θεόφιλος..., δύο καὶ δέκα χρόνους καὶ μῆνας τρεῖς τῆς βασιλείας κρατήσας, δυσεντερικῇ νόσῳ περιπεσὼν τοιούτῳ τρόπῳ τὸν τῇδε μετῆλθε βίον.

p. 9, 1—20.

Τῷ οὖν πέμπτῳ χρόνῳ τῆς βασιλείας τοῦ ἀφίλου θεῷ Θεοφίλου ἐν δυνάμει βαρείᾳ οἱ παμμίαροι καὶ ἀκάθαρτοι Ἀγαρηνοὶ πρὸς τὴν πατρίδα αὐτοῦ, τὸ Ἀμμώριον λέγω, παρεγένοντο, καὶ κραταιῶς ὠχυρωμένην αὐτὴν εὑρόντες καὶ κατησφαλισμένην πάνυ καὶ ὑπὸ στρατηγῶν ὀκτὼ μετὰ τῶν λογάδων αὐτῶν καὶ στρατευμάτων φρουρουμένην, ταύτην δι' ἡμερῶν ιε' τοῦ Αὐγούστου μηνὸς ἐκπορ-

Georges Hamartole (ms. Coisl.)

Théophile ch. 1.

Θεόφιλος ἐβασίλευσεν ἔτη ιβ' καὶ μῆνας τρεῖς καὶ ἀπέθανε δυσεντερικῶς.

Théophile ch. 3.

Ἐφ' οὗ καὶ πρὸς τὴν πατρίδα καὶ πόλιν αὐτοῦ τοῦ ἀλιτηρίου καὶ τυράννου μετὰ πολλῆς δυνάμεως .. Σαρακηνοὶ παραγενόμενοι καρτερικῶς ὠχυρωμέ.., εὑρόντες καὶ κατησφαλισμένην πάνυ καὶ ὑπὸ στρατηγῶν ν' φρουρουμένην μετὰ τῶν λογάδων καὶ τῶν στρατευμάτων αὐτῶν καὶ ταύτην δι' ἡμερῶν ιε' Αὐγούστου μηνὸς ἐκπορθήσαντες καὶ δορυάλωτον εἰληφότες, ᾐχμαλώτευσαν καὶ ἀπέ-

θήσαντες καί δορυάλωτον είληφότες ήχμαλώτευσαν τελείως· καί άνηρέθη χριστιανῶν πλῆθος ἄπειρον, καί ἄλλο δὲ πλῆθος αἰχμαλώτων ..... ἀπηνέχθη ἐν Συρίᾳ. ὡσαύτως καὶ πλήθη πλοίων αὐτῶν ἐξελθόντα τὰς Κυκλάδας νήσους ἠρήμωσαν καὶ τὴν Κρήτην καὶ Σικελίαν παρέλαβον· καὶ ἡ Κωνσταντινούπολις ἐκαύθη ἐκ τοῦ ψύχους καὶ τοῦ μεγάλου καὶ βαρυτάτου χειμῶνος, ὅτι πολὺς καὶ ἀγριώτατος καὶ δριμύτατος χειμὼν γέγονεν καὶ λιμὸς ἰσχυρὸς αὐχμοί τε καὶ ἀέρων φλογώσεις καὶ δυσκρασίαι καὶ ἀνωμαλίαι, προςεπιτούτοις δὲ καὶ σεισμοὶ φοβεροὶ καὶ ἐπάλληλοι τὴν πολλὴν καὶ ἄμετρον ἀπελέγχοντες τοῦ κρατοῦντος μοχθηρίαν καὶ κακοδοξίαν· εἰς τοσαύτην γὰρ ἀφιλοθείαν καὶ ἀπόνοιαν ἐξώκειλεν ὁ βασιλεύς, ὥστε καὶ τὴν τοῦ τρισκαταράτου Κοπρω.... καὶ τῶν θηριωνύμων θεοστυγῆ ἀνοσιουργίαν ὑπερακοντίσαι.

6, 2—12.

ὁ οὖν βασιλεὺς Θεόφιλος ..... τὴν ἀθέμιτον καὶ πονηρὰν τοῦ θεηλάτου καὶ τρισκαταράτου Κοπρωνύμου καὶ τῶν θηριωνύμων καὶ θηριοτρόπων χαλεπὴν καὶ ψυχώλεθρον αἵρεσιν διεδέξατο, καὶ ταύτην ἀναδεξάμενος οὐδὲν ἧττον

κτειναν χριστιανῶν πλῆθος ἄπειρον, καὶ ἡ πόλις ἐκαύθη καὶ κατηρειπώθη. ἀλλὰ μὴν καὶ πλήθη πλοίων αὐτῶν ἐξελθόντα τὰς Κυκλάδας νήσους ἠρήμωσαν καὶ τὴν Κρήτην καὶ τὴν Σικελίαν παρέλαβον. καὶ ψῦχος πολὺ γέγονε καὶ χειμὼν ἀγριώτατον καὶ δριμύτατον καὶ λιμὸς ἰσχυρὸς καὶ ἀέρος αὐχμοὶ καὶ δυσκρασίαι καὶ ἀνωμαλίαι καὶ σεισμοὶ φοβεροὶ καὶ ἐπάλληλοι, τὴν ἄμετρον ἀπελέγχουσαι τοῦ κρατοῦντος μοχθηρίαν καὶ κακουργίαν· εἰς τοσαύτην γὰρ ἀφιλοθείαν καὶ ἀπόνοιαν ἐξώκειλεν ὁ ἄθεος, ὡς καὶ τὴν τοῦ Κοπρωνύμου καὶ θηριωνύμου χαλεπὴν καὶ μυσαρωτάτην αἵρεσιν διαδεξάμενος καὶ ἀναδεξάμενος καὶ ἀνακαινίσας, ὡς μηδὲν ἧττον ὀφθῆναι τῆς ἐκείνου δυσσεβείας καὶ παροινίας, τυραννίδος τε καὶ ἐμβροντησίας ὁ πεφενακισμένος καὶ ματαιόφρων. ἐπεὶ οὖν τῇ αὐτῇ συσχεθεὶς τῶν ἀσεβῶν ἐκείνων καὶ παλαμναίων ἀπάτῃ καὶ παραπληξίᾳ τε καὶ οἰστρηλασίᾳ, τῶν ἐκ Μανιχαϊκῆς μανίας καὶ Ἀρειανικῆς λύσσης ὁρμωμένων, πάλιν διωγμὸν καὶ αὐτὸς κατὰ τῆς ἐκκλησίας ὡσαύτως ἐπανετείνετο.

ὤφθη τῆς ἐκείνων δυστροπίας τε καὶ τυραννίδος· ταύτην γὰρ ὁ μάταιος κακοφρόνως καὶ φρενοβλαβῶς ἀνεκαίνισεν, καὶ τὴν παραπληξίαν τῶν ματαιοφρόνων ἐκείνων καὶ παλαμναίων εἰκονομάχων μιμούμενος, τὴν ἐκ Μανιχαϊκῆς λύμης καὶ τυραννίδος μανίαν ἀναφυεῖσαν, διωγμὸν ἄσπονδον δὲ καὶ αὐτὸς κατὰ τῆς ἐκκλησίας τοῦ θεοῦ ἀνερρίπισεν.

p. 6, 12—16.

ὁ βασιλεὺς Θεόφιλος ..... σύμβουλον καὶ συμμύστην καὶ συνίστορα τῆς ψυχωλέθρου αἱρέσεως ἔχων καὶ ὁδηγὸν τῆς ἀπωλείας Ἰωάννην τὸν πατριάρχην, μᾶλλον δὲ μαντειάρχην καὶ δαιμονιάρχην, τὸν νέον ὄντως Ἀπολλώνιον ἢ Βαλαὰμ ἐν τοῖς καθ' ἡμᾶς χρόνοις κακῶς ἀναφανέντα ἐπί τε ἀνοσιουργίαις κεὶ λεκανομαντείαις..... πάσης γὰρ θεοστυγοῦς πράξεως καὶ τερατείας δεινὸς ἦν μύστης καὶ ἐφευρετής, ὑφ' οὗ καὶ τὰ γράμματα παιδευθείς τε καὶ ὑπονοθευθείς ..... ὁ κουφογνώμων καὶ δύστηνος Θεόφιλος ὑπηρέτης γνήσιος καὶ δόκιμος καὶ τοῦ διαβόλου ἐπιτήδειον ὄργανον γέγονεν.

Théoph. ch. 17.

διὰ ταῦτα σύμμαχον τοῦτον καὶ συνίστορα ἔχων Θεόφιλος τῆς αὐτοῦ αἱρέσεως ..... τὸν ῥηθέντα Ἰωάννην, μᾶλλον δὲ Ἰάννην τὸν φατριάρχην ἢ μανδριάρχην, τὸν νέον ὄντως Ἀπολλώνιον ἢ Βαλαὰμ ἐν τοῖς καθ' ἡμᾶς χρόνοις κακῶς ἀναφανέντα λεκανόμαντιν καὶ πάσης θεοστυγοῦς πράξεως καὶ τερατείας δεινὸν ὑποφήτην· ὑφ' οὗ καὶ τὰ γράμματα παιδευθεὶς καὶ ὑπονοθευθεὶς ὁ εὐρίπιστος καὶ δόλιος, ὑπηρέτης δόκιμος καὶ τοῦ διαβόλου ἐπιτήδειον ὄργανον γέγονεν.

p. 12, 5—12.

εἰ γὰρ καὶ νήπιος ἐτύγχανεν τῇ σωματικῇ ἡλικίᾳ ὁ βασιλεὺς Μι-

Michel ch. 1.

εἰ γὰρ καὶ νήπιος ἐτύγχανεν ὁ βασιλεύς, ἀλλ' ὁ ἐκ στόματος νη-

χαήλ, ... ἀλλ' ὁ ἐκ στόματος νηπίων καὶ θηλαζόντων καταρτίσας αἶνον θεὸς αὐτὸς καὶ τοῦτον παρεσκεύασεν τὴν ἀλήθειαν τοῦ θείου δόγματος ἀνυμνῆσαί τε καὶ φανερῶσαι καὶ τρανότερον κρατῦναι πρὸς αἶνον καὶ δόξαν τοῦ δι' ἄκραν εὐσπλαγχνίαν καὶ φιλανθρωπίαν σαρκωθέντος θεοῦ λόγου καὶ τοῖς ἀνθρώποις ἐπὶ γῆς ὀφθέντος καὶ συναναστραφέντος.

πίων καὶ θηλαζόντων καταρτισάμενος αἶνον, αὐτὸς καὶ τοῦτον παρεσκεύασε τὴν ἀλήθειαν τοῦ θείου δόγματος ἀνυμνῆσαι καὶ φανερῶσαι πρὸς δόξαν τοῦ δι' ἄκραν εὐσπλαγχνίαν καὶ φιλανθρωπίαν σαρκωθέντος θείου λόγου καὶ τοῖς ἀνθρώποις ἐπὶ γῆς ὀφθέντος καὶ συναναστραφέντος.

Les chapitres 2 et 3 du règne de Michel chez Georges Hamartole correspondent aussi mot à mot aux pages 1·2, 12—14, 12 de la Vie de Théodora. Il serait donc inutile de les citer en ce lieu. A la fin, digne d'être mentionné est le passage suivant:

p. 11, 11—23.

Michel ch. 4.

ἐν τῇ οὖν αὐτοκρατορίᾳ Μιχαήλ, Ἀποδινάρ, ὁ τῶν βεβήλων καὶ θεοβδελύκτων Ἀγαρηνῶν φύλαρχος, ἐκ πολλῶν χρόνων παρασκευαζόμενος ἐν δυνάμει μεγάλῃ καὶ βαρείᾳ σφόδρα μετὰ πλοίων φοβερῶν τετρακοσίων καταπλήκτων ἤρχετο κατὰ τῆς θεοφρουρήτου Κωνσταντινουπόλεως· ἀλλὰ τοῦτον ἡ μεγάλη καὶ ἄμαχος καὶ παντοκρατορικὴ καὶ ὁμοιούσιος τριὰς ..... διώλεσεν, πάντων τῶν φοβερῶν καὶ καταπλήκτων ἐκείνων πλοίων αὐτάνδρων συντριβέντων ἐν ἀκρωτηρίῳ τῶν Κιβαιρυωτῶν, εἰς τὰ λεγόμενα Χελιδόνια, ἑπτὰ καὶ μόνων διασωθέντων ἐν Συρίᾳ.

ἐν γοῦν τῇ αὐτοκρατορίᾳ Μιχαὴλ καὶ Θεοδώρας τῆς αὐτοῦ μητρὸς Ἀποδείναρ ὁ Σαρακηνῶν φύλαρχος ἐκ πολλῶν χρόνων ἑτοιμαζόμενος ἐν δυνάμει βαρείᾳ δρομώνων τετρακοσίων φοβερῶν καὶ καταπλήκτων, ἤρχετο κατὰ τῆς θεοφρουρήτου Κωνσταντινουπόλεως. ἀλλὰ τοῦτον ἡ θεία δίκη προφθάσασα διώλεσε, πάντων τῶν πλοίων αὐτοῦ αὐτάνδρων συντριβέντων ἐν τῷ ἀκρωτηρίῳ τῶν Κιβυρραιωτῶν τῷ λεγομένῳ Χελιδόνια, διασωθέντων ἐν Συρίᾳ ἑπτὰ καὶ μόνων ἐξ αὐτῶν.

Il n'est pas à voir que Georges Hamartole se soit servi dans sa Chronique de la deuxième et troisième parties des récits édités ci-après.

A son tour la Chronique de Georges Hamartole devint la source d'information pour des chroniqueurs postérieurs et de nombreux extraits en furent faits. Elle présente un intérêt particulier pour avoir passé dans l'ancienne littérature slave où elle occupe une place d'importance.

Les trois récits sur Théophile et Théodora dans leur *seconde rédaction* se distinguent de la forme primitive, en premier lieu, par le fait qu'ils y sont fusionnés en un seul récit. Donc, ce dernier n'est en réalité qu'un extrait de la rédaction plus ancienne. La seconde rédaction est formée substantiellement de la partie 2° primitive, du Miracle de l'absolution de l'empereur Théophile, la 1° partie, la Vie de Théodora, ayant presque entièrement disparu sauf quelques passages insignifiants relatifs aux iconolâtres et aux iconoclastes. Quant à la 3° partie traitant des bonnes oeuvres de l'empereur, elle apparait ici comme appendice dans une forme complètement refaite. La seconde rédaction des récits en question a été publiée par Combefis[1]). Le récit de la seconde rédaction est intéressant parce qu'il a passé dans cette forme dans l'ancienne littérature serbe. Le récit sur le rétablissement du culte des images édité par M. Petrofsky[2]) sur un manuscrit du XV siècle n'est autre chose que la traduction textuelle en langue serbe du récit en question dans sa seconde rédaction.

Enfin, les récits sur Théophile et Théodora nous sont parvenus encore dans une *troisième forme*. Cette dernière se

---

1) Combefis, Auctarium novum graeco-latinae patrum bibliothecae. T. II (Historia haeresis Monothelitarum), col. 715—743. Paris 1648. Διήγησις διαλαμβάνουσα περὶ τῶν ἁγίων καὶ σεπτῶν εἰκόνων, καὶ ὅπως καὶ δι' ἣν αἰτίαν παρέλαβε τὴν ὀρθοδοξίαν ἐτησίως τελεῖν, τῇ πρώτῃ κυριακῇ τῶν ἁγίων νηστειῶν, ἡ ἁγία Θεοῦ ἐκκλησία.

2) М. П(етровск)ій, Сказаніе о возстановленіи иконопочитанія по сербской рукописи XV в., dans «Православный Собесѣдникъ» 1886, II, p. 1—22.

distingue de la seconde principalement par l'omission complète de la 3° partie narrant les bonnes oeuvres de l'empereur Théophile; abstraction faite de ceci, elle est peu altérée en général. Le miracle de la rémission des péchés de l'empereur Théophile forme ici le sujet principal. Dans cette forme le récit a été édité par nous, cependant sans le commencement, sur un manuscrit appartenant à la Biblioteca Nacional de Madrid, O. 86, sur papier, in-8°, du XIV° siècle, fol. 13 recto — 22 verso. Malheureusement ce manuscrit est défectueux, la partie supérieure ayant été mouillie par l'eau; outre cela le texte est en général d'une mauvaise reproduction et loin d'être correct.

Dans cette 3° rédaction, qui est aussi la plus récente, le récit sur l'absolution de Théophile et le rétablissement du culte des images a passé dans l'ancienne littérature russe. Le récit se trouve dans la 2° rédaction du Chroniqueur grec comme appendice au texte slave de Georges Hamartole sur l'empereur Michel III en deux formes, dont l'une est plus complète et l'autre abrégée. Le récit complet est intitulé: Слово събранїа еже есть православнаѧ вѣра. въ а҃-ю нѣлю сто҃го поста. ѿ Феофилѣ цр҃и како по см҃рти прощенъ бы° ѿ му҃к. L'extrait de cette légende communiqué par Popoff [1]) présente une traduction à peu près littérale du miracle de l'absolution de Théophile. Le passage suivant rendra plus sensible le rapport des deux textes.

ἡ δὲ τιμία καὶ θεοφιλὴς ἐκείνη γυνὴ τῶν ποδῶν ἐπιλαβομένη ἱκέτευε σὺν πολλοῖς δάκρυσιν ὑπὲρ τοῦ ἰδίου ἀνδρός. καὶ ἐπὶ πολὺ δεομένης, ἀνοίξας τὸ πανάγιον αὐτοῦ στόμα ὁ φοβερὸς ἐκεῖνος ἀνὴρ πρὸς αὐτὴν ἀπεφθέγξατο· «ὦ γύναι, μεγάλη σου ἡ πίστις· γίνωσκε οὖν

тому же прѣславномоу. къ ногама прикоснувшиса цр҃ца ѿ Феѡфилѣ молашеса ѻ҃нъ же преславныи помедлавъ ѿ връзъ оуста своѧ рече. велика ти вѣра и жела. и за вѣру. еще же и за молитвы моленїа рабъ моихъ и сщ҃енникъ моих. мл҃ть даю моу-

---

1) Андрей Поповъ, Обзоръ хронографовъ русской редакцiи. Москва 1866. I, p. 88—89.

ὅτι διὰ τὰ δάκρυά σου καὶ τὴν πίστιν σου, ἔτι δὲ καὶ διὰ τὴν παράκλησιν τῶν αὐτῶν ἱερέων μου συγγνώμην δίδωμι τῷ ἀνδρί σου Θεοφίλῳ». εὐθέως ἅμα τῷ λόγῳ ἐκέλευσεν τοῖς παρεστῶσι καὶ κατέχουσι λέξας οὕτως· «λύσαντες αὐτοῦ τὰς χεῖρας καὶ ἐνδύσαντες ἀπόδοτε αὐτὸν τῇ γυναικὶ αὐτοῦ». καὶ τούτων οὕτως γενομένων λαβοῦσα αὐτὸν καί, οὗπερ ἔβλεπε βήματος, ἐξῆλθε χαίρουσα καὶ ἀγαλλιωμένη καὶ εὐθέως ἔξυπνος ἐγένετο.

жоу твоѐму. Ѳеѡѳилоу потомъ же гла҃ и҃ къ водѧщимъ Ѳеѡфила раздрѣшити его. и прѣдати женѣ его. таѩ же того вземши радующисѧ ѿиде. и абие ѿ сна въспрѧпоувъ. Сїи оубѡ Ѳеодора цр҃ица оу҃зрѣ.

Quant à la forme abrégée du récit, elle a pour titre chez le Chroniqueur grec: Бы҃ цр҃ь же Ѳеѡфилъ именемъ иконоборную ересь имыи [1]). Ce même récit abrégé en langue slave nous est parvenu aussi dans un sermon de St. Cyrille [2]). A ne pas douter nous avons là un extrait du récit complet ci-dessus mentionné.

Il est étrange que l'on ne trouve pas de trace des récits sur Théophile et Théodora dans le recueil des matériaux relatifs aux iconoclastes qui a été publié en langue slave à Moscou en 1642 [3]).

Avant de passer à l'examen de la valeur historique des trois récits édités dans leur forme primitive, il est tout naturel que je tâche d'abord de donner des éclaircissements sur la personne de l'auteur et sur l'époque où les dits récits furent écrits. L'auteur ressort deux fois, en parlant directement. Ainsi, dans la première partie, la Vie de Théodora, il dit, après avoir relaté la mort de l'impératrice: ἐπειδὴ δὲ τῆς κατ' αὐτὴν τελευτὴν ἐμνήσθην. De la même manière il s'exprime dans la troisième partie, où il est

---

1) Поповъ, l. c.
2) Пѣтуховъ, Къ вопросу о Кириллахъ—авторахъ, dans Сборникъ Отдѣленія русскаго языка и словесности Импер. Академіи Наукъ, t. 42, p. 11—13.
3) Соборникъ. Москва 1642.

question des bonnes oeuvres et de la justice de Théophile: καὶ μαρτυρεῖ μοι τῷ λόγῳ ὁ φίλος αὐτοῦ καὶ πραιπόσιτος. L'auteur inconnu ne put écrire ces récits avant 967, l'an de l'avènement au trône de Basile I, car il nous raconte d'une manière détaillée comme le premier tua Michel III [1]. D'autre part, l'époque la plus éloignée est naturellement l'année 1111 à laquelle se rapporte le manuscrit de Londres. Mais le temps où fut écrit le récit est déterminé plus précisément par le fait que Georges Hamartole s'en est servi pour sa Chronique. Hirsch [2] tâche de démontrer qu'il a terminé sa chronique entre 966—967, encore avant la mort de Michel III. Les récits édités dans ce recueil sont preuve que Georges Hamartole n'a pas pu avoir achevé son travail historique avant 967, car la Vie de Théodora, où il a puisé des renseignements, relate des faits qui se rapportent déjà à l'avènement de Basile I. Il n'y a donc pas d'erreur si nous regardons comme temps où furent écrits nos récits le règne de l'empereur Basile I, et pour la Chronique d'Hamartole le règne de Léon VI.

La Vie de l'impératrice Théodora renferme des indications détaillées sur son origine de Paphlagonie, sur ses parents Marin et Théoctiste, ainsi que sur son mariage avec l'empereur Théophile. Encore du vivant de Théophile elle favorisait secrètement le culte des images et protégeait de son mieux les iconolâtres. L'empereur mort elle prit les rênes du gouvernement avec son fils mineur Michel et rétablit immédiatement le culte des images. Le patriarche Jean le Grammairien fut déposé, frappé d'anathème et remplacé par Méthode, fervent adorateur des saintes images. Le meurtre commis sur la personne du logothète Théoctiste par le frère de l'impératrice, le césar Bardas, fut la cause que Théodora se brouilla avec son fils. Elle dut se retirer avec sa fille Pulchérie dans le monastère de Gastria, quant à ses

---

1) Μιχαὴλ δὲ μόνος ἐκράτησεν χρόνους ιδ' καὶ ἐσφάγη παρὰ Βασιλείου πατρικίου καὶ παρακοιμωμένου αὐτοῦ ἐν τῷ παλατίῳ τοῦ ἁγίου Μάμαντος.
2) l. c., p. 6.

trois autres filles elles furent reléguées au monastère de Cariana. Loin du monde, recluse dans son monastère, Théodora acheva tranquillement le reste de ses jours en exercices de piété et en oeuvres de bienfaisance.—Le récit sur Théodora contenu dans la Vie se trouve confirmé dans l'essentiel par d'autres sources contemporaines, abstraction faite de quelques écartements dans les détails. C'est ainsi que le Continuateur de Théophane [1]), le logothète Syméon [2]) et Syméon Magister [3]) narrent avec peu de divergences l'origine de l'impératrice et son mariage avec Théophile. Intéressants sont les détails que le biographe de Théodora communique sur son penchant pour le culte des images qui l'avait conduite à s'adonner de bonne heure à la foi orthodoxe et à adorer encore du vivant de Théophile les saintes images en secret. Cependant on ne peut pas se méprendre sur la partialité bien prononcée du récit pour Théodora et les iconolâtres. Cette partialité se manifeste surtout là où l'auteur parle du rétablissement officiel de l'orthodoxie en 842. Par l'initiative de l'impératrice Théodora et de son fils Michel, un concile fut convoqué à Constantinople qui condamna l'hérésie des iconoclastes, rétablit la foi catholique, déposa le patriarche Jean et nomma à sa place Méthode connu pour un ardent défenseur des saintes images. La comparaison avec d'autres sources contemporaines démontre l'authenticité du récit [4]). D'une moindre importance sont indiscutablement le récit de Génésius [5]) et celui du continuateur de Théophane [6]) qui fut adopté par Hefele [7]), d'après lesquels le rétablissement des images fut principalement dû au protomagister Manuel, tandis que l'impératrice ne donna son consentement qu'après une opposition prolongée. L'auteur de la Vie en parlant plus loin de la chute de l'impéra-

---

1) Theoph. cont., ed. Bonn., p. 89 suiv.
2) Georg. Hamart., ed. Muralt, p. 700. Leo Gramm., ed. Bonn., p. 213.
3) Symeon Mag., ed. Bonn., p 624 suiv.
4) Voir p. ex. Vita S. Methodii, dans AA. SS. Iun. II, p. 965.
5) Genesius, ed. Bonn., p. 78 suiv. Comparer aussi Hirsch, Byz. Studien, p. 152.
6) Theoph. cont., ed. Bonn., p. 148 suiv.
7) Conciliengeschichte, p. 106 suiv.

trice concorde avec Syméon le Logothète[1]), le Continuateur de Théophane[2]), Génésius[3]) et Syméon Magister[4]) sur la cause qui l'avait amenée. Après la mort du logothète Théoctiste, tombé par la main du césar Bardas, Michel exila sa mère avec ses filles dans les monastères de Gastria et Cariana. Cette explication est plus proche de la vérité que la lettre du patriarche Ignace qui allie la chute de Théodora non avec le meurtre de Théoctiste, mais avec sa propre déposition du siége patriarcal[5]). Hirsch[6]) a prouvé que la chute de Théodora eut déjà lieu au commencement de 856, tandis que la déposition et l'exil d'Ignace de Constantinople sont à reporter en Novembre 857.

Quant à l'empereur Théophile l'auteur de la Vie s'est donné toute la peine, contrairement à ce qu'il a fait pour son épouse, de le présenter sous un aspect défavorable. Pour lui et le patriarche Jean le Grammairien, nommé par l'empereur, l'auteur va jusqu'a l'invective en les accablant d'épithètes les plus injurieuses. Il se plait à mettre en relief les persécutions des iconolâtres dont il cite les plus importantes. Tendant à montrer que le règne de Théophile était plein de malheurs, il énumère dans ce but un nombre d'évènements infortunés qui se sont passés. Il nomme en premier lieu l'occupation d'Amorium, ville natale de Théophile, par les Arabes sous le calife Mutassim. Dans la détermination de l'époque de la prise de cette ville plusieurs erreurs se rencontrent dans la Vie. Elle ne se reporte pas à l'an cinq du règne de Théophile, mais à l'année 838, la fin de l'an neuf de son règne. Ensuite, la ville ne fut pas assiégée durant quinze jours du mois d'Août, mais, d'après les relations arabes, le siège ne dura pas moins de 55 jours et la ville ne fut prise que le 23 Septembre

---

1) Georg. Hamart., ed. Muralt, p. 728 suiv.
2) Theoph. cont., ed. Bonn., p. 174.
3) Gen., ed. Bonn., p. 87 suiv.
4) Sym. Mag., ed. Bonn., p. 657.
5) Mansi XVI, p. 296.
6) Byzant. Stud., p. 60 suiv.

838 [1]). Comme évènement infortuné nous trouvons, cité en second lieu, la dévastation des Cyclades et l'occupation de Crète et Sicile par la flotte arabe. Ici aussi il y a des erreurs chronologiques. Il est vrai que les Cyclades furent dévastées par les Arabes au commencement du règne de Théophile [2]), mais quant à l'occupation de Crète et de Sicile elle tomba encore dans le règne de Michel II et il est probable que les Arabes s'y établirent encore en 824. Les autres évènements malheureux du règne de Théophile sont: de grand froids, famines, sécheresses, ainsi que tremblements de terre et de flammes au ciel; tout cela, l'auteur de la Vie considère comme des châtiments infligés par Dieu pour la persécution des saintes images. Avant la mort de Théophile l'auteur de la Vie mentionne encore un miracle qui réveilla en l'empereur la foi en l'adoration des images. L'empereur succomba à la dysenterie, après avoir régné 12 ans et trois mois. Cette dernière indication chronologique correspond en effet à la vérité, car Théophile avait régné à partir d'Octobre 829 jusqu'à l'année 842.

Passant au règne de Michel III l'auteur de la Vie de Théodora raconte le rétablissement du culte des images en 842 et l'expédition entreprise par l'Arabe Abou-Dinar contre Constantinople. Il a été parlé plus haut du rétablissement de la foi catholique, donc il ne reste qu'à examiner le récit sur l'expédition d'Abou-Dinar. L'auteur nous fait part que la flotte arabe subit un naufrage près du promontoire Chélidonie dans le thème des Cibyrrhéotes, à la côte sud-est de l'Asie-Mineure, et que les navires qui avaient échappé se sauvèrent en Syrie. Les témoignages sur cette expédition provenant d'autres sources nous font absolument défaut. Weil [3]) prend Abou-Dinar pour un chef arabe de l'île de Crète et remet cette expédition à l'an 844. Hirsch [4]), au contraire, s'efforce de démontrer que l'expédition ne partit

---

1) Comparer Weil, Gesch. der Chalifen, II, 313 suiv.
2) Comparer Muralt, Essai de chron. byz. 395—1057, p. 413.
3) Gesch. d. Chalifen, II, 343.
4) Byzant. Stud., p. 33, note 1.

pas de Crète, mais de la Syrie, car c'est là que le reste de la flotte se réfugia. D'après l'auteur de la Vie, Michel n'avait que 5 ans et demie lors de la mort de son père et aurait régné 14 ans avec sa mère Théodora, et autant seul; il aurait été assassiné à l'âge de 29 ans. Les indications concernant l'âge de Michel lors de son avènement au trône varient sensiblement. S'il fallait en croire p. exemp. le Continuateur de Théophane, Michel n'aurait eu que 3 ans à son avènement au règne[1]. Quant aux quatorze ans durant lesquels Michel avait régné avec sa mère, il paraît qu'ils sont incontestables, du moins cette indication se trouve confirmée par le Continuateur de Théophane[2] et Syméon Magister[3]. Au contraire, la notice que Michel ait régné seul aussi 14 ans est évidemment fausse. Comme il est prouvé, qu'il monta sur le trône le 22 Janvier 842 et fut assassiné le 23 Septembre 867, son règne entier n'a duré que 25 ans et 8 mois. A déduire les 14 ans, jusqu'au commencement de 856, qu'il régna conjointement avec sa mère Théodora, on ne peut compter pour lui que 11 ans et 8 mois de gouvernement. Et sur le temps que Michel a régné seul les informations des sources ne concordent pas. Ainsi le Continuateur de Théophane[4] fixe le reste du règne de Michel à 12 ans et 3 mois, Syméon Magister[5] à son tour ne compte que 13 ans et 4 mois[6]. Le dernier évènement relaté par l'auteur de la Vie de Théodora est l'assassinat de Michel III par Basile le Macédonien.

L'impression générale que fait la Vie de Théodora est que nous avons là un récit qui fut écrit environ 30 ans après les évènements mêmes dont il y est fait mention, sur des témoignages et informations oraux. Donc, il n'y a rien d'étonnant que les

---

1) Theoph cont., ed. Bonn., p. 148.
2) Theoph. cont., ed. Bonn., p. 210.
3) Symeon Mag., ed. Bonn., p. 647.
4) Theoph. cont., ed. Bonn., p. 210.
5) Sym. Mag., ed. Bonn., p. 647.
6) Comparer l'exposé des différentes indications chronologiques chez Muralt, p. 445, et Hirsch, p. 61 suiv.

indications chronologiques ne soient pas correctes et sûres. En outre, le récit est entaché de beaucoup de partialité pour Théodora, protectrice des catholiques, par opposition à Théophile et le patriarche Jean le Grammairien. Par contre, le reste des faits relatés méritent une attention particulière et sont pour la plupart plus authentiques que ceux appartenant à d'autres sources. En tout cas, nous avons devant nous une source de grande valeur et d'autant plus importante qu'elle a passée dans la Chronique de Georges Hamartole, d'où elle s'est répandue plus loin.

Quant au second récit il a pour sujet la rémission des péchés et l'absolution de l'empereur Théophile. Après la mort de l'empereur, le patriarche Méthode nouvellement nommé s'approche de Théodora dans une procession solennelle, suivi de la synode entière et du clergé, la suppliant de rétablir le culte des images. L'impératrice se déclare prête à satisfaire à cette demande à la condition que le clergé promette de dire dans les églises des prières pour l'absolution de son époux défunt Théophile. Après la prière commune et le jeûne de tout le clergé, de l'impératrice et de son entourage, deux miracles s'opèrent: Théodora et Méthode ont des visions qui ne leur laissent plus aucun doute sur l'absolution complète de Théophile. Avec un office solennel le culte des images est de nouveau introduit dans l'église de S-te Sophie, le premier dimanche du carême.

Il va de soi que ce récit merveilleux ne correspond à la réalité historique que dans les traits généraux. Le fait historique devra être cherché dans le Continuateur de Théophane, dans l'endroit où il parle du rétablissement du culte des images. D'après lui l'impératrice Théodora, suppliée par le patriarche Méthode et les évêques iconolâtres assemblés, de consentir au rétablissement du culte des images, aurait en effet posée comme condition de ce changement qu'ils devraient prier pour le salut de son époux défunt des flammes entouré desquelles il lui avait apparu dans une vision. Répondant à l'objection qu'il était mort hérétique, elle aurait protestée de ce que, grâce à ses exhortations, elle l'avait amené dans le dernier moment à se repentir de son égarement et à baiser les saintes images qu'elle lui présenta. Après avoir reçu de la sainte synode un écrit par lequel l'absolution de son époux lui était accordée, Théodora ne tarda plus avec son consentement. Il n'y a pas à douter que c'est ce simple fait historique qui ait servi de base au récit miraculeux. Quoiqu'il en soit, les détails dont il a été orné ne manquent pas d'intérêt. Le récit est surtout important, comme il a été déjà dit plus haut, pour avoir passé refait et altéré dans l'ancienne littérature slave.

Le troisième récit, enfin, traite des faits et gestes méritoires de l'empereur Théophile. Bien qu'il fût adonné à l'hérésie, il possédait mainte bonne qualité et ne manquait pas de nobles traits. Différents faits sont reportés de lui pour servir de témoignage de sa justice; Constantinople lui est redevable du rétablissement de ses murs et de la fondation de beaucoup d'églises, avant tout de l'église des Blachernes. Ce récit est surtout intéressant par ce qu'il nous peint un grand nombre de traits et de détails de la vie byzantine. L'empereur parcourt chaque jour la ville à cheval, administre la justice en personne et admet qui que ce soit en sa présence, ce qui permet à ses sujets de lui exposer leurs plaintes. Nous trouvons de pareils traits de caractère témoignant de l'humanité de Théophile aussi dans d'autres sources. Ainsi le Continuateur de Théophane[1]) et Syméon Magister[2]) contiennent des renseignements de même nature sur cet empereur.

II.
Récit sur la conversion des Russes au christianisme.

Anselme Banduri édita, sur le ms. 4432 de la Bibliothèque Colbertine de Paris, le fragment d'un récit auquel manquait le

---

1) Theoph. cont., ed. Bonn., p. 87 suiv.
2) Sym. Mag., ed. Bonn., p. 627 suiv.

commencement, sur le baptême des Russes sous Vladimir. Le texte grec de ce récit, accompagné d'un traduction latine, a paru dans ses Animadversiones in Constantini Porphyrogeniti libros de thematibus et de administrando imperio. Dans l'édition de Paris des historiens byzantins ces Animadversiones forment un appendice particulier à l'Imperium Orientale de Banduri II (1711), p. 112—116; dans l'édition de Venise, elles sont également publiées en appendice à son Imperium Orientale II (1729), p. 62—65; enfin, dans l'édition de Bonne, lesdites Animadversiones apparaissent comme supplément à Constantin Porphyrogénète, III, p. 358—364. La traduction latine seule parut dans Stritter, Memoriae populorum, II, 2, p. 959—967, et, en extrait, dans Schlözer, Nestor, III, p. 222—223. Une traduction russe complète a été publiée par Голубинскій, Исторія русской церкви I, 1, 216—219, et, en extrait, par Шлецеръ, Несторъ II, 543—545, et par Карамзинъ, И. Г. Р., примѣч. 447.

Le manuscrit de Paris, de l'ancienne bibliothèque Colbertine, dont Banduri s'est servi pour son édition, m'est resté inconnu. Ne l'ayant trouvé ni dans le catalogue des manuscrits grecs de la Bibliothèque Nationale [1]) ni dans les catalogues des autres bibliothèques de Paris [2]), je ne puis dire ce que ce manuscrit est devenu. Il ne me restait donc qu'à me tenir à l'édition de Banduri, sans pouvoir la comparer à l'original manuscrit.

En revanche, j'eus la chance de découvrir dans la bibliothèque du monastère de St. Jean l'Evangéliste dans l'île de Patmos une copie complète du récit, avec le commencement manquant dans le manuscrit de Paris. Elle est contenue sur les feuilles 71—75 du manuscrit 634, sur papier in 8°, du XV°

---

1) Catalogus codicum manuscriptorum bibliothecae regis., t. II (1740). — Omont, Inventaire sommaire des manuscrits grecs de la Bibliothèque Nationale. Ancien fonds grec, t. I—II (1886—88). Montfaucon, Bibliotheca Coisliniana, olim Segueriana. 1715. Omont, Inventaire sommaire des manuscrits du supplément grec de la Bibliothèque Nationale. 1883.

2) Omont, Inventaire des manuscrits grecs conservés dans les bibliothèques publiques de Paris autres que la Bibliothèque Nationale. 1883.

siècle. L'écriture en est assez négligée, l'orthographe excessivement défectueux et fourmillant de fautes. Lors de mon séjour à Patmos, au printemps de 1886, je ne pus copier de ma main que la première partie du récit, celle qui n'a pas été connue jusqu'à ce jour; quant à la seconde, j'en suis redevable de la copie à l'amabilité du maire local, Mr. Asimitzès. Dans mon édition, j'ai marqué les variantes du manuscrit de Patmos de P (Patmos) et celles du manuscrit de Paris de b (Banduri).

Jusqu' ici la critique s'est prononcée d'une manière très-défavorable sur le récit en question. La plupart des savants[1] n'y voient qu'une médiocre compilation de date comparativement récente, basée sur la tradition orale et ornée de détails et traits témoignant purement de la fantaisie de l'auteur. En un mot, ils dénient au récit toute valeur historique. Ci-après j'ai tâché de démontrer, de mon mieux, l'origine du récit ainsi que les renseignements sur lesquels il est fondé.

Dans le récit même les divers éléments dont il est composé ressortent d'une manière tout-à-fait manifeste. Nous y trouvons entremêlés le récit de la première conversion des Russes par le patriarche Photius au IX siècle, ensuite, le récit de la conversion suivante sous le grand-duc Vladimir au X siècle, et, finalement, la légende de l'introduction de l'alphabet slave par ss. Cyrille et Méthode. Tous ces trois récits se laissent reconnaître et séparer sans difficulté.

La partie du récit traitant du baptême des Russes sous s. Vladimir, en 988, présente une ressemblance évidente avec les informations des sources russes, savoir de la «Vie de Vladimir»[2] et de la «Chronique russe»[3]. Il nous y est relaté que les Russes et les

---

1) Nous trouvons des mentions tout courtes de ce récit, entre autres, chez Kunik, Berufung der schwedischen Rodsen II, 364. Бодянскій, О времени происхожденія славянскихъ письменъ. Москва 1855, стр. 13—18. Макарій, Исторія христіанства въ Россіи до Владиміра. С.-Пб. 1868, стр. 235—237. Голубинскій, И. Р. Ц., I, 1, стр. 46, 216.

2) Chez Макарій, И. Р. Ц., т. I, прилож. II.

3) Лаврентіевская лѣтопись, дansъ П. С. Р. Л., I, 36 suiv.

peuples et tribus de leur voisinage, dont quelques uns étaient sous leur domination, professaient de différentes religions; il y est fait mention du iudaïsme, des religions perse et syriaque, et de l'islamisme, répandus surtout parmi les Khazars habitant les bords du Volga inférieur et parmi les Bulgares de la Kama. Sous le grand-duc (μέγας ῥῆγας) Vladimir il fut procédé à l'examen de l'autorité et des avantages des religions existantes et quatre ambassadeurs furent délégués dans les deux centres de la foi chrétienne, catholique et orthodoxe, à Rome et à Constantinople. Les envoyés se rendirent d'abord à Rome et, après avoir fait le rapport sur le résultat de leur mission, se dirigèrent vers Constantinople. Après un accueil on ne peut plus avenant de l'empereur, on leur fit voir tout ce qu'il y avait de remarquable dans la magnifique ville impériale et les mena, en conclusion, un jour de fête dans la Sainte-Sophie. L'édifice imposant et la solennité du service divin auquel assistait le clergé au grand complet, avec le patriarche, produisirent sur eux une puissante impression. La description enthousiaste de ce qu'ils avaient vu fut la cause qui décida Vladimir à chercher le christianisme non à Rome, mais à Constantinople.

Ce récit ne diffère qu'en peu de points des renseignements contenus dans les sources russes, en se rapprochant en même temps plus de la «Vie de Vladimir» que de la Chronique russe. Cette dernière nous parle d'ambassades envoyées à Vladimir par les Khazars juifs, des Bulgares de la Kama professant l'islamisme et des Allemands catholiques qui tous voulaient amener Vladimir à embrasser la foi à laquelle ils adhéraient[1]). Quant à

---

1) Il est intéressant de comparer le récit pareil de la Vie de S. Clément sur les efforts que les Juifs et les Sarracènes firent pour convertir les Khazars. Vita cum Translatione S. Clementis c. 1 (Ginzel, Geschichte der Slavenapostel Cyrill u. Method. Wien 1861. Anhang, p. 5 et suiv.): Tunc temporis ad praefatum Imperatorem Cazarorum legati venerunt, orantes ac supplicantes, ut diguaretur mittere ad illos aliquem eruditum virum, qui eos fidem catholicam veraciter edoceret, adjicientes inter cetera, quoniam nunc Iudaei ad fidem suam, modo Saraceni ad suam nos convertere e contrario moliuntur.

la «Vie de Vladimir» et notre récit aucune mention n'y est faite de ces ambassades à Vladimir, sauf que, dans le dernier, sont indiquées les différentes croyances répandues parmi les tribus sous la dépendance des Russes. Sur les ambassades envoyées par Vladimir dans le but d'examiner les religions étrangères, tous les trois récits concordent presque absolument. En premier lieu, il délégua des ambassadeurs chez les Bulgares de la Kama, laquelle mission est pourtant passée sous silence dans notre récit. Après cela, des ambassadeurs furent envoyés à l'ouest, au foyer de la foi catholique; les sources russes citent ici les Allemands, tandis que notre récit se prononce plus précisément, en mentionnant Rome. La dernière ambassade se rendit à Constantinople où elle eut à se louer d'un accueil très avenant. Notre récit rapporte, en ce lieu, d'une manière très-détaillée la visite de la Sainte-Sophie et les cérémonies religieuses, ce qui fait présumer que l'auteur devait avoir une certaine connaissance de Constantinople. Finalement, tous les trois récits concordent sur l'impression que produit sur Vladimir le rapport des ambassadeurs sur l'église grecque.

Goloubinsky[1]) essaie de démontrer que l'auteur de la source russe a été un Grec. Quant à moi, je ne puis admettre cette opinion sur la nationalité de l'auteur inconnu, au contraire, je suis décidément enclin à voir dans lui un Russe. Avant tout, il n'est pas probable qu'un autre qu'un Russe ait pu avoir de notions si précises sur les religions répandues parmi les Russes et les tribus vivant dans leur voisinage. De plus, le fait relaté qu'une ambassade fut envoyée chez les Bulgares de la Kama pour accepter d'eux, et non des Arabes, l'islamisme, témoigne, selon moi, d'un auteur russe animé de patriotisme. Ensuite, la propagation du iudaïsme par les Khazars ne pouvait être si bien connue que d'un Russe seulement. Enfin, il n'y a qu'un Russe qui pût nommer les Allemands les représentants *par excellence* de la foi catholique;

---

1) И. Р. Ц., I, 1, 116.

à Byzance on se servait de préférence du nom de «l'ancienne Rome» pour désigner le siége du pape et le foyer du catholicisme.

Goloubinsky [1]) voudrait encore prouver, sans pourtant pouvoir produire de preuves persuasives, que le récit de la «Vie de Vladimir» ait été le récit primitif, tandis que celui de la Chronique russe n'en offre qu'une élaboration complétée. Il est bien plus probable, qu'il ait existé un récit primitif composé par un Russe, en langue slave, qui ne s'est pas conservé. Ce récit a dû être la source commune aux deux rédactions de date plus récente, dont l'une, celle de la Chronique, est la plus complète, et l'autre, de la «Vie de Vladimir», la plus abrégée.—Il ne peut y avoir aucun doute que dans la partie du récit analysée nous avons devant nous aussi un extrait, en traduction grecque, du récit slave primitif. La nationalité grecque de son auteur ressort visiblement, contrastant avec l'origine russe de l'auteur du récit primitif slave. L'ambassade envoyée chez les Bulgares de la Kama ne l'intéressant pas, il la passe sous silence, au lieu des Allemands professant la foi catholique il mentionne «l'ancienne Rome» comme le foyer du catholicisme, enfin, il se plait à décrire longuement la ville de Constantinople, la Sainte-Sophie et la procession solennelle qui y eut lieu. En général, il se tient strictement à sa source, le récit slave primitif, lequel il reproduit dans une forme considérablement abrégée.

L'auteur de notre récit, en utilisant le récit primitif slave du baptême de Vladimir, a voulu le rendre plus clair aux Grecs, en le déterminant chronologiquement. Par erreur, il le confondit avec le premier baptême des Russes sous le patriarche Photius, qui lui était connu des écrivains grecs. Comme on le sait, c'est vers 865 qu'eut lieu la première grande expédition des Russes [2]) contre l'empire byzantin. Les Russes avancèrent jusqu'à Hiéron,

---

1) И. Р. Ц., I, 1, 107 suiv.
2) Pour la chronologie voir Куникъ, Извѣстія Ал-Бекри и другихъ авторовъ о Руси и Славянахъ, dans Записки Имп. Академіи Наукъ, t. XXXII, p. 161 suiv.

tuèrent un grand nombre de chrétiens, dévastèrent les îles et les côtes de l'Asie Mineure et menacèrent même Constantinople avec 200 vaisseaux. L'empereur Michel III, qui guerroyait avec les Arabes, accourut pour sauver la capitale et perça avec grande peine les rangs des ennemis. Grâce aux supplications et prières du patriarche Photius, qui parcourut la ville avec l'empereur dans une procession solennelle, la ville fut sauvée. Une tempête violente s'éleva et détruisit une grande partie de la flotte des Russes de sorte que quelques vaisseaux seulement parvinrent à se sauver [1]). «Après avoir éprouvé la colère divine», rapporte le Continuateur de Théophane, «les Russes retournèrent dans leur patrie. Et peu de temps passa qu'une ambassade arriva d'eux à Constantinople avec la prière de les faire participer au baptême divin, ce qui leur fut accordé» [2]). Il est hors de doute que cet évènement est encore à rapporter au règne de l'empereur Michel III qui fut assassiné en Septembre 867, par ordre de son corégent Basile. Nous avons une preuve convaincante dans la lettre du patriarche Photius où le dernier fait la mention expresse du baptême des Russes «qui encore avant peu s'étaient rendus coupables envers nous d'invasions et de voies de fait» [3]). Comme Photius fut déposé en 867, l'époque du baptême des Russes et de la lettre du patriarche

---

1) Comparer les deux homélies du patriarche Photius à cette occasion, éditées par A. Nauck en appendice à son édition du Lexicon Vindobonense. Petrop. 1867, p. 201—232.—Nicetae Paphlag. Vita Ignatii, dans AA. SS. Octob. 23, t. X, p. 182.—Syméon le Logothète, dans Leo Grammat. ed. Bonn. p. 240 suiv. et Georg. Hamart. ed. Muralt p. 736 suiv.—Theoph. Cont. ed. Bonn. p. 196.—Syméon Mag. ed. Bonn. p. 674 suiv.

2) Theophan. Cont. ed. Bonn. p. 196: Πλὴν ἀλλ' ἐκεῖνοι μὲν τότε θείας ἐμφορηθέντες ὀργῆς...... οἴκαδε ἐκπεπόρευντο· καὶ μετ' οὐ πολὺ πάλιν τὴν βασιλεύουσαν πρεσβεία αὐτῶν κατελάμβανεν, τοῦ θείου βαπτίσματος ἐν μετοχῇ γενέσθαι αὐτοὺς λιτανεύουσα, ὃ καὶ γέγονεν. Comp. aussi le passage évidemment emprunté d'ici, dans Cedren. ed. Bonn. II, 173.

3) Φωτίου ἐπιστολαὶ ὑπὸ Βαλέττα. Ἐν Λονδίνῳ 1864. p. 178: Ἀλλ' ὅμως νῦν καὶ οὗτοι τὴν τῶν Χριστιανῶν καθαρὰν καὶ ἀκίβδηλον θρησκείαν τῆς Ἑλληνικῆς καὶ ἀθέου δόξης, ἐν ᾗ κατείχοντο πρότερον, ἀντηλλάξαντο, ἐν ὑπηκόων ἑαυτοὺς καὶ προξένων τάξει, ἀντὶ τῆς πρὸ μιαροῦ καθ' ἡμῶν λεηλασίας καὶ τοῦ μεγάλου τολμήματος, ἀγαπητῶς ἐγκαταστήσαντες.

qui suivit bientôt, doit être placée en 866. Dans la biographie de l'empereur Basile le Macédonien, attribuée à son petit-fils Constantin VII Porphyrogénète et qui en tout cas a été écrite sous son influence directe, nous trouvons la notice contradictoire comme quoi la conversion des Russes aurait eu lieu sous Basile. Après avoir arrêté avec eux qu'ils embrasseraient le christianisme, il les fit accepter un archevêque ordonné par le patriarche Ignace. Celui-ci, arrivé au pays des Russes, s'acquit de suite une grande popularité par un miracle. Sous leurs yeux il jetta les saints Evangiles dans les flammes et les retira intacts des cendres. Ce fut ce miracle qui opéra que le peuple se décida à se faire baptiser sans délai[1]). L'auteur attribue, donc, quoiqu'il devait avoir certainement devant lui comme source ladite lettre du patriarche Photius, la conversion des Russes non à l'empereur Michel et au patriarche Photius, mais à l'empereur Basile et au patriarche Ignace. Cette contradiction s'explique en partie par le fait que Basile était corégent de l'empereur Michel III, à partir de Mai 866. Comme le baptême des Russes eut lieu vers ce temps ou bientôt après, Constantin avait en quelque sorte raison en citant le baptême comme un évènement du règne de son grand père. Quant à la nomination d'un évêque non par Photius, mais par Ignace, elle ne s'explique pas si simplement. Il se peut toujours que les Russes aient embrassé le christianisme encore sous Photius et reçu un évêque d'Ignace, quoiqu'il est plus probable que Constantin ait commis une erreur soit consciente soit inconsciente en faveur de son grand père. Le fait du baptême des Russes par Basile et Ignace, relaté dans la «Vie de Basile», passa dans les compilations plus récentes. Ainsi nous le trouvons reproduit, presque littéralement, dans Cédrénus[2]), Zonaras[3]) et Michel Glycas[4]).

---

1) Vita Basilii, ed. Bonn. dans Theophan. Contin. p. 342 sqq.
2) Cedren., ed. Bonn., II, 242 suiv.
3) Zonar. XVI, 10.
4) Mich. Glyc., ed. Bonn., p. 553.

L'auteur du récit a dû avoir eu sous les yeux le rapport des sources grecques sur le baptême des Russes en 966. Je dois m'abstenir d'établir (car cela me mènerait trop loin) s'il s'agit ici de Russes de Kiev sous Askold et Dir, comme la plupart des explorateurs[1]) le supposent, en se basant sur la Chronique russe[2]), ou bien de Russes de Kherson ou de la Crimée, ainsi que d'autres[3]) s'efforcent de prouver. Quoiqu'il en soit, l'auteur a eu en tout cas devant ses yeux les informations consignées par Constantin dans la «Vie de Basile», et, en particulier, il a dû se servir de la chronique plus récente de Scylitzès ou de Cédrénus. Il commet une erreur sur le baptême postérieur de Vladimir, en l'identifiant avec le premier baptême des Russes, lequel il reporte, suivant sa source, au temps de l'empereur Basile. Il nous raconte comme l'ambassade russe fut reçue à Constantinople par l'empereur Basile. Lorsque Vladimir se décida, après le retour de l'ambassade, d'accepter le christianisme de Byzance, il envoya à l'empereur de nouveaux ambassadeurs pour prier l'empereur d'envoyer aux Russes un archevêque. Basile déféra à sa demande et lui envoya un archevêque pour baptiser le peuple. Celui-ci par son miracle avec les saintes Evangiles amena le peuple à se faire baptiser. Tout ce récit est emprunté presque mot à mot à Scylitzès ou Cédrénus. Les exemples suivants montreront jusqu'à quel point le récit primitif de Constantin, celui de Cédrénus et, enfin, le récit qui nous occupe, concordent sur les faits qu'ils rapportent.

Const. Porph.	(Scylitz.) Cedren.	Narratio.
τοῦ γὰρ ἄρχοντος τοῦ τοιούτου γένους σύλλογον τοῦ ὑπηκόου ποιη-	ἀλλ' ἄξιον διηγήσασθαι καὶ τὸ γεγονός θαῦμα παρὰ τοῦ ἀρ-	λέγουσι δέ τινες καὶ τοιοῦτόν τι θαῦμα γενέσθαι ἐν τοῖς ἐκεῖσε·

---

1) P. ex. Kunik, Rodsen, II, 330 suiv. Макарій, Ист. христ. въ Россіи до Владиміра, p. 209 suiv., et encore d'autres.

2) Лаврентьевская лѣтопись, dans II. С. Р. Л., I, 9.

3) P. ex. Голубинскій, И. Р. Ц, I, 1, 16 suiv. Comparer Schlözer, Несторъ, II, 247-suiv, et encore d'autres.

σαμένου καὶ μετὰ τῶν περὶ αὐτὸν γερόντων προκαθεσθέντος, οἱ τῶν ἄλλων μᾶλλον τῇ δεισιδαιμονίᾳ διὰ τὴν μακρὰν συνήθειαν προστετηκότες ἐτύγχανον, καὶ σκοπουμένων περί τε τῆς οἰκείας καὶ τῶν Χριστιανῶν πίστεως, εἰσκαλεῖται ὁ ἄρτι πρὸς αὐτοὺς φοιτήσας ἀρχιερεύς, καὶ τίνα τὰ παρ' αὐτοῦ καταγγελλόμενα καὶ αὐτοὺς διδάσκεσθαι μέλλοντα ἐπυνθάνετο. τοῦ δὲ τὴν ἱερὰν τοῦ θείου εὐαγγελίου βίβλον προτείναντος, καὶ τινα τῶν τοῦ σωτῆρος ἡμῶν καὶ θεοῦ θαυμάτων αὐτοῖς ἀπαγγείλαντος, καὶ τῶν ὑπὸ τοῦ θεοῦ τερατουργηθέντων κατὰ τὴν παλαιὰν τὴν ἱστορίαν αὐτοῖς ἀναπτύξαντος, «εἰ μή τι τῶν ὁμοίων» ἔφασαν εὐθέως οἱ Ῥῶς «καὶ ἡμεῖς θεασόμεθα, καὶ μάλιστα οἷον τὸ ἐν τῇ καμίνῳ τῶν τριῶν λέγεις παίδων, οὐκ ἄν σοι ὅλως πιστεύσωμεν, οὐ-

χιερέως τοῦ πεμφθέντος ἐκεῖσε. ἔτι γὰρ τῇ δεισιδαιμονίᾳ κατεχόμενος αὐτός τε ὁ ἄρχων καὶ οἱ μεγιστᾶνες αὐτοῦ καὶ τὸ ἄπαν ἔθνος, κατασκοπούμενοι περί τε τῆς πρώην αὐτῶν θρησκείας καὶ τῆς τῶν Χριστιανῶν πίστεως, εἰσκαλοῦσι τὸν ἄρτι πρὸς αὐτοὺς φοιτήσαντα ἀρχιερέα· ὃν ὁ ἄρχων ἐπηρώτα τίνα τὰ παρ' αὐτοῦ καταγγελλόμενα καὶ αὐτοῖς διδάσκεσθαι μέλλοντα. τοῦ δὲ τὴν ἱερὰν τοῦ θείου εὐαγγελίου προτείναντος βίβλον, καί τινα θαύματα ἐξηγουμένου τῶν ὑπὸ τοῦ θεοῦ ἐν τῇ ἀνθρωπίνῃ ἐπιδημίᾳ τερατουργηθέντων, «εἰ μή τι τῶν ὁμοίων» τὸ πλῆθος ἔφη τῶν Ῥῶς «καὶ ἡμεῖς θεασόμεθα, καὶ μάλιστα ὁποῖον λέγεις ἐν τῇ καμίνῳ τῶν τριῶν παίδων γενέσθαι, οὐκ ἄν σοι ῥαδίως πιστεύσωμεν».

ἔτι γὰρ τῇ δεισιδαιμονίᾳ κατεχόμενος αὐτός τε ὁ ἄρχων καὶ οἱ μεγιστᾶνες αὐτοῦ καὶ ἅπαν τὸ ἔθνος, καὶ σκοπούμενοι περὶ τῆς πρώην αὐτῶν θρησκείας καὶ τῆς τῶν Χριστιανῶν πίστεως, εἰσκαλοῦσι πρὸς αὐτοὺς τὸν ἄρτι φοιτήσαντα ἀρχιερέα, ὃν καὶ ἐπηρώτησεν ὁ ἄρχων τίνα τὰ κατ' αὐτῶν ἐπαγγελλόμενα παρ' αὐτοῦ καὶ αὐτὰ τὰ διδάσκεσθαι μέλλοντα. τοῦ δὲ τὴν ἱερὰν τοῦ θείου εὐαγγελίου προτείναντος βίβλον καί τινα θαύματα ἐξηγουμένου τῶν ὑπὸ τοῦ θεοῦ ἐν τῇ ἀνθρωπίνῃ ἐπιδημίᾳ τερατουργηθέντων, «εἰ μή τι τῶν ὁμοίων», τὸ πλῆθος ἔφη τῶν Ῥωσῶν, «καὶ ἡμεῖς θεασώμεθα, καὶ μάλιστα ὁποῖον λέγεις ἐν τῇ καμίνῳ τῶν τριῶν παίδων γενέσθαι, οὐκ ἄν σοι ὅλως πιστεύσωμεν».

δὲ τὰς ἀκοὰς ἡμῶν ἔτι τοῖς ὑπὸ σοῦ λεγομένοις ὑπόσχωμεν». ὁ δὲ πεποιθὼς ἐπὶ τῷ ἀψευδεῖ τοῦ εἰπόντος ὅτι ὃ ἐὰν αἰτήσητε ἐν τῷ ὀνόματί μου λήψεσθε, καὶ ὅτι ὁ πιστεύων εἰς ἐμὲ τὰ ἔργα, ἃ ἐγὼ ποιῶ, κἀκεῖνος ποιήσει, καὶ μείζονα τούτων ποιήσει, ὅταν οὐ πρὸς ἐπίδειξιν ἀλλὰ πρὸς σωτηρίαν ψυχῶν μέλλει γίνεσθαι τὰ γινόμενα, ἔφη πρὸς αὐτούς «εἰ καὶ μὴ ἔξεστιν ἐκπειράζειν κύριον τὸν θεόν, ἀλλ' ὅμως εἰ ἐκ ψυχῆς διεγνώκατε προσελθεῖν τῷ θεῷ, αἰτήσασθε ὅπερ καὶ βούλεσθε, καὶ ποιήσει τοῦτο πάντως διὰ τὴν πίστιν ὑμῶν ὁ θεός, κἂν ἡμεῖς ἐσμὲν εὐτελεῖς καὶ ἐλάχιστοι». οἱ δὲ ᾐτήσαντο αὐτὸ τὸ τῆς πίστεως τῶν Χριστιανῶν βιβλίον, ἤτοι τὸ θεῖον καὶ ἱερὸν εὐαγγέλιον, ἐν τῇ ὑπ' αὐτῶν ἀναφθείσῃ ἐμβληθῆναι πυρκαϊᾷ· καὶ εἰ ἀβλαβὲς τηρηθείη καὶ ἄκαυστον,

ὁ δὲ τῷ ἀψευδεῖ πιστεύσας λόγῳ τοῦ εἰπόντος ὅτι ὃ ἂν αἰτήσητε ἐν τῷ ὀνόματί μου, λήψεσθε, καὶ ὁ πιστεύων εἰς ἐμὲ τὰ ἔργα ἃ ἐγὼ ποιῶ κἀκεῖνος ποιήσει, καὶ μείζονα τούτων ποιήσει, ἔφη πρὸς αὐτούς «εἰ καὶ μὴ ἔξεστιν ἐκπειράζειν κύριον τὸν θεόν, ὅμως εἰ ἐκ ψυχῆς διεγνώκατε προσελθεῖν τῷ θεῷ, αἰτήσασθε ὅπερ βούλεσθε, καὶ ποιήσει τοῦτο πάντως διὰ τὴν πίστιν ὑμῶν ὁ θεός, κἂν ἡμεῖς ἐσμὲν ἐλάχιστοι καὶ ἀνάξιοι». οἱ δ' εὐθέως ᾐτήσαντο τὴν τοῦ θείου εὐαγγελίου πυκτίδα ἐν τῇ παρ' αὐτῶν ἀναφθείσῃ ῥιφῆναι πυρκαϊᾷ, καὶ εἰ ἀβλαβὴς αὕτη τηρηθείη, προσελθεῖν καὶ αὐτοὺς τῷ παρ' αὐτοῦ κηρυσσομένῳ θεῷ. ἔδοξε δὴ ταῦτα, καὶ τοῦ ἱερέως πρὸς θεὸν τὰς χεῖρας καὶ τοὺς ὀφ-

ὁ δὲ τῷ ἀψευδεῖ πιστεύσας λόγῳ τοῦ εἰπόντος, ὅτι ὃ ἐὰν αἰτήσησθε ἐν τῷ ὀνόματί μου λήψεσθε, καὶ ὁ πιστεύων εἰς ἐμὲ τὰ ἔργα ἃ ἐγὼ ποιῶ κἀκεῖνος ποιήσει καὶ μείζονα τούτων ποιήσει, ἔφη πρὸς αὐτούς· «εἰ καὶ μὴ ἔξεστιν ἐκπειράζειν κύριον τὸν θεόν, ὅμως εἰ ἐκ ψυχῆς διεγνώκατε προσελθεῖν τῷ θεῷ, αἰτήσασθε ὅπερ βούλεσθε, καὶ ποιήσει τοῦτο πάντως διὰ τὴν αἴτησιν ὑμῶν ὁ θεός, κἂν ἡμεῖς ἐλάχιστοι καὶ ἀνάξιοι». οἱ δὲ εὐθέως ᾐτήσαντο τὴν τοῦ θείου εὐαγγελίου πυκτίδα ἐν τῇ παρ' αὐτῶν ἀναφθείσῃ ῥιφῆναι πυρκαϊᾷ, καὶ εἰ ἀβλαβὴς αὕτη τηρηθείη, προσελθεῖν καὶ αὐτοὺς τῷ παρ' αὐτοῦ κηρυσσομένῳ θεῷ. ἔδοξε ταῦτα· καὶ τοῦ ἱερέως πρὸς θεὸν τοὺς ὀφθαλμοὺς καὶ τὰς

προσελθεῖν τῷ παρ' αὐτοῦ κηρυσσομένῳ θεῷ. ῥηθέντων δὲ τούτων, καὶ τοῦ ἱερέως πρὸς τὸν θεὸν τοὺς ὀφθαλμοὺς καὶ τὰς χεῖρας ἐπάραντος, καὶ εἰπόντος ὅτι δόξασόν σου τὸ ἅγιον ὄνομα, Ἰησοῦ Χριστὲ ὁ θεὸς ἡμῶν, καὶ νῦν ἐν ὀφθαλμοῖς τοῦ ἔθνους τούτου παντός, ἐρρίφη εἰς τὴν κάμινον τοῦ πυρὸς ἡ τοῦ ἁγίου εὐαγγελίου βίβλος. ὡρῶν δὲ διεληλυθυιῶν ἱκανῶν, εἶτα τῆς καμίνου κατασβεσθείσης, εὑρέθη τὸ ἱερὸν πυκτίον διαμεῖναν ἀπαθὲς καὶ ἀλώβητον καὶ μηδεμίαν ὑπὸ τοῦ πυρὸς δεξάμενον λύμην ἢ μείωσιν, ὡς μηδὲ τῶν ἐν τοῖς κλειδώμασι τῆς βίβλου κροσσῶν τὴν οἱανοῦν ὑπομεινάντων φθορὰν ἢ ἀλλοίωσιν. ὅπερ ἰδόντες οἱ βάρβαροι, καὶ τῷ μεγέθει καταπλαγέντες τοῦ θαύματος, ἀνενδοιάστως βαπτίζεσθαι ἤρξαντο.

θαλμοὺς ἐπάραντος καὶ «δόξασόν σου τὸ ἅγιον ὄνομα, Ἰησοῦ Χριστὲ ὁ θεὸς ἡμῶν» εἰπόντος, ἐν ὀφθαλμοῖς τοῦ ἔθνους τουτουὶ ἐρρίφη εἰς τὴν κάμινον ἡ τοῦ ἁγίου εὐαγγελίου βίβλος. ἐφ' ὥρας δὲ ἱκανὰς τῆς καμίνου ἐκκαιομένης, εἶτα καὶ τέλεον μαρανθείσης, εὑρέθη τὸ ἱερὸν πυκτίον ἀπαθὲς καὶ ἀλώβητον διαμεῖναι, μηδεμίαν ὑπὸ τοῦ πυρὸς δεξάμενον λύμην. ὅπερ ἰδόντες οἱ βάρβαροι, καὶ τῷ μεγέθει καταπλαγέντες τοῦ θαύματος, ἀνενδοιάστως πρὸς τὸ βάπτισμα ηὐτομόλουν.

χεῖρας ἐπάραντος καὶ «δόξασόν σου τὸ ἅγιον ὄνομα, Ἰησοῦ Χριστὲ ὁ θεὸς ἡμῶν» εἰπόντος, ἐν ὀφθαλμοῖς τοῦ ἔθνους παντὸς ἐρρίφη εἰς τὴν κάμινον ἡ τοῦ ἁγίου εὐαγγελίου βίβλος. ἐφ' ὥρας δὲ ἱκανὰς τῆς καμίνου ἐκκαιομένης, εἶτα καὶ τέλεον ἐκμαρανθείσης, εὑρέθη τὸ ἱερὸν πυκτίον διαμεῖναν ἀπαθὲς καὶ ἀλώβητον, μηδεμίαν ἀπὸ τοῦ πυρὸς δεξάμενον λύμην. ὅπερ ἰδόντες οἱ βάρβαροι καὶ τῷ μεγέθει καταπλαγέντες τοῦ θαύματος, ἀνενδοιάστως πρὸς τὸ βάπτισμα ηὐτομόλουν.

Des passages cités on reconnaît facilement que la source primitive a été Constantin; de là puisa Scylitzès, et, dans le dernier, à son tour Cédrénus. L'auteur de notre récit se servit de Scylitzès ou de Cédrénus pour le premier baptême des Russes en 866.

La troisième partie de notre récit est la légende de l'introduction de l'alphabet slave par ss. Cyrille et Méthode, dont le dernier apparaît ici sous le nom d'Athanase. Avec le nouvel archevêque, dit le récit, l'empereur Basile envoya aux Russes les deux illustres apôtres slaves. Ils instruisirent le peuple dans les éléments de la foi chrétienne. Voyant qu'il n'était pas en état de s'approprier les 24 lettres grecques, ils lui inventèrent 35 lettres russes dans le but d'affermir la nouvelle doctrine.

Le fond historique de ce récit est l'introduction en Russie de l'alphabet slave inventé par Cyrille. Un autre fait historique est que cet illustre apôtre des Slaves fut envoyé, vers 860—862, par le patriarche Photius dans le midi de la Russie et y répandit le christianisme parmi les Khazars de Kherson, dans laquelle ville il eut son siége [1]). Enfin, il est notoire que vers 866, où Basile était déjà corégent de l'empereur Michel et les Russes embrassèrent la première fois le christianisme, Cyrille vivait encore. L'auteur de notre récit réunit le nom des deux apôtres des Slaves avec celui de leur contemporain, de l'empereur Basile. Conformément aux renseignements de sa source grecque sur le premier baptême des Russes sous Basile, il nous rapporte que c'est cet empereur qui envoya Cyrille et Méthode en Russie, où Cyrille avait déjà auparavant prêché l'Évangile chez les Khazars, et que ces apôtres introduisirent en personne l'alphabet slave par eux inventé. L'idée de l'introduction de l'alphabet slave et de la liturgie slave aux premières origines du christianisme en Russie ne manque pas d'intérêt, car elle correspond à l'introduction à peu près simultanée du même alphabet et de la même liturgie en Bulgarie et dans la Grande Moravie, introduction qui eut lieu peu de temps avant [2]). Elle correspond aussi à peu près aux renseignements des

---

1) Comp. Ginzel, Gesch. der Slavenapostel Cyrill u. Method, p. 25, n. 3.
2) Ginzel, ibidem.

sources russes postérieures qui nous rapportent que, sous l'empereur Basile, le christianisme aurait été propagé à Kiev par Askold et Dir en 866, et qu'en même temps l'alphabet slave aurait été introduit par Cyrille et Méthode [1]).

En résumé, je viens à conclure que notre récit n'est pas une légende de pure invention, mais une compilation récente, du XIII ou XIVe siècle, basée presque exclusivement sur des sources écrites. L'auteur en est un Grec, comme cela est aisément à voir du récit même. L'erreur principale qu'il commet, est qu'il réunit le fait relaté dans la source russe sur le second baptême des Russes sous Vladimir avec l'information de sa source grecque sur leur premier baptême sous l'empereur Basile. Il a suivi ses deux sources de près, en leur faisant des emprunts parfois littéraux, ainsi que le prouvent les passages cités. En faisant Cyrille introduire, suivant une troisième source restée inconnue, en personne l'alphabet slave par lui inventé il s'écarte de la vérité. Mais, d'autre part, ce n'est pas un fait absolument inadmissible que l'introduction simultanée du christianisme et de l'alphabet slave avec la liturgie slave.

III.

Notices sur les élections d'évêques en Russie de 1328 à 1347.

Les notices ci après publiées sont contenues dans un ms. du Vatican, Cod. Vat. Graec. 840, in-folio, feuilles 9 v. à 10 r., datant à peu près du XVe siecle. Elles sont écrites d'une tout autre main que le reste du contenu du manuscrit. L'écriture en est très-illisible, abondant d'abréviations, l'encre très-pâle et en maints endroits presque complètement effacée, de sorte que ce n'est qu'avec beaucoup de peine que l'on parvient à déchiffrer le

---

1) Par ex. Степенная книга, p. 50—51, comp. 84—85.

texte. Les notices ne font voir aucun rapport avec le reste du texte contenu dans le manuscrit et, pourtant, n'en sont pas séparées par un titre distinctif. Elles concernent toutes, sans exception, l'élection et l'ordination de 13 évêques russes, ayant eu lieu de 1328 à 1347. Les notices ne sont pas rangées strictement par ordre chronologique, mais se suivent dans le manuscrit dans le même ordre comme elles sont éditées ici. Dans ce qui va suivre je me base presque exclusivement sur le travail de Mr. Vassiliefsky qui a édité, sur ma copie, lesdites notices en traduction russe et en a longuement conféré [1]).

Tous les 13 actes électifs sont du temps du métropolitain de Kiev et de toute la Russie Théognoste (1328—1353). Grec d'origine, Théognoste vint en 1328 de Constantinople en Russie pour prendre possession de son nouveau diocèse [2]). Sur son voyage, il passa quelque temps dans la Russie méridionale, où il entra pour la première fois en fonctions, d'après les notices № 1 et 2, en ordonnant les évêques de Vladimir-Volynsk et de Galitch. Il s'en suit qu'en ce temps l'autorité de Théognoste sur les évêchés du sud-ouest de la Russie n'était pas encore ébranlée, tandis que plus tard ils firent tous leurs efforts pour se soustraire à la dépendance hiérarchique du métropolitain russe. De la Russie méridionale Théognoste se dirigea vers Moscou. Dans ce temps, le mois d'Octobre de l'année 1329, tombe l'élection de l'évêque de Rostov, Antoine, dont il est fait mention dans le document № 3. La Chronique russe nous informe aussi de cette élection en la plaçant, contrairement au document cité, en 1328. Peu de temps après, en Mai 1330, suivirent les élections

---

1) В. Васильевскій, Записки о поставленіи русскихъ епископовъ при митрополитѣ Ѳеогностѣ въ Ватиканскомъ греческомъ сборникѣ, dans Журналъ Министерства Народнаго Просвѣщенія 1888, Февраль, стр. 445—463. Comp. le référé de Головацкій, Новооткрытый источникъ для церковной исторіи Галицкой Руси XIV ст., dans Литературный сборникъ издаваемый Галицко-Русскою Матицею. 1888 (Львовъ), стр. I—XIX.

2) Pour l'activité du métropolitain Théognoste voir surtout les Annales russes de Nikon.

des évêques de Souzdal et de Tver, comme les documents № 10 et 11 nous l'apprennent. Quant à la Chronique russe elle ne mentionne que l'élection de l'évêque Théodore de Tver, en rapportant que l'élection, ainsi que son ordination, eurent lieu au midi, à Vladimir-Volynsk. Nos documents ne contiennent aucun trait qui puisse servir de point d'appui à cette information. Ce n'est qu'en Mars de l'année 1330 que Théognoste se sera de nouveau dirigé dans la Russie méridionale. Ici eut lieu, le 25 Août 1331, l'élection et la consécration de l'archevêque de Novgorod Basile, sur quoi notre document № 12 et la Chronique russe concordent. Sur le 6 Décembre de la même année tombe, suivant le document № 6, l'élection de l'évêque de Louzk, et en Avril 1332 eut lieu, d'après le document № 5, celle de l'évêque de Tchernigov. Ces indications prouvent suffisamment que le voyage de Théognoste à Constantinople et, ensuite, chez le khan des Tatares, dont parle la Chronique russe, ne put avoir lieu qu'en été de l'année 1332. En 1334 nous retrouvons Théognoste dans la Russie méridionale, car, au rapport du document № 6, il ordonna au mois de Juin de cette année l'évêque de Saraïsk; l'année suivante, 1335, il était de nouveau dans la Russie méridionale où, selon le document № 13, eut lieu l'ordination d'un évêque. Après cela les notices sont interrompues pour un laps de temps assez considérable. Ce n'est que sous l'année 1343 que le document № 7 nous rapporte l'ordination de l'évêque Isaac à Saraïsk, ensuite, sous 1345, le document № 8, l'ordination d'Euthyme à Smolensk, et, finalement, sous 1347, le document № 9, l'ordination de Nathanael à Souzdal. A cette année les notices s'arrêtent. C'est la même année où l'empereur Jean Cantacuzène et le patriarche oecuménique reconnurent documentairement l'autorité absolue du métropolitain russe sur les évêchés du sud-ouest de la Russie qui avaient tenté de former une métropolie indépendante de Galitch[1]).

---

1) Сотр. Павловъ, Памятники древне-русскаго каноническаго права, т. I, Приложенія № 3—8.

Si les notices sont importantes en nous donnant de nouveaux éclaircissements sur les affaires ecclésiastiques de la Russie sous le patriarche Théognoste et sur l'activité de ce dernier, en complétant en même temps la liste des évêques russes[1]), elles ne sont pas moins intéressantes par la lumière qu'elles jettent sur le mode des élections d'évêques du temps d'alors. Ces notices sont un complément précieux du statut russe sur l'élection et l'ordination des évêques que Mr. Pavloff, qui l'a édité[2]), rapporte à l'an 1423. D'après ce statut, le métropolitain convoque à l'élection tous les évêques de son diocèse qui se réunissent à l'endroit où il siége. Les évêques réunis élisent d'entre eux, sans que le métropolitain prenne part au suffrage, trois candidats. Leurs noms sont portés sur un rôle remis scellé au métropolitain qui fait son choix parmi les candidats proposés. Après que le métropolitain a solennellement annoncé l'élection, il est procédé à l'ordination de l'évêque nouvellement élu qui consistait en la profession du crédo et en la consécration solennelle par le métropolitain. Dans nos notices, l'ordre canonique de l'élection est strictement observé. Après la proclamation de l'élu (ψῆφος γινομένη, ψῆφος ἐγένετο) les évêques se réunissent (παρόντων τῶν θεοφιλεστάτων ἐπισκόπων) ou bien envoient leur consentement écrit (συναινούντων καὶ τῶν λοιπῶν). Ensuite trois candidats sont nommés (ψηφισθέντων τριῶν ἀξίων προσώπων κατὰ τάξιν κανονικήν), dont un d'entre eux est choisi par le métropolitain (προκριθεὶς καὶ ἐκλεγείς) et après cela solennellement ordonné (ἐχειροτονήθη). Il n'y a que le document № 9 qui est quelque peu abrégé. Donc, ces notices sont la meilleure preuve de ce que les prescriptions canoniques étaient appliquées aux élections d'évêques non seulement au XV siècle, mais déjà dans la première partie du XIV siècle.

Il ne nous reste qu'à démontrer l'origine probable de nos do-

---

1) Сотр. Строевъ, Списки іерарховъ и настоятелей монастырей Россійской церкви. С.-Пб. 1877. Le supplément a été compilé par Mr. Vassiliefsky, l. c., p. 461 suiv.

2) Памятники др.-русск. канон. пр., I, стр. 437—464.

cuments. Mr. Vassiliefsky, en abordant ce sujet, relève leur ressemblance manifeste avec les rôles russes des élections épiscopales dont une a été éditée par Pavloff, sur un manuscrit de la Bibliothèque synodale de Moscou[1]). Afin de ne laisser aucun doute sur ce point, j'en cite ci-après le texte, en regard à celui d'un de nos documents.

Избраніе Евѳимія на епископію сарскую и подонскую. Въ лѣто 7005, мѣсяца декабря 17 день, повелѣніемъ господина преосвященнаго Симона митрополита всея Руси, сѣдоша боголюбивіи архіепископи и епископи: Тихонъ, архіепископъ ростовскій и ярославскій, Нифонтъ, епископъ суждальскій и торусскій, Васіанъ епископъ тверскій, имѣюще съ собою волю и хотѣніе архіепископа и епископовъ русскихъ, елици суть и не пришли, въ честнѣмъ храмѣ, въ соборные Богородици, въ придѣлѣ Похвалы пречистыя Богородици, и избраша въ святѣйшую епископію сарскую и подонскую священноинока Мартирія, священноинока Давида, священноинока Евѳимія, и поставиша его епископомъ сарскимъ и подонскимъ.	῎Ετους ͵ϛωλϛ΄, μηνὶ Μαΐῳ, ἰνδικτιῶνος ιαʹ, ψῆφος γινομένη τῆς θεοσώστου πόλεως Βολεδιμοίρου, παρόντων θεοφιλεστάτων ἐπισκόπων τοῦ τε Μάρκου Παραμουσθλίου, Γρηγορίου Χολμίου, Θεοδοσίου Λουτζικῶν καὶ Στεφάνου Τουρώβων, συναινούντων καὶ τῶν λοιπῶν ἐπισκόπων ἀπάσης Ῥωσίας· ψηφισθέντων οὖν τριῶν ἀξίων προσώπων κατὰ τάξιν κανονικήν, τοῦ τε ἱερομονάχου Ἀθανασίου, τοῦ ἱερομονάχου Θεοδώρου καὶ τοῦ ἱερομονάχου Πέτρου· προκριθεὶς καὶ ἐκλεγεὶς ὁ ἱερομόναχος Ἀθανάσιος ἐχειροτονήθη ἐπίσκοπος τῆς θεοσώστου πόλεως Βλαδιμήρου.

La ressemblance des deux documents, non obstant qu'ils ont été écrits à 70 années d'intervalle, est à tel point manifeste que

---

1) l. c., стр. 447, прим. 9.

le texte grec jusqu'à la formule conclusive avant la résolution définitive et l'ordination, ne peut être qu'une traduction du rôle d'élection russe. Je suis même enclin à croire qu'à Théognoste, un Grec, le rôle d'élection fut présenté en langue grecque et qu'il y inscrit sa note sur la résolution définitive. De plus, il y a tout lieu d'admettre que tels rôles d'élection furent conservés par le métropolitain et inscrits dans un registre spécial.

Les notices du Codex Vaticanus sont en tout cas basées sur des rôles d'élection grecs du temps de Théognoste. Quant à y voir un extrait d'un registre tenu d'une manière suivie, ceci ne pourrait être admis, comme Mr. Vassiliefsky le remarque avec raison. Car, d'une part les notices sur les élections d'évêques entre 1328—1347 ne sont pas rangées par ordre chronologique, ce qui ne saurait être admis dans de registres, tandis que de l'autre, la comparaison avec la Chronique russe montre qu'elles contiennent aussi des lacunes, d'autres élections d'évêques ayant eu lieu pendant cette période. Il est bien plus difficile de dire comment une copie ou un extrait des rôles d'élection confirmés par le métropolitain Théognoste ait put passer dans le manuscrit du Vatican. Mr. Vassiliefsky essaie de résoudre la question en proposant deux hypothèses. D'abord il attire notre attention sur le fait que les notices ne sont continuées qu'à l'an 1347. Dans cette année tombent les chartes de l'empereur Jean Cantacuzène et du patriarche oecuménique Isidore[1]) abrogeant le décret antérieur suivant lequel les diocèses de la Russie méridionale devaient former une métropolie séparée de Galitch. Mr. Vassiliefsky suppose que cette affaire avait été délibérée dans le patriarcat de Constantinople et que Théognoste y avait adressé ces documents pour servir de preuve que les prétentions de l'évêque de Galitch n'étaient pas fondées et que les évêques de la Russie méridionale avaient reconnu dès le commencement son autorité. C'est de Constantinople que les documents avaient dû être répandus

---

1) Édités par Павловъ, l. c.

plus loin. En second lieu, Mr. Vassiliefsky émet l'avis que ces documents aient pu passer en Italie par l'intermédiaire du métropolitain russe Isidore, aussi Grec de naissance, qui assista au concile de Florence. Ce dernier ne consulta pas seulement les manuscrits grecs conservés à Rome, mais eut la chance d'obtenir 200 manuscrits, dont le pape Callixte III lui fit don.

Je pense qu'il n'est pas possible de prononcer un jugement définitif sur cette question. Je ne puis que dire que le Cod. Vatic. graec. 840 est un recueil et que nos notices y sont écrites d'une autre main que le reste du contenu. Considérant l'écriture illisible et les caractères, ainsi que les corrections dans le texte, on pourrait conclure que nos notices n'appartiennent pas à un scribe professionel qui les a tirées d'un autre manuscrit, mais y sont insérées par hasard. Je pourrais, en outre, référer à un autre manuscrit slavo-russe № 14 du Vatican, appartenant aussi au XV siècle [1]). Sur feuille 111, en marge, il contient en langue grecque un catalogue des diocèses russes dépendant de la métropolie de Kiev. Cette liste énumérant 18 diocèses a été écrite entre 1383—1461 et, par conséquent, est à peu près contemporaine à nos notices. Malheureusement je ne pus voir le manuscrit lors de mes travaux au Vatican, de sorte que je ne suis pas à même de dire quelque chose sur les rapports existants entre la liste et nos notices. En tout cas les deux manuscrits prouvent que des notices grecques sur les affaires d'église de la Russie ont existé à Rome au XV siècle.

IV.

Fragment d'une lettre de Nassir, sultan d'Égypte, à l'empereur de Constantinople Andronic III.

Le ms. 952 du Vatican (Codex Vaticanus graecus 952), in-8°, sur papier, du XV siècle, contient, sur feuil. 145 v.—146 v., le

---

[1]) Voir Красносельцевъ, Свѣдѣнія о нѣкоторыхъ литургическихъ рукописяхъ Ватиканской библіотеки. Казань 1885, p. 162.

fragment d'une lettre du sultan d'Égypte Melik Nassir Mohammed (1293—1341) à l'empereur Andronic III (1328—1341). Après la formule de début où les titres respectifs des deux souverains sont donnés au long, il est passé à une affaire concernant le patriarche de Jérusalem Lazare, sur quoi la lettre s'arrête.

Nous apprenons de Cantacuzène[1]), que dans les dernières années du règne de l'empereur Andronic III, Lazare fut élu patriarche de Jérusalem et s'était rendu à Constantinople dans le but d'y obtenir sa confirmation. A la suite d'une calomnie émanant d'un moine Gérasime, la confirmation fut différée, Lazare même retenu dans la capitale jusqu'au jugement de sa cause et une ambassade envoyée à ce sujet au sultan d'Égypte Nassir. Le résultat de l'ambassade est passé sous silence par Cantacuzène; mais comme pendant ce temps Andronic était venu à mourir, Gérasime fut élu patriarche de Jérusalem à la place de Lazare. En 1348 seulement l'empereur Jean Cantacuzène délégua de nouveau une ambassade auprès du sultan d'Égypte Hassan pour le prier, entre autres, de déposer Gérasime et de rétablir Lazare dans la dignité de patriarche «car il n'en doit pas être autrement pour les évêques des villes soumises à ces barbares». Le sultan déféra à la demande de l'empereur et lui répondit par une lettre dont Cantacuzène nous a transmis la teneur mot à mot.

Il n'y aura, donc, pas de méprise de ma part, si je vois dans la missive éditée par moi la réponse du sultan Nassir à la première ambassade d'Andronic III. Par conséquent, nous aurons à la placer dans le dernier an du règne de cet empereur, savoir 1340 ou 1341.

Ne manquent pas d'intérêt les nombreux titres que Nassir confère dans cette lettre tant à soi qu'à Andronic. La lettre postérieure de Hassan à Cantacuzène énumère aussi les titres de l'empereur de Constantinople et à peu près identiquement à notre

---

1) IV, 14, ed. Bonn. III, p. 90 suiv.

lettre. Pour prouver la concordance des deux documents, je cite de la missive postérieure, datant de 1348, le passage correspondant[1]): εἰς τὸ ὄνομα τοῦ θεοῦ τοῦ ἐλεοῦντος καὶ ἐλεήμονος. μακροημερεύσοι ὁ θεὸς ὁ ὕψιστος πάντοτε τὰς ἡμέρας τῆς βασιλείας τοῦ μεγάλου, τοῦ εὐεργετικοῦ, τοῦ φρονίμου, τοῦ λέοντος, τοῦ ἀνδρείου, τοῦ ἐν πολέμοις ὁρμητικοῦ, εἰς ὃν οὐ δύναταί τις σταθῆναι ἔμπροσθεν αὐτοῦ, τοῦ σοφωτάτου εἰς τὸ δόγμα αὐτοῦ, τοῦ δικαιοτάτου εἰς τὸν τόπον καὶ τὴν χώραν αὐτοῦ, τοῦ θεμελίου τῆς πίστεως καὶ τοῦ δόγματος τῶν χριστιανῶν, τοῦ κίονος τοῦ ἀσείστου ἁπάντων τῶν βεβαπτισμένων, τοῦ βοηθοῦ τῶν δογμάτων τοῦ Χριστοῦ, τῆς σπάθης τῶν Μακεδόνων, τοῦ Σαμψών, τοῦ βασιλέως τῶν Ἑλλήνων, τοῦ βασιλέως τῶν Βουλγάρων, τῶν Ἀσανίων, τῶν Βλάχων, τῶν Ῥώσων καὶ τῶν Ἀλανῶν, τῆς τιμῆς τοῦ δόγματος τῶν Ἰβήρων καὶ τῶν Σύρων, τοῦ κληρονόμου τῆς βασιλείας τῆς γῆς αὐτοῦ, τοῦ αὐθέντου τῶν θαλασσῶν καὶ τῶν ποταμῶν τῶν μεγάλων καὶ τῶν νήσων, Ἀγγέλου Κομνηνοῦ Παλαιολόγου τοῦ Καντακουζηνοῦ.

S'il est déjà curieux de posséder deux missives des sultans d'Égypte aux empereurs de Constantinople des années 1340 et 1348, avec les titres complets des deux souverains, il est encore d'une bien plus grande importance que l'empereur est nommé dans la première αὐθέντης τῆς Ῥωσίας, de même que dans la seconde βασιλεὺς τῶν Ῥώσων. Il est probable que ce titre traita une possession byzantine sur la mer Noire ou la mer d'Asov. Comme une discussion détaillée ne manquerait pas de nous mener trop loin, je me bornerai en indiquant le fait, qu'encore au XII siècle, sous les empereurs Manuel Comnène et Isaac l'Ange, les villes Rossia et Matracha, situées probablement sur la côte orientale de la mer d'Asov, sont citées comme des possessions byzantines[2]). Pareillement l'empereur de Trébizonde Alexis III se qua-

---

1) Cantacuz. IV, 14, ed. Bonn. III, p. 94.
2) Miklosich et Müller, Acta et dipl. gr. med. aevi, III, 35. Comp. Heyd, Gesch. des Levantehandels, I, 225 suiv. Васильевскій, Русско-византійскіе отрывки VII, dans Журналъ Министерства Народнаго Просвѣщенія, 1878, Январь, стр. 110 слѣд.

lifiait encore en 1347 αὐθέντης τῆς Περατείας, d'après les possessions grecques d'autrefois dans le chersonèse Taurique¹).

V.

Lettres du hiéromonaque Isidore, dans la suite métropolitain de Kiev.

Le personnage le plus remarquable qui ait tenu le siége métropolitain de Russie au XV siècle, est, sans contredit, le métropolitain Isidore (1437—1442). Il est autant connu qu'il est malfamé par la part qu'il eut au concile unitaire de Florence. Contrairement aux intérêts du grand-duc de Russie, il favorisa ouvertement l'union des églises catholiques romaine et grecque et c'est là la cause pourquoi les historiens russes l'ont flétri du nom de traître. Cependant pour pouvoir porter un jugement équitable sur sa personnalité, il importe avant tout de mettre en lumière sa vie, ses idées dominantes et ses tendances avant son arrivée de Constantinople en Russie.

Nous ne savons rien de certain sur l'origine d'Isidore. Au rapport des uns, il aurait été Grec[2], selon les autres, d'origine slave[3]. Sa ville natale paraît avoir été Constantinople ou Thessalonique[4]. Nous le rencontrons pour la première fois en 1434

---

[1] Сотр. Брунъ, Черноморскіе готы и слѣды долгаго ихъ пребыванія въ южной Россіи, dans Записки Имп. Академіи Наукъ, т. XXIV, стр. 40.

[2] Ducas, c. 3, ed. Bonn. p. 252, cite parmi les personnes qui prirent part au concile de Florence: τόν ποτε ἀρχιεπίσκοπον Ῥωσίας Ἰσίδωρον, ἄνδρα συνετὸν καὶ σώφρονα καὶ πεπαιδευμένον ἐν δόγμασιν ὀρθοῖς, Ῥωμαῖον τὸ γένος.

[3] Филарета, И. Р. Ц., изд. 5, т. III, стр. 98. прим. 154: «Ватиканское извѣстіе объ уніи (слав. рук. № 12) называетъ Исидора словакомъ; это, вѣроятно, по его знанію славянскаго языка». Макарія, И. Р. Ц., IV, 106........ «поспѣшили назначить на каѳедру русской митрополіи Исидора, родомъ Болгарина».

[4] Bandini, De Bessarionis vita, rebus gestis, scriptis commentarius. Romae 1777, c. VIII, adn. 15 (dans Migne Patr. Gr. 161, p. III sq.): Isidorus patriam habuit Thessalonicam vel Constantinopolim, ut alii tradunt. Cf. Ciaconii, Vitae et res gestae pontificum romanorum et cardinalium, I, col. 903: Isidorus Thessalonicensis monachus S. Basilii, et abbas S. Demetrii Constantinopolitani, Archiepiscopus Ruthenorum...

où il était abbé au monastère de s. Démétrius à Constantinople[1]). Au commencement de cette année il fut délégué avec le stratopédarche Démétrius Paléologue et le dishypate Jean au concile de Bâle. C'est déjà à cette occasion que le clergé grec trouva à se plaindre de la connivence des envoyés grecs. Isidore, surtout, ne se comporta pas en représentant zélé de l'église grecque et n'aurait pas hésité à faire aux Latins des concessions plus ou moins importantes dans le but d'une union avec l'église romaine. Il fut reproché aux délégués grecs qu'ils s'étaient laissés duper au concile et un vote de méfiance fut prononcé contre eux[2]).

Peu de temps après Isidore fut désigné à succéder à Photius sur le siége métropolitain de Russie. Partisan fidèle de l'empereur grec et en sa qualité de médiateur entre les deux églises, il était en ce moment justement la personne la plus propre à faire avancer en Russie la cause de l'union. Au commencement de 1437 il partit pour son diocèse, avec la mission de faire envoyer les princes russes des délégués au concile unitaire. L'activité ultérieure d'Isidore en Russie est connue[3]). Malgré le grand-duc Vassili Vassiliévitch il réussit à se faire déléguer en Italie, au concile unitaire[4]). Par sa conduite au concile, il devint tellement odieux au grand-duc et au clergé russe qu'à son retour il fut jeté dans une prison d'où il se sauva à Rome. Nommé

---

[1] Sylv. Sguropuli, Vera historia unionis non verae inter Graecos et Latinos, sive concilii Florentini exactissima narratio. Hagae-Comitis 1660. II, 21 (p. 17): ἐκλέγεται τοίνυν.... τὸν τότε τιμιώτατον ἐν ἱερομονάχοις καὶ καθηγούμενον τῆς σεβασμίας μονῆς τοῦ ἁγίου Δημητρίου, κῦρον Ἰσίδωρον τὸν μετὰ ταῦτα Ῥωσίας γεγονότα καὶ ἐς ὕστερον πρὸς τὸ τοῦ Καρδηναλίου ὑψωθέντα βάραθρον.

[2] Consulter sur ce sujet I. Zhisman, Die Unionsverhandlungen zwischen der orientalischen und römischen Kirche seit dem Anfange des XV Jahrhunderts bis zum Concil von Ferrara. Wien, 1858, p. 64 suiv. Cecconi, Studi storici sul concilio di Firenze. t. I. Firenze, 1869, p. 66 suiv., LXXX suiv.

[3] Comp. Филарета, И. Р. Ц., III, 96 suiv. Макарія, И. Р. Ц., V, 339 suiv.

[4] Th. Frommann, Kritische Beiträge zur Geschichte der Florentiner Kirchenvereinigung. Halle 1872.—Исторія Флорентійскаго собора. Москва 1874.— Comp. aussi Wolfgang v. Goethe, Studien und Forschungen über das Leben und die Zeit des Cardinals Bessarion 1395—1472. Bd. I. Die Zeit des Concils von Florenz. 1871, p. 72 suiv.

cardinal il fut témoin oculaire du siége de Constantinople par les Turcs et mourut à Rome en 1463.

Bandini nous fait une courte énumération des écrits d'Isidore [1]. De nombreuses lettres de lui sont conservées dans différentes bibliothèques d'Italie. Elles ne peuvent avoir aucun intérêt pour l'histoire russe se rapportant toutes à l'époque postérieure où Isidore séjournait déjà en Italie. D'une grande importance sont, par contre, six de ses lettres datant toutes d'une époque plus reculée où Isidore habitait encore la Grèce et sur laquelle nous ne savons rien. Elles renferment des notices sur son activité antérieure, précieuses sous le rapport qu'elles nous reflètent une image plus sympathique d'Isidore que les descriptions russes. En se basant sur la cinquième lettre on peut conclure qu'elles ont été écrites toutes avant 1425. Ces lettres nous sont conservées dans le Codex Vaticanus graecus 914, sur papier, in-8°, environ du XV° siècle. Les feuillets 50 r. à 62 v. contiennent les 3 groupes suivants de lettres d'Isidore:

fol. 50 r.—55 v. Ἰσιδώρου ἱερομονάχου ἐπιστολαί. α'—ς'.

fol. 56 r.—58 v. Τοῦ αὐτοῦ εὐχαί. α'—δ'. Par ex. Εὐχὴ ἐπιβατήριος εἰς τὴν πόλιν Μονεμβασίαν.

fol. 59 r.—62 v. Τοῦ αὐτοῦ ἕτεραι ἐπιστολαί. α'—ζ'. Par ex. Τῷ σακελλαρίῳ Μιχαήλ.

Nous n'avons édité que les six lettres du premier groupe, les deux autres groupes ayant été laissés de côté.

Les *deux premières des lettres* publiées dans ce recueil sont adressées au fameux humaniste italien Guarinus (Guarino). On sait que Guarinus était resté cinq ans à Byzance pour étudier la langue et la littérature grecques et qu'il avait fait ses cours sous Manuel Chrysoloras et, ensuite, sous Jean Chrysoloras, neveu du premier. Vers 1410 il était de retour en Italie [2]. De deux lettres qu'Isidore lui a écrites il est à voir que, lors de son séjour en

---

1) l. c., col. 904.
2) Comp. Voigt, Wiederbelebung des classischen Alterthums. 2 édit., tom. I, 226, 347, 429; II, 114.

Orient, Guarinus avait aussi visité les îles de Chios et de Rhodos. Isidore fait encore mention de ses voyages en Italie, à Aquilée, Rome et Florence. C'est évidemment à Constantinople que les deux avaient fait connaissance et s'étaient liés d'amitié. Dès ce temps là ils entretenaient un commerce de lettres, comme nous le prouvent les deux lettres d'Isidore qui nous occupent pour le moment, répondant à des missives reçues de la part de Guarinus. Je place les six lettres d'Isidore entre 1415 et 1425, puisque, d'une part, plusieurs années s'étaient écoulées depuis que Guarinus avait quitté en 1410 Constantinople[1]), comme les lettres elles-mêmes nous l'apprennent, et parce que, d'autre part, la cinquième lettre fut encore écrite du vivant de l'empereur Manuel († 1425). Les relations existant entre Isidore et Guarinus ne se bornaient pas à une simple correspondance; il y avait entre eux de rapports littéraires, car ils s'envoyaient des manuscrits des auteurs classiques grecs. Guarinus avait rapporté déjà de son voyage à Constantinople une grande collection de livres grecs[2]). Nous apprenons de la première lettre d'Isidore qu'il avait envoyé à son ami l'Anabase et le traité des Economiques de Xénophon, ainsi que les oeuvres de Hiéron, et lui avait encore promis les écrits de Lucien et d'Athénée. Guarinus, à son tour, lui avait promis d'envoyer les ἀπὸ τῶν ὅων κώδικας[3]). Isidore fait encore l'éloge de la connaissance profonde de Guarinus des langues latines et grecques qu'il possédait jusqu'à la perfection. La langue de Cicéron lui était aussi familière que la langue d'Aristide et de Demosthène et cela à tel point que l'on pouvait le prendre aussi bien pour un Italien que pour un Grec.

Pour l'histoire russe ces deux lettres sont d'un intérêt particulier par la nouvelle lumière qu'elles projettent sur la tendance et les visées d'Isidore. Dans la littérature historique russe ce métro-

---

1) ἀλλὰ σὺ μὲν ἅπαξ ἐπιστέλλεις τοῦ ἔτους, καίτοι, τί λέγω, ὅτε καὶ δύο πολλάκις παρῳχηκότων ἐτῶν μόλις ἥκει μοι γράμματα παρὰ σοῦ.
2) Voigt, l. c., p. 347.
3) La lecture de ce passage doit être vicieuse.

politain est flétri du nom de traître et d'apostat de la cause russe pour avoir pris part aux conciles de Florence et de Ferrare[1]). Un tel jugement serait parfaitement fondé si Isidore avait était un ecclésiastique strictement orthodoxe, comme le voulait la tradition du clergé greco-russe. Mais de deux lettres adressées à Guarinus il apparaît qu'Isidore n'entretenait pas seulement, longtemps avant qu'il vint en Russie comme métropolitain, en 1437, des relations animées avec les humanistes italiens et, naturellement, aussi avec les humanistes grecs, mais était lui-même humaniste par ses convictions et son éducation. Ses pensées et visées étaient tout autres que celles du clergé orthodoxe et n'avaient rien de commun avec les aspirations chrétiennes. Il préférait la lecture des vers d'Homère et de Sophocle à celle des Psaumes et trouvait plus de goût aux discours élégants de Cicéron qu'aux écrits arides des pères d'église. Quoiqu'il il n'osât, comme du reste pas un seul des humanistes, se déclarer ouvertement contre le christianisme et l'église et attaquer leurs formes conventionnelles, il ne restait pas moins païen, vouant à l'église sa plume, mais non le coeur. Son indifférence pour toute doctrine ecclésiastique et théologie explique suffisamment le parti qu'il embrassa au concile dont le fond, d'ailleurs, était éminemment politique.

Nous avons la meilleure illustration de l'indifférentisme religieux du mouvement humaniste dans son compatriote et contemporain, le fameux humaniste Georges Gémiste Pléthon, qui, comme Isidore, prit part au concile unitaire. Dans ses préceptes ($νόμοι$) celui-ci n'avait fait rien de moins que projeter la fondation d'une nouvelle religion philosophique et une réforme de l'ordre de la société et avait rassemblé autour de lui un petit cercle de personnes partageant ses idées auquel appartenait aussi Bessarion, qui un jour devait devenir cardinal. Son oeuvre prêchait une théologie mystique qui avait pour base le néo-platonisme

---

[1]) Филаретъ, И. Р. Ц., III, 96 suiv. l'appelle «лжепастырь», de même Макарiй, И. Р. Ц., V, 339 suiv. et d'autres encore.

et s'opposait au christianisme, tandis que la vie politique et sociale devait être réformée d'après l'exemple de l'ancienne Laconie [1]).

Il est tout naturel qu'Isidore, représentant de la même tendance humaniste, dût au moins faire preuve d'un indifférentisme complet pour tous différends dogmatiques. La question de l'union des églises ne pouvait l'intéresser qu'autant qu'elle avait un côté politique. Grec de naissance et patriote ardent il devait être animé du désir de trouver du secours pour Constantinople que les Turcs menaçaient. En sa qualité de confident intime de l'empereur grec, il était naturellement appelé à représenter des intérêts de celui-ci à l'étranger. Ainsi, en 1434, au concile de Bâle, il se présente déjà moins comme représentant zélé de l'église grecque que préoccupé de ses buts politiques pour arriver auxquels il n'aurait pas hésité de faire au Latins des concessions plus ou moins importantes, d'autant plus que les différences qui séparaient les deux églises ne se présentaient à lui que peu essentielles et insignifiantes. Aux conciles de Florence et de Ferrara nous voyons de nouveau le patriote grec et le partisan fidèle de l'empereur. Considérant son indifférence pour toutes questions ecclésiastiques en général il est facile à comprendre pourquoi il ne se comporta pas aussi à cette occasion en défenseur zélé de l'orthodoxie greco-russe. Avant tout il ne pensait qu'à sauver l'hellénisme de l'oppression par les Turcs barbares; comme humaniste la question dogmatique ne l'intéressait qu'en dernier lieu. La conséquence inévitable fut qu'Isidore tomba en contradiction avec les intérêts de l'église russe. Les tendances et visées des patriotes russes sont clairement exposées dans le rapport de Siméon de Souzdal qui l'accompagna au concile de Florence. Le métropolitain y est dépeint comme serviteur du pape auquel il s'était vendu pour du vil argent, tandis que le sauveur de l'orthodoxie russe,

---

1) Comp. Schultze, Georgios Gemistos Plethon und seine reformatorischen Bestrebungen. Jena 1874.

le grand-duc Basile, est pour ainsi dire porté aux nues [1]). L'opinion que Siméon s'était formée sur Isidore prédomine aussi dans l'essentiel dans la littérature historique russe moderne. Ce jugement sévère et défavorable doit être pourtant considérablement mitigé et modifié, si nous envisageons Isidore comme patriote grec et représentant ardent du mouvement humaniste. Par ses tentatives unitaires il devait se mettre en opposition au clergé russe orthodoxe auquel ses idées et tendances étaient incompréhensibles.

La *troisième* et *quatrième lettres* sont adressées au métropolitain de Midia, sur la Mer Noire, et à Chortasmène, personnage inconnu. Nous voyons par ces lettres qu'Isidore entretenait une assez vaste correspondance, car, entre autres, il y mentionne deux lettres qu'il avait écrites à un certain Macaire. Nous y apprenons, encore, qu'Isidore se trouvait en ce temps dans le Peloponnèse et était obligé de faire des voyages tantôt dans l'Epidaure, tantôt à Sparte. Le reste du contenu de ces lettres ne présente rien d'intéressant.

Plus importante, par contre, est la *cinquième lettre* adressée à l'empereur Manuel II. Elle l'est surtout parce qu'elle nous peut servir de point d'appui pour la détermination de l'époque à laquelle toutes ces lettres d'Isidore appartiennent. Comme Manuel mourut en 1425 et que les lettres à Guarinus furent écrites quelques années après son retour en Italie, nous devrons, donc, placer les lettres d'Isidore entre 1415 et 1425. De plus, nous apprenons de la lettre en question qu'Isidore jouissait déjà en ce temps d'une certaine influence et que divers rapports existaient entre lui et l'empereur Manuel. Il s'en suit qu'Isidore s'acheminait alors de la haute position qu'il dut occuper dix ou quinze ans plus tard au concile de Bâle, en 1433. Finalement, la lettre est intéressante au plus haut degré par les éclaircissements qu'elle nous donne sur le Peloponnèse.

---

1) Édité, entre autres, dans Матеріалы для Исторіи Русской Церкви. Харьковъ 1861, vol. I, p. 60 suiv.

Isidore se trouvait alors dans le Peloponnèse, peut-être à Nauplie, comme la lettre précédente nous l'a déjà appris. Dans la présente lettre il décrit à l'empereur un voyage qu'il avait fait en Laconie; probablement il s'agit ici du même voyage, dont il avait fait mention dans sa lettre à Chortasmène. Il se rendit par voie de mer dans le golfe Laconien et débarqua dans le port de Bityla. C'était, au dire d'Isidore, une petite ville grecque, fort ancienne, dont les habitants, cependant, n'étaient pas des Grecs, mais des étrangers et des barbares. Ils se distinguaient des Grecs non seulement par leur extérieur et les armes qu'ils portaient, aussi bien en temps de guerre que pendant la plus profonde paix, mais encore par leurs moeurs et coutumes. Ils surpassaient en férocité les Scythes mêmes. Isidore avait entendu d'eux déjà auparavant, sans pourtant ajouter foi à ce que l'on lui avait conté jusqu'à ce qu'il se fut convaincu de ses propres yeux. Quand il était arrivé à les connaître de plus près, il trouva en eux les plus fidèles sujets de l'empereur et ne manque pas de faire leur éloge dans son rapport. D'ici Isidore se rendit à Sparte, siége d'un évêque.

Il est hors de doute que dans la population étrangère du port de Bityla décrite par Isidore nous devons voir des Albanais. Les Albanais dans le Peloponnèse et, en particulier, en Laconie sont mentionnés pour la première fois en 1349 et en 1391 ils y apparaissent établis [1]). D'après Chalcocondyle, les Albanais peuplaient les montagnes du Taygète et le promontoire Ténare, et étaient connus sous le nom de Vlaques; ils appartenaient à la même race que les habitants du Pinde [2]). A partir du XV siècle, il est souvent

---

1) Comp. à ce sujet Hahn, Albanesische Studien. Jena 1854, p. 319.—Sathas, Documents inédits relatifs à l'histoire de la Grèce au moyen âge, t. J, p. XVII suiv.

2) Chalcocond., ed. Bonn., p 35: ὡς μέντοι διέσπαρται ἀνὰ τὴν Εὐρώπην, πολλαχῇ ᾤκησαν, ἄλλῃ τε δὴ καὶ ἕν τινι τῆς Πελοποννήσου χώρας τε τῆς Λακωνικῆς ἐς τὸ Ταΰγετον ὄρος καὶ ἐς τὸ Ταίναρον ᾠκήμενον· ᾧ δὴ καὶ ἀπὸ Δακίας ἐπὶ Πίνδον τὸ ἐς Θετταλίαν καθῆκον ἐνοικῆσαν ἔθνος. Βράχοι δὲ ἀμφότεροι ὀνομάζονται. Comp. p. 319.

fait mention des Albanais dans les documents vénitiens[1]). A ce qu'il paraît ils étaient arrivés avec le temps à constituer dans certains endroits la partie prépondérante de la population[2]). La lettre d'Isidore est sous ce rapport un témoignage important renfermant en même temps d'intéressants détails sur ces cantonnements albanais.

La *sixième* et *dernière lettre* est adressée au métropolitain de Russie où le siége de Kiev fut tenu, de 1410 à 1431, par Photius. On y voit que Photius avait expédié des missives accompagnées de cadeaux à ses amis, probablement à Constantinople. Isidore se plaint vivement de ce que le métropolitain n'a pas pensé à lui et ne l'a pas compris dans le nombre de ses intimes. Dans une réunion on avait longuement discuté les qualités et mérites du métropolitain et, tandis que les uns avaient proclamé les vertus de Photius, Isidore aurait fait les meilleurs éloges de son activité parmi les Russes et les Tartares et de son rôle de pacificateur des princes russes qui ne voulaient entendre que la voix de l'ambition. Un des assistants récemment revenu de Russie aurait rapporté comment Photius avait sauvé la Russie d'un grand danger par son intervention énergique et pleine d'abnégation. Des alliés du grand-duc s'étaient réfugiés chez les Tartares dans le but de les soulever contre lui. En plein hiver, par un grand froid, Photius s'était rendu chez les Tartares, sans craindre les périls du voyage, et n'avait pas seulement réussi à les empêcher d'invader le territoire russe, mais y avait encore obtenu la libération des prison-

---

1) P. ex. sous l'an 1421, chez Sathas, l. c., I, 112; 1422, ibid. 118; 1423, ibid. 151 etc.

2) Comparer, à titre d'exemple, un document de l'an 1481, Sathas I, p. XXI, not. 2, où, sur la proposition du gouverneur de Monembasie, le sénat de Venise statue que: non possunt habere stipendium dominii nostri homines habentes parentelam cum civibus, sed quoniam in civitate Malvasiae provinciae Amoree, et principaliter in castello quod est clavis et conservatio civitatis, major pars stipendiariorum sunt Graeci et Albanenses Graeci in quorum manu constitit illius civitatis status, convenit nostro dominio quod aliis locis nostris observatur; vadit pars quod in castello civitatis Malvasiae de caetero scribi non possit in stipendium nostri dominii aliquis Graecus aut Albanensis, sed solummodo Itali subditi nostri.

niers chrétiens. Isidore termine la lettre en priant le métropolitain de vouloir à l'avenir aussi penser à lui.

Photius était Grec de naissance et originaire du Peloponnèse. En tout cas sa connaissance avec Isidore devait remonter à une époque plus ou moins reculée et le dernier se plaint ici de ce qu'il avait été négligé par Photius dans le dernier temps. Moins claire se présente la question des évènements en Russie auxquels la lettre fait allusion. Nous savons de la Chronique de Nikon, qu'à la suite des menées des fils de Boris Constantinovitch, prince dépossédé de Nijny-Novgorod, le khan de Kiptchak Zeleni-Sultan[1]) envoya en 1412 des ambassadeurs à Moscou, au grand-duc Vassili II, en le sommant de rétablir Daniel, fils de Boris, à Nijny-Novgorod. Avec l'aide des Tartares le prince chassé réussit à prendre Vladimir et à piller cette ville. Le métropolitain Photius, qui se trouvait tout près de là, se réfugia dans les impraticables environs de la ville. Ensuite, le grand-duc se rendit en personne à Saraï où il parvint à gagner le khan des Tartares lequel confirma la déposition des fils de Boris Constantinovitch. Il se peut que la lettre renferme une allusion à cet évènement qui, en tout cas, est reproduit altéré. S'il en était ainsi, nous aurions de nouveau l'an 1415 comme époque où la lettre fut écrite. C'est un fait intéressant et important pour nous qu'Isidore avait déjà en ce temps des rapports avec la Russie et connaissait l'état des choses dans un pays où plus tard il était appelé à occuper le siége d'un métropolitain.

VI.

Lettres des patriarches grecs envoyées en Russie (1557—1613).

Les présentes 23 lettres des patriarches de Constantinople, d'Alexandrie, de Jérusalem et d'Antioche appartiennent à l'époque

---

1) Le Djelal-ed-din des historiens arabes et turcs.

de 1557—1613, jusqu'à l'avènement au trône de Moscou de la dynastie Romanoff. Huit lettres sont publiées par nous d'après les manuscrits originaux conservés aux Archives Principales de Moscou du Ministère des affaires étrangères et les autres quinze, appartenant au patriarche d'Alexandrie Méletius Pégas, sur des manuscrits d'Athènes et de Patmos, la dernière en étant en partie un autographe dudit patriarche.

Quoique j'aie maintenu dans mon édition l'ordre chronologique dans lequel les chartes se suivent, je commence, cependant, l'examen par celles qui sont les plus importantes, savoir a) la charte 2 et b) la charte 5. Ce sont des lettres synodiques du patriarcat oecuménique de Constantinople de 1561, confirmant le titre de tsar à Ivan IV, et de 1590, sur l'institution du patriarcat en Russie dont les fac-similé sont attachés à notre livre. Je les fais suivre c) par les autres lettres des Archives de Moscou, dans notre édition les lettres 1, 3, 4, 7, 8 et 9. Ensuite viennent d) les 15 lettres du patriarche Méletius Pégas, publiées ici sous 6. A ces lettres vient encore s'ajouter e) un catalogue complet de toute la correspondance de Méletius Pégas.

a) Lettres synodiques de l'an 1561 confirmant le titre de tsar à Ivan IV.

Les lettres synodiques du clergé assemblé grec de l'an 1561 que j'ai éditées ici avec le consentement et sous les auspices de l'Académie Impériale des Sciences, sont conservées aux Archives de Moscou, au dépôt des documents d'Etat importants (Государственнаго Древлехранилища памятники письменные, Отдѣлъ 3, рубрика I, № 1). Les tables I—II annexées, sorties de l'atelier photographique bien renommé de Scherer et Nabholz à Moscou, présentent une reproduction phototypique de la charte, grandeur naturelle.

La charte, sur parchemin, a 18 pouces de haut et 21 pouces de large. Dans sa partie supérieure elle est endommagée en plusieurs endroits. En bas se trouvent les signatures du patriarche oecuménique Ioasaphe II, ainsi que de 36 métropolitains et évêques de l'église grecque. Tout au bas de la charte pend sur un lacs de soie d'un brun clair le sceau en plomb attaché par 9 trous.

Le sceau de plomb porte sur son côté droit la légende suivante:

Ἰωά
σαφ ἐλέῳ
θεοῦ ἀρχιεπίσκο
πος Κωνσταντιν
ουπόλεως Νέας
Ῥώμης καὶ οἰκου
μενικὸς πατρι
άρχης

Au revers du sceau, au milieu, est représentée une image de la Sainte Vierge avec l'enfant Jésus, avec les sigles des deux côtés:

$\frac{\text{MP}}{\text{ΘV}}$ (Μήτηρ Θεοῦ) $\frac{\text{IC}}{\text{XC}}$ (Ἰησοῦς Χριστός).

Sur le côté extérieur de la charte se trouve une inscription faite à Moscou, tracée en écriture du XVIIᵉ ou XVIIIᵉ siècle. Грамата Гре́ческая всестѣ́йшаго Константинополскаго Патриа́рха Гд҃на Іоаса́фа, и про́чїй Архиере́ѐвъ за со́бственными и́хъ рꙋка́ми. на вѣнча́нїе во цр҃и цр҃я Іѡа́на Васи́льевича со свидѣ́телство до́наго вѣнца̀ и про́чїй цр҃скїй належа́щїй оу҆тварей ѿ цр҃я цреградскаго Константи́на мономаха Великому Кн҃зю Влади́миру мономаху. лѣ́та ҂ѕ҃.ꙅ҃.л҃ѳ. мц҃а декемврїа.

Deux traductions de la charte comparativement anciennes en langue russe sont conservées dans les Archives de Moscou: l'une, du XVIᵉ siècle, se trouve dans le Статейный списокъ, № 1, feuill. 175—177, l'autre, du XVIIᵉ siècle, parmi les Греческія жалованныя грамоты, № 4. Ces traductions servent de beaucoup à rétablir les passages endommagés. La seconde traduction russe fut publiée dans la Древняя Россійская Вивліоѳика, 2 édit., XVI, 119—124. Le texte grec de la charte accompagné des deux traductions russes a été éditée par Obolensky, d'une manière peu satisfaisante, sous le titre: Соборная грамота духовенства православной восточной церкви утверждающая санъ царя за Великимъ Княземъ Іоанномъ IV Васильевичемъ 1561 года. Москва 1850. 4°.

La charte dont nous allons nous occuper est particulièrement importante parce que le patriarcat oecuménique et le synode assemblé du clergé grec orthodoxe reconnaissent là Ivan IV le Terrible officiellement comme βασιλεύς (tsar) et lui confèrent cette dignité. Le titre de tsar était déjà porté auparavant par des grands-ducs, surtout par Ivan III. En 1514, le grand-duc Vassili III avait été reconnu officiellement comme tsar par l'empereur Maximilien I et, en 1547, le 16 Janvier, Ivan IV s'était fait couronner tsar par le métropolitain Macaire. En outre, comme il est dit dans la charte, le droit d'un sacre légal n'appartenant ni au métropolitain de Moscou ni à un autre, ni à un patriarche, mais uniquement au pape de Rome et au patriarche oecuménique de Constantinople, Ivan s'adressa au dernier à l'effet d'avoir confirmé son couronnement. Le patriarche Ioasaphe II convoqua à Constantinople au mois de Décembre de l'année 1561 un synode du clergé grec par lequel Ivan fut solennellement confirmé dans la dignité de tsar. Sur ce le présent acte fut dressé et signé par tous les membres présents du synode. Il fut porté à Moscou et transmis à Ivan le 17 Septembre 1562[1]) par le métropolitain d'Euripe Ioasaphe.

Quelque importance que l'on puisse attribuer, au premier coup-d'oeil, à la charte comme à un document précieux, un examen attentif nous la présente sous un tout autre aspect, car nous y avons un faux du patriarche Ioasaphe II. Les signatures seules du patriarche Ioasaphe et du métropolitain d'Euripe Ioasaphe qui porta la charte à Moscou sont authentiques. Toutes les autres signatures sont contrefaites et cela sans exclusion par

---

1) Сотр. Статейный списокъ № 1, fol. 174. Муравьевъ, Сношенія Россіи съ востокомъ по дѣламъ церковнымъ. С.-Пб. 1858. I, 104.

la même main à laquelle appartient le texte entier de la charte. En examinant attentivement la reproduction phototypique de la charte annexée à notre publication on arrive facilement à découvrir la falsification. On n'a qu'à voir le groupement soigneux et régulier des signatures de deux côtés pour se convaincre que ceci ne pourrait avoir eu lieu avec des signatures ordinaires appartenant à trente-sept personnes. De plus, la ressemblance complète des caractères des trente-cinq signatures avec ceux du texte de la charte ne saurait être méconnue. Malgré les plus grands efforts du scribe à donner aux signatures un caractère différent, comme cela se voit par exemple dans les diverses manières d'écrire le mot ταπεινός, cette uniformité de l'écriture ressort tout de même. L'uniformité et la régularité de toutes les signatures apparaissent même à toute personne, bien qu'elle ne soit pas versée dans la paléographie grecque, par la simple comparaison de la reproduction phototypique de cette charte à celle de la charte № 5 relative à l'institution du patriarcat en Russie. Pour bien marquer la différence entre ces deux chartes, j'ajouterai encore que le déchiffrement des signatures de la présente charte ne me prit que quelques heures, excepté la signature authentique du métropolitain d'Euripe, tandis que je ne parvins à déchiffrer les signatures de la charte № 5 qu'après plusieurs semaines et même après cela, je découvrais telle ou autre faute. Ceci s'explique tout simplement: dans le premier cas toutes les signatures étaient parfaitement uniformes, dans le second chaque signature présente un caractère particulier.

Le commencement des pourparlers entre Moscou et Constantinople remonte encore à 1557. Le métropolitain d'Euripe Ioasaphe avait été envoyé à Moscou, porteur d'une lettre du patriarche. Ivan sollicita dans la lettre, qu'il adressa à son tour au patriarche Ioasaphe, la confirmation de sa dignité de tsar[1]). Il envoya la lettre, accompagnée de cadeaux destinés au patriarche et à l'église,

---

1) Статейный список № 1, f. 91—97. Муравьевъ, I, p. 79.

à Constantinople par le métropolitain mentionné, en tâchant de son mieux de disposer particulièrement ce dernier en sa faveur pour qu'il appuyât sa demande auprès du patriarche. En même temps Ivan délégua à Constantinople l'archimandrite Théodorète avec la mission secrète d'agir pour la réussite de l'affaire. Pour le cas que le patriarche voudrait lui délivrer un document sur le titre de tsar, de sa propre personne, Théodorète devrait lui faire comprendre qu'un tel était désiré, émanant du synode assemblé du clergé grec. Après avoir reçu une pareille charte, il devrait de suite retourner à Moscou avec toutes les précautions nécessaires. Mais, dans le cas qu'il n'obtiendrait qu'une missive ordinaire sans la sanction voulue il était libre de poursuivre son voyage au mont Athos et à Jérusalem[1]). Il n'y a pas à douter que Théodorète fût muni des sommes nécessaires devant puissamment appuyer la prière d'Ivan. Théodorète remplit l'ordre qui lui était donné et retourna en 1558 à Moscou, porteur d'une lettre du patriarche à Ivan[2]). En même temps le métropolitain d'Euripe Ioasaphe écrivit à Ivan en lui annonçant qu'il avait consulté le patriarche relativement à sa prière. Il aurait réussi à gagner le patriarche pour l'affaire en question et aussitôt qu'un concile serait tenu, un document de la teneur désirée serait adressé à Ivan[3]).

Le patriarche Ioasaphe et le métropolitain d'Euripe Ioasaphe étaient justement les personnes les plus propres à satisfaire à la demande d'Ivan, malgré que le clergé grec se tenait à la réserve. Les grandes sommes que le métropolitain Ioasaphe avait reçues à Moscou et celles qui furent remises au patriarche furent très-bien accueillies par eux. Dorothée de Monembasie nous rapporte que le patriarche était devenu très-riche, ayant trouvé un grand

---

1) Статейный списокъ № 1, f. 164—167. Муравьевъ, I, p. 85.
2) Статейный списокъ № 1, f. 114—118. Муравьевъ, I, p. 86 suiv. Notre édition p. 72—75.
3) Статейный списокъ № 1, f. 123—125. Муравьевъ, I, p. 88.

trésor enfoui dans un tombeau grec[1]), quoiqu'il soit bien clair que la source de sa richesse soit à chercher à Moscou. D'après la charte, le concile qui confirma Ivan dans la dignité de tsar, aurait eu lieu en 1561, mais nous ne trouvons dans aucune source grecque la mention d'un tel concile qui, cependant, n'aurait pas pu passer inaperçu dans l'histoire de l'église grecque. Le document est plutôt en entier une oeuvre du patriarche Ioasaphe et du métropolitain d'Euripe Ioasaphe. C'est le patriarche en personne qui a dû rédiger le document étant très-versé dans les lettres[2]). Le texte en est rédigé d'une manière soigneuse et l'érudition de l'auteur se fait remarquer entre autres par une citation tirée de l'Iliade (IV, 443). Les signatures sont aussi appropriées à la circonstance, car nous en trouvons quinze reproduites littéralement dans la charte du synode de 1565, mais on a choisi de préférence des métropolitains éloignés, par ex. d'Ancyre, d'Ephèse, de Philadelphie, de Pisidie, d'Iconium, d'Amasie etc. Les signatures du patriarche et de son associé, le métropolitain Ioasaphe, sont authentiques; le sceau du patriarche l'est aussi. En un mot la charte est à tel point parfaite, jusqu'aux plus petits détails, que ce n'est que par l'examen des signatures que le faux a pu être découvert. La charte paraît avoir été copiée de la main du métropolitain Ioasaphe qui l'apporta aussi à Moscou en 1562.

La fraude dont le patriarche Ioasaphe II se rendit coupable tant par rapport à Ivan qu'à l'église grecque ne resta pas impunie. Au mois de Janvier de l'année 1565 le patriarche Ioasaphe convoqua à Constantinople un grand synode auquel plus de 50 métropolitains et évêques prirent part. A ce synode Ioasaphe fut accusé contre toute attente «d'hérésie», laquelle était motivée par trois incriminations, de symonie, de vente arbitraire et clandestine de biens d'église et d'un autre délit contre l'église. L'accu-

---

1) Δωροθέου Βιβλίον ἱστορικόν. Ἐνετίῃσιν 1781, p. 447.
2) Comp. Γεδέων, Ὁ πατριάρχης Ἰωάσαφ β΄ ὁ μεγαλοπρεπής, dans Ἡμερολόγιον τῆς ἀνατολῆς. Ἐν Κωνσταντινουπόλει 1883, p. 242 suiv. Πατριαρχικοὶ πίνακες, p. 510 suiv.

sation principale est motivée dans l'acte synodal comme suit: καὶ δὴ τὰς ὄψεις ἐπιβαλόντες, τοῖς λαληθεῖσιν ἐγκλήμασι κατ᾽ αὐτοῦ — παρὰ δὲ τοῦ μεγάλου σακελλαρίου τῆς καθολικῆς μεγάλης ἐκκλησίας, πρεσβυτέρου κυροῦ Ἀναστασίου, καὶ τοῦ μεγάλου λογοθέτου κυροῦ Ἱέρακος, καὶ τοῦ ἐν ἄρχουσι κυροῦ Ἀντωνίου τοῦ Καντακουζηνοῦ, καὶ κυροῦ Μιχαὴλ τοῦ Γαβρᾶ — μετὰ τὴν προσκήνουσαν ἀκριβῆ ἔρευναν καὶ ἐξέτασιν, εὔρομεν αὐτὸν οὐ μόνον ἄδικον καὶ πλεονέκτην, ἀλλὰ καὶ ἀθετήσαντα τὴν πρὸς αὐτὸν δοθεῖσαν διάκρισιν παρὰ τῶν ἀρχιερέων καὶ διαπραττόμενον ἄντικρυς τὸ τοῦ Σίμωνος παρανομώτατον καὶ ἀσεβέστατον ἔργον etc. Cette incrimination principale est formulée très-vaguement et manque de tout fondement et preuves, que l'on trouve dans l'acte synodal pour les deux autres accusations secondaires. Elle fait conclure sur l'existence des faits importants survenus antérieurement qui sont passés sous silence dans l'acte, et il est bien clair de ce qui suivit que le point principal de l'incrimination était le faux de la charte synodique de l'année 1561, qui pourtant ne fut pas discuté à cause de considérations politiques. Par décision du synode Ioasaphe fut démis de sa charge et de ses dignités et banni dans un monastère[1]). Après cette décision on fit des recherches dans la demeure du patriarche, mais des 47,000 aspres, que Ioasaphe avait détourné à Moscou, on ne put recouvrir chez lui que 30,000 aspres[2]). Quant à son complice, le métropolitain d'Euripe Ioasaphe, son sort depuis son retour de Russie nous est tout-à-fait inconnu.

En second lieu la charte ne manque pas d'intérêt contenant des informations sur l'origine des insignes de souveraineté russes. Dans l'original le passage est comme suit: ὁ νῦν βασιλεὺς Μοσκοβίου, Νοβογράδου, Ἀστραχανίου, Καζανίου, Νογαί, καὶ πάσης γῆς μεγάλης Ῥωσίας κύριος Ἰωάννης κατάγεται ἀπὸ γένους καὶ αἱ-

---

1) L'acte est édité dans Martini Crusii Turco-Graecia. Basileae 1584, p. 170—174.

2) Γεδεών, Χρονικὰ τοῦ πατριαρχικοῦ οἴκου καὶ τοῦ ναοῦ. Ἐν Κωνσταντινουπόλει 1884, p. 148.—Comp. Turco-Graecia, p. 174.

ματος τῷ ὄντι βασιλικοῦ, ἤτοι ἀπ' ἐκείνης τῆς ἀοιδίμου βασιλίσσης καὶ δεσποίνης κυρίας Ἄννης, ἀδελφῆς τοῦ αὐτοκράτορος Βασιλείου τοῦ Πορφυρογεννήτου· ἔπειτα Μονομάχος ὁ εὐσεβέστατος βασιλεὺς Κωνσταντῖνος, μετὰ τοῦ τότε πατριάρχου, καὶ τῆς τηνικαῦτα ἱερᾶς τῶν ἱερέων συνόδου, ἀποστείλαντες τὸν τότε ἱερώτατον μητροπολίτην Ἐφέσου, καὶ τὸν τῆς Ἀντιοχείας ἔπαρχον, ἔστεψαν εἰς βασιλέα τὸν εὐσεβέστατον Βελὶκ Κνὲς Βολοντίμοιρον, καὶ ἐδωρήσαντο αὐτῷ τό τε βασιλικὸν στέμμα ἐπὶ τῆς κεφαλῆς, καὶ τὸ μετὰ μαργαριτῶν διάδημα, καὶ τἄλλα βασιλικὰ σημεῖα καὶ ἄμφια. Du passage cité il s'en suit 1) qu'Ivan IV descendait de la princesse byzantine Anne, fille de l'empereur Basile II et épouse du grand-duc Vladimir le Saint († 1015); 2) que l'ancêtre d'Ivan IV, le grand-duc Vladimir, avait été couronné par ordre de l'empereur Constantin X Monomaque († 1054) et, avec le consentement du synode grec, par le métropolitain d'Ephèse et l'éparque d'Antioche, délégués à cet effet, et avait reçu de l'empereur en don la couronne avec les autres ornements. En preuve de l'authenticité de ces informations le patriarche se rapporte d'une part à la tradition des hommes dignes de foi et d'autre part aux témoignages écrits des chronographes [1]).

Le passage cité était considéré comme un argument principal de ce que les anciens ornements royaux russes conservés à Moscou (au Palais des Armures), parmi lesquels se trouve la couronne connue sous le nom de «bonnet de Monomaque», datent du grand-duc Vladimir Monomaque († 1125). On voyait là une confirmation de la tradition généralement acceptée que Vladimir Monomaque avait été couronné par ordre de l'empereur Constantin IX Monomaque et avait reçu de lui les insignes de souveraineté employés dans tous les couronnements et conservés jusqu'à nos jours comme des objets saints. Mais déjà Karamsine [2]) qui ne partageait

---

1) ἡ μετριότης ἡμῶν ἐπληροφορήθη καὶ ἐπιστώθη οὐ μόνον ἐκ παραδόσεως πολλῶν ἀξιοπίστων ἀνδρῶν, ἀλλὰ δὴ καὶ ἀπὸ ἐγγράφων ἀποδείξεων τῶν χρονογράφων.
2) И. Г. Р., II, not. 220 et 221.

pas ce fait généralement admis, avait fait voir que Constantin IX Monomaque et le grand-duc Vladimir Monomaque n'avaient pas du tout été contemporains; il tâcha, à son tour, de prouver que les insignes venaient de l'empereur Alexis I Comnène. Lui et les autres historiens n'avaient fait attention qu'à la traduction russe incorrecte de la charte de 1561 dans laquelle l'empereur Constantin Monomaque apparaît comme frère d'Anne, épouse de Vladimir le Saint. En 1850 le texte original de la charte fut édité pour la première fois par Obolensky. L'éditeur confère longuement et d'une manière très-détaillée sur la charte en maintenant la rédaction du texte et tâche de démontrer l'authenticité de la légende sur les insignes de Vladimir Monomaque [1]). Il part de l'hypothèse que Vladimir Monomaque a été par sa mère le petit-fils de l'empereur Constantin IX Monomaque. Constantin décéda en 1054, son petit-fils Vladimir naquit encore de son vivant en 1052. Comme l'empereur n'avait pas de descendants mâles, il voulut sécurer la dignité d'empereur et les insignes à son petit-fils. C'est pourquoi il envoya, vers la fin de ses jours, le métropolitain d'Ephèse et l'éparche d'Antioche en Russie qui couronnèrent son petit-fils Vladimir. Vladimir reçut en même temps le surnom de Monomaque de son grand-père. D'entre les autres historiens plus récents Solovieff [2]) adopte l'opinion de Karamzine et fait recevoir Vladimir les insignes d'Alexis Comnène. Katayeff [3]) parle de deux couronnements, d'abord de Vladimir le Saint et ensuite de Vladimir Monomaque, en émettant l'opinion que les insignes ayant appartenu au grand-père de ce dernier, Constantin IX, lui avaient été remis par Alexis Comnène. Stroyeff [4]),

---

1) l. c., p. 6 suiv.
2) Соловьевъ, И. Р., II, 85, et not. 171.
3) Катаевъ, О священномъ вѣнчаніи и помазаніи царей на царство. С.-Пб. 1847, p. 69 suiv.
4) Строевъ, Выходы Государей Царей и Великихъ Князей Михаила Ѳеодоровича, Алексія Михаиловича, Ѳеодора Алексіевича. Москва 1844. Index, p. 53 sous: Мономаховы регаліи.

Weltmann[1]), Prosorofsky[2]), Koehne[3]) et Ternofsky[4]) parlent d'un couronnement de Vladimir le Saint en s'efforçant de motiver leurs opinions de différentes manières. D'après Vassiliefsky[5]) nous aurions là dans une forme altérée la légende byzantine sur la dotation d'un grand-duc russe d'insignes par Constantin le Grand[6]).

Dans les pages qui suivent j'ai tâché de mon mieux de démontrer, d'abord, le fond historique de la légende des insignes de souveraineté, ensuite, l'authenticité de notre charte de l'année 1561 et, enfin, les rapports de ces sources à la couronne conservée à Moscou sous le nom de «bonnet de Vladimir Monomaque».

Les insignes russes sont mentionnées pour la première fois dans les testaments des grand-ducs de Russie du XIV siècle dans lesquels ils sont toujours légués au fils aîné. Le plus ancien des testaments conservés à nos jours est celui d'Ivan Kalita datant de l'année 1328. Il y lègue à son fils Syméon: 4 чепи золоты, 3 поясы золоты н. с.[7]). La même mention se trouve dans le testament de Syméon[8]). Des notions plus détaillées se trouvent seulement dans le testament de son frère Ivan II, de l'année 1356, par lequel il lègue à son fils aîné Démétrius: икону святый Олександръ, чепь золоту колчату, икона золотомъ кована Парамшина дѣла, шапка золота, бармы, поясъ великій золотъ съ каменьемъ съ жемчуги, что мя благословилъ Отецъ мой Князь

---

1) Вельтманъ, Царскій златой вѣнецъ и царскія утвари, присланныя греческими императорами Василіемъ и Константиномъ первовѣнчанному В. К. Владиміру Кіевскому, dans Чтенія въ Обществѣ Ист. и Древн. Росс., 1860, I, p. 29 suiv.—Comp. aussi за Московская Оружейная Палата. Москва. 1860, p. 27 suiv.

2) Прозоровскій, О значеніи царскаго титула до принятія русскими государями титула Императорскаго, dans Извѣстія Имп. Русск. Археол. Общ., VIII, 451.—Объ утваряхъ, приписываемыхъ Владиміру Мономаху. С.-Пб. 1880.

3) Кене, О регаліяхъ Государей Всероссійскихъ. I. Короны. С.-Пб. 1883, p. 1 suiv. (tiré du Правит. Вѣстн. 1882, № 268, 269).

4) Терновскій, Изученіе византійской исторіи и ея тенденціозное приложеніе къ древней Руси. II. Кіевъ 1876, p. 155 suiv.

5) Васильевскій, Русско-византійскіе отрывки I, dans Журналъ Мин. Народн. Просвѣщ. CLXXXII (1875), p. 311 suiv.

6) Une légende pareille est communiquée par Niceph. Greg., ed. Bonn. I, 239.

7) С. Г. Г. и Д., I, 31, 33.

8) С. Г. Г. и Д., I, 37: Такоже и про золото, чимъ мя благословилъ отецъ мой.

Великій¹). A peu près les mêmes objets se trouvent énumérés dans les testaments des grands-ducs Dmitriy Donskoï 1371 et 1389²), Vassili I 1406, 1423 et 1424³) et Vassili II 1462⁴). Le grand-duc Ivan III légua par son testament de 1504 à son fils aîné Vassili III la croix de l'arbre vivifiant enfermée dans une châsse de Tsargrad (Крестъ Животворящаго Древа въ рацѣ Цареградской), et la croix de l'arbre vivifiant (Крестъ Животворящаго Древа) ⁵). D'après la Chronique de Voskressensk, Vassili bénit à son tour avec ces croix son fils Ivan IV⁶). Dans tous les testaments que nous venons d'énumérer aucune allusion n'est faite à l'origine des insignes et ce n'est qu'au XVIᵉ siècle, dans le testament d'Ivan IV qui se rapporte aux années 1572—1578, que nous trouvons pour la première fois l'indication que la couronne et les autres ornements avaient été envoyés à Vladimir Monomaque de Constantinople par l'empereur Constantin Monomaque. Le passage respectif est de la teneur comme suit: Благословляю сына моего Ивана крестъ животворящее древо большей Цареградской; да сына же своего Ивана благословляю крестъ Петра чудотворца, которымъ чудотворецъ благословилъ прародителя нашего Великаго Князя Ивана Даниловича и весь родъ нашъ; да сына же своего Ивана благословляю Царствомъ Русскимъ, шапкою Мономаховскою и всемъ чиномъ царскимъ, что прислалъ прародителю нашему Царю и Великому Князю Владимеру Мономаху Царь Константинъ Мономахъ изъ Царяграда; да сына же своего Ивана благословляю всѣми шапками царскими и чиномъ царскимъ, что азъ промыслилъ, и посохи и скатертъ, а по нѣмецкы цептурь⁷).

Il est également fait mention des insignes dans les actes de

---

1) С. Г. Г. и Д., I, 39, 41.
2) С. Г. Г. и Д., I, 51, 58.
3) С. Г. Г. и Д., I, 73, 80, 83.
4) С. Г. Г. и Д., I, 202.
5) С. Г. Г. и Д., I, 389.
6) П. С. Л., VI, 292.
7) Дополн. къ Акт. Ист., I, 371 suiv.

couronnement des grands-ducs et tsars de Russie. Le plus ancien acte de couronnement est celui du petit-fils d'Ivan III, du grand-duc Démétrius, datant de l'année 1498. Les insignes y sont expressément mentionnés par les mots: И егда приспѣетъ врѣмя. и облечется митрополитъ, и архіепископы, и епископы, и архимандриты, и игоумены, и весь соборъ, въ священныя одежда, и велять среди церкви поставити налои, а на немъ положити шапка, да бармы да покрыти ширинкою [1]). Cet acte a été incorporé postérieurement dans la Chronique de Nikon, mais où nous trouvons déjà au lieu de la rédaction primitive «шапка» l'ajoute significative «шапку Мономахову» [2]). Une pareille ajoute, mais encore plus détaillée, se trouve également dans l'acte de couronnement du commencement du XVIe siècle, du grand-duc Vassili III. Il y est dit expressément que les insignes avaient été envoyés au grand-duc Vladimir Monomaque par l'empereur Constantin Monomaque, par l'intermédiaire du métropolitain d'Ephèse. Les deux passages ayant trait aux insignes sont: 1) И митрополитъ поклоняется трижды Животворящему Кресту, и цѣловавъ да благословитъ Великаго Князя тѣмъ Крестомъ Животворящаго древа, на немъ же распятъ бысть Господь нашъ Іисусъ Христосъ: *что прислалъ тотъ Крестъ Греческій Царь Константинъ Мономахъ къ Великому Князю Владимиру Всеволодовичу Кіевскому Мономаху, на поставленіе Великимъ Княземъ Русскимъ со святыми бармами и вѣнцемъ, съ Неофитомъ Ефескимъ митрополитомъ и со прочими посланники*. 2) Митрополитъ его благословляетъ Крестомъ, да возлагаетъ на него цѣпь златую Аравійскаго злата, *что прислалъ Греческій Царь Константинъ Мономахъ со святыми бармы, и Царскимъ вѣнцемъ, на поставленіе Великихъ Князей Русскихъ* [3]). Mais aussi bien que l'acte de

---

1) Барсовъ, Древне-русскіе памятники вѣнчанія царей на царство, dans Чтенія Общ. Ист. и Древн. Росс. 1883, I, p. 32. — С. Г. Г. и Д., II, 27. — Лѣтописи занятій Археографической Коммиссіи, 1864, вып. III, прилож., p. 1 suiv.

2) VI, 152.

3) Древн. Росс. Вивл., VII, p. 4 suiv.

couronnement précité du grand-duc Démétrius nous apparaît dans sa rédaction primitive sans ajoute laquelle n'a été interpolée que dans une copie plus récente, il n'est pas moins probable que nous n'ayons pas ici la rédaction primitive du texte de l'acte de couronnement de Vassili III. Premièrement les deux actes de couronnement datent à peu près du même temps et de ce fait on peut conclure sur l'identité de leur teneur. En second lieu, l'acte de couronnement de Vassili III nous a été conservé dans une copie postérieure et ici encore les deux passages cités (en italiques) sont presque littéralement les mêmes, en démontrant déjà par leur forme extérieure leur caractère d'insertion. Enfin, troisièmement, le copiste ne se contentant pas des deux interpolations relatives à Vladimir Monomaque place l'acte entier dans l'année 1114 et le rapporte ainsi à Vladimir Monomaque[1]. Bref, il ne peut y avoir aucun doute qu'il n'y ait pu avoir la mention de la donation des insignes par Constantin Monomaque à Vladimir Monomaque dans la rédaction primitive des actes de couronnement tant du grand-duc Démétrius que de Vassili III. Ce n'est qu'à partir de la moitié du XVI siècle que nous trouvons toujours dans les actes de couronnement la mention de l'envoi des insignes par Constantin Monomaque à Vladimir Monomaque par l'intermédiaire du métropolitain Néophyte. Cette mention se trouve pareillement dans les actes de couronnement d'Ivan IV

---

1) Du document même on peut pourtant voir que c'est là l'acte de couronnement du grand-duc Vassili III. Le père du grand-duc à couronner s'adresse au métropolitain avec les paroles: «Отче пресвященный Митрополите! Божіимъ изволеніемъ, отъ нашихъ прародителей Великихъ Князей старина наша то и до сихъ мѣстъ, отцы Великіе Князи сыновомъ своимъ первымъ давали великое княжество; и отецъ мой Князь Великій имярекъ меня еще при себѣ благословилъ великимъ княжествомъ Владимирскимъ и Московскимъ и всея Россіи; и азъ нынѣ благословляю при себѣ и послѣ себя перваго сына моего имярекъ великимъ княжествомъ Владимирскимъ и Новгородскимъ и Московскимъ и всея Россіи: и ты бы его, отецъ нашъ, на то великое княжество благословилъ и поставилъ и вѣнчалъ его Царскимъ вѣнцемъ по древнему нашу чину». Comme Novgorod avait passé à Moscou sous Ivan III et son fils est couronné pour la première fois comme grand-duc de Vladimir, Novgorod et Moscou, il ne peut s'agir ici que du couronnement de Vassili III.

de l'année 1547¹), de Fédor de 1584²), de Boris Godounov (en abrégé) de 1598³) et de Vassili Chouïsky (aussi en forme abrégée) de l'année 1606⁴). Un ajouté ultérieur se trouve dans l'acte de couronnement du tsar Michel. Il y est dit que Vladimir Monomaque n'avait pas seulement reçu de Constantin Monomaque les insignes de souveraineté, mais aussi que le surnom de «Monomaque» lui avait passé de celui-ci. Nous avons cette mention dans les actes de couronnement de Michel de l'année 1613⁵), d'Alexis de l'année 1645⁶), de Fédor de l'année 1676⁷), d'Ivan et de Pierre de l'année 1682⁸). La teneur en est presque toujours comme suit: А прислалъ той животворящій крестъ Господень животворящаго древа и святыя бармы, еже есть діадима, и Царскій вѣнецъ, еже есть шапка, зовомая Манамахова, и чепь отъ злата Аравійска, Греческій Царь Констянтинъ Манамахъ ко Государю Царю и Великому Князю Владимеру Всеволодичю, внуку Великого Князя Владимера, иже крести всю Рускую землю святымъ крещеніемъ, на поставленіе Великимъ Княземъ Рускимъ съ Неофитомъ Ефескимъ Митрополитомъ и съ прочими Посланники, сего ради и Манамахъ наречеся, отъ негожъ вси Россійскіе Великіе Государи Царствія вѣнцемъ вѣнчевахуся.

A côté des actes de couronnement les insignes sont aussi mentionnés dans les deux actes électifs par lesquels Boris Godounov (1598)⁹) et Michel (1613)¹⁰) furent proclamés tsars. Mais ici un

---

1) Дополн. къ Акт. Историч. I, 41 suiv. — Барсовъ, l. c., p. 42 et 67. — Comparer Царственная Книга, т. е. Лѣтописецъ царств. Царя Іоанна Васильевича, p. 129 suiv. — Никоновская лѣтопись VII, 50 suiv. — С. Г. Г. и Д., II, 41.
2) С. Г. Г. и Д., II, 72 suiv.
3) Дополн. къ Акт. Истор., I, 239 suiv.
4) Акты Археографической Экспедиціи II, 104 suiv.
5) С. Г. Г. и Д., III, 70 suiv.
6) Др. Росс. Вивл., VII, 284 suiv.
7) Др. Росс. Вивл., VII, 304 suiv.
8) Compr. Др. Росс. Вивл., VII, 404.
9) Др. Росс. Вивл., VII, 36 suiv. — Акты Арх. Эксп., II, 16 suiv.
10) Др. Росс. Вивл., VII, 128 suiv. — С. Г. Г. и Д., I, 599 suiv.

nouveau fait vient s'ajouter à la nouvelle de l'envoi des insignes à Vladimir Monomaque par Constantin Monomaque. Il y est fait allusion à l'expédition que Vladimir entreprit contre Byzance, après laquelle il reçut de l'empereur Constantin la couronne de tsar et le nom de Monomaque. Le passage est dans les deux documents comme ci-après: Князь Великій Владимеръ Всеволодовичъ, своимъ храбрьскимъ подвигомъ Ѳракію Царяграда поплѣни, и превысочайшую честь царьскій вѣнецъ и діадиму отъ Греческаго Царя Констянтина Манамаха воспріимъ, сего ради и Манамахъ наречеся, отъ него же вси Россійскіе великіе Государи царьствія вѣнцемъ вѣнчахуся.

Il est à voir par les pièces énumérées que les insignes sont constamment mentionnés dans les documents officiels à partir du XIVᵉ siècle, étant toujours légués au fils aîné. Quant à l'origine des insignes nous ne trouvons la moindre allusion dans les documents du XIVᵉ et XVᵉ siècles. C'est seulement à partir de la moitié du XVI siècle, à commencer par Ivan IV, que nous trouvons dans les documents la mention que les insignes avaient été envoyés au grand-duc Vladimir Monomaque par l'empereur Constantin Monomaque. Les documents du XVIIᵉ siècle relatent déjà d'une expédition entreprise par Vladimir Monomaque contre Byzance à la suite de laquelle l'empereur Constantin Monomaque donna au grand-duc la couronne de tsar et le surnom de «Monomaque».

Quant aux informations des autres sources, hors des documents officiels, nous ne trouvons dans les relations contemporaines le moindre indice qui pourrait servir de point d'appui pour déterminer l'origine des insignes. Les sources contemporaines ne rapportent absolument rien ni sur Vladimir le Saint ni sur Vladimir Monomaque qu'ils aient été couronnés et aient reçu une couronne de Constantinople. Même à la fin du XVᵉ siècle on n'en sait rien à Moscou, ainsi que cela est à voir de la lettre de l'archevêque de Rostov Bassien de l'année 1480, adressée à Ivan III. Il tâche d'exciter le grand-duc à une expédition contre les Tartares qui avaient invadé la Russie, en lui rappellant ses ancêtres: И поревнуй прежебывшимъ прародителямъ твоимъ великимъ княземъ: неточію Рускую землю обороняху отъ поганыхъ, но иныя страны пріимаху подъ собе, еже глаголю Игоря, и Святослава, и Владимера, иже на Греческыхъ царехъ дань имали, потомъ же и Владимера Мономаха, како и коли бился со оканными Половци за Русьскую землю¹). Il ne sait rien rapporter d'une expédition de Vladimir Monomaque contre Byzance ni de son couronnement, et ne parle que de ses guerres avec les Coumanes (Polovtzy). C'est dans le nobiliaire (stepennaya kniga) qu'il est fait mention pour la première fois de Vladimir Monomaque ayant reçu la couronne et les autres insignes de l'empereur Constantin et ayant été couronné par son ordre à Kiev, par le métropolitain d'Ephèse Néophyte et les évêques de Mitylène et Milète ²). Quant au nobiliaire il n'a reçu sa forme présente qu'à la moitié du XVIᵉ siècle, par le métropolitain Macaire, et le passage relatif aux insignes y porte le cachet de son temps. Il se trouve reproduit mot à mot aussi dans le martyrologe (tchéti minéi) compilé du temps de Macaire, dans l'éloge du moine Philologue sur le prince de Tchernigov Michel³). Il est donc évident qu'il ait été inscrit tant dans le nobiliaire que dans l'éloge du Philologue en même temps, sous le métropolitain Macaire, et, par

---

1) Софійская вторая лѣтопись, П. С. Л., VI, 227.

2) Книга Степенная I, 24: Его же ради мужества и Греческаго Царя Констянтина Мономаха діадиму и вѣнецъ и крестъ животворящаго древа пріемъ, и порамниду Царскую и крабіицу сердоличную, изъ нея же веселяшеся иногда Августъ Кесарь Римскій, и чепь златую Аравицкаго злата, и иныя многія Царскія почести въ дарѣхъ пріятъ мужества ради своего и благочестія, и не просто рещи таковому дарованію не отъ человѣкъ, по Божіимъ судьбамъ неизреченнымъ претворяще и переводяще славу Греческаго Царства на Россійскаго Царя. Вѣнчанъ же бысть тогда въ Кіевѣ тѣмъ Царскимъ вѣнцемъ во святѣй велицѣй соборнѣй и апостольстѣй церкви отъ Святѣйшаго Митрополита Ефескаго и отъ прочихъ Святитель Митулинскаго и Милитинскаго, вкупѣ съ Митрополитомъ пришедшихъ отъ Царяграда, и оттолѣ боговѣнчанный Царь нарицашеся въ Россійскомъ царствіи.

3) Вел. Минеи Четьи, 20 Сентября, Слово похвальное Ѳиолога чрьноризца о святыхъ великомученику, иже отъ Чрьнигова, славную Михаилѣ великомъ князѣ и Ѳеодорѣ синглитици. Изд. Археогр. Комм., I, 1868.

conséquent, son authenticité n'est pas moindre que celle des autres témoignages du milieu du XVIe siècle. En outre, il est fait mention des insignes dans la lettre de Païssi, moine du monastère de Théraponte, adressée en 1525 au grand-duc Vassili III au sujet de son second mariage. Il appelle dans sa lettre la couronne «yaldarila» ou «chapka» (bonnet) du grand-duc Vladimir Monomaque[1]). Ensuite, Herberstein rapporte de Vladimir Monomaque qu'il avait laissé après lui les ornements dont s'en sont servis les grands-ducs et les tsars postérieurs[2]). Comme on le sait, Herberstein avait visité Moscou en 1517 et 1527, du temps du grand-duc Vassili III. Son témoignage et celui du moine Païssi sont à peu près contemporains et peuvent être considérés comme les plus anciens de toutes les sources. C'est vers ce temps que toute une légende se forma à Moscou sur Vladimir Monomaque. Elle nous relate que Vladimir entreprit une expédition contre Byzance. L'empereur Constantin qui était à faire la guerre aux Persans et aux Latins envoya des ambassadeurs à Vladimir à Kiev, savoir le métropolitain d'Ephèse Néophyte, les évêques de Mytilène et de Milète, le stratège d'Antioche Antipate, l'augustal d'Alexandrie et le hégémon de Jérusalem Eustache. Ils couronnèrent Vladimir Monomaque solennellement à Kiev tsar de toute la Russie et depuis ce temps tous les grands-ducs sont sacrés par la couronne. Cette légende nous est conservée sous plusieurs formes et elle apparaît plus développée et plus

---

1) Выпись изъ государственной грамоты что прислана къ Великому Князю Василью Ивановичу о сочтаніи втораго брака и о разлученіи перваго брака чадородія ради, твореніе Паисѣино старца Ферапонтова монастыря, dans Чтенія Общ. Ист. и Древн. Росс. 1847, № 8, p. 3: «и тебѣ, Государю, повелѣваютъ итти въ Царскія двери, вземъ свой Царскій скипетръ и Царскую діадиму, рекше багряницу, и сердоликову крабицу, и прародителя своего, Великаго Князя Владиміра Мономаха, ардарила (ялдарила), рекше шапку, да сѣсти на престолѣ». Сотр. Карамзина, И. Г. Р., VII, not. 277.

2) Herberstein, Rerum Moscov. Comm. Bas. 1556, p. 7: Vuolodimerus Sevuoldi filius, cognomento Monomach, universam Russiam rursus in monarchiam redegit, relinquens post se insignia quaedam, quibus hodierno die in inaugurandis principibus utuntur.

détaillée dans les citations de date plus récente. Elle a été éditée séparément en deux rédactions [1]), de plus nous la trouvons dans le Chronographe russe [2]), la Chronique de Voskressenk [3]), la Chronique des Tsars [4]), la Chronique de Nikon [5]) et enfin dans le Livre Généalogique [6]). La même légende a été aussi donnée sur le trône de Vladimir Monomaque se trouvant dans la cathédrale d'Ouspensky à Moscou et qui y fut érigé en 1551 [7]). Sur la porte du trône on lit en lettres sculptées la légende de l'envoi des insignes par l'empereur Constantin Monomaque à Vladimir Monomaque. Les 12 bas-reliefs sculptés sont une illustration plastique du texte [8]). Au XVIIe siècle cette légende s'enrichit d'un nouveau trait, car Vladimir Monomaque fut directement dit le petit-fils de l'empereur Constantin Monomaque. Mais à la suite des mentions qui vinrent s'ajouter, les contradictions dans la chronologie devinrent à tel point évidentes que l'on vit la nécessité d'un examen critique. C'est ainsi que d'après l'auteur du Synopse [9]) et

---

1) Др. Росс. Вивл., VII, 1—4. Барсовъ, l. c., 39—41.

2) Андрей Поповъ, Изборникъ слав. и русск. сочиненій и статей внесенныхъ въ хронографы русской редакціи. Москва 1869, p. 21 suiv.

3) П. С. Л., VII, 23.

4) Царственный Лѣтописецъ. С.-Пб. 1772, p. 1 suiv.

5) Патріаршая или Никоновская лѣтопись. П. С. Л. IX, 144.

6) Родословная Книга, dans Времен. Москов. Общ. Ист. и Древн. Росс., кн. 10, Матеріалы, p. 207; comparer p. 24 et 26.

7) Забѣлинъ, Археологическія находки. Рѣшеніе вопроса о Царскомъ мѣстѣ, или такъ называемомъ Мономаховомъ тронѣ въ Успенскомъ соборѣ, dans Москвитянинъ 1850, partie III, sect. III, p. 53—56.

8) Pour la description détaillée voir Снегиревъ, Памятники Московской Древности. Москва 1842—45, p. 27 suiv.

9) Синопсисъ. С.-Пб. 1810, p. 99 suiv. Алексій Комнинъ, милостію Божіею православный Царь Греческій, Великому въ державѣхъ Князехъ Россійскихъ Владиміру радоватися. Понеже съ нами единыя вѣры еси, паче же и единокровенъ намъ; отъ крове бо Великаго Константина Мономаха Кесаря Греческаго идеши, сего ради не брань, но миръ и любовь подобаетъ намъ съ собою яко единокровнымъ имѣти. Нашу же любовь да познаети паче, юже имамы къ твоему благородію. Се посылаю ти вѣнецъ Царскій, еще Константина Мономаха отца матере твоея, и скипетръ, и діадиму, и крестъ съ животворящимъ древомъ златый, гривну и прочая Царская знаменія и дары, имиже да вѣнчаютъ благородство твое посланныи отъ мене Святители, яко да будеши отселѣ Богованчанный Царь Россійскія земли.

la Chronique de Goustyne ¹) les insignes auraient été envoyés à Vladimir Monomaque par l'empereur Alexis Comnène (1081—1118) et d'après le Synopse de Kiev ²) même par Jean Comnène (1118—1143).

J'ai tâché de démontrer des sources russes l'origine de la légende relative à l'envoi des insignes de souveraineté par l'empereur Constantin Monomaque au grand-duc Vladimir Monomaque. Jusqu'à la fin du XV⁰ siècle nous ne trouvons aucune mention d'un tel couronnement de Vladimir Monomaque ni dans les documents officiels, ni dans les chroniques russes ou autres sources. Elle n'apparaît qu'au commencement du XVI⁰ siècle et se répand très-vite, en devenant de plus en plus détaillée jusqu'au XVII⁰ siècle. Les nombreuses contradictions ineptes, que contient cette légende dans sa forme plus récente, sont à tel point évidentes qu'un examen critique minutieux serait superflu. Si la légende parle d'une expédition de Vladimir Monomaque à Byzance, contre l'empereur Constantin Monomaque, c'est un fait purement inventé, car une telle expédition fut entreprise non par lui, mais, en 1043, par Vladimir, fils du grand-duc Yaroslav. La mention de Vladimir Monomaque comme petit-fils de Constantin Monomaque est aussi un trait inventé, vu que cette notice n'est pas confirmée par aucune source contemporaine, au contraire il est connu que cet empereur n'avait pas eu, du moins de son épouse légitime Zoé, de descendants mâles ou femelles. Un autre fait inventé est la nouvelle que Vladimir Monomaque aurait reçu les insignes de l'empereur Constantin Monomaque et aurait été couronné par ses envoyés: Vladimir ne naquit qu'en 1052 et Constantin décéda déjà le 11 Janvier 1055. En recourant aux explications savantes, comme le fait le savant éditeur de la charte de 1561, il ne fait preuve que de sa connaissance superficielle de l'histoire et du droit byzantins. Enfin, il ne reste qu'à

---

1) Густынская лѣтопись, дaнs П. С. Л., II, 290.
2) Кіевскій Синопсисъ. Кіевъ 1836, p. 100 suiv.

supposer que Vladimir Monomaque ait reçu les insignes d'un empereur byzantin postérieur. Mais si l'authenticité de cette dernière partie de la légende est déjà fortement ébranlée par des faits qui, comme il est aisé de prouver, sont purement inventés, de nouvelles complications viennent encore s'ajouter. Parmi les envoyés sont nommés le stratège d'Antioche Antipate, l'augustal d'Alexandrie et le hégémon de Jérusalem Eustathe, mais au XIIe siècle il n'existait plus ni d'augustal d'Alexandrie ni d'hégémon de Jérusalem, ces pays ayant été enlevés à Byzance depuis des siècles. Il est aussi improbable qu'il existât en ce temps un stratège d'Antioche, car Antioche était alors une principauté latine fondée par les croisés.

Avant de me prononcer définitivement sur la dernière partie de la légende, qui aussi paraît être peu digne de foi, je passe à la seconde partie de mon examen, savoir à l'examen de la dernière source non encore analysée, du texte de la charte grecque de l'an 1561.

Au premier coup d'oeil, ce document paraît confirmer la légende sur les insignes, car, comme le fait voir le passage cité du texte original grec, il relate qu'ils ont été envoyés au grand-duc Vladimir par l'empereur Constantin Monomaque. Mais en examinant ce passage de plus près, nous voyons de suite que nous avons ici une altération. Le texte primitif est gratté et le texte conservé y est inscrit d'une main plus récente. L'altération commence à la fin de la troisième ligne, où une main plus récente a mis les lettres «τορος», et va jusqu'au milieu de la quatrième ligne, sous laquelle se trouve la mention (d'une écriture plus récente) suivante: «κυρίου βασιλείου τοῦ πορφυρογενήτου. ἔπιτα μονομάχος δέ». L'altération est d'autant plus manifeste que l'auteur ne s'est pas même donné la peine de faire entièrement disparaître le texte primitif de sorte qu'en haut et en bas de la nouvelle ligne on voit clairement les traces de l'écriture d'autrefois. De plus, les caractères diffèrent ici visiblement du reste de la charte, car on reconnaît facilement les délinéations diverses de la lettre β au lieu de ε, ȣ au lieu de ου, ς au lieu de σ. Nous avons encore ici deux fautes d'orthographe assez graves, πορφυρογενήτου au lieu de πορφυρογεννήτου et ἔπιτα au lieu de ἔπειτα, tandis que le reste du texte se distingue favorablement par son orthographe correct. On aurait pu facilement rétablir le texte primitif à l'aide d'un agent chimique quelconque, mais vu l'importance de ce document le conseiller privé actuel baron de Bühler, chef des Archives, ne pouvait consentir à l'emploi d'un corrosif. Par conséquent je me vis obligé de me guider uniquement par les restes de mots et d'enroulements qui sont à voir tant au bas qu'en haut de la ligne. A force de combinaisons prolongées, je parvins enfin à rétablir le texte primitif d'en bas de la première partie de la quatrième ligne. J'ai déchiffré: «τορος κυρίου βασιλείου· οὗτος δὲ ὁ βασίλειος καί».

Par cette nouvelle lecture le passage prend tout un autre sens. Il s'en suit que la princesse byzantine Anne était la soeur des empereurs Basile II (976—1025) et Constantin VIII (976—1028). Ces deux empereurs (et non Constantin IX Monomaque) envoyèrent à l'époux d'Anne Vladimir le Saint (et non Vladimir Monomaque), par le métropolitain d'Ephèse et l'éparque d'Antioche, la couronne avec les autres insignes de souveraineté et le firent couronner tsar. Une rédaction pareille enlève à la fois toutes les difficultés que présentait la charte par suite de l'altération faite dans la quatrième ligne et que les savants n'avaient pu éclaircir. Basile II et Constantin VIII, contemporains de Vladimir le Saint, lui purent naturellement envoyer les insignes. De même il n'y a lieu de douter d'une mission du métropolitain d'Ephèse et de l'éparque d'Antioche à Vladimir. La mention d'un éparque d'Antioche dans le premier quart du XII° siècle n'avait pas de sens, tandis qu'il en est bien autrement pour la seconde moitié du X° s., car en son temps Antioche avait été assujettie par Nicéphore Phocas et dépendait de l'empire byzantin.

Si toutes ces difficultés disparaissent, en adoptant la rédaction primitive, nous trouvons encore deux traits qui concourent à prouver son authenticité. D'abord, il faut bien considérer que le texte sur Vladimir le Saint rédigé à Constantinople diffère considérablement de la légende sur Vladimir Monomaque répandue à Moscou. Donc, le patriarche Ioasaphe ne pouvait aucunement se baser dans ses lettres sur le rapport de l'ambassadeur de Moscou Théodorète, qui ne pouvait parler que de l'envoi des insignes à Vladimir Monomaque, mais devait avoir d'autres informations. D'autre part Ioasaphe se rapporte pour la confirmation de l'envoi des insignes à Vladimir le Saint directement aux «ἐγγράφων ἀποδείξεων τῶν χρονογράφων». De pareilles notices écrites n'ont pas été conservées à nos jours, mais, comme on le sait, Constantinople possédait encore au XVI° s. un grand nombre de manuscrits grecs. Ainsi p. ex. le baron Busbec, qui juste en ce temps, de 1557 à 1564, était ambassadeur de l'empereur Ferdinand auprès de la Porte, communique qu'il avait rapporté de là 240 manuscrits grecs de valeur, entre autres un manuscrit de Dioscoride en lettres majuscules qui devait dater au plus tard du 8 au 10 siècles [1]. Donc, il a tout lieu de supposer que le patriarcat devait posséder des documents manuscrits relatifs à la mission du métropolitain d'Ephèse et de l'éparque d'Antioche à Kiev avec les insignes.

La Chronique russe rapporte longuement sur le siége de la ville de Kherson par le grand-duc Vladimir, sur son baptême et son mariage avec la princesse byzantine Anne, soeur des empereurs Basile I et Constantin VIII. Selon la Chronique russe [2], ils ne se laissaient guider que par le désir d'introduire en Russie le christianisme. Les sources byzantines [3], arabes [4] et arméniennes [5]

---

[1] Augerii Gislerii Busbequii ducis legationis Turcicae epistolae quatuor. Comparer la fin de la quatrième lettre.

[2] Лаврентьевская лѣтопись, dans П. С. Л., I, 46 suiv.

[3] Psellus, ed. Sathas Bibl. hist. med. aevi IV, p. 10. — Zonaras XVII, 7, ed. Dind. IV, p. 114 — Cedren., ed. Bonn. II, p. 444. — Leo Diaconus X, 10, ed. Bonn. p. 275.

[4] Яхъя, перев. Розена, Императоръ Василій Болгаробойца. С.-Пб. 1883, p. 24.

[5] Всеобщая исторія Степаноса Таронскаго, Асохика по прозванію. Перев. Эмина. Москва 1864, p. 178, 200.

vont déjà plus loin dans leur récit. Ce n'est plus ce désir désintéressé qui fait la force mouvante des actions de Vladimir et Anne, au contraire, ils n'avaient en vue que des considérations de nature purement politique. Réduit à l'extrémité par la révolte de Bardas Scléros et Bardas Phocas, Basile envoya des ambassadeurs à son ennemi d'autrefois, le grand-duc Vladimir de Russie, en le priant de lui venir à l'aide. Au printemps de l'année 988 un traité fut conclu entre eux, aux termes duquel Vladimir s'engageait à tenir à la disposition de l'empereur grec 6,000 guerriers pendant plusieurs années. Les ambassadeurs à leur tour lui promirent la main de la soeur de l'empereur, de la princesse Anne. Après la défaite complète, avec l'aide des troupes russes, de Phocas dans la bataille sanglante de Chrysophis, l'empereur essaya de se débarrasser par l'intermédiaire de ses envoyés de ses engagements relativement au mariage de sa soeur, d'autant plus que la princesse n'était nullement disposée à s'immoler à la politique en donnant sa main à un prince «barbare» et à choisir le nord froid et inculte pour sa patrie[1]. La prise de Kherson en 989, mentionnée aussi par la Chronique russe, fut la suite des subterfuges employés par Basile qui se vit ainsi contraint de tenir sa promesse. La princesse fut convoyée d'une suite brillante en Russie où le clergé grec introduisit le christianisme[2].

Le récit quelque peu légendaire de la Chronique russe reçoit des traits de réalité en le comparant aux informations des sources étrangères. Dans ces dernières un fait manque pourtant de clarté.

---

1) Comparer les termes analogues dans lesquels le Continuateur de Théophane, VI, 23, ed. Bonn. p. 415, s'exprime sur le mariage de Marie, fille de Christophore et petite fille de l'empereur Romain Lécapène, avec Pierre de Bulgarie: Μαρία δὲ Βουλγαρικαῖς παραδοθεῖσα χερσὶ τὴν ἐπὶ Βουλγαρίαν ἀπῄει, χαίρουσά τε ἅμα καὶ λυπουμένη, λυπουμένη μὲν ἐν οἷς γονέων φιλτάτων ἐστέρητο καὶ βασιλείων οἴκων καὶ συνηθείας τῶν γένει προσηκόντων, χαίρουτα δὲ ἐν οἷς βασιλεῖ προσήρμοστο ἀνδρὶ καὶ δέσποινα Βουλγάρων προσηγορεύθη. ἀπῄει τοίνυν πλοῦτον κομιζομένη παντοδαπῆ καὶ ἀποσκευὴν ἀναρίθμητον.

2) Comparer Васильевскій, Варяго-Русская и Варяго-Англійская дружина въ Константинополѣ XI и XII вѣковъ, dans Ж. М. Н. Пр., 1874, Novembre, p. 121 suiv.—Розенъ, Императоръ Василій Болгаробойца, not. 158, 169.

Il est peu probable que la seule rémunération pour les services rendus à Basile, au moment où il se trouvait dans le plus grand danger, ait été seulement la main de la princesse Anne. Nous trouvons le corps auxiliaire russe dans les rangs de l'armée byzantine encore au commencement du XI° siècle et nous avons, par conséquent, le droit de croire que Vladimir eut exigé pour ses services un équivalent correspondant. Déjà le grand-père de Basile, l'empereur Constantin VII Porphyrogénète, rapporte que les princes des peuples habitant le nord et l'est de la Mer Noire, des Khazars, des Turcs, des Russes et autres, nourrissaient l'ambition d'obtenir la main d'une princesse grecque et en même temps des vêtements, couronnes et titres impériaux. Constantin met son fils en garde contre de telles aspirations et lui donne des conseils comment il pourrait éluder des demandes fortement appuyées [1]). La nécessité avait contraint l'empereur Basile II, petit-fils de Constantin, d'entrer en pourparlers avec Vladimir. Les sources mentionnent expressément une des conditions de l'entente, le mariage de la princesse Anne à Vladimir. Il y a tout lieu de croire qu'aussi la seconde condition, à laquelle Constantin fait allusion, c'est-à-dire le don de vêtements, d'une couronne et d'un titre impériaux fut remplie, surtout en considérant l'ambition de Vladimir. Les sources byzantines passent cette circonstance sous silence parce qu'elle ne leur paraît que peu d'importante. Quant à notre charte ce fait y est aussi mis en lumière, car elle rapporte, en se basant sur de «documents écrits», que Vladimir avait reçu des envoyés grecs les insignes de souveraineté et avait été couronné par éux «βασιλεύς». J'essayerai d'indiquer tout court jusqu'à quel point ces informations de la charte, tant l'une que l'autre, sont confirmées par d'autres sources.

La charte nous dit que Vladimir avait reçu des empereurs grecs les insignes de souveraineté, savoir τό τε βασιλικὸν στέμμα ἐπὶ τῆς κεφαλῆς καὶ τὸ μετὰ μαργαριτῶν διάδημα καὶ τἆλλα βασι-

---

[1]) Const. Porphyr. De administr. imperio, c. 13, ed. Bonn. III, 82 suiv.

λικὰ σημεῖα καὶ ἄμφια. Des auteurs byzantins ainsi que des monnaies nous apprenons que les empereurs grecs possédaient au X° et XI° siècles les ornements énumérés ci-après. En premier lieu, nous avons la couronne impériale (διάδημα, στέμμα, στεμματογύριον). Dans les temps plus reculés elle consistait en un diadème en perles en forme de bandeau, dont les bouts pendaient au derrière de la tête. Depuis Justinien le diadème est remplacé par un cercle (stemme) en or richement orné de perles et de pierres précieuses. Au cercle se trouvait attachée une pièce de soie de couleur pourpre qui recouvrait la tête. Le cercle était surmonté d'une croix ou d'une aigrette. Des deux côtés du cercle descendaient sur les tempes des pendeloques aussi richement montées en perles et pierres précieuses. Plus tard, depuis le X° s., il vint en usage aussi le stemme surmonté de 2 arcs doublés en or qui se croisaient au milieu. Comme j'aurai encore l'occasion de parler d'une manière détaillée de la couronne byzantine, je passe maintenant aux autres ornements. Dans la main droite l'empereur tenait ordinairement le σταυρός, σκηπίων, σκεπαῖον en or, orné de perles et de pierres précieuses et appuyé sur l'épaule, dans la main gauche l'ἀκακία, ἀνεξικακία, ἀνεξικακίας τόμος, avec le μανδύλιον, plus tard aussi le νάρθηξ. Quelquefois nous trouvons aussi ces objets disposés à l'inverse, les premiers dans la main gauche et les seconds dans la main droite[1]). L'empereur était ceint de la

---

1) Const. Porph. De cerimon. I, 9, ed. Bonn. I, p. 62: κρατῶν ἐν μὲν τῇ δεξιᾷ χειρὶ ἀνεξικακίαν, ἐν δὲ τῇ ἀριστερᾷ σκηπίωνα ἐπικείμενον τῷ ὤμῳ αὐτοῦ.—I, 37, ibid. p. 187: καὶ ἐν μὲν τῇ εὐωνύμῳ χειρὶ κρατοῦσι σκηπίονας χρυσοῦς ἐκ λίθων καὶ μαργάρων ἡμφιεσμένους, ἐν δὲ τῇ δεξιᾷ χειρὶ τὴν ἀνεξικακίαν.—II, 52, ibid. p. 766: διὸ καὶ ἐν ταῖς δεξιαῖς χερσὶν αὐτῶν τὸ νικητικὸν τοῦ σταυροῦ κατέχοντες τρόπαιον, τὴν ἐξανάστασιν τῆς χοϊκῆς ἡμῶν οὐσίας ἐν ταῖς εὐωνύμοις κατέχουσι.—Comp. II, 15; ibid. p. 574, 591; II, 40, p. 638—639.—Codin. De officiis, c. VI, ed. Bonn. p. 51: τὸν δέ γε σταυρὸν ἐν δεξιᾷ φέρει ἀεί, ἐν δὲ τῇ ἀριστερᾷ βλάτιον κώδικι ἐοικός, δεδεμένον μετὰ μανδυλίου· ὃ βλάτιον ἔχει χῶμα ἐντός, καὶ καλεῖται ἀκακία. καὶ τὸν μὲν σταυρὸν ὁ βασιλεὺς φέρων δι' αὐτοῦ δείκνυσι τὴν εἰς Χριστὸν ἑαυτοῦ πίστιν,.... διὰ τοῦ χώματος, καλεῖται ἀκακία, ὡς εἴπομεν, τὸ τὸν βασιλέα ταπεινὸν εἶναι ὡς θνητὸν καὶ μὴ διὰ τὸ τῆς βασιλείας ὕψος ἐπαίρεσθαι καὶ μεγαλαυχεῖν, διὰ τοῦ μανδυλίου τὸ ταύτης ἄστατον καὶ τὸ μεταβαίνειν ἀφ' ἑτέρου εἰς ἕτερον.—p. 52: ἐν μὲν τῇ δεξιᾷ τὸν σταυρὸν φέρων, ἐν δὲ τῇ ἀριστερᾷ τὴν ἀκακίαν.— c. X, p. 67: φέρων ἐν μὲν

σπάθη¹). Le vêtement de l'empereur se composait du λῶρος, ou χλαμύς, ou μανδύα de pourpre et brodée d'or, du σάκκος noir²), ensuite de la ζώνη appelée plus tard διάδημα³), des διαβητήσια de pourpre et, enfin, des πέδιλα ou ὑποδήματα de pourpre⁴).

On sait que les hauts dignitaires de la cour de Byzance portaient aussi des ornements correspondant à leur rang. Immédiatement après l'empereur venait le césar (καῖσαρ). Comme l'empereur il portait une couronne: καισαρίκια περικεφάλαια, στέφανος. Le mot στέφανος est quelquefois employé pour désigner la couronne de l'empereur, mais plus tard il désigne exclusivement celle du césar. Elle différait cependant essentiellement de la couronne impériale en ce qu'elle n'avait qu'un cercle en or qui était aussi moins richement orné de perles et de pierres. La croix ou l'aigrette au milieu manquait ici complètement. Quand plus tard, depuis le X° siècle, les empereurs adoptèrent aussi la couronne avec deux arcs doublés, la couronne du césar n'était fermée que par une pièce de soie⁵). Les autres attributs du césar étaient le λῶρος ou χλα-

---

τῇ δεξιᾷ σταυρόν, ἐν δὲ τῇ ἀριστερᾷ τὸ μανδύλιον μετὰ τῆς ἀκακίας. — c. XVII, p. 93: τῇ μὲν δεξιᾷ χειρὶ κατέχει τὸν σταυρόν, ὡς σύνηθές ἐστι κρατεῖν τὸν βασιλέα, ὅταν καὶ τὸ στέμμα φορεῖ, τῇ δὲ ἀριστερᾷ κατέχει νάρθηκα. — Comp. Du Cange, Dissert. de imperat. Constant. numismatibus c. XX, XXXI, dans Glossar. med. et inf. lat., ed. Favre, t. X (1887), p. 128, 133. Reiskii Comment. ad Const. Porph. de cer., II, p. 662 suiv.

1) Codin. De off., c. VI, ed. Bonn. p. 51: διὰ τῆς σπάθης (δείκνυσι) τὸ ἐξουσιαστικόν.

2) Cod. ibid., c. XVII, p. 93: ἐνδύεται ἐπάνω τοῦ σάκκου καὶ τοῦ διαδήματος μανδύαν χρυσοῦν.

3) Cod. ibid., c. VI, p. 50: ὃ δὲ νῦν καλεῖται διάδημα, ἐλέγετο πάλαι ζώνη στρατιωτικὴ δηλοῦσα τιμήν. p. 51: διὰ τῆς ζώνης (ἣ νῦν, ὡς εἴρηται, καλεῖται διάδημα) δείκνυσι τὸ στρατιώτην εἶναι αὐτόν.

4) Voir pour les ornements les passages relatifs chez Const. Porphyr. et Cod., ainsi que Du Cange, Dissert. de imperat. Const. numismatibus, l. c., p. 121 suiv.

5) Theoph. ad a. 6260 (752), ed. de Boor I, p. 443 sq.: ὁ βασιλεύς .... Χριστοφόρον καὶ Νικηφόρον ... προεβάλετο καίσαρας ἐν τῷ αὐτῷ τριβουναλίῳ, τοῦ πατριάρχου ποιήσαντος τὴν εὐχήν, καὶ τοῦ βασιλέως ἐπιθέντος αὐτοῖς τάς τε χλαίνας καὶ τὰ καισαρίκια περικεφάλαια· ὡσαύτως καὶ Νικήταν, τὸν ἔσχατον ἀδελφὸν αὐτῶν, ποιήσας νοβελίσιμον ἐπέθηκεν αὐτῷ χλαῖναν χρυσῆν καὶ τὸν στέφανον. — Const. Porph. De cerim. I, 43, ed. Bonn. I, p. 224: αἴρει ὁ πατριάρχης τὸν στέφανον ἤτοι τὸ καισαρίκιον. Cf. ibid., p. 218—220. — Glycas, ed. Bonn. p. 558, témoigne que

μύς, χλανίδιον, χλαῖνα de pourpre et les φίβλα [1]). La dignité suivante était au X° siècle celle du nobilissime (νοβελίσιμος); au VIII° siècle il portait encore une couronne, mais au X° il ne l'avait déjà plus. Il portait en outre une χλαμύς, non de pourpre, mais de couleur rouge, et les φίβλα [2]). Tous les autres dignitaires de la cour de Byzance n'avaient pas de couronne. Les ornements consistaient principalement dans la coiffe nommée ordinairement σκιάδιον [3]), le χλανίδιον, le δικανίκιον etc. La forme de ces ornements variait avec la classe de la charge [4]).

Romain Lecapène fut couronné solennellement césar: καῖσαρ ἀναγορεύεται καὶ διαδήματι στέφεται.—Anna Comn. III, 4, ed. Bonn. I, p. 148: οἱ δὲ τῶν σεβαστοκρατόρων καὶ τῶν καισάρων στέφανοι σποράδην ἔστιν ὅπου τῶν μαργάρων καὶ λίθων μετέχοντες ἄνευ τοῦ ἐπισφαιρώματος. Comp. II, 8, ibid. p. 116.—Niceph. Greg. IV, 2, ed. Bonn. I, p. 89, décrit l'entrée solennelle du césar Stratégopule à Constantinople: τὸ δὲ ἦν θρίαμβον συγκροτηθῆναι πολυανθρωπότατον καὶ περιφανέστατον κελεύσει τοῦ αὐτοκράτορος καὶ ἐπὶ τούτῳ τὸν καίσαρα πομπεῦσαι διὰ πάσης τῆς πόλεως, οὐ μόνον τοῖς τοῦ καίσαρος παρασήμοις κοσμούμενον, ἀλλὰ πρὸς τούτοις καὶ στεφάνῳ πολυτελεῖ καὶ μικροῦ δέω λέγειν βασιλικῷ.—Codin. De offic. c. XIX, ed. Bonn. p. 101: ἡ τοῦ σεβαστοκράτορος καὶ τοῦ καίσαρος πρόβλησις ἀπαραλλάκτως ὡς ἡ τοῦ δεσπότου γίνεται, πλὴν τῶν ἐπὶ κεφαλῆς φορεμάτων. ταῦτα γὰρ τὰ μὲν παλαιὰ ζητεῖται· ὁ δὲ βασιλεὺς ὁ Καντακουζηνὸς τοὺς γυναικαδέλφους αὐτοῦ Μανουὴλ καὶ Ἰωάννην τοὺς Ἀσανίους τιμήσας σεβαστοκράτορας, ἐφόρεσε καὶ στεφάνους διὰ λίθων ἱερανέων καὶ μαργάρων, ἔχοντας ἕκαστον αὐτῶν ἔμπροσθεν ἀνὰ μίαν καὶ μόνην καμάραν.

1) Const. Porph. de cerim. I, 43, ed. Bonn. I, p. 218 sq.: αἱ χλαμύδες μετὰ τῶν φιβλῶν καὶ τῶν περικεφαλαίων, ἤτοι τὰ λεγόμενα καισαρίκια. p. 219: τὰ γὰρ χλανίδια καὶ τὰ φιβλία ἐπάνω τῶν χλανιδίων καὶ τὰ καισαρίκια εἰς πλάγια τῶν χλανιδίων.

2) Theoph. l. c. — Const. Porph. De cerim. I, 44, ed. Bonn. I, p. 229: ἡ δὲ χλαμὺς ἡ τούτῳ περιτιθεμένη οὐκ ἔστι πορφυρᾶ, οἵα τοῦ καίσαρος, ἀλλὰ κόκκινος· στέφανον δὲ οὐ περιτίθεται. Comp. p. 227.

3) Niceph. Greg., XI, 11, ed. Bonn. I, p. 567, décrit de tels chapeaux: περί γε μὴν τῆς ἐπὶ κεφαλῆς καλύπτρας ἐπὶ μὲν τῶν πρότερον βασιλέων ἔθος, τοὺς μὲν χρόνῳ προβεβηκότας ἐν τοῖς βασιλείοις χρῆσθαι καλύπτραις, πυραμίδος μὲν ἐχούσαις σχῆμα, σηρικοῖς δ' ἐνδύμασι κατὰ τὸ ἀνάλογον ἑκάστῳ ἀξίωμα καλυπτομέναις. Il donne aussi la description du chapeau accordé par l'empereur Andronic II au grand logothète Muzalon (VI, 2, ibid. I, p. 170): Δι' ἃ δὴ καὶ τιμήν τινα ταύτην ἔσχεν ἐξαίρετον μόνος τῶν πάλαι τὸ ὅμοιον αὐτῷ προειληφότων ἀξίωμα, καλύπτραν φορεῖν ἐπὶ κεφαλῆς χρυσοκοκκίνῳ κεχαλυμμένην ἐνδύματι, ὅσον τὸ ἄνω καὶ πρὸς τῇ πυραμίδι τῆς ἐπιφανείας χῦμα, ἐν τούτῳ παραλλάττουσαν μόνῳ τοῦ παραπλησίαν εἶναι καθάπαξ τῇ τῶν τοῦ βασιλέως ἐγγόνων, ὅτι μὴ καὶ τὴν κάτω καὶ κοίλην ἐπιφάνειαν εἶχε χυλίσκοις πεποικιλμένην χρυσοειδέσιν, ἀλλὰ λείαν τελέως.

4) Comp. Cod. De offic., c. IV, ed. Bonn. p. 17 sqq.

La charte de 1561 ne mentionne des insignes que la couronne impériale ornée de perles. Les monnaies conservées des premiers grands-ducs russes chrétiens nous pourront servir de guide pour l'examen de cette information[1]. Toutes les monnaies de Vladimir le Saint et de ses successeurs Sviatoslav et Yaroslav sont frappées sur des modèles byzantins. Vladimir y est représenté avec les mêmes attributs que nous trouvons sur les monnaies byzantines contemporaines[2]) et que nous avons énumérés ci-dessus. Nous voyons bien clairement que Vladimir et ses successeurs sont représentés avec la couronne consistant en un cercle monté de perles et surmontée d'une croix ornée de quatre perles. Des deux côtés descendent des pendeloques également ornées de perles. A la main droite Vladimir tient le sceptre avec une croix, audessus de l'épaule gauche se trouve la figure problématique. Quant au vêtement on ne peut distinguer clairement que la chlamyde. La concordance des monnaies russes et byzantines sur certaines parties des ornements fait supposer que Vladimir ait reçu les siens de Byzance. Le caractère des insignes est aussi facile à établir. Au X° siècle la couronne n'était portée que par l'empereur, le césar et le nobilissime. La différence principale de la couronne impériale des autres était le cercle (stemme) surmonté chez les empereurs d'une croix avec des pierres précieuses. C'est justement cette forme de couronne avec la coiffe et la croix que nous trouvons sur les monnaies de Vladimir. Le sceptre avec une croix (σταυρός) tenu dans la main droite était aussi, comme nous l'avons vu, un attribut qui convenait à l'empereur seul. Nous le trouvons également sur les monnaies de Vladimir. Quant à l'ἀκακία dont

---

1) Розысканія о славяно-византійскихъ монетахъ, par Kunik, Bartolomée, Hildebrand et le Comte Ouvaroff, dans Извѣстія Археол. Общ. III, p. 70, 74, 106, 340 suiv.; IV, p. 129 suiv. — Гр. И. И. Толстой, Древнѣйшія русскія монеты Великаго Княжества Кіевскаго. С.-Пб. 1882.—Гр. И. И. Толстой, Знамя первыхъ нашихъ христіанскихъ великихъ князей, dans Труды VI археологическаго съѣзда въ Одессѣ 1884 г., I, 218 suiv.

2) Sabatier, Description générale des monnaies byzantines. Paris — Londres 1862, t. II, pl. XLVIII et autres.—Du Cange, Familiae Byzantinae, p. 136 et autres.

la signification n'était pas claire aux Russes, elle est remplacée sur les monnaies de Vladimir par la figure problématique au-dessus de l'épaule gauche. Le vêtement sur les monnaies russes correspond en tout au λῶρος ou à la χλαμύς. Pour les autres attributs sur les monnaies russes on ne peut dire rien de certain vu qu'ils ne se laissent pas bien distinguer.

Par l'examen des monnaies de Vladimir et de ses successeurs nous arrivons à voir que nous y trouvons représentés les insignes des dignitaires byzantins. La couronne et le sceptre que nous y rencontrons prouvent que ces insignes n'étaient donnés à Byzance ni au césar, ni au nobilissime, mais appartenaient à l'empereur seul. Déjà Kunik[1]) avait fait voir l'importance de notre charte pour la connaissance des anciennes monnaies russes. Comme nous le voyons les monnaies confirment en tous les points les indications contenues dans la charte. Les ornements dont Vladimir est paré sur les monnaies ne peuvent être que des insignes impériaux ainsi qu'ils revenaient de droit aux empereurs de Byzance. La charte concorde entièrement sur le fait, en disant que Vladimir avait reçu les insignes de souveraineté des empereurs Basile II et Constantin VIII. Ces deux sources de nature toute différente se complètent à tel point qu'il serait difficile de mettre en doute la donation de ces insignes à Vladimir avec la main de la princesse Anne. Nous connaissons maints cas où les insignes de souveraineté furent conférés à des princes étrangers. Ainsi, nous apprenons d'Agathias et du Chronicon Paschale que sous l'empereur Justinien I Ztathius, roi des Lazes, vint à Byzance, y accepta le christianisme et se maria à la fille d'un patricien. A cette occasion il reçut de Justinien les insignes de souveraineté et fut solennellement couronné βασιλεύς[2]). L'empereur Justinien II

---

1) Dans le livre du Comte I. I. Tolstoy, Древнѣйшія русскія монеты вел. княж. Кіевскаго, p. 182 suiv.

2) Agath. III, 15, ed. Bonn., p. 171 sq: ἤδη δὲ καὶ ὁ Τζάθης ἅμα Σωτηρίχῳ τῷ στρατηγῷ ἐκ Βυζαντίου ἀφῖκτο, τήν τε πατρῴαν ἀρχὴν καὶ τὰ ταύτης παράσημα πρὸς τοῦ βασιλέως Ῥωμαίων, ἥπερ ἐκ παλαιοῦ νενόμισται, δεδεγμένος· εἰσὶ δέ γε

qui, avec l'aide du prince bulgare Terbel, avait regagné le trône lui donna, en récompense des services rendus, la main de sa fille et lui conféra en même temps le titre de «césar» avec les insignes impériaux [1]). Le prince d'Arménie Aschod I s'adressa à l'empereur Basile I avec la prière de lui confirmer son titre royal. Ils conclurent un traité d'alliance, dans lequel Basile reconnut la souveraineté du prince arménien et lui envoya la couronne avec les autres ornements royaux [2]). Un cas analogue à ceux que nous venons de citer est le don des insignes à Vladimir. Il les reçut en embrassant le christianisme, avec la main de la princesse Anne, pour les grands services qu'il avait rendus à l'empereur.

ταῦτα στέφανος χρυσοῦς λιθοκόλλητος, καὶ χιτώνιον ποδήρες ὑπόχρυσον, πέδιλά τε κοκκοβαφῆ, καὶ μίτρα ὁμοίως χρυσῷ τε καὶ λίθοις πεποικιλμένη· χλαμύδα δὲ ἀλουργῆ τοῖς βασιλεῦσι τῶν Λαζῶν οὐ θέμις ἀμπίσχεσθαι, λευκὴν δὲ μόνον· οὐ μέντοι παντάπασί γε κοινὴν οὕτω καὶ εἰθισμένην, ἀμφὶ γὰρ τὸ μεσαίτατον ἐκείνη χρυσῷ ὑφάσματι ἑκατέρωθεν καταλάμπεται. βασιλικὸν δὲ καὶ τὸ ἐμπερόνημα τῆς χλαμύδος, λίθοις τε ἐκκρεμέσι καὶ τῇ ἄλλῃ κατασκευῇ διαπρέπον. ἐπιβάντα δὴ οὖν τὸν Τζάθην τῆς ὑπηκόου καὶ τῇ βασιλείῳ στολῇ κεκοσμημένον... — Chron. Pasch., ed. Bonn., I, p. 613 sq.: καὶ δεχθεὶς ὁ Τζάθιος παρὰ τοῦ αὐτοῦ βασιλέως Ἰουστίνου ἐφωτίσθη· καὶ χριστιανὸς γενόμενος ἔγημε γυναῖκα Ῥωμαίαν, ἔκγονον Ὀνίχου τοῦ πατρικίου τοῦ ἀπὸ κουροπαλατῶν, Οὐαλεριανήν. ἥντινα εἰς τὴν ἰδίαν αὐτοῦ χώραν λαβὼν ἀπήγαγεν, προχειρισθεὶς καὶ στεφθεὶς βασιλεὺς Λαζῶν ὑπὸ τοῦ αὐτοῦ Ἰουστίνου βασιλέως, φορέσας στέφανον Ῥωμαίων καὶ χλαμύδιν ἄσπρον ὁλοσηρικόν, ἔχον ἀντὶ πορφυροῦ χρυσοῦν βασιλικὸν τάβλιν, ἐν ᾧ ὑπῆρχεν ἐν μέσῳ στηθάριν ἀληθινὸν μικρὸν τοῦ βασιλικοῦ χαρακτῆρος Ἰουστίνου καὶ στιχάριν ἄσπρον παραγαῦδιν, καὶ αὐτὸ ἔχον χρυσᾶ πλουμμία βασιλικά, ὡσαύτως φέροντα τὸν χαρακτῆρα τοῦ αὐτοῦ βασιλέως Ἰουστίνου. τὰ γὰρ τζαγγία αὐτοῦ ἦν ἀπὸ τῆς χώρας αὐτοῦ ῥουσαῖα, Περσικῷ σχήματι, ἔχοντα μαργαρίτας· ὁμοίως δὲ καὶ ἡ ζώνη αὐτοῦ ὑπῆρχεν διὰ μαργαριτῶν. — Comp. Ioh. Malal. XVII, ed. Bonn. p. 415, Theoph. ed. de Boor, I, p. 168. Reiskii, Comment. ad Const. Porph. II, p. 443.

1) Niceph. Patr., ed. Bonn. p. 47: ἐκεῖθεν ἐκπέμπει τῶν συνόντων τινὰ Στέφανον πρὸς Τέρβελιν κύριον ὄντα τηνικαῦτα τῶν ἐκεῖσε Βουλγάρων, παρακαλῶν συλλαβέσθαι αὐτῷ ὥστε τὸν τῆς βασιλείας ἀπολήψεσθαι θρόνον, ἄλλα τε πλεῖστα δῶρα ὑποσχόμενος καὶ τὴν ἑαυτοῦ θυγατέρα εἰς γυναῖκα αὐτῷ δώσειν ἐπαγγειλάμενος. ὁ δὲ προθύμως ἐν πᾶσιν ὑπεῖκε. p. 48: τὸν δὲ Βουλγάρων ἄρχοντα Τέρβελιν ἔξω τείχους Βλαχερνῶν σκηνούμενον πολλὰ φιλοφρονησάμενος, τέλος παραγενόμενος πρὸς αὐτὸν χλανίδα τε περιβάλλει βασιλικὴν καὶ καίσαρα ἀναγορεύει, καὶ συμπάρεδρον ποιησάμενος προσκυνεῖσθαι σὺν αὐτῷ ὑπὸ τοῦ λαοῦ ἐκέλευε, καὶ πλεῖστα παρασχόμενος δῶρα πρὸς τὰ ἑαυτοῦ ἐξέπεμπε. — Comp. Theoph., ed. de Boor, I, p. 374. Cedren., ed. Bonn., I, p. 780.

2) Jean VI Catholicos.—Vartan.—Guiragos.—Samuel. Aniens.—Voir la note en bas.

Il est bien plus difficile de dire quel titre Vladimir avait reçu des deux empereurs. Nous devrons nous contenter, en abordant cette question, d'indications courtes et moins précises. La charte dit qu'il avait été couronné «βασιλεύς» par le métropolitain d'Ephèse. Quant aux sources anciennes russes elles ne savent rien ni sur l'envoi des insignes à Vladimir ni sur le titre qui lui fut conféré. Vladimir y est toujours nommé tout simplement «князь» (duc). Le métropolitain Illarion [1]) et la «Vie de Vladimir [2])» en font une exception, car Vladimir y est nommé «каганъ» (khan). Cette dénomination s'explique tout simplement par le fait que peu de temps avant Kiev avait été sous la dépendance du khan des Khazars. Le peuple habitué à appeler son souverain «каганъ» attribua ce titre également au nouveau prince russe. Au mot slave «князь» correspond tout à fait «ἄρχων», comme Vladimir est appelé dans les sources grecques [3]). Tous les trois titres cités se rapportent à Vladimir comme prince des Russes à Kiev, sans indiquer celui qui lui avait été conféré à Byzance.

Nicéphore Grégoras [4]) parle de l'avidité avec laquelle les princes étrangers étaient à rechercher des titres à Byzance. Il mentionne un prince russe auquel Constantin aurait conféré le titre de «ὁ ἐπὶ τῆς τραπέζης». Mais comme cette information se rapporte d'abord au XIVᵉ s., qu'elle contient, ensuite, une erreur évidente en citant le nom de Constantin le Grand et, finalement, ne fait la moindre allusion à Vladimir, elle ne présente aucun intérêt. Si elle est basée sur un fait historique réel, elle doit se reporter à un autre prince russe, d'autant plus que sur les monnaies de Vladimir

---

1) Похвала кагану нашему Владимиру, dans Прибавл. къ твореніямъ св. Отцовъ, II, p. 223 suiv., p. 239: великаго кагана нашеа земля, Владимера, внука стараго Игоря, сына же славнаго Святослава.

2) Comparer Карамзинъ, И. Г. Р., I, not. 110, 285.

3) Zonaras XVII, 7, ed. Dind. IV, p. 114.—Cedren., ed. Bonn., II, p. 444.

4) Niceph. Greg., ed. Bonn. I, p. 239: ὁ δὲ Ῥωσικὸς τήν τε στάσιν καὶ τὸ ἀξίωμα τοῦ ἐπὶ τῆς τραπέζης παρὰ τοῦ μεγάλου κεκλήρωται Κωνσταντίνου· ὁ δὲ Πελοποννησιακὸς τὸ τοῦ πρίγκιπος· ὁ δὲ τῆς Ἀττικῆς τε καὶ τῶν Ἀθηνῶν ἀρχηγὸς τὸ τοῦ μεγάλου δουκός· ὁ δὲ τῆς Βοιωτίας καὶ τῶν Θηβῶν τὸ τοῦ μεγάλου πριμμικηρίου.

les insignes représentés n'appartiennent pas au «ὁ ἐπὶ τῆς τραπέζης». Le toparque byzantin qui parle d'un puissant «βασιλεύων» au nord du Danube paraît s'approcher plus près de la vérité[1]). Généralement cette information a été reliée au nom de Sviatoslav. Le toparque donne pourtant un point d'appui chronologique assez déterminé en disant qu'en ce temps Saturne se trouvait au commencement du Verseau et se couchait à minuit. Si les calculs de deux astronomes, savoir du professeur Seydler à Prague[2]) et du professeur Kononovitch à Odessa[3]), sont justes, ceci ne pouvait être qu'en 991 ou 993 et, par conséquent, ce n'est que Vladimir qui peut être désigné ici comme «βασιλεύων». Ce calcul chronologique paraît être d'autant plus juste que Vladimir avait reçu quelques années auparavant avec le baptême aussi le titre de Byzance. Si l'information est déjà assez digne de fois étant contemporaine, sa valeur est encore rehaussée par le fait que la personne à qui elle appartient était un fonctionnaire officiel byzantin qui devait être au courant des choses. Mais il y a encore un autre point qui nous sert de guide dans cette question embrouillée. La princesse Anne est toujours appelée dans les sources russes «царица» (tsarine). Cette désignation se trouve aussi bien dans le récit primitif du baptême de Vladimir, conservé dans la Chronique russe[4]) et la «Vie de Vladimir[5])», que dans le nécrologe de cette princesse également contenu dans la Chronique russe[6]), et enfin

---

1) Leo Diaconus, ed. Bonn. p. 503: Οἱ δέ, εἴτε ὡς μηδέποτε βασιλικῆς εὐνοίας ἀπολελαυκότες, μηδ' Ἑλληνικωτέρων τρόπων ἐπιμελούμενοι, αὐτονόμων δὲ μάλιστα ἔργων ἀντιποιούμενοι, εἴτε ὅμοροι ὄντες πρὸς τὸν κατὰ τὰ βόρεια τοῦ Ἴστρου βασιλεύοντα, μετὰ τοῦ στρατῷ ἰσχύειν πολλῷ καὶ δυνάμει μάχης ἐπαίρεσθαι, ἤθεσί τε τοῖς ἐκεῖ τὰ παρὰ σφῶν αὐτῶν οὐκ ἀποδιαφέροντας, ἐκείνων καὶ σπείσασθαι καὶ παραδώσειν σφᾶς ξυνέθεντο, κἀμὲ τὰ τοιαῦτα πράξειν κοινῇ πάντες ἐπεψηφίσαντο.

2) Pič, Der nationale Kampf gegen das ungarische Staatsrecht. Leipzig 1882, p. 83, not. 13.

3) Успенскій, Византійскія владѣнія на сѣверномъ берегу Чернаго моря въ IX и X вв., dans Кіевская Старина, 1889, t. 25, p. 293 suiv.

4) Лаврентьевская лѣтопись, dans П. С. Л., I, p. 47, 48, 50.

5) Житіе блаженаго Владимера, dans Макарій, И. Р. Ц., I, прилож. 1, II.

6) П. С. Л., I, p. 56: Въ лѣто 6519. Преставися царица Володимеряя Анна.

dans la Vie de St. Etienne de Soudak¹). Si l'on avait voulu désigner Anne comme princesse byzantine on aurait plutôt employé le mot «царевна» (princesse), tandis qu'elle ne pouvait être appelée «царица» (tsarine) que comme l'épouse du tsar Vladimir.

Le toparque byzantin qui nomme Vladimir «βασιλεύων» et la désignation «царица» (tsarine) pour l'épouse de Vladimir dans les sources russes contemporaines concourrent à confirmer l'information de la charte de 1561, suivant laquelle Vladimir n'avait pas seulement reçu de Byzance les insignes impériaux, mais avait été aussi couronné «βασιλεύς». Il arrivait assez souvent que la cour de Byzance conférait des titres et des charges aux princes des peuples voisins, comme par ex. des Serbes, des Arméniens, des Géorgiens, des Goths etc. Ainsi nous trouvons pour eux les titres d'un patricien, magistre, curopalate, protosébaste, protospathaire, grand-primicaire et autres. Si les potentats s'alliaient en même temps à la famille impériale de Byzance, on leur conférait d'ordinaire le titre honorifique de césar. Nous avons déjà vu que le prince des Bulgares Terbel avait reçu en récompense des grands services rendus à Justinien II avec la main de sa fille tous les insignes de souveraineté et le titre de césar²). Sous les Comnènes le titre de césar est souvent conféré à des princes étrangers alliés à la famille impériale. Le prince norman Roger reçut ce titre avec la main de Marie, fille de l'empereur Jean Comnène³). Le prince hongrois Béla, destiné à devenir le gendre de l'empereur Manuel, reçut, quand il se maria plus tard avec la belle-soeur de l'empereur, le titre de césar⁴). Le même titre fut aussi conféré au marquis Reynier de Montferrat quand il obtint la main de la fille de Ma-

---

1) Житіе Стефана Сурожскаго, dans Востоковъ, Описаніе рукописей Румянцевскаго музея. С.-Пб. 1842., p. 690: Анна царица отъ Коречуня въ Корчь идоучи.

2) Comp. p. LXXX, not. 1.

3) Cinnam. II, 4, ed. Bonn., p. 36 sqq.

4) Cinnam. VI, 11, ibid., p. 287.

nuel, Marie[1]). Son frère, Conrad de Montferrat, reçut aussi ce titre de l'empereur Isaac l'Ange en même temps que la main de sa soeur Théodora[2]).

Il est donc à voir qu'au XIIe s. du moins il arrivait assez souvent que la dignité de césar était conférée à des princes étrangers alliés à la famille impériale de Byzance. Quant au titre suprême de «βασιλεύς», je ne connais que deux cas du temps de la dynastie macédonienne où il a été donné à des princes étrangers. J'ai déjà eu l'occasion de mentionner qu'Aschod I d'Arménie avait conclu avec Basile I en 886 un traité et une alliance et avait reçu les insignes de souveraineté. Les auteurs arméniens reportent expressément que la dignité d'un «βασιλεύς» avait été conféré à Aschod aussi bien par le calife que par l'empereur Basile I, en le désignant pour cela comme restaurateur de la monarchie arménienne[3]). Il se peut que le titre de «βασιλεύς» n'ait pas été conféré

---

[1]) Nicet. Man. V, 8, ed. Bonn., p. 222; Alex. Man. fil. c. 4, ibid. p. 300.
[2]) Nicet. Isaac. Aug., I, 7, ibid., p. 497.
[3]) Samuel. Aniens. à la suite d'Euseb. Caesar. chron., ed. Mai et Zohrab. Mediol. 1818, p. 64: Ad Asutium praeter praefecturam titulum quoque principis principum contulit: in qua is dignitate annis XXX permansit: donec virtutis ergo atque operum optimorum regio quoque diademate insignitus est, rex nimirum a duobus regibus renunciatus ismaëlitico et graeco postremis quinque dominatus sui annis.— Théod. Ardzrouni, dans Dulaurier, Recherches sur la chronologie arménienne, t. I. Paris 1859, p. 266: «Il avait accompli le temps de sa royauté avec gloire. Son gouvernement avait duré cinq ans comme prince, vingt-cinq ans comme prince des princes, quatre ans comme roi portant couronne».—Açogh'ig, ibid. p. 267: «Seconde restauration de la monarchie arménienne, par Aschod le Bagratide, sous le règne de l'empereur des Grecs Basile...». «Avant d'être couronné, il avait gouverné trente ans en qualité de prince ou de prince des princes».—Vartan, ibid. p. 267: «Il ne lui manquait plus que le titre de roi. Les chefs arméniens songèrent à le lui conférer, et, par l'intermédiaire d'Iça, ils demandèrent ce titre pour lui au calife. Celui-ci se fit un plaisir d'envoyer aussitôt des couronnes, des vêtements royaux et des chevaux. L'empereur Basile fit aussi le même présent. La couronne du nouveau souverain fut bénite par le catholicos Georges». — Guiragos, ibid., p. 268. «Il parvint à la royauté, par la volonté du calife à la fois et de l'empereur des Grecs... Le calife Mohammed nomma Aschod prince des princes et ensuite le fit roi... L'empereur Basile envoya à Aschod une couronne royale, qui s'ajouta à celle que lui avait donnée le calife... C'est en 334 de l'ère chrétienne qu'Aschod fut proclamé roi».— Jean VI Catholicos, Histoire d'Arménie, trad. Saint-Martin. Paris 1841, p. 120, 125, 126. Comp. Saint-Martin, Mémoires sur l'Arménie. Paris 1818, I, p. 349 suiv.

officiellement à Aschod, car au X° s. Constantin Porphyrogénète, en parlant du prince d'Arménie, ne le désigne que comme «ἄρχων τῶν ἀρχόντων τῆς μεγάλης Ἀρμενίας»[1]). En tout cas, ses droits devaient avoir été reconnus, car dans les yeux des contemporains l'envoi des insignes était identique à la reconnaissance des droits au titre de «βασιλεύς». Nous voyons encore que la dignité de «βασιλεύς» fut confirmée pour la Bulgarie. Déjà Syméon avait pris ce titre et était reconnu du pape qui lui avait conféré les insignes correspondants[2]). En 927 Pierre, fils de Syméon, obtint la main de Marie, fille de Christophe, fils et plus tard corégent de l'empereur Roman Lécapène. Cette parenté, ainsi que les services que Pierre rendit à Byzance en concluant un traité de paix, furent la cause que plus tard, vers l'année 945, Constantin VII le reconnut officiellement comme «βασιλεύς»[3]). Dans son livre sur les cérémonies de la cour de Byzance il appelle le prince bulgare dans une missive officielle «βασιλεὺς Βουλγαρίας»[4]).

C'étaient donc les rapports de parenté, les alliances conclues ou services acceptés, l'embrassement du christianisme et la reconnaissance de la suprématie ecclésiastique et politique de Byzance qui déterminaient les empereurs à conférer aux princes avoisinants les plus hauts titres, même celui de «βασιλεύς». Il n'y avait pas encore quarante cinq ans que Constantin VII s'était vu forcé de reconnaître le prince des Bulgares comme «βασιλεύς», quand le puissant prince russe demanda la même dignité à ses petit-fils

---

1) Const. Porph. De cerim. II, 48, ed. Bonn., I, p. 686.

2) Kukuljević Sakcinski, Prvovjenčani vladaoci Bugara, Hrvata i Srba, i njihove krune, dans Rad jugoslavenske Akademije, LVII (1881), p. 191 suiv. — Après la conquête de la Bulgarie par Basile II, Boris fut fait prisonnier et amené à Constantinople en triomphe avec les insignes royaux. Cedr., ed. Bonn. II, p. 413: τὰ παράσημα τῆς Βουλγαρικῆς βασιλείας· τὰ δὲ ἦν στέφανος ἐκ χρυσοῦ καὶ τιάρα νενησμένη ἐκ βύσσου καὶ πέδιλα ἐρυθρά.

3) Rambaud, L'empire grec au X siècle. Constantin Porphyrogénète. Paris 1870, p. 388 suiv.

4) l. c., p. 690: Κωνσταντῖνος καὶ Ῥωμανός, ἐν Χριστῷ τῷ θεῷ εὐσεβεῖς αὐτοκράτορες Ῥωμαίων, πρὸς τὸ πεποθημένον καὶ πνευματικὸν ἡμῶν τέκνον τὸν κύριον ὁ δεῖνα βασιλέα Βουλγαρίας.

Basile II et Constantin VIII. Les deux empereurs se trouvaient dans des circonstances excessivement difficiles, étant opprimés tant à l'ouest qu'à l'est par les ennemis, et ils devaient inévitablement succomber s'ils n'étaient pas fortement secourus sans retard. En ce moment Vladimir vient les sauver de leur désespoir et ses troupes vainquent les adversaires sous les murs de la capitale. Vladimir ne se contenta pas de conclure avec les empereurs un traité de paix, mais prit aussi l'obligation de tenir à leur disposition pendant un nombre d'années un corps auxiliaire de 6,000 hommes. Il embrassa, en outre, le christianisme et reconnut par ce fait même involontairement la suprématie ecclésiastique et politique de Byzance. La récompense qui lui était due pour tout cela devait avoir aussi la plus haute que l'empereur fût en état de lui accorder: il reçut la main de la princesse Anne, les insignes impériaux et, enfin, le titre de «βασιλεύς», soit qu'il lui fut conféré directement soit qu'il l'adopta lui-même et fut reconnu tacitement dans cette dignité.

La charte de 1561, les monnaies russes, le toparque byzantin et les sources russes sur la tsarine Anne s'accordent tous sur ce fait en se complétant. Si l'on pourrait élever des doutes, c'est en se basant sur l'absence des indications directes dans les sources grecques et russes contemporaines. Quant aux sources grecques elles appartiennent toutes à un temps postérieur, à l'exception de Michel Pselle qui, du reste, ne fait aucune mention directe de Vladimir. Ce qui est des sources russes, la légende de l'introduction du christianisme par Vladimir, qui nous est conservée dans la Chronique russe, dans la «Vie de Vladimir» et dans l'Anonyme de Banduri, est la seule qui parle des rapports existant entre Vladimir et Byzance. Il suffit, pourtant, de comparer ce récit avec les informations des sources étrangères pour se convaincre qu'elle a un caractère tout légendaire et ne prend aucunement en considération les traits politiques. Nous n'y trouvons la moindre allusion à la part que Vladimir eut aux destinées de Byzance, il ne nous apparaît ici que comme le pieux héros combattant la cause chrétienne. Mais bientôt aussi ce côté disparut et la personne de Vladimir tomba à tel point en oubli qu'on ne savait même plus quand il fut canonisé. Cette absence de sources historiques contemporaines sur Vladimir explique complètement la cause pourquoi ses rapports à Byzance n'eurent pas de considération.

Ce n'est que la tradition postérieure qui s'empara de ce sujet, mais en l'altérant complètement, car le nom et la personne de Vladimir y sont remplacés par d'autres. Quand avec la chute de Constantinople la tradition de l'empire grec se raviva à Moscou, on remarqua les tentatives des grands-ducs russes de s'approprier la dignité de tsar. Les preuves que l'on produit à l'appui de ces tendances sont le mariage d'Ivan III en 1472 avec la princesse grecque Sophie, la reconnaissance de Vassili III comme tsar par l'empereur Maximilien I, en 1514, et, enfin, le couronnement d'Ivan IV comme tsar, en 1547. Les grands-ducs croyaient appuyer leur droit au titre de tsar ($\beta\alpha\sigma\iota\lambda\epsilon\acute{u}\varsigma$) devenu vacant sur l'envoi des insignes de souveraineté à leur ancêtre Vladimir par les empereurs byzantins. La voix du peuple et la plume des scribes de la cour s'emparèrent bien vite de ce sujet. Dans la tradition populaire les reminiscences des divers Vladimir s'étaient concentrées dans l'image d'un seul héros national, Vladimir Monomaque, qui était devenu le type idéal d'un grand-duc russe. La figure de Vladimir le Saint avait presque entièrement disparue et n'apparaissait que vaguement dans l'épopée populaire comme «Владиміръ красное солнышко». Le titre qu'il avait reçu des empereurs Basile II et Constantin VIII fut relié au nom de Vladimir Monomaque, son arrière-petit-fils. L'expédition entreprise en 1043 par Vladimir, fils du grand-duc Yaroslav, contre l'empereur Constantin IX, se présentait dans la tradition populaire comme une marche triomphale de Vladimir Monomaque. Le surnom de Monomaque porté tant par Constantin IX que par Vladimir était suffisant pour faire de ces deux princes des contemporains: le second aurait entrepris une expédition contre le premier qui, à son tour, aurait conféré au dernier les insignes.

La tradition populaire attribua enfin à Vladimir un grand nombre d'institutions de l'état qui devaient appartenir à différentes époques et à divers princes. Ce que la tradition orale du peuple avait commencé fut achevé par la plume savante des scribes de la cour d'Ivan III, Vassili III et Ivan IV. Les deux envoyés à Vladimir le Saint, savoir le métropolitain d'Ephèse et l'éparque d'Antioche, devinrent une brillante ambassade à Vladimir Monomaque composée des premiers dignitaires des différents patriarcats de l'empire byzantin du temps de Justinien. Nous avons ici un métropolitain Néophyte d'Ephèse avec les évêques de Mytilène et de Milète, un stratège Antipate d'Antioche, un hégémon Eustathe de Jérusalem et un augustal d'Alexandrie. Pour mettre le comble à la légende, les savants de la cour de Moscou firent de Vladimir Monomaque le petit-fils de l'empereur Constantin IX, aussi surnommé «Monomaque».

La légende du XVIᵉ siècle sur le couronnement de Vladimir Monomaque qui s'était formée du fait historique de l'envoi des insignes à Vladimir le Saint est répandue dans différents documents et sources écrites historiques de cette époque. Nous la trouvons d'abord dans Herberstein et dans la lettre du moine Païssi, ensuite elle paraît comme un récit indépendant et passe dans le nobiliaire et les diverses chroniques. Vers la moitié du XVI s. elle pénètre dans les documents officiels, savoir le testament d'Ivan IV et les actes de couronnement. Nous en avons une reproduction coloriée dans les fresques ornant le trône dans la cathédrale d'Ouspensky à Moscou. En conclusion, nous avons un exemple frappant de l'art des scribes lettrés de la cour d'Ivan IV dans notre charte de l'année 1561. La mention expresse de l'envoi des insignes par les empereurs Basile et Constantin ne leur paraissait pas bien claire et ils jugèrent utile de rader le passage respectif de la missive et d'insérer le nom de Constantin Monomaque qu'ils connaissaient de la légende.

Il ne nous reste qu'à examiner la troisième et dernière partie de notre étude, savoir les questions concernant les insignes qui sont conservés sous le nom de Vladimir Monomaque au Palais des Armures, à Moscou. Un coup d'oeil que je leur donnai suffit pour me convaincre qu'il ne pouvait s'agir ici que de la couronne connue depuis le XVIe s. sous le nom de «bonnet de Monomaque», tous les autres ornements étant d'origine plus récente. Après avoir déjà réfuté l'opinion généralement répandue qui attribue cette couronne au grand-duc Vladimir Monomaque, nous ne pouvons, pourtant, pas admettre sans aucune objection que nous ayons là la couronne qui fut envoyée de Byzance à Vladimir le Saint. Pour résoudre cette question du plus grand intérêt il importerait, d'une part, comparer la couronne en question aux couronnes byzantines appartenant à l'époque correspondante et, d'autre part, de prendre en considération les détails du travail de la couronne même.

La coiffe de la couronne est formée de huit plaques en or oblongues de forme triangulaire, reliées par leurs bords acérés sous le globe qui est surmonté d'une croix plate en or avec des perles aux extrémités et au bas. Sur le globe se trouvent dans les creux pourvus d'ardillons trois grandes pierres: un saphir, une topaze et un rubis; entre les pierres, dans des creux avec ardillons sont fixées trois grandes perles. Des huit plaques constituant la coiffe deux sont toujours égales entre elles; chacune est ornée d'une grosse pierre, dont deux sont des améthystes, quatre des émeraudes et deux des rubis. Les pierres sont entourées de perles en forme de triangle; sept plaques ont chacune trois perles et la huitième quatre disposées en forme d'une croix. Le bord du bonnet est en zibeline [1]).

L'examen minutieux et détaillé de la couronne démontra qu'il y avait trois parties constituantes qui étaient à séparer strictement l'une de l'autre: la garniture en fourrure de zibeline

---

[1]) Comparer la description et la représentation de la couronne dans: Валуева, Историческое описаніе древняго Россійскаго Музея. Москва 1807. I, p. 8 suiv. — Древности Россійскаго Государства, II, 3 suiv. et table II, 1, 2.— Вельтманъ, Московская Оружейная Палата. 1860, p. 27 suiv.

est du XIX⁰ s., le globe avec la croix appartenait également à une époque plus ou moins avancée, le XVI⁰ ou XVII⁰ s., les 8 plaques en or formaient la partie la plus ancienne de la couronne. Il paraît qu'elle a été refaite ou changée plusieurs fois, car les plaques font voir des trous où des ornements avaient dû être fixés. J'essayerai d'examiner et de déterminer d'abord la forme et ensuite le travail de cette partie primitive.

Quant à la forme de l'ancienne partie de la couronne, elle a subi dans les couronnes byzantines un changement essentiel dans le courant des siècles [1]). Dans les anciens temps de l'empire byzantin nous trouvons sur les monnaies grecques toujours representé le diadème en forme de bandeau dont les bouts pendaient au-derrière de la tête [2]). A partir de Justinien I, le diadème devient une couronne rigide ou stemme. Elle se composait d'un cercle d'or monté de pierres précieuses, de perles et d'émaux. De chaque côté descendaient des pendeloques qui consistaient en deux fils de perles tombant sur les joues; ils se nommaient κατασειστά, σεῖα, πρεπενδουλιά ou ὁρμαθοί. Ordinairement la couronne était fermée au sommet de la tête par une pièce d'étoffe enrichie de perles et de pierres. Le stemme des empereurs était surmonté de la croix ou d'une aigrette et différait des autres couronnes aussi par la couleur de pourpre de l'étoffe. Nous trouvons ces stemmes représentés sur toutes les monnaies grecques [3]). Deux pareils cercles byzantins nous ont été aussi conservés. C'est d'abord la couronne de l'empereur Constantin IX Monomaque (1042—1054) dans le Musée national de Pesth, composée de

---

1) Comp. Du Cange, Observations sur Joinville, dans Gloss. med. et inf. lat., ed. Fabre, t. X (1887): Des couronnes des rois de France, des empereurs d'Orient et d'Occident, p. 81 suiv.—Labarte, Histoire des arts industriels au moyen âge et à l'époque de la renaissance. 2-me éd. (1872), I, 303 suiv. — Linas, Les origines de l'orfévrerie cloisonnée. Paris 1877. I, 281 suiv.

2) Du Cange, Famil. Byzant., l. c. Sabatier, l. c.

3) Du Cange, l. c.—Malliot, Recherches sur les costumes, les moeurs, les usages des anciens peuples. Paris 1804. I, pl. LXII—LXXVI.—Sabatier, l. c. Comparer aussi les miniatures chez Linas, 2-me éd., pl. XLVIII et LVIII. Ce sont les mêmes stemmes qui sont représentés aussi sur les monnaies russes, chez Tolstoï, l. c.

huit plaques d'or émaillé merveilleusement belles [1]). L'autre stemme authentique d'origine byzantine est la partie la plus ancienne de la couronne renommée de Saint Etienne, le cercle en or émaillé et gemmé appartenant au temps de l'empereur Michel Ducas (1071—1078) [2]). Depuis le Xe siècle aussi une forme de la couronne impériale un peu modifiée vint en usage. Elle consistait aussi du cercle (stemme) en or rehaussé de perles et de pierres, avec des pendeloques des deux côtés. Le cercle était surmonté de deux arcs doublés en or qui se croisaient au milieu, avec une coiffe en soie pourpre. Au milieu des arcs se trouvait la croix montée en pierres précieuses. De cette manière la couronne avait la forme d'un hémisphère bien arrondi et couvrait entièrement la tête. Les couronnes des fils de l'empereur, du sébastocrator et du césar différaient de celle de l'empereur qu'elles étaient clairsemées de pierres et de perles et n'étaient fermées que par un pièce de soie [3]). Les siècles ont épargné deux magnifiques spécimens des couronnes fermées des arcs qui se conforment aux modèles des peintres grecs et en tout cas sont

---

1) Bock, Die Kleinodien des heil. Römischen Reiches Deutscher Nation. Wien. 1864, p. 180 suiv. et pl. XXXVIII.

2) Bock, p. 76 suiv. et pl. XVI.

3) Anna Comn. III, 4, ed. Bonn. I, p. 147 sq. donne la description des couronnes de l'empereur Alexis I, du sébastocrator et du césar: οὐ μὴν ἀλλὰ καὶ στέμμασιν ἐν ταῖς πανδήμοις ἡμέραις αὐτοὺς στεφανοῦσθαι προσέττατε τόν τε σεβαστοκράτορα καὶ τὸν καίσαρα, κατὰ πολὺ διαφέρουσι τῇ πολυτελείᾳ τοῦ διαδήματος, ᾧ αὐτὸς ἐστεφάνωτο. τὸ μὲν γὰρ βασιλικὸν διάδημα καθάπερ ἡμισφαίριον εὔγυρον τὴν κεφαλὴν διαδεῖ, πανταχόθεν μαργάροις καὶ λίθοις κοσμούμενον, τοῖς μὲν ἐγκειμένοις, τοῖς δὲ καὶ ἐξηρτημένοις· ἑκατέρωθεν γὰρ τῶν κροτάφων ὁρμαθοί τινες ἀπαιωροῦνται διὰ μαργάρων καὶ λίθων καὶ τὰς παρειὰς ἐπιξέουσι. καὶ ἔστι τοῦτο ἐξῃρημένον τι χρῆμα τοῖς βασιλεῦσι στολῆς. οἱ δὲ τῶν σεβαστοκρατόρων καὶ τῶν καισάρων στέφανοι σποράδην ἔστιν ὅπου τῶν μαργάρων καὶ λίθων μετέχοντες ἄνευ τοῦ ἐπισφαιρώματος. — Codin. de offic., c. XVIII, ed. Bonn. p. 100, décrit aussi les couronnes de l'empereur, des fils de l'empereur et de ses parents: ὁ βασιλεὺς περιτίθησιν οἰκειοχείρως τῇ αὐτοῦ κεφαλῇ στέφανον διὰ λίθων καὶ μαργάρων, ἔχοντα καμάρας μικρὰς τέσσαρας ἔμπροσθέν τε καὶ ὄπισθεν καὶ ἐκ πλαγίων, εἰ ἄρα ὁ χειροτονηθεὶς βασιλέως υἱός ἐστιν, εἰ δὲ γαμβρὸς τύχοι ὤν, ἔμπροσθεν μόνον· ὃς δὴ στέφανος καλεῖται καὶ στεμματογύριον. Plus loin, c. XIX, p. 101, il parle des couronnes du sébastocrator et du césar: ἐφόρεσε καὶ στεφάνους διὰ λίθων ἱερανέων καὶ μαργάρων, ἔχοντας ἕκαστον αὐτῶν ἔμπροσθεν ἀνὰ μίαν καὶ μόνην καμάραν.

fabriquées sous l'influence byzantine. Ce sont la couronne hongroise entière de Saint Etienne [1]) et, ensuite, la couronne sicilienne de Constance II, épouse de l'empereur Frédéric II, morte en 1222 [2]). Des pareilles couronnes des temps postérieurs sont reproduites aussi par des miniatures [3]).

Nous voyons donc que la couronne dite de Vladimir Monomaque ne présente la moindre ressemblance avec les couronnes byzantines ni du Xe siècle ni des temps postérieurs. Avant tout il lui manque le cercle ou stemme constituant la base de toutes les couronnes byzantines. Sa forme conique particulière est plutôt d'origine purement orientale-asiatique. Déjà dans l'antiquité on connaissait le type hémisphérique et pointu des couronnes assyriennes et persanes qui parvint aux dynasties des Arsacides et Sassanides. Cette forme fut adoptée aussi à Byzance principalement pour les couvrechefs légers tant des empereurs que du clergé et des autres dignitaires de la cour. Ces coiffes portaient les noms de καμελαύκιον [4]), σκιάδιον [5]), τιάρα, τούφα [6]), πῖλος [7]),

---

1) Bock, l. c. Comp. Labarte, I, 328 suiv. Linas, I, 326 suiv. et autres.

2) Bock, p. 205 suiv. et pl. XLIV, fig. 67.

3) Voir les couronnes de l'empereur Manuel II et de ses enfants chez Du Cange, Fam. Byzant., p. 242. Labarte, 1-re éd., pl. LXXXIII. A ce type de couronnes semblent appartenir aussi les couronnes de Romain Lécapène et Constantin VII Porphyrogénète dans une miniature tirée d'un manuscrit du Xe s., chez Labarte, 1-re éd., pl. LXXXVIII.

4) Hesych.: τιάρις· λόφος τῆς περικεφαλαίας, περίθεμα κεφαλῆς, καμελαύκιον.— Leon. Tact. XIX, 42: ἐν γὰρ πολέμου καιρῷ σημεῖον εἶχον τῆς συμβολῆς αἴροντες τὴν λεγομένην φοινικίδα· ἣν δὲ τὸ λεγόμενον καμελαύκιον ἐπὶ κονταρίου ὑψούμενον, ἐρυθρὸν τὴν χρόαν, καὶ ἄλλα τινὰ ὁμοιοτρόπως ἐπιδεικνύμενα.—Cedren. ed. Bonn. I, 297: ἔστι δὲ καὶ ἑτέρα κατασκευὴ σπυρίδος, ἀντὶ πίλου τῇ κεφαλῇ τιθεμένη· καλεῖται δὲ παρ' Ἰταλοῖς κάμελα, ἐξ οὗ καὶ καμελαύκια, et autres passages. Comp. Reiskii Comment. ad. Const. Porph. De cerim. II, 15, ed. Bonn. II, 652 suiv.

5) Codin. De offic., c. III, IV, ed. Bonn. p. 13 suiv.

6) Const. Porph. De cerim. I, 10, ed. Bonn. I, p. 80: ἐπιτίθησιν ὁ πραιπόσιτος τὴν τόγα, ἤγουν τὴν τιάραν, ἐπὶ τῆς τοῦ βασιλέως τιμίας κεφαλῆς. Cf. I, p. 505, et Reiskii Comment. II, p. 591 suiv. — Zonar. XVII, 9, ed. Dind. IV, p. 123: τιάρᾳ ταινιωθεὶς ὀρθίᾳ, ἣν τοῦφαν καλεῖ ὁ δημώδης καὶ πολὺς ἄνθρωπος, τῦφον, οἶμαι, ὠνομασμένην, ὡς τετυφῶσθαι ποιοῦσαν τοὺς ταύτῃ ἀναδουμένους.

7) Theoph. Cont., ed. Bonn. p. 39: πίλῳ τὴν κεφαλὴν ὀξυτάτῳ περικαλύπτοντες, et autres.

πυραμίς¹), καλύπτρα²) etc. Elles étaient ordinairement faites d'étoffe de soie et avaient, comme nous avons vu, pour chaque classe de dignité les attributs correspondants³). Comme la couronne impériale était surmontée de la croix, les autres couvertures des empereurs différaient de toute sorte de chapeaux des autres dignitaires premièrement par la pierre précieuse au sommet et secondement par la couleur de pourpre⁴). Nicétas Acominate dit expressément que ce genre pyramidal de couvre-chef était d'origine étrangère et non byzantine⁵). Pour les couronnes ce type ne fut pas adopté. Nous ne trouvons que depuis le X° s. le stemme fermé avec les arcs en or.

Les huit plaques en or constituant la partie primitive du «bonnet de Monomaque» sont ornées de filigrane rehaussé. En examinant de plus près les ornements de l'ouvrage en filigrane nous voyons qu'ils ne peuvent être aucunement d'origine byzantine. Nous rencontrons les rosettes seules dans l'art byzantin où

---

1) Acropol. c. 11, ed. Bonn. p. 22: τάς τε γὰρ τοῦ βασιλέως πυραμίδας ἀνελάβοντο, et autres.

2) Nicet. De Alexio Man. f., c. 12, ed. Bonn. p. 328: καὶ πυραμιδουμένην καλύπτραν τῇ κεφαλῇ περικείμενος, καπνηρὰν τὴν χροιάν. c. 18, ed. Bonn. p. 352: ἄλλοι δὲ τὴν καπνηρὰν καὶ πυραμοειδῆ ἐρέαν τῆς κεφαλῆς ἀφελόμενοι πυρσὴν αὐτῷ περιέθεντο.

3) Niceph. Greg. VI, 2, ed. Bonn. I, p. 170; XI, 11, ed. Bonn. I, p. 567. Comp. plus haut p. LXXVII, not. 3.

4) Cod. De offic., c. III, ed. Bonn. p. 13: τὸ περικάλυμμα τῆς κεφαλῆς τοῦ δεσπότου τὸ καλούμενον σκιάδιον ὁλομάργαρον. ὁ ἀὴρ αὐτοῦ ἔχει ὀνόματα τοῦ φοροῦντος αὐτό, χρυσοκλαβαρικόν, συρματέϊον, τὰ σεῖα οἷα καὶ τὰ βασιλικά, πλὴν τοῦ κόμβου καὶ τῶν φοινίκων.—Acropolit. c. 40, ed. Bonn. p. 72, parle des vêtements d'Isaac Ange: τὰ μὲν γὰρ ἐρυθρὰ πέδιλα ἀπεβάλλετο καὶ τὴν περιμάργαρον πυραμίδα, εἰς ἣν καὶ λίθος ὑπερκάθηται κόκκινος, βασιλικὰ ταῦτα σύμβολα. Comp. c. 11, ed. Bonn. p. 22.—Niceph. Greg. VII, 8, ed. Bonn. I, p. 268, décrit le chapeau de Michel Paléologue: ἡ βασιλικὴ καλύπτρα, κεκοσμημένη συνήθως τῷ τε λίθῳ καὶ ταῖς τῶν μαργάρων σειραῖς. Comp. VII, 5, ed. Bonn. I, p. 242.—Cantacuz. IV, 37, ed. Bonn. III, p. 269, décrit le chapeau de Matthieu Cantacuzène, fils de Jean Cantacuzène: καὶ τοῖς τε ποσὶν ὑπέδυ κρηπῖδας ἐρυθρὰς καὶ πῖλον ἐπέθετο τῇ κεφαλῇ, λίθῳ τε κεκοσμημένον καὶ μαργάροις, ὥσπερ ἔθος βασιλεῦσι. Comp. III, 27, ed. Bonn. II, p. 166. A cause de la pierre précieuse au sommet il appelle le chapeau I, 5, ed. Bonn. I, p. 27: τὸν ἐπὶ τῆς κεφαλῆς λίθον.

5) Nicet., Andr. Comn. II, 11, ed. Bonn. p. 452: καὶ πῖλον βαρβαρικὸν τῇ κεφαλῇ περιθέμενος, ὃς εἰς ὀξὺ λήγων πυραμίδι εἴκασται.

elles apparaissent depuis les temps les plus reculés comme un ornement commun aux styles les plus divers. Quant aux autres ornements ils ne font voir la moindre trace d'une influence byzantine. Il suffit p. ex. de comparer les ouvrages en filigrane sur la couronne de Constantin IX Monomaque (1042—1054), conservée au musée de Pesth[1]). Nous aurons encore à prendre en considération les ouvrages byzantins en filigrane de l'Ermitage Impérial, provenant des contrées rhénanes et appartenant au XIIe et XIIIe ss., qui sont à voir dans la section Moyen âge et Renaissance, chambre des émaux, ustensiles d'églises, savoir une croix № 113, une rélique № 114 et une caissette № 68, et ensuite les ouvrages trouvés en Russie, dans la chambre des trouvailles russes, vitrine № 9. Un examen superficiel suffit pour faire voir que les ornements des huit plaques en or ne ressemblent en rien aux ouvrages en filigrane susmentionnés. Les fleurs dans les ornements des plaques semblent indiquer leur origine persane. Pour s'en convaincre on pourrait par ex. comparer les ouvrages en filigrane persans dans l'Ermitage Impérial, salle de Nicopol, armoire 79, étagère 5, №№ 1028 et 1029. Comme le style persan admet aussi des rosettes, la ressemblance des ornements de l'ouvrage en filigrane avec le premier devient encore plus grande. Ce qui est de la formation des grampants et des ornements latéraux des plaques en or, nous ne les retrouvons ni dans le style byzantin, ni persan[2]), ni arabe[3]), ni ottoman[4]). Aussi bien l'art byzantin que les arts persan et arabe s'appuyaient toujours lors de leur développement et de leur fleuraison sur des traditions fixes et déterminées. Le travail était dans les mains de corporations et les artisans étaient obligés de s'adapter strictement aux formes usitées. Comme conséquence, tous les ouvrages artistiques du

---

1) Bock, l. c.
2) Comp. aussi Pascal Coste, Monuments modernes de la Perse. Paris 1867.
3) Comp. Prisse d'Avennes, L'art arabe. Paris 1877. Bourgoin, Les arts arabes. Paris 1873.
4) L'architecture ottomane. Constantinople 1873.

moyen-âge se présentent toujours dans un style pur élaboré dans les plus moindres détails. Par contre, les ornements des ouvrages en filigrane sur les huit plaques en or n'offrent que de faibles réminiscences du style persan et, en général, ne sont pour ainsi dire d'aucun style.

Il s'en suit que la couronne ne pouvait provenir ni de Byzance, ni de la Perse ou de l'Asie Mineure dans un temps où l'art y était arrivé à son plus grand développement. Il nous restent plutôt deux hypothèses pour expliquer son origine. Elle pourrait appartenir, d'abord, à un temps de décadence complète de style, comme, d'autre part, il se peut qu'elle provienne d'un pays où il n'existait pas encore de style déterminé. La première de ces hypothèses nous ramenerait au XVII⁰ s. qui est caractérisé en Occident par un mélange de tous les styles. Mais la couronne même existait déjà vers la fin du XVII⁰ s., car elle servit de modèle pour le second «bonnet de Monomaque» confectionné pour le double couronnement de Pierre et d'Ivan. Weltmann[1]) a de plus démontré que la couronne avait été conservée intacte lors de l'interrègne au commencement du XVII⁰ s. Les documents et la légende confirment enfin l'existence du «bonnet de Monomaque» pour le XVI⁰ s. entier. Donc, il ne reste plus que la seconde hypothèse d'après laquelle la couronne aurait été confectionnée au moyen-âge, dans un pays qui ne possédait pas encore un style d'art à lui. De cette manière nous aurions à aller au nord du domaine des styles byzantin, arabe et persan, au littoral du nord de la Mer Noire et de la Mer Caspienne. Si la couronne avait été faite à Kiev, l'influence prépondérante du style byzantin ne manquerait pas de ressortir. Mais comme nous n'y trouvons aucun indice de ce dernier et seulement de faibles réminiscences au style persan, nous aurons à placer l'origine de la couronne plus à l'est, vers la Mer Caspienne.

---

1) Московская Оружейная Палата. Прилож. О сохранности утварей царскаго чина во время бытности польскихъ и литовскихъ войскъ въ Москве въ 1610—1612 годахъ.

Ainsi la forme et le travail du «bonnet de Monomaque» indiqueraient qu'il n'avait jamais vu Byzance. Il est plutôt d'origine orientale barbare et pareillement à la couronne de Kazan, conservée au Palais des Armures, il doit provenir du Volga ou des contrées avoisinantes de la Mer Caspienne. Ce résultat obtenu par l'examen minutieux et la comparaison de la couronne était déjà écrit, lorsque j'eus la chance de trouver une confirmation directe de mon opinion.

Dans la lettre précitée du moine Païssi au grand-duc Vassili III de l'an 1525 [1]) que je ne parvins à voir que tout en dernier lieu il est dit: «прародителя своего, Великаго Князя Владиміра Мономаха, ардарила, рекше шапку», c. à. d. «de son ancêtre, le grand-duc Vladimir Monomaque, ardarila, ce qui veut dire bonnet». Ainsi nous avons ici pour la couronne le mot «ardarila» ou «yaldarila» ce qui est traduit en russe par «chapka» (bonnet). Ce mot devant être évidemment d'origine tartare, je recourrus pour des éclaircissements à Mr. Radloff, membre de l'Académie Impériale des Sciences, qui eut l'amabilité de me prêter son secours. «Yaldarila», lecture que nous trouvons dans un manuscrit, est à ne pas douter une altération russe du tartare «yultrakli» ou «yultrauli». «Yultrak» veut dire ornement ou clinquant brillant, «li» est le participe «ayant». Nous avons donc la forme adjective «yultrakli» qui est complétée par le substantif «beuruk» (bonnet); «yultrakli beuruk» est un bonnet avec des ornements brillants.

Cette explication s'applique en tous points à la plus ancienne partie de la couronne composée de huit plaques d'or. Un bonnet tartare finit toujours en pointe et est garni au bas de fourrure. Les huit plaques d'or allongées constituaient, par conséquent, primitivement l'ornement d'un bonnet tartare pointu. Ceci nous explique les deux dénominations usitées pour désigner la couronne de Vladimir Monomaque, la tartare «yultrakli (c. à. d. beuruk), le bonnet étant orné de plaques d'or brillants, et la

---

1) Voir p. LXVII, not. 1.

russe «chapka» (bonnet), placée au lieu de «venetz» (couronne), qui était toujours employé pour désigner une couronne byzantine. Il est bien probable que ce «bonnet» précieux fût envoyé en don à un des grands-ducs russes par un khan tartare. Avec le temps il subit différents changements, la partie inférieure, le bonnet proprement dit, fut perdu et il ne restait plus que la partie supérieure formée de huits plaques d'or. Quand les grands-ducs prirent le titre de tsar ils complétèrent le bonnet par la coiffe surmontée d'une croix correspondante à une couronne impériale. Sous cette forme modifiée le «bonnet» primitif tartare a été conservé jusqu'à nos jours comme couronne des tsars.

C'est donc commettre une erreur en voulant identifier le «bonnet de Monomaque» avec la couronne qui fut envoyée de Byzance à Vladimir le Saint. La dernière a dû périr avec les autres ornements lors de la prise et du pillage de Kiev par les Tartares en 1240. Le «bonnet de Monomaque» est d'origine beaucoup plus récente. Il doit appartenir aux XIIIe—XVe siècles et il semble que c'est lui qui est mentionné pour la première fois en 1356 dans le testament du grand-duc Ivan II simplement comme «шапка» (bonnet). Ce n'est qu'à partir du XVIe s. que la légende le précisa sous le nom de «bonnet de Monomaque».

Par ce qui précède, je pense avoir suffisamment démontré que la légende de Vladimir Monomaque, dont l'origine appartient au XVIe s., ne peut aucunement prétendre à être acceptée comme authentique. Elle reporte, d'abord, l'envoi des insignes à Vladimir le Saint, en second lieu l'expédition de 1043 de Vladimir, fils de Yaroslav, à ne pas parler d'une masse de détails inventés, à Vladimir Monomaque et, à la fin, désigne comme des soi-disants insignes de ce grand-duc des objets qui tous sont d'une origine plus récente et ne pouvaient aucunement lui appartenir. Le texte de la charte rétabli par moi est important, car il nous permet de faire voir le manque total de fond historique de la légende et de reconnaître son véritable rapport à Vladimir le Saint. Ce dernier n'a été indiqué que tout court, ainsi que les rapports de Vladimir le Saint à Byzance, car une étude plus détaillée n'aurait pas manqué de me mener trop loin. J'aime à croire que d'autres savants bien versés dans les domaines de l'archéologie et de la numismatique et disposant de sources historiques plus amples que les miennes auront l'occasion de se prononcer d'une manière définitive.

b) **Lettres synodiques du patriarcat de Constantinople de l'année 1590 sur l'instution du patriarcat en Russie.**

Dans l'article précédent j'ai marqué tout court les aspirations des grands-ducs de Russie à remplacer après la chute de l'empire byzantin les empereurs grecs. Le dernier pas dans cette voie fut la reconnaissance du grand-duc de Russie comme tsar par le patriarque de Constantinople Ioasaphe en 1561. Au XVIe s. se firent parallèlement remarquer les efforts d'élever le métropolitain de Russie au rang d'un patriarche et, par cela même, de le rendre l'égal du patriarche de Constantinople et d'assurer à l'église russe une position tout-à-fait indépendante. Les idées d'empereur et de patriarche étaient inséparables dans la conception des contemporains. Comme héritiers de la dignité impériale byzantine les tsars russes devaient naturellement viser non seulement à acquérir pour la Russie le trône de tsar, mais aussi le siège d'un patriarche. Ce n'est pourtant que dans le dernier quart du XVIe s. que ce désir longuement nourri put être accompli.

Quand, en 1586, le patriarche d'Antioche Ioachim VI vint à Moscou pour y chercher des subventions il fut directement chargé par le tsar Fédor de la mission de faire les démarches nécessaires dans cette affaire. Deux ans plus tard, en 1588, le patriarche de Constantinople Jérémie II vint à Moscou pour y chercher de l'aide et des subventions pour le rétablissement de l'église et des bâtiments patriarcaux dévastés. Le tsar Fédor profita de cette occasion pour insister énergiquement sur l'accomplissement de son voeu. Jérémie fut retenu à Moscou et se vit à la fin forcé de donner son consentement. Le 23 Janvier 1589 eut lieu l'élection solennelle et trois jours plus tard l'ordination du métropolitain Job comme premier patriarche de Moscou. C'est seulement vers l'été de cette année que Jérémie put partir de Moscou comblé de grâces et retourna à Constantinople par la Russie occidentale et la Moldavie[1].

La reconnaissance de Job comme patriarche par Jérémie seul ne paraissait pas suffisante au tsar Fédor, il exigeait une reconnaissance officielle du patriarcat par un synode de tout le clergé grec, en imposant ceci à Jérémie. Le dernier, en se conformant au désir du tsar, convoqua en Mai 1590 un synode à Constantinople. Le synode statua, premièrement, de confirmer la nomination de Job comme patriarche de Russie, en second lieu, d'assigner au patriarche russe dans l'ordre des patriarches orthodoxes la cinquième place et, troisièmement, de reconnaître au synode russe le droit de procéder à l'avenir à l'élection des patriarches indépendamment. Un acte officiel fut expédié muni des signatures des patriarches de Constantinople Jérémie II, d'Antioche Ioachim VI, de Jérusalem Sophronius V et des autres membres du synode. Le métropolitain de Ternovo Dionyse fut chargé de porter ce document à Moscou pour le remettre solennellement au tsar. Le métropolitain reçut encore deux lettres synodiques pour le patriarche Job et Boris Godounov, ensuite trois lettres de Jérémie au tsar Fédor, une à la tsarine Irène, une au patriarche Job et une à Boris Godounov. Dionyse arriva en Mai 1591 à Moscou où il s'accomplit de sa charge.

---

1) Comparer sur l'institution du patriarcat en Russie: Зернина, Учреждение въ Россіи патріаршества, dans Архивъ истор.-юридич. свѣдѣній Калачова, t. II, 1 (1855), p. 1—34.—Соколова, Учреждение патріаршества въ Россіи въ 1589 г., dans Прибавл. къ Твореніямъ Св. Отцовъ, VIII (1859), p. 288—338.—Николаевскаго, Учреждение патріаршества въ Россіи, dans Христіанское Чтеніе 1879, II, p. 3—40, 369—406, 552—581; 1880, I, p. 128—158.—Макарія, И. Р. Ц., X (1881), 3—54.—Comp. Σπ. Ζαμπελίου, Καθίδρυσις πατριαρχείου ἐν Ῥωσσίᾳ. Ἐκδιδόντος Ν. Δραγούμη. Ἐν Ἀθήναις 1859, p. 1—25.

Le tsar n'était pas satisfait des nouvelles décisions du synode. D'abord, il voulait pour le patriarche de Russie la troisième et non la cinquième place dans la hiérarchie de l'église, comme d'autre part il trouvait que l'acte synodal ne pouvait être reconnu parfaitement valable parce qu'il y manquait la signature du patriarche d'Alexandrie, le siége patriarcal étant vacant en Mai de l'année 1590. Après avoir fait retenir Dionyse à Moscou plus de neuf mois, jusqu'au commencement de l'année 1592, le tsar Fédor lui permit à la fin de partir. Dans les lettres qui lui furent remises les voeux du tsar étaient exactement formulés.

En Février de l'année 1593 un synode général eut lieu à Constantinople auquel furent présents les patriarches Jérémie II de Constantinople Mélétius, Pégas d'Alexandrie qui représentait aussi le patriarcat d'Antioche, car Ioachim VI était mort peu de temps avant, et Sophronius V de Jérusalem. Mélétius Pégas n'avait pas pu assister au synode de l'année 1590, étant obligé de gérer le patriarcat d'Alexandrie comme remplaçant de Sylvestre tombé malade. Il était très-fâché de la conduite arbitraire de Jérémie dans la question de l'institution d'un patriarcat en Russie et déclarait la manière d'agir de celui-ci illégitime. Le tsar Féodor qui était instruit du différend entre les deux patriarches s'était, cependant, adressé à Mélétius par une lettre particulière de défendre la cause du patriarcat russe. Au synode actuel le très-docte Mélétius eut la première parole. Le synode auquel furent représentés tous les quatre patriarcats formula plus précisément l'institution d'un patriarcat en Russie, en lui assignant toutefois non la troisième, mais la cinquième place. La décision de la réunion fut rédigée, signée par les patriarches présents et les autres membres et scellée. L'acte documentaire fut expédié en Russie par l'ambassadeur russe. En même temps Mélétius envoya son archimandrite Néophyte à Moscou avec des lettres pour le tsar Fédor, la tsarine Irène, le patriarche Job, Boris Godounov et Tchelkalov. Il appréhendait et non sans raison que l'on pourrait être mécontent à Moscou que le patriarche russe occupait la cinquième place dans l'ordre hiérarchique. Ainsi la question de l'institution d'un patriarcat russe était résolue.

Du nombre des sources pour l'histoire de l'institution du patriarcat en Russie la plus grande importance présentent les documents grecs qui furent envoyés à Moscou dans cette affaire. Toutes les lettres échangées entre Moscou et Constantinople relativement à cette affaire sont représentées et en partie conservées en traduction russe dans les статейные списки посольскаго приказа, conservés aux Archives Principales de Moscou du Ministère des affaires étrangères, à la section «affaires grecques», sous №№ 2 et 3 [1]). Des extraits de ces actes sont ensuite conservés dans le manuscrit № 703 (Sabbas) de la Bibliothèque Synodale de Moscou et dans le manuscrit № 852 de l'Académie ecclésiastique de Kazan [2]). — Quant aux chartes originales il n'y en a malheureusement que bien peu qui se soient conservées. Fabricius [3]) cite d'après une édition parue en 1590 [4]) deux lettres au tsar Fédor par lesquelles il est sollicité de laisser partir le patriarche Jérémie à Constantinople. Les lettres tombent, donc, dans 1588—1590; l'une appartient à l'église de Constantinople, l'autre à l'église grecque en général [5]). Ces deux lettres sont restées tout-à-fait inconnues dans la littérature russe. J'ai cherché en vain dans les bibliothèques de St. Pétersbourg et de

---

1) Nous trouvons des extraits dans les ouvrages suivants: Древняя Росс. Вивл., 2 édit., XII, 334—449; XVI, 125—132. — Карамзина, И. Г. Р., X, not. 197—220. — Муравьева, Сношенія Россіи съ востокомъ по дѣламъ церковнымъ. С.-Пб. 1858, I, 188—278.

2) Comp. Nikolaevsky, l. c., p. 5, not. 1 et 2.

3) Bibl. Graeca, ed. Harles, XI, 689.

4) Ieremiae iudicium de Calendario nouo Gregoriano. Francofurti ad Oderam 1590. 4º.

5) Constantinopolitanae ecclesiae ad Moscoviae Tzarum, quanto desiderio pastorem suum exspectaverit. — Alia epistola, qua pro Ieremia revocando tota sollicitat ecclesia.

Vienne l'édition citée par Fabricius[1]). — De plus la correspondance du patriarche Méletius Pégas des années 1592—1593 nous est conservée, quoique pas en original, mais pourtant en trois manuscrits contemporains du commencement du XVII° s., savoir celui de Jérusalem, celui de Patmos et celui d'Athènes. Nous avons les 6 lettres de celui-ci éditées ici sur pages 93—104 et donnons sous d) de plus amples détails. — Nous possédons, à la fin, les deux documents les plus importants sur l'institution du patriarcat de Russie en original grec. Ce sont les deux lettres synodiques précitées envoyées de Constantinople en 1590 et 1593 avec les signatures authentiques et les sceaux des patriarches et des autres membres du synode.

L'original de la charte de 1590 éditée par nous se trouve aux Archives Principales de Moscou du Ministère des affaires étrangères parmi les documents grecs sous № 5. La charte, sur parchemin, a 27 pouces de haut et 20 pouces de large. Elle est endommagée au côté gauche où elle est pliée. Quant au côté droit elle a été évidemment abimée par l'eau et l'encre et est tellement effacée que quelques signatures sont illisibles. La signature inférieure droite ne se laisse pas bien déchiffrer, en outre deux signatures à gauche ont complètement disparu. En tout il y a

---

[1]) Fabricius nous donne les signatures des lettres de l'Eglise Constantinopolitaine au tsar Fédor. Nous répétons ici d'après lui cette liste intéressante: Ὁ Ἐφέσου μητροπολίτης Σωφρόνιος καὶ εὐχέτης τῆς βασιλείας σου — Ὁ Νικομηδείας Σισίνιος—Ὁ Νικαίας Κύριλλος—Ὁ Θεσσαλονίκης Μητροφάνης—Ὁ Ναυπάκτου καὶ Ἄρτης Μητροφάνης—Ὁ Κυζίκου Ἀχίλλιος—Ὁ Περιθεωρίου καὶ Ξάνθης Φιλήμων— Ὁ Προύσης Νεόφυτος —Ὁ μέγας οἰκονόμος τῆς μεγάλης ἐκκλησίας ἱερεὺς Γεώργιος—Ἱέραξ ὁ μέγας λογοθέτης τῆς μεγάλης ἐκκλησίας καὶ δοῦλος τῆς σῆς βασιλείας — Ὁ μέγας σακελλάριος τῆς μεγάλης ἐκκλησίας Σαβατιανός καὶ δοῦλος —Ὁ μέγας σκευοφύλαξ τῆς μεγάλης ἐκκλησίας καὶ δοῦλος τῆς βασιλείας σου — Ὁ μέγας χαρτοφύλαξ τῆς μεγάλης ἐκκλησίας καὶ δοῦλος τῆς βασιλείας σου—Ὁ μέγας ἐκκλησιάρχης τῆς μεγάλης ἐκκλησίας —Ὁ πρωτονοτάριος τῆς μεγάλης ἐκκλησίας —Ὁ ῥήτωρ—Ὁ πρωταποστολάριος—Ὁ μέγας πρωτοπαπᾶς—Ὁ νομοφύλαξ—Ὁ χαυστρίσιος —Ὁ ῥεφερενδάριος —Ὁ ἱερομνήμων —Ὁ πρωτοπαπᾶς —Ὁ ὑπομιμνήσκων —Ὁ ἐπὶ τῶν γονάτων —Ὁ ἐπὶ δεήσεων—Ὁ ἐπὶ τῶν σεκρέτων —Ὁ ὑπομνήματα γράφων —Ὁ πρωτοκανονάρχων —Ὁ πριμικήριος καὶ οἱ ἐπὶ τῶν σεκρέτων —Ὁ ὑπομνήματα γράφων —Ὁ προτοκανονάρχων —Ὁ πριμικήριος καὶ οἱ λοιποὶ ἱερεῖς καὶ ἄρχοντες τῆς Κωνσταντινουπόλεως καὶ τοῦ Γαλατᾶ.

106 signatures sur la charte. Tout en haut sont les signatures des trois patriarches, Jérémie de Constantinople, Ioachim d'Antioche et Sophronius de Jérusalem. Ensuite viennent les signatures de 96 métropolitains, archevêques et évêques. A droite des signatures des dignitaires se trouvent sept signatures de fonctionnaires de chancellerie. Au bas de la charte se trouve le sceau en plomb du patriarche Jérémie attaché au parchemin par huit trous. Sur l'un des côtés du sceau se voient les mots:

＋ Ἱερεμί-
ας ἐλέῳ Θεοῦ ἀρχιεπί-
σκοπος Κωνσταντινουπό-
λεως Νέας Ῥώμης
καὶ οἰκουμενικὸς
πατριάρχης ＋

Sur l'autre côté du sceau se trouve l'image de la Vierge avec l'enfant Jésus et à droite et gauche les sigles suivants:

$$\frac{MP}{\Theta V} \text{ (Μήτηρ Θεοῦ)} \quad \frac{IC}{XC} \text{ (Ἰησοῦς Χριστός)}.$$

En vue du grand intérêt historique et paléographique que la charte présente, j'ai joint à mon édition une reproduction phototypique en deux feuilles, grandeur naturelle. Elle sort aussi des ateliers de la maison Scherer et Nabholz à Moscou.

Il est bien étrange que l'original grec de la charte soit resté tout-à-fait inconnu jusqu'à ce jour. Par contre il y a bien longtemps qu'elle a été traduite en langue russe. Nous la trouvons en traduction russe aux Archives de Moscou dans le статейный списокъ, № 3, feuill. 179—184, et parmi les Греческія жалованныя грамоты № 13, ensuite dans le manuscrit № 703 de la Bibliothèque synodale de Moscou et dans le manuscrit № 852 de l'Académie ecclésiastique de Kazan. Dans cette traduction russe la charte a été publiée plusieurs fois et n'est jusqu'à présent connue qu'en traduction [1]).

---

1) Voir les éditions: Кормчая Никоновская 1653, f. 21 v.—25 г. — Жезлъ Правленія 1666.—Древн. Росс. Вивл., 2-me éd., XVI, 125—130; comp. XII, 356—

L'original de l'acte du synode du Février 1593 se trouve dans la Bibliothèque synodale de Moscou sous № 198. Il comprend seize feuillets en parchemin, in petit-folio, et est intitulé: Πρᾶξις συνοδική. A la fin est la date et suivent les signatures authentiques des trois patriarches qui ont apposé leurs sceaux en papier:

Τῷ ζρα′, ἰνδικτιῶνος δ′, Φευρουαρίῳ ιβ′, ἐν ᾗ καὶ ἡ μνήμη τοῦ ἐν ἁγίοις Μελετίου ἐτελεῖτο: —

✠ Ἰερεμίας ἐλέῳ θεοῦ ἀρχιεπίσκοπος Κωνσταντινουπόλεως Νέας Ῥώμης καὶ οἰκουμενικὸς πατριάρχης ✠ (L. S.)

✠ Μελέτιος ἐλέῳ θεοῦ πάπα καὶ πατριάρχης τῆς μεγάλης πόλεως Ἀλεξανδρείας, κριτὴς τῆς οἰκουμένης, ἔχων καὶ τὴν γνώμην τοῦ παναγιωτάτου Ἀντιοχείας κυροῦ Ἰωακείμ, καὶ πάσης ἀνατολῆς ✠ (L. S.)

✠ Σωφρόνιος ἐλέῳ θεοῦ πατριάρχης τῆς ἁγίας πόλεως Ἰερουσαλίμ ✠ (L. S.)

Après cela viennent les signatures de 42 autres membres du synode.

Jusqu'à présent l'acte n'a pas été édité sur l'original, une copie se trouve dans un manuscrit du monastère du mont de Sinaï. D'après elle ou bien d'après une autre copie l'acte a été édité par le patriarche Dosithée[1]), mais l'édition est imparfaite, car, à ne citer qu'un seul exemple, toutes les signatures y manquent. De là il a été réimprimé par Sathas[2]). Par ordre du patriarche Nikon l'acte synodal fut traduit en langue slavone par le savant Epiphane Slavinecky et lu au synode de Moscou de 1654. Cette traduction slavone a été publiée[3]), ainsi qu'une traduction russe de l'évêque Porphyri Ouspensky sur le manuscrit du Sinaï[4]).

---

359. — Журналъ Министерства Народн. Просв. 1840, XXV, 64—66 (sans signatures).—Муравьевъ, l. c., I, 235—237 (sans signatures).

1) Τόμος ἀγάπης, p. 538—547.

2) Σάθα, Βιογραφικὸν σχεδίασμα περὶ τοῦ πατριάρχου Ἰερεμίου β′. Ἐν Ἀθήναις 1870, p. 82—92.

3) Скрижали 1656, II, p. 9—44. — Дѣянія Московскаго собора 1654 года. Москва 1873.

4) Труды Кіевской Духовн. Акад. 1865, III, p. 237—248.

c) Lettres de différents patriarches (1557—1605).

La lettre № 1 de l'an 1557, aux Archives de Moscou parmi les chartes grecques № 1. Le manuscrit, sur papier, est très-bien conservé. Il a en bas un sceau en cire montrant sur un côté l'image de la Vierge avec l'enfant Jésus, sur l'autre l'inscription $\overline{\text{MP}}\ \overline{\text{ΘV}}$ (Μήτηρ Θεοῦ). Sur le côté extérieur de la charte se trouvent l'adresse grecque et l'inscription slave suivante de date plus récente: лѣта ҂зѯѕ декаря. в̃. сию грамотȣ привеⷥ иⷥ цр҃града ѿ парнаха насада старѣ деѡѡритъ да матюша кѡкѡ перевеⷣ..... Des extraits de ce diplome sont traduits dans le livre de Mouravieff[1]).

Vers la fin de l'année 1557 le métropolitain d'Euripe Ioasaphe et les envoyés russes, l'archimandrite Théodorète de Souzdal et Matthieu Volkoff, avaient remis au patriarche Ioasaphe des subventions venant du grand-duc Ivan IV. La présente lettre qui, ainsi qu'il est à voir de l'inscription russe, fut reçue à Moscou le 2 Décembre 1558, est la réponse du patriarche Ioasaphe. Elle fut remise au grand-duc par l'archimandrite Théodorète précité et Matthieu Volkoff. Le patriarche remercie pour les subventions reçues et se plaît à annoncer qu'il a inscrit à perpétuité le nom d'Ivan, de son épouse, de ses enfants et de ses ancêtres, conformément à son désir, dans le livre synodal. Il lui fait aussi part que Fédor Malamach resterait encore quelque temps auprès du patriarcat pour apprendre le grec et qu'il le lui renverrait plus tard à Moscou à la première occasion.

La lettre № 3 de l'année 1561, aux Archives de Moscou parmi les chartes grecques sous № 3. La charte écrite sur du parchemin est d'une bonne conservation. Le sceau était attaché par un lacs à la charte au moyen de neuf trous. Sur le côté extérieur se trouvent différentes inscriptions russes qui appartiennent toutes à un temps plus avancé. Sur la couverture de la

---

[1]) Муравьевъ, Сношенія Россіи съ востокомъ по дѣламъ церковнымъ, I, p. 86—88.

charte est la date 1561, probablement d'après son ordre de suite et son rapport intime à la charte № 2 (a). Des extraits de cette charte sont traduits dans le livre de Mouravieff[1]).

Le métropolitain d'Euripe Ioasaphe qui était venu de nouveau à Moscou en Septembre de l'année 1562, pour remettre à Ivan les lettres synodiques par lesquelles il était confirmé dans sa dignité de tsar, lui remit, ensemble avec le délégué confidentiel Michel, aussi cette lettre du patriarche Ioasaphe. Il informe que les subventions expédiées antérieurement par le métropolitain d'Euripe avaient été employées, comme le tsar l'avait voulu, pour la reconstruction et la réparation du patriarcat de Constantinople. Il nomme le tsar le restaurateur et le sauveur de l'église orthodoxe grecque. Il lui fait aussi part qu'il avait fondé différentes écoles et établissements d'instruction et avait engagé des maîtres pour enseigner la philosophie, la rhétorique, la littérature, la grammaire et la musique. A la suite de grosses dépenses que tout cela avait demandé et des oppressions continuelles des Turcs les ressources étaient épuisées. Il prie Ivan de l'aider pour qu'il puisse mener à bonne fin ce qu'il a commencé et lui dit que le métropolitain Ioasaphe est autorisé à lui donner en son nom les bénédictions.

La lettre № 4, de l'année 1561, aux Archives de Moscou parmi les chartes grecques sous № 4. La charte, sur papier, est bien conservée. Au lieu des signatures nous ne trouvons que le mois et l'indicte. Au côté extérieur se trouvent l'adresse grecque et les deux inscriptions russes suivantes appartenant, cependant, à un temps postérieur:

лѣта ҂з҃о Сетѐбра ·зі҃· грамота ѿ патріархa аѯіенскіпа Іасафа Кѡстантинаграда ко кнѕю Іѡ҃ Василевичу.

лѣта ҂з҃о Сетѐбра ·зі҃· подалъ црю великому кнѕю митрополитъ эгрипскохъ.

Jusqu'ici aucune mention n'a été faite de cette lettre.

---

1) l. c., I, p. 107—110.

En 1557, comme nous avons vu, le métropolitain d'Euripe Ioasaphe était revenu de sa mission à Moscou et avait apporté au patriarche des subventions de la part d'Ivan IV. Plus tard le patriarche avait été informé que l'archimandrite Théodorète avait répandu à Moscou des nouvelles défavorables sur la personne du métropolitain, car il avait raconté au grand-duc que les sommes envoyées n'avaient pas été remises à qui de droit. A cet effet le patriarche Ioasaphe adressa une nouvelle lettre à Ivan qui arriva à Moscou aussi en Septembre 1562. Le patriarche remercie pour les subventions accordées, en déclarant en même temps que les inculpations du métropolitain ne sont pas fondées, car ce dernier lui avait remis en ordre tout l'argent.

La lettre № 7, du 18 Avril 1594, aux Archives de Moscou parmi les chartes grecques sous № 6. Cette charte, sur papier, est d'une bonne conservation. Elle est écrite en langue grecque vulgaire et, par conséquent, l'orthographe en est tout bonnement barbare. Les accents n'y sont mis qu'exceptionnellement et ne présentent en grande partie que des signes incompréhensibles. Ce n'est qu'avec bien de peine que l'on parvient à déchiffrer le texte. Quant aux signatures celle du patriarche ne peut être tant lue que devinée. La dernière signature grecque ne se prête à aucun déchiffrement. En outre nous voyons sur la charte quatre signatures arabes et deux tracées dans des caractères tout-à-fait inintelligibles. Je me vis forcé de donner la charte en double lecture; le texte original, autant qu'il a été possible de le reproduire en général, se trouve placé en bas, le texte épuré en haut. Les signatures sont reproduites mot à mot, autant je suis parvenu à en saisir le sens. Mouravieff ne mentionne cette charte que tout court[1]).

Dans la présente charte nous avons des lettres synodiques du patriarcat d'Antioche au tsar Fédor, avec les signatures du patriarche Ioachim VII et de quatorze métropolitains et évêques.

---

1) l. c., I, 277.

Le tsar y est remercié pour les subventions qu'il avait fait parvenir par ses envoyés, Tryphon Korobeinikov et Michel, au susdit patriarcat et aux églises et monastères d'Antioche. Il est prié de vouloir bien se souvenir de l'église chrétienne opprimée d'Antioche et de la faire participer à ses subventions. Les personnes déléguées par le patriarcat d'Antioche et en même temps par celui de Jérusalem à Moscou étaient le diacre de l'église de l'archange Michel à Jérusalem Michel et le cellérier du monastère de St. Sabbas de Jérusalem, Damascène. C'est un fait intéressant à constater que le tsar de Moscou était considéré même dans l'extrême Orient comme le patron de l'église orthodoxe.

La lettre № 8, du 6 Septembre 1603, aux Archives de Moscou parmi les chartes grecques sous № 7. Le manuscrit sur papier fait voir au milieu un endommagement qui s'étend sur 7 lignes. Au côté extérieur le manuscrit était retenu par un sceau en cire et un autre en papier dont les traces se sont encore conservées. La page extérieure fait voir, outre l'adresse grecque, l'inscription russe suivante, d'une époque postérieure: пєрєкєдєна грамота ёрлйіско̀ па̀рїа̀ха̀ содроша лѣта ·҂зркі· декарѧ въ ·$\frac{\text{а҃}}{\text{кз}}$. La charte est traduite dans le livre de Mouravieff[1]).

La présente lettre fut remise au tsar Fédor du patriarche de Jérusalem Sophronius le 26 Décembre 1604, par l'intermédiaire de l'archimandrite Théophane, l'archidiacre Théodosius et le cellérier Ioachim. Après avoir salué Fédor comme nouveau tsar sur le trône de Moscou, le patriarche lui dépeint la triste position dans laquelle se trouve l'église dans la Terre Sainte et comme elle est opprimée par les incroyants et le pays ravagé par des guerres continuelles. La conséquence en est que l'église se trouve dans la plus grande détresse et criblée de dettes. Il y a déjà huit ans qu'il avait envoyé à Moscou l'archimandrite Damascène, accompagné de 4 moines, et quatre ans de cela le métropolitain

---

[1]) l. c., I, 290—293.

de Césarée, pour que l'on lui fasse venir de l'aide, mais aucun d'eux n'était revenu. Sophronius prie Fédor de penser, comme ses ancêtres l'ont fait, à la Terre Sainte et de lui envoyer des subventions. En même temps il s'adresse au tsar avec la prière de laisser retourner ses envoyés, tant ceux qu'il avait envoyés auparavant, que ceux qui lui transmettront la lettre.

Enfin *la lettre № 9*, de l'an 1605, aux Archives de Moscou parmi les chartes grecques sous № 8. Le manuscrit, sur papier, est en général bien conservé, sauf quelques endroits endommagés au côté inférieur. Sur la page extérieure se trouve, outre l'adresse grecque, l'inscription russe suivante, d'une époque postérieure: рд҃і ноа҃ра въ .а҃н/в҃і. переведена грамота ерл҃иско па҃рїа҃ха содрониа съ ерл҃иски а҃химарит҃ю дама҃кин҃о. Le manuscrit se trouve en traduction russe dans le livre de Mouravieff[1]).

La missive est adressée par le patriarche de Jérusalem Sophronius V au tsar Pseudo-Démétrius I. Il le salue comme le nouveau souverain de la Russie, successeur légitime de son prétendu frère Fédor, protecteur de l'église orthodoxe. Il lui dépeint le triste état des choses dans la Terre Sainte, en le priant de lui faire parvenir des subventions, à l'instar de son prédécesseur. De plus, le patriarche prie le tsar de faire demander au prince Adam Wisznewecky les deux chevaux que le dernier avait pris de force à Ostrog à son délégué. C'est l'unique missive que nous ayons d'un représentant de l'église orientale au tsar Pseudo-Démétrius I. Elle est intéressante par les idées que l'on avait en Orient sur les devoirs d'un prince russe. Il n'y a aucun doute que la véritable tendance de l'usurpateur, son penchant affiché pour l'église catholique, dût rester inconnue au patriarche.

Nous n'avons pu tenir compte des chartes grecques conservées aux archives de Moscou que jusqu'à 1613, l'an de l'avènement au trône de Michel, premier tsar de la maison Romanoff. A partir de ce temps elles deviennent trop nombreuses pour que

---

1) l. c., I, 325—328.

nous ayons pu les publier toutes et, du reste, une pareille publication sortait des études que nous nous étions proposées.

d) Lettres du patriarche d'Alexandrie Méletius Pégas (1583—1597).

Dans mon édition des lettres de Méletius Pégas, patriarche d'Alexandrie (1590—1601), je me borne exclusivement aux 15 lettres qu'il avait adressées à Moscou. Je me suis servi pour mon édition de deux manuscrits, dont l'un est conservé au monastère de St. Jean l'Evangéliste dans l'île de Patmos, et l'autre appartient à Mr. Sakkelion, conservateur à la Bibliothèque Nationale d'Athènes[1]). Le premier j'ai marqué de P, le second de S; dans la numération des lettres je suis le manuscrit de Patmos. D'après les deux manuscrits sont éditées les lettres 22, 23, 30, 31 et 34, quant aux lettres 32, 47, 78, 149—152, 179 et 318 je ne les ai trouvées que dans le manuscrit P. La lettre 33, que j'avais oubliée de copier lors de mon séjour à Patmos, est reproduite d'après une copie, se trouvant à l'Académie Impériale des Sciences de St. Pétersbourg.

Des lettres sus-énumérées les №№ 30, 31, 32 et 34 ont été publiés par Sathas dans une biographie du patriarche Jérémie II, assez difficile à procurer[2]), et les №№ 47 et 149 par Paranikas[3]). En outre, toutes ces lettres, excepté № 179, qui est incomplète, ont été publiées en traduction russe, savoir № 22 par l'évêque Porphyri Ouspensky[4]) et les autres par Malychevsky[5]). Il est à regretter que l'ouvrage de Malychevsky ait été retiré de la circulation par l'auteur immédiatement après son apparition, de sorte que l'on ne le trouve que dans quelques bibliothèques, autrement dire, cet ouvrage est maintenant d'une grande rareté.

---

1) Un examen plus détaillé des manuscrits dans le chapitre suivant.
2) Σάθας, Βιογραφικὸν σχεδίασμα περὶ τοῦ πατριάρχου Κωνσταντινουπόλεως Ἱερεμίου Β'. Ἀθήναις 1870.
3) Ἑλλ. Φιλ. Σύλλ., XII, p. 146—147.
4) Труды Кіевской Духовной Академіи 1865, III, p. 250—251.
5) Ив. Малышевскаго, Александрійскій патріархъ Мелетій Пигасъ и его участіе въ дѣлахъ русской церкви. Т. II. Кіевъ 1872, p. 1—23 et 70—72.

La plus ancienne lettre est № 318 (15) que Mélétius, alors protosyncelle du patriarcat, envoya au tsar Fédor Ivanovitch avec son ouvrage sur l'église. Comme la lettre est datée du 10 Mai (Σκιροφοριῶνος ι')[1]) de l'année 1583 et le tsar Fédor monta sur le trône seulement après la mort d'Ivan le Terrible, en 1584, il doit y avoir évidemment une erreur. La lettre est en tout cas à placer entre 1584 et 1590, donc, dans l'intervalle entre l'an de l'avènement au trône de Fédor et l'an où Mélétius fut élu patriarche. Malychevsky la place dans l'année 1584, sans pourtant en produire la raison.

La seconde lettre est № 23 (2), de l'année 1592. Elle est adressée également au tsar Fédor Ivanovitch, auquel Mélétius annonce qu'il est élu patriarche. Il prie aussi le tsar de l'assister et lui envoie avec sa lettre son petit livre sur les Pâques.

Après viennent les lettres 30—34 (3—7), du 29 Avril 1593, qui furent envoyées à Moscou toutes en même temps immédiatement après le synode de Constantinople. La lettre 30 est adressée au patriarche de Moscou Job, № 31 de nouveau au tsar Fédor, № 32 à Boris Godounov et № 33, comme il a tout lieu de croire, au secrétaire d'état (думный дьякъ) André Tchelkalov. Toutes ces lettres traitent principalement de la transformation du siége métropolitain de Moscou en un patriarcat. Dans la lettre 34, adressée à l'impératrice Irène, Mélétius exprime sa reconnaissance pour les dons reçus et les bienfaits rendus à l'église.

Dans la lettre 47 (8), du 21 Juin 1593, au tsar Fédor, Mélétius prie celui-ci d'envoyer des subventions à la paroisse orthodoxe de Lemberg pour bâtir une église.

La lettre 22 (1), du 12 Septembre 1593, est aussi adressée

---

1) De l'indication du mois dans la lettre 256: πρὸ καλανδῶν Ἰουλίων, τουτέστι Μεταγειτνιῶνος λ' il est à voir que Mélétius emploie les noms de mois attiques d'accord au nom présentement usités et compte du 1 au 1 de nos mois. Les noms de mois que nous trouvons chez lui sont: Ἑκατομβαιών = Juin, Μεταγειτνιών = Juillet, Βοηδρομιών = Août, Μαιμακτηριών = Septembre, Πυανεψιών = Octobre, Ἀνθεστηριών = Novembre, Ποσειδεών = Décembre, Γαμηλιών = Janvier, Ἐλαφηβολιών = Février, Μουνυχιών = Mars, Θαργηλιών = Avril, Σκιροφοριών = Mai.

au tsar Fédor; Méletius lui envoie avec cette lettre son grand ouvrage sur la fête de Pâques.

La lettre 78 (9), au tsar Fédor, n'a pas de date; à juger d'après l'ordre chronologique des autres lettres, elle serait à placer dans l'année 1595. Avec cette lettre Méletius envoie au tsar une vieille couronne. Et cette lettre et la lettre inachevée et non-datée 179 (14) sont intéressantes parce qu'elles contiennent le grand titre du tsar de Moscou.

Dans la lettre 149 (10), de l'année 1597, Méletius prie le tsar Fédor de donner la liberté au archimandrite grec Néophyte, envoyé par lui à Moscou et retenu là prisonnier.

Ensuite viennent les lettres 150 (11), 151 (12) et 152 (13), également du 17 Mai 1597, adressées au tsar Fédor, à Boris Godounov et à Basile Tchelkalov. Dans toutes ces lettres Méletius prie des subventions pour l'église orientale, ainsi que la délivrance de l'archimandrite Néophyte.

c) Catalogue des lettres de Méletius Pégas, patriarche d'Alexandrie.

Lors de mon séjour à Athènes et à Patmos j'étais loin de faire de toutes les lettres existantes de Méletius Pégas une étude spéciale et minutieuse, car une pareille tâche n'aurait pas manqué de m'entraîner trop loin et, de plus, n'entrait pas directement dans le cercle de mes travaux d'investigation. Maintenant, mes loisirs me le permettant, je croix répondre à un désir général en faisant suivre ici une liste aussi complète que possible de la correspondance entière du patriarche susnommé. Ce travail n'a pas été sans présenter de difficultés, en tant que les manuscrits qui contiennent la correspondance de Méletius sont peu accessibles et, en général, presque inconnus. Je suis redevable de maintes communications et notices complémentaires bien précieuses à l'assistance aimable de Mr. Papadopoulos-Kérameus. Les manuscrits que j'ai appris à connaître sont les suivants.

I. Manuscrit de la Bibliothèque Centrale du Patriarcat orthodoxe à Jérusalem, Fonds du Patriarcat n. 524, in-folio, papier. Ce manuscrit m'est connu seulement par les communications de Mr. Papadopoulos-Kérameus, qui en ce moment est occupé à publier le catalogue des manuscrits grecs qui se trouvent à Jérusalem. Les deux premiers feuillets du manuscrit manquent, ils contenaient la première lettre et le commencement de la seconde, adressée au métropolitain de Philippople Théophane, jusqu'aux mots μένοντας τῷ τῆς πρὸς αὐτὸν ἀγάπης εἰλικρινεῖ. Les feuillets 3 à 564 sont conservés. De tous les manuscrits parvenus à nos jours celui-ci est le plus complet. Comme le post-scriptum ajouté au manuscrit nous l'apprend, le texte est de la main du secrétaire de Méletius Pégas, l'archidiacre Maxime, et renferme les lettres écrites par le patriarche jusqu'à ses derniers jours. Il est à regretter que Mr. Papadopoulos-Kérameus n'ait pas donné de catalogue complet des lettres contenues dans le manuscrit; par conséquent je ne suis pas à même de les citer en ce lieu. Le manuscrit a 26 lettres de plus que celui de Patmos, donc, probablement, 342 lettres numérotées de 1591 à 1601.

De la lettre 274 il résulte que la copie a été préparée par Maxime en grande partie, probablement, encore du vivant de Méletius, environ vers 1601 [1]). Le post-scriptum de Maxime qui suit immédiatement la dernière lettre, adressée au métropolitain de Philadelphie Gabriel, est de la teneur suivante: Αὕτη δὲ ἡ ἐπιστολὴ συνεγράφη τῷ σοφωτάτῳ καὶ ἁγιωτάτῳ ἐκείνῳ ἀνδρὶ κυρίῳ Μελετίῳ ὀλίγαις πρότερον ἡμέραις τῆς ἐν κυρίῳ αὐτοῦ ἀποβιώσεως, κατεχομένῳ μὲν τῇ ἀσθενείᾳ, οὔπω δὲ κλινοπετεῖ τυγχάνοντι, μεθ' ἣν οὐδεμίαν ἄλλην συνεγράψατο οὐδὲ ὅλως σχεδὸν τῆς γραφίδος ἥψατο. ἔστι δ' αὕτη οἱονεὶ πασῶν ἡ κορωνίς. ἣν μετὰ πάντων τῶν ἄλλων αὐτῷ συγγραφέντων (συνεγράφη δὲ πλεῖστα Ἑλληνιστί τε καὶ Λατινιστί· ἦν γὰρ ἑκατέρων τῶν γλωσσῶν ἐς τὰ ἀκρότατα ἐπιστάμενος) πρό τε τῆς πατριαρχικῆς ἀξίας καὶ μετ' αὐτὴν τὴν ψῆφον (οὐ γὰρ ἐθάρρει ἑαυτῷ

---

1) La lettre est datée: Ἐν Αἰγύπτῳ, ˏαχα' νῦν, ὅτε δὲ ἐγράφη ˏαφϟθ', κβ' Ἀνθεστηριῶνος.

πάντα εἰδέναι) τῇ μητρὶ αὐτοῦ (ἥ φησιν) ἀνατολικῇ ἐκκλησίᾳ παρατί-
θησι, τὴν ἣν ἐπεθύμει ἀεὶ ἀνάλυσιν αὐτοῦ, ὡς ἂν Χριστῷ συγγένοιτο
προεγνωκώς. ἐπατριάρχευσεν οὖν δέκατον καὶ μικρόν τι πρὸς ἔτος,
ἔζησε δὲ τὸν ἅπαντα αὐτοῦ βίον πεντήκοντα δύο ἔτη. ἐκοιμήθη δὲ ιγ΄
Σεπτεμβρίου, συνόντος κἀμοῦ αὐτῷ τέως, ὅστις συνῆν τεσσαρεσκαι-
δέκατον αὐτῷ ἔτος μέχρι τελευτῆς, ἀφ' οὗ καὶ ἐχειροτονήθην ἀνα-
γνώστης τε καὶ ἱεροδιάκονος καὶ τῆς τῶν ἀρχιδιακόνων τάξεως
ἠξιώθην, ἐν ᾗ τό γε νῦν θεοῦ χάριτι τυγχάνω γε ὤν, πρότερον μα-
θητευθεὶς αὐτῷ ἀπὸ τῆς τῶν στοιχείων ἀρχῆς. ἡνίκα δ' ἔμελλον
καὶ μείζονος ἀπολαῦσαι παρ' αὐτοῦ τῆς παιδείας, κατελείφθην ὀρφανὸς
πάντων στερηθεὶς ὑφ' ἕν. Μάξιμος ἀρχιδιάκονος Ἀλεξανδρείας. A
ce post-scriptum sont encore ajoutées 3 lettres appartenant à
une époque antérieure. Nous voyons encore de deux notices du
feuillet extérieur: ἐκ τῶν τοῦ Ῥαλάκη Κορυοφύλη et ἐκ τῶν τοῦ
Ἰγνατίου ἱεροδιακόνου τοῦ Λεσβίου. αψϟ΄, que ce manuscrit avait
appartenu au commencement du XVIII° siècle à Ralakis Caryo-
phyllis[1]) et vers la fin du même siècle avait été possédé par
Ignace, hiérodiacre de Lesbos, avant d'avoir passé dans la biblio-
thèque patriarcale de Jérusalem.

Les manuscrits ci-après indiqués sont, selon toute probabilité,
des copies et des extraits du texte précité de Méletius Pégas:

1) Manuscrit № 10 du Ἑλληνικὸς Φιλολογικὸς Σύλλογος à
Constantinople, du XVIII° siècle. Il contient sur les feuillets
64 r.—91 v. en tout 40 lettres de Méletius Pégas, éditées en
partie par Mr. Papadopoulos-Kérameus[2]).

2) Manuscrit de l'Ecole paroissiale de la Sainte Vierge à
Péra (Constantinople), écrit de la main de I. F. Patroclos. Il
contient 44 lettres de Méletius Pégas[3]). Ce manuscrit a, à ce
que l'on dit, passé dans les mains de Mr. Paspatis.

II. Manuscrit № 396 de la Bibliothèque du monastère de St.

---

[1] Mort en 1707. Comp. Δελτίον τῆς ἱστ. καὶ ἐθν. ἑταιρίας, III, p. 287.
[2] Παπαδοπούλου τοῦ Κεραμέως, Συμβολαὶ εἰς τὴν ἱστορίαν τῆς νεοελλη-
νικῆς φιλολογίας dans Ἑλλ. Φιλ. Σύλλ., XVII, p. 54 suiv. et 71 suiv.
[3] Consult. Ἑλλ. Φιλ. Σύλλ., I, p. 93.

Jean l'Evangéliste dans l'île de Patmos, sur papier, in-folio. Il appartient également à la main d'un copiste du patriarcat d'Alexandrie, qui, comme Sakkelion[1]) l'a démontré, était contemporain de Méletius Pégas. Ce manuscrit contient 316 lettres numérotées de Méletius Pégas, mais comme après les lettres 19 et 56 se trouve chaque fois une lettre non-numérotée et la lettre 12 n'est pas de Méletius Pégas, nous y avons en tout 317 lettres de lui. Ces lettres sont, sauf de petites divergences, les mêmes que dans le manuscrit de Jérusalem (I). La différence essentielle entre ces deux manuscrits consiste en ce que le manuscrit de Jérusalem contient encore 26 lettres de plus allant presque jusqu'au jour du décès du patriarche. Il est plus que probable que nous ayons là deux copies faites en même temps de la correspondance de Méletius Pégas de 1601. Mais tandis que le manuscrit de Patmos demeura conclu, le manuscrit de Jérusalem fut continué par l'archidiacre Maxime jusqu'à la fin des jours du patriarche.

Au manuscrit sont ajoutées d'une main plus récente deux lettres (317 et 318) appartenant à une époque antérieure. Le post-scriptum nous apprend que ce manuscrit avait appartenu au patriarche d'Alexandrie Théophile qui, après l'abolition de la dignité de patriarche en 1819, s'était retiré dans l'île de Patmos et y était décédé en 1832, après quoi le manuscrit passa dans la bibliothèque du monastère local. Théophile aurait découvert, comme il dit lui-même, les deux dernières lettres en 1804 en Egypte, dans un manuscrit d'où il les avait recopiées dans le manuscrit 396. La teneur du post-scriptum se trouvant après la lettre 318 est comme suit: Γίνωσκε, ἀναγνῶστα, ὅτι τὸν περὶ ἐκκλησίας στρωματέα λόγον, ὃν ὁ μακαρίτης καὶ ἁγιώτατος κῦρ Μελέτιος ἄνωθι λέγει, τὸν ἐδιάβασα καὶ ἐγὼ ὁ ταπεινὸς Λιβύης Θεόφιλος· ὃν εὗρον ἐν τῇ βιβλιοθήκῃ ἐρριμμένον εἰς ἕνα τόπον, θαυμάσιος τῷ ὄντι καὶ πάσης θείας σοφίας ἀνάπλεος. καὶ ἐξ ἐκείνου τοῦ βιβλίου ἀντέγραψα ἐνθάδε τὰς δύο ταύτας ἐπιστολάς, ἵνα μὴ ἕωλοι γένωνται, ὡς καὶ ἄλλα πολλὰ

---

1) Voir sa description détaillée de ce manuscrit dans la Πανδώρα, XIV, p. 609.

φιλόσοφα μαθήματα τούτου τοῦ σοφωτάτου καὶ ἁγίου ἀνδρὸς ὤλοντο, ἐπειδή, ὡς ἔμαθον, ἡ βιβλιοθήκη αὕτη τοῦ θρόνου ἔπεσε κατὰ καιροὺς εἰς διαφόρους οὐκ ἂν εἴποιμι ἀνθρώπους, ἀλλ' εἰς λῃστὰς καὶ φθοροποιοὺς καὶ κακοὺς ἐργάτας· ὡς καὶ πέρυσι εὗρον ἔν τι βιβλίον, ἐξήγησιν ποιούμενον εἰς τὰ χρυσᾶ ἔπη τοῦ Πυθαγόρου, εἰς ἑνὸς Κόπτου χεῖρας, ὅπερ καὶ ἐξηγόρασα παρ' ἐκείνου· φέρει γὰρ τὸ βιβλίον ἐπιγραφὴν «ἐκ τῶν τοῦ Κριτοπούλου καὶ τόδε», ὡς καὶ τὰ λοιπὰ βιβλία τῆς βιβλιοθήκης τὰ περισσότερα οὕτως ἐπιγράφονται. ͵απα΄, Ἀπριλίου η΄, ἐν Αἰγύπτῳ. Ὁ ταπεινὸς Λιβύης Θεόφιλος.

Des copies qui furent faites sur ce manuscrit sont conservées, autant que j'ai pu apprendre, dans les bibliothèques suivantes:

1. Manuscrit grec 1040 Suppl. de la Bibliothèque Nationale à Paris, sur papier, 376 feuillets. Il contient 211 lettres de Méletius Pégas. C'est une copie faite par le patriarche d'Alexandrie Théophile en 1801 sur l'original qu'il possédait[1]). Le manuscrit appartenait autrefois à Mr. Gédéon à Constantinople d'où il vint à Paris[2]).

2. Manuscrit de la Bibliothèque du Patriarcat d'Alexandrie, appartenant à présent, à ce que l'on dit, à Mr. Sophoclis K. Oeconomou. Il fut copié sur l'original en 1834 par Michel Pharmakakis[3]).

3. Manuscrit de la Bibliothèque de l'Ecole théologique dans l'île de Chalky près Constantinople. Nous le devons au bibliothécaire actuel à Patmos Hiérothée Floridis, qui fit la copie en 1840. Une copie bien mauvaise, faite à Chalky en 1860, se trouve dans la bibliothèque de l'Académie Impériale des Sciences à St. Pétersbourg.

III. Manuscrit de Mr. Sakkelion à Athènes lequel fut apporté également à Patmos par le patriarche Théophile. Il est sur papier

---

[1]) Omont, Inventaire sommaire des manuscrits grecs de la Bibliothèque Nationale. III, p. 333.
[2]) Νικολάου Κατραμῆ Φιλολογικὰ ἀνάλεκτα Ζακύνθου. Ἐν Ζακύνθῳ 1880, p. 112.
[3]) Comp. Sakkelion dans Δελτίον τῆς ἱστορ. καὶ ἐθνολ. ἑταιρ. I, p. 31.

et écrit de différentes mains de la fin du XVI° et du commencement du XVII° siècles. Le commencement, p. 1—175, est, comme Mr. Sakkelion l'a démontré [1]), un autographe de Méletius même et présente l'ébauche originaire de ses écrits. Les 65 lettres et 30 épigrammes contenues dans cette partie du manuscrit appartiennent toutes au temps où Méletius était encore protosyncelle du patriarche d'Alexandrie Sylvestre; elles sont donc à placer avant 1590 et ne nous sont pas connues par d'autres manuscrits. La fin de ce manuscrit, par contre, n'est pas un autographe de Méletius, mais a été écrite de la même main, à laquelle appartient le manuscrit de Patmos, c'est-à-dire du même copiste du patriarcat d'Alexandrie. Nous avons ici sur p. 249—273 encore 13 autres lettres de Méletius que nous connaissons déjà des deux manuscrits précédents I et II.

IV. Manuscrit de la Biblioteca capitolare à Vérone, № 132 (auparavant 121), sur papier, in-4°, du XVII° siècle. Il contient trois lettres de Méletius autrement inconnues.

V. Manuscrit de la Bibliothèque Synodale à Moscou № 315, sur papier, du XVII° siècle. Le manuscrit nous est connu par le catalogue de Matthaei, Accurata codicum mss. bibliothecarum Mosquensium sanctissimae synodi notitia. Lips. 1805, p. 206—207. Il contient entre autres 6 lettres de Méletius Pégas.

VI. A la fin, il existait autrefois dans les archives de la Pologne différentes lettres de Méletius Pégas qui sont adressées aux confréries orthodoxes de ces contrées. Ci-après j'ai énuméré en tout 16 lettres dispersées dans des ouvrages différents.

A défaut d'un catalogue complet du manuscrit de Jérusalem je me suis basé dans l'énumération qui va suivre sur le manuscrit de Patmos. Avec cela j'ai maintenu la numération des lettres comme nous la trouvons dans le manuscrit. Du manuscrit de Jérusalem j'ai mentionné seulement les lettres qui diffèrent de celles

---

1) Consult. sa description de ce manuscrit dans Δελτίον τῆς ἰστ. καὶ ἐθνολ. ἑταιρίας I, p. 32 suiv.

du manuscrit de Patmos. Les notes de Mr. Papadopoulos-Kérameus s'arrêtant à la lettre 231, je ne pus donner des 26 lettres, que ce manuscrit contient en sus, que les titres des 4 dernières. Grâce à l'assistance obligeante de Mr. Papadopoulos-Kérameus, j'eus la chance d'avoir aussi le catalogue complet du manuscrit appartenant au Sylloge de Constantinople. J'y ai trouvé encore 4 lettres tirées du manuscrit de Jérusalem qui ne sont pas contenues dans celui de Patmos. De cette sorte du manuscrit de Jérusalem ils ne restent inconnues qu' environ 18 lettres. Quant au catalogue du manuscrit de Mr. Sakkelion j'en suis redevable à l'amabilité de son possesseur qui a bien voulu le mettre à ma disposition. Les notices du manuscrit de Moscou sont empruntées au catalogue de Matthaei. Ce qui est des archives de la Pologne j'ai emprunté les notices respectives aux éditeurs. La correspondance entière de Mélétius Pégas comprend, à ce que nous savons, environ 430 lettres, auxquelles viennent encore s'ajouter 30 épigrammes. Cela va sans dire que je n'oserai jamais prétendre que le catalogue donné fût absolument complet. Il se peut toujours que des lettres de ce patriarche se trouvent dans tel ou autre manuscrit.

En conclusion, je voudrais encore relever que différents manuscrits contiennent des matériaux précieux, qui, en complétant la correspondance de Mélétius Pégas, ne sont pas à déprécier pour l'étude de l'Orient grec du dernier quart du XVII° siècle. Un tel texte est le manuscrit 132, déjà cité, de la Biblioteca capitolare à Verone, lequel contient sur p. 1—421 environ 180 lettres, pour la plus grande partie de la même personne à laquelle sont adressées celles de Mélétius. Je ne saurais dire d'une manière positive si la correspondance publiée par Lami[1]) est tout-à-fait identique à ce manuscrit. Un autre texte de cette catégorie est le manuscrit 463 du métoche du Saint-Tombeau à Constántinople,

---

1) Deliciae eruditorum. Florentiae 1744: Gabrieli Severi et aliorum Graecorum recentiorum epistolae.

qui contient 145 lettres de la même époque. Enfin nous avons encore un texte pareil dans le manuscrit 10 du Sylloge Hellénique Philologique à Constantinople.

La liste des lettres, d'après les différents manuscrits, est comme suit.

I. Manuscrit de Jérusalem (= H).

11. p. 28—29. Sans titre. Comm. Μακαρίζειν ὀφείλοντες τοὺς εἰς ἓν συναγομένους ἐν τῷ ὀνόματι τοῦ κυρίου.

145. p. 273. Ἀορίστῳ.—͵ζρέ.

166. p. 299. Τῷ εὐγενεστάτῳ καὶ τιμιωτάτῳ ἄρχοντι κυρίτζῃ Δημητρίῳ τῷ Παλαιολόγῳ, υἱῷ ἐν κυρίῳ περιποθήτῳ.—Ἐν Κωνσταντινουπόλει· ιζ΄ Ἰουνίου, ͵ζρέ (éd. par Papadopoulos-Kérameus, Ἑλλ. Φιλ. Σύλλ., XVII, p. 74, n. 35).

203. p. 244—245. Τῷ ἱερωτάτῳ φιλτάτῳ κυρίῳ Γαβριήλ.—Θαργηλιῶνος δ΄ ἱσταμένου, ͵ζρς΄· ἐν Κωνσταντινουπόλει.

226. Τοῖς ἐν Πάτμῳ νέοις.—Ἐν Ἀλεξανδρείᾳ· ε΄ ἱσταμένου Πυανεψιῶνος, ͵ζρζ΄.

256. Ἰωακεὶμ τῷ πατριάρχῃ Ἀντιοχείας.—Ἐν Αἰγύπτῳ· Σεπτεμβρίου ε΄, ͵ζρη΄ (éd. Φιλίππου Γεωργίου, Εἰδήσεις ἱστορικαὶ περὶ τῆς ἐκκλησίας τῆς Κύπρου. Ἀθήνησιν 1875, p. 84—85).

La dernière lettre. p. 551—561. Γαβριὴλ τῷ Φιλαδελφείας.—Ἐν Αἰγύπτῳ ͵αχα΄, ε΄ φθίνοντος Βοηδρομιῶνος.

Lettres de l'appendice:

1. Θεοδοσίῳ ἱερομονάχῳ.—Ἐν Αἰγύπτῳ· ͵αφπέ, Ἀνθεστηριῶνος ιη΄. Μελέτιος μέγας πρωτοσύγκελλος (éd. par Papadopoulos-Kérameus, Ἑλλ. Φιλ. Σύλλ., XVII, p. 71, n. 27).

2. Κωνσταντίνῳ Κορνιακτῷ. — Μουνυχιῶνος ι΄, ἔτει σωτηρίῳ ͵αφπζ (éd. par Papadopoulos-Kérameus, Ἑλλ. Φιλ. Σύλλ., XVII, p. 71, n. 26).

3. Πέτρῳ βοϊβόδᾳ (éd. par Paranikas, Ἑλλ. Φιλ. Σύλλ., XII, p. 155).

Lettres du manuscrit du Sylloge Hellénique Philologique à Constantinople.

6. Τοῖς ἀπανταχοῦ ὀρθοδόξοις. Lettre de recommendation pour Jean Borell (éd. Πανδώρα, VIII, p. 305—306).

22. Διονυσίῳ τῷ μητροπολίτῃ Ἡρακλείας (éd. par Papadopoulos-Kérameus, Ἑλλ. Φιλ. Σύλλ., XVII, p. 78, n. 41).

32. Γεωργίῳ τῷ λογιωτάτῳ μεγάλῳ ῥήτορι.—Ἐν Ἀλεξάνδρου· κα´ Ἀνθεστηριῶνος, ͵ζρζ´ (éd. par Papadopoulos-Kérameus, Ἑλλ. Φιλ. Σύλλ., XVII, p. 78—79, n. 43).

40. Νικηφόρῳ καὶ Διονυσίῳ τοῖς διαφερομένοις (éd. par Papadopoulos-Kérameus, Ἑλλ. Φιλ. Σύλλ., XVII, p. 79, n. 44).

II. Manuscrit de Patmos (= P).

Τοῦ σοφωτάτου πάππα καὶ πατριάρχου τῆς μεγάλης πόλεως Ἀλεξανδρείας, Λιβύης, Πενταπόλεως, Αἰθιοπίας καὶ πάσης τῆς Αἰγύπτου, πατρὸς πατέρων, ποιμένος ποιμένων, ἀρχιερέως ἀρχιερέων, τρίτου καὶ δεκάτου τῶν ἀποστόλων καὶ κριτοῦ τῆς οἰκουμένης, κυρίου κυρίου Μελετίου Πηγᾶ ἐπιστολαί.

1. Διονυσίῳ τῷ πανιερωτάτῳ Ἡρακλείας. — Πυανεψιῶνος δ´ ἱσταμένου, ͵αφϟα´.

2. Θεοφάνῃ μητροπολίτῃ Φιλιππουπόλεως. — Ἐν Ἀλεξανδρείᾳ· Πυανεψιῶνος γ´ ἱσταμένου, ͵αφϟα´.

3. Ἱερεμίᾳ ἀρχιεπισκόπῳ Κωνσταντινουπόλεως. — ͵αφϟα´ (éd. par Sakkelion, Δελτίον τῆς ἱστ. καὶ ἐθν. ἑταιρίας Ἑλλάδος, I, p. 49—51).

4. Τῷ αὐθέντῃ Ἰβηρίας Ἀλεξάνδρῳ. Comm.: Τῷ μεγαλοπρεπεστάτῳ καὶ λαμπροτάτῳ ἡγεμόνι κυρίῳ Ἀλεξάνδρῳ, υἱῷ τῆς ἡμῶν μετριότητος ἐν κυρίῳ ποθεινοτάτῳ, χάριν, ἔλεος, εἰρήνην.—Ἐν Ἀλεξανδρείᾳ· Ὀκτωβρίῳ λ´, ͵αφϟα´.

5. Γαβριὴλ τῷ πανιερωτάτῳ Φιλαδελφείας. — Ἐν Αἰγύπτῳ· Σκιροφοριῶνος δ´ ἱσταμένου, ͵αφϟα´ (éd. Πρωΐα, II, p. 45).

6. Μαξίμῳ τῷ θεοφιλεστάτῳ Κυθήρων.— ͵αφϟα´ (éd. Πρωΐα, II, p. 45).

7. Ἀλουζίῳ τῷ Λολίνῳ ἐν Ἐνετῶν πατρικίοις λαμπροτάτῳ (éd. Πρωΐα, II, p. 45).

8. Λεοντίῳ ἱερομονάχῳ τῷ Εὐστρατίῳ.— ͵αφ϶α΄.

9. Μαξίμῳ τῷ θεοφιλεστάτῳ Κυθήρων.— ͵αφ϶α΄.

10. Τοῖς ἐν Χριστῷ τῷ κυρίῳ ἡμῶν καὶ θεῷ καὶ σωτῆρι ἀδελφοῖς καὶ συλλειτουργοῖς, τῷ πανιερωτάτῳ Γαβριὴλ Φιλαδελφείας καὶ τῷ θεοφιλεστάτῳ Κυθήρων Μαξίμῳ τῷ Μαργουνίῳ.— ͵αφ϶α΄.

11. Τοῖς εὐγενεστάτοις καὶ σοφωτάτοις Ἰωάννῃ Κορέσῃ, Λεονάρδῳ Μηνδονίῳ καὶ Γεωργίῳ Σεβαστοπούλῳ, σὺν πᾶσι τοῖς κατὰ Χῖον παροικοῦσιν ὀρθοδόξοις χριστιανοῖς, υἱοῖς τῆς ἡμῶν μετριότητος ἐν κυρίῳ ποθεινοτάτοις.—Ἑκατομβαιῶνος γ΄, ͵αφ϶α΄.

[12. Τὸ ἴσον τοῦ τῶν Χίων γράμματος.]

13. Τοῖς ἐν τῇ λαμπροτάτῃ καὶ θεοφυλάκτῳ Κρήτῃ κατὰ Κυδωνίαν καὶ Ῥήθυμναν εὑρισκομένοις εὐλαβεστάτοις καὶ θεοφιλέσιν ἱερεῦσιν, εὐγενεστάτοις καὶ τιμίοις ἄρχουσι, μετὰ παντὸς τοῦ φιλοχρίστου καὶ ὀρθοδοξοτάτου λαοῦ, σὺν γυναιξὶ καὶ τέκνοις, υἱοῖς τῆς ἡμῶν μετριότητος ἐν κυρίῳ Ἰησοῦ ποθεινοτάτοις.— ͵αφ϶α΄· ἐν Ἀλεξανδρείᾳ.

14. Λεοντίῳ τῷ ὁσιωτάτῳ καὶ λογιωτάτῳ ἐν ἱερομονάχοις τῷ Εὐστρατίῳ, σὺν τοῖς εὐγενεστάτοις ἄρχουσι τοῖς ἐν Λευκοσίᾳ, μετὰ πάντων τῶν ὀρθοδόξων χριστιανῶν.—Ἐν Αἰγύπτῳ· Σκιροφοριῶνος εἰκάδι, ͵αφ϶β΄ (éd. Φιλίππου Γεωργίου, Εἰδήσεις ἱστορικαὶ περὶ τῆς ἐκκλησίας τῆς Κύπρου. Ἀθήνησιν 1875, p. 75—76).

15. Τοῖς ἐν Κύπρῳ. Παϊσίῳ τῷ εὐλαβεστάτῳ ἐν ἱερομονάχοις, σὺν τοῖς τιμιωτάτοις ἄρχουσι Νεμεσίας καὶ τοῖς λοιποῖς ὀρθοδόξοις χριστιανοῖς, υἱοῖς ἐν κυρίῳ ἀγαπητοῖς.—Ἐν Αἰγύπτῳ· β΄ ἱσταμένου Ἑκατομβαιῶνος, ἔτει σωτηρίῳ ͵αφ϶α΄, κοσμογονίας ͵ζρ΄ (éd. Φιλίππου Γεωργίου, l. c., p. 77—78).

16. Μαξίμῳ καὶ Γαβριὴλ τοῖς ἀρχιερεῦσι.—Ἐν Αἰγύπτῳ· Μεταγειτνιῶνος, ͵αφ϶α΄.

17. Γαβριὴλ τῷ Φιλαδελφείας.—Ἐν Αἰγύπτῳ· α΄ Βοηδρομιῶνος, ͵αφ϶β΄.

18. Τῷ Ἀντιοχείας Ἰωακεὶμ σὺν πᾶσι τοῖς ὑπ' αὐτοῦ ἀρχιερεῦσι καὶ κληρικοῖς καὶ λαϊκοῖς.—Ἐν Αἰγύπτῳ· ͵αφ϶β΄, α΄ Αὐγούστου.

19. Τῷ λαμπροτάτῳ Ἀλουζίῳ.—Μαιμακτηριῶνος α΄ ἱσταμένου· ἐν Αἰγύπτῳ, ͵αφ϶β΄.

19 bis¹). Τῷ λογοθέτῃ Ῥόδου παπᾶ Γεωργίῳ.—Ἐν Ἀλεξανδρείᾳ· Μαιμακτηριῶνος ς´ ἱσταμένου, ͵αφϟβ´.

20. Ἰγνατίῳ ἱερομονάχῳ.—Ἐν Ἀλεξανδρείᾳ ͵αφϟβ´.

21. Τοῖς κατὰ τὴν λαμπροτάτην Μησῆναν εὑρισκομένοις χριστιανοῖς ὀρθοδόξοις, ἱερεῦσί τε καὶ λαϊκοῖς, σὺν γυναιξὶ καὶ τέκνοις, υἱοῖς κατὰ πνεῦμα ἀγαπητοῖς τῆς ἡμῶν μετριότητος.—Ἰουλίου ιζ´, ͵αφϟβ´.

22. Θεοδώρῳ τῷ εὐσεβεστάτῳ καὶ ὀρθοδοξοτάτῳ βασιλεῖ Μοσκόβου καὶ αὐτοκράτορι πάσης Ῥωσίας, νικητῇ τροπαιούχῳ, ἀεὶ αὐγούστῳ, υἱῷ καὶ δεσπότῃ ποθεινοτάτῳ ἐν κυρίῳ.—Ἐν Αἰγύπτῳ· ͵ζρβ´, Σεπτεμβρίου ιβ´ (éd. p. 92—93; trad. par Porphyri Ouspensky, dans Труды Кіевской Духовной Академіи, 1865, III, p. 250—251).

23. Τῷ αὐτῷ.—͵αφϟβ´ (éd. p. 93—96; trad. par Malychevsky, Александрійскій патріархъ Мелетій Пигасъ, II, p. 3—5.

24. Τοῖς κατὰ Πολωνίαν εὑρισκομένοις ὀρθοδόξοις τῆς ἐν Λεοπόλει ἀδελφότητος σὺν τοῖς λοιποῖς ὀρθοδόξοις ἀδελφοῖς, ἐν κυρίῳ υἱοῖς ἀγαπητοῖς τῆς ἡμῶν μετριότητος.—Ἐν Αἰγύπτῳ· κ´ Μαιμακτηριῶνος, ͵ζρα´, σωτηρίας ͵αφϟβ´.

25. Ἀρσενίῳ μητροπολίτῃ Ἐλασσῶνος καὶ Δημονίχου. — Ἐν Αἰγύπτῳ· ͵αφϟβ´.

26. Περὶ χειροτονίας ὑποθήκη.—͵αφϟβ´· ἐν Αἰγύπτῳ.

27. Παϊσίῳ ἱερομονάχῳ.—Ἐν Αἰγύπτῳ· ͵αφϟβ´.

28. Θεολήπτῳ τῷ οἰκουμενικῷ.—͵αφϟβ´.

29. Τοῖς ἁπανταχοῦ ὀρθοδόξοις χριστιανοῖς. Comm.: Παύλῳ Ἀνικίῳ τῷ Πολώνῳ, ἀνδρὶ τιμίῳ καὶ εὐγενεῖ, ἐπιδημήσαντι τοῖς καθ᾽ ἡμᾶς κλίμασι, καὶ τὸ θεοβάδιστον ὄρος τὸ Σίναιον ἱστορηκότι εὐλαβείας τῆς πρὸς τὸ θεῖον χάριν, καὶ τὸ κειμήλιον τῆς πανδώρου παρθενομάρτυρος Αἰκατερίνης τὸ ἱερὸν ἀσπασαμένῳ.—Ἐξ Αἰγύπτου· Νοεμβρίου ι´, ͵ζρα´ (éd. Πανδώρα, VIII, p. 305—306.

30. Ἰὼβ πατριάρχῃ Ῥωσίας πάσης καὶ Μοσκόβου καὶ τῶν ὑπερβορείων μερῶν.—Ἐν Κωνσταντινουπόλει ͵αφϟγ´ (éd. p. 96—98;

---

1) Dans le manuscrit sans numéro et sans titre; le titre se trouve dans le ms. de Jérusalem.

Σάθας, Βιογραγικὸν σχεδίασμα, l. c.; trad. par Malychevsky, II, p. 5—7).

31. Τῷ Θεοδώρῳ βασιλεῖ Μοσκόβου.—͵αφ⊦γ'· ἐν Κωνσταντινουπόλει (éd. p. 98—101; Sathas, l. c.; trad. par Malychevsky, II, p. 7—10).

32. Τῷ Παρίσῃ ὑπάτῳ Μοσκόβου. — Ἐν Κωνσταντινουπόλει· ͵αφ⊦γ', κθ' Ἀπριλίου (éd. p. 102; Sathas, l. c.; trad. par Malychevsky, II, p. 10—11).

33. Τῷ εὐλαβεστάτῳ καὶ λαμπροτάτῳ ἄρχοντι κυρίῳ Ἀνδρέᾳ.— Ἀπὸ Κωνσταντινουπόλεως· ͵ζρα', κθ' Ἀπριλίου (éd. p. 102—103; trad. par Malychevsky, II, p. 11—12).

34. Εἰρήνῃ τῇ βασιλίσσῃ Μοσκόβου·—Ἐν Κωνσταντινουπόλει· κθ' Ἀπριλίου, ͵αφ⊦γ' (éd. p. 103—104; Sathas, l. c.; trad. par Malychevsky, II, p. 12—13).

35. Νικηφόρῳ.—͵αφ⊦γ' (éd. Floridis, Ἐκκλησ. Ἀλήθεια, IV, p. 420—421).

36. Λαυρεντίῳ ἱερομονάχῳ.—Ἐν Κωνσταντινουπόλει· ͵αφ⊦γ', δ' Μαΐου (éd. Sakkelion, l. c., p. 57).

37. Τῷ πανιερωτάτῳ Φιλαδελφείας Γαβριήλ·—Ἐν Κωνσταντινουπόλει· ͵αφ⊦γ'.

38. Ἰωάννῃ τῷ Μουρμούρῃ ῥήτορι.—Σκιροφοριῶνος η', ἐπὶ δεκάτῃ, ͵ζρα'.

39. Ἱππολύτῳ πρῴην Χίου.—Ἐν Κωνσταντινουπόλει· ͵αφ⊦γ'.

40. Ἱερεμίᾳ πατριάρχῃ Κωνσταντινουπόλεως.—͵αφ⊦γ' (éd. par Sakkelion, l. c., p. 51).

41. Τῷ αὐτῷ οἰκουμενικῷ (éd. Sakkelion, l. c., p. 52).

42. Τοῖς ἁπανταχοῦ.

43. Ἰωάννῃ.—Ἑκατομβαιῶνος ιβ', ͵αφ⊦γ'· ἐν Κωνσταντινουπόλει.

44. Κωνσταντίνῳ Κορνιακτῷ.—Ἐν Κωνσταντινουπόλει· ͵αφ⊦γ'.

45. Γαβριὴλ Φιλαδελφείας· ͵αφ⊦γ'.

46. Γαβριὴλ Δωροθέου βίτζῃ υἱῷ ἀγαπητῷ.—Ἑκατομβαιῶνος ιθ', ͵αφ⊦γ'.

47. Θεοδώρῳ βασιλεῖ Μοσκόβου.— κα' Ἑκατομβαιῶνος, ͵αφ⊦γ'

(éd. p. 104—106; Paranikas, Ἑλλ. Φιλ. Σύλλ., XII, p. 146; trad. par Malychevsky II, p. 13—14).

48. Τοῖς ἐν Λεοντοπόλει ἀδελφοῖς. — Ἐν Κωνσταντινουπόλει· κθ´ Ἰουνίου, ζρα´.

49. Τοῖς ἐν Κάστρῳ Κρήτης. — Ἐν Κωνσταντινουπόλει· ζρα´, ε´ Ἰουλίου.

50. Ἱερεμίᾳ πατριάρχῃ Κωνσταντινουπόλεως. — Ἐν Κωνσταντινουπόλει· ͺαφˊγ´ (éd. Sakkelion, l. c., p. 52).

51. Συμεὼν ἱερομονάχῳ. — ͺαφˊγ´.

52. Γαβριὴλ Φιλαδελφείας.

53. Τοῖς κατὰ πᾶσαν τῶν λαμπροτάτων Ἐνετῶν θεοφύλακτον ἀρχὴν διάγουσιν εὐσεβῶς καὶ αὐτῇ δὲ ἐξαιρέτως τῇ ἐνδοξοτάτῃ τῶν Ἐνετῶν ἀρχῇ, υἱοῖς κατὰ πνεῦμα ἀγαπητοῖς τῆς ἡμῶν μετριότητος. — Ἐν Κωνσταντινουπόλει· ζρα´.

54. Διονυσίῳ Ἡρακλείας.

55. Ἰγνατίῳ ἱερομονάχῳ. — Ἐν Κωνσταντινουπόλει· ζρα´.

56. Τῷ Ἱεροσολύμων πατριάρχῃ. — Ἐν Κωνσταντινουπόλει· ζρα´.

56 bis[1]). Ἰωάννῃ τῷ Βουλγάρει τὸν ἀποστολικὸν θρόνον ἠδικηκότι τῶν Ἀλεξανδρέων.

57. Γαβριὴλ Φιλαδελφείας. — ιζ´ Μεταγειτνιῶνος, ζρα´.

58. Ἱερεμίᾳ τῷ οἰκουμενικῷ. — ͺαφˊγ´ (éd. Sakkelion, l. c., p. 53).

59. Συνεσίῳ τῷ ὁσιωτάτῳ καὶ λογιωτάτῳ ἐν ἀσκουμένοις. — Μεταγειτνιῶνος φθίνοντος, ζρα´.

60. Ἱερεμίᾳ τῷ οἰκουμενικῷ (éd. Sakkelion, l. c., p. 53).

61. Τῷ αὐτῷ (éd. Sakkelion, l. c., p. 53—54).

62. Ἀνδρονίκῳ τῷ Καντακουζηνῷ. — ιβ´ Ἰανουαρίου, ζρβ´ (éd. Papadopoulos-Kérameus, Ἑλλ. Φιλ. Σύλλ., XVII, p. 72, n. 28).

63. Ναθαναὴλ ἱερομονάχῳ.

64. Ἰωάσαφ ἱερομονάχῳ. — Ἐν Ἀλεξανδρείᾳ· ͺαφˊδ´.

65. Βασιλείῳ κνέζῃ καὶ πᾶσι τοῖς ἐν τῇ μικρᾷ Ῥωσίᾳ ὀρθοδόξοις ἀδελφοῖς. — Ἐν Κωνσταντινουπόλει· ζρβ´ (trad. russe ancienne

---

1) Dans le manuscrit sans numéro.

«Книжица» 1598, f. 36—41; trad. russe moderne Malychevsky, II, p. 23—28).

66. Ἱερεμίᾳ τῷ οἰκουμενικῷ.— Τῇ ἐπαύριον τῆς ἱερᾶς ἀναστάσεως ἐν Τενέδῳ, ͵αφϟγ΄ (éd. Sakkelion, l. c., p. 54).

67. Γαβριὴλ Φιλαδελφείας.— ͵ζρβ΄.

68. Τοῖς ἀπανταχοῦ εὑρισκομένοις εὐλαβεστάτοις χριστιανοῖς ἄρχουσί τε καὶ ἀρχομένοις. Comm.: Ἐκκλίναντες διὰ θελήματος θεοῦ εἰς Μιτυλήνην καὶ ἡμεῖς στελλόμενοι πορείαν εἰς Ἀλεξάνδρειαν ἀπὸ Κωνσταντινουπόλεως, καταλαβόντες τὴν ναῦν τοῦ τιμιωτάτου καραβοκυρίου κῦρ Ἀντωνίου τῆς εἰρήνης Λινδιώτου ἐν τῷ λιμένι καλουμένῳ Καλλονῇ, μαρτυρούμεθα πᾶσιν ὑμῖν τὴν ἐν Χριστῷ ἀλήθειαν.— ͵ζρβ΄.

69. Γαβριὴλ τῷ Θεσσαλονίκης.— ͵ζρβ΄.

70. Ἱερεμίᾳ τῷ οἰκουμενικῷ.— ͵ζρβ΄.

71. Κυρίλλῳ ἱερομονάχῳ.— ͵ζρβ΄ (éd. Ἑλλ. Φιλ. Σύλλ., I, p. 47—48; Sakkelion, l. c., p. 55).

72. Ἡρακλεῖ τῷ σοφωτάτῳ ἐν ἰατροῖς καὶ φιλοσόφοις τῷ Καδημάνῃ [1]).—Ἐν Ἀλεξανδρείᾳ· ͵ζργ΄.

73. Λαυρεντίῳ ἱερομονάχῳ. — Μαιμακτηριῶνος ϛ΄ ἱσταμένου, ͵ζργ΄ κοσμογονίας (éd. Sakkelion, l. c., p. 58).

74. Ἰωάσαφ ἱερομονάχῳ τῷ Λαγνῇ.— ͵αφϟε΄ σωτηρίας.

75. Μαξίμῳ τῷ Μαργουνίῳ.— ͵αφϟδ΄.

76. Τοῖς κατὰ τὴν λαμπροτάτην καὶ θεοφρούρητον Κρήτην εὐλαβεστάτοις ἱερεῦσι καὶ χρησιμωτάτοις ἄρχουσι, μετὰ παντὸς τοῦ φιλοθέου καὶ χριστωνύμου λαοῦ μικρῶν τε καὶ μεγάλων σὺν γυναιξὶ καὶ τέκνοις, υἱοῖς τῆς ἡμῶν μετριότητος ἐν ἁγίῳ πνεύματι ποθεινοτάτοις.—Ἐν Ἀλεξανδρείᾳ· ͵ζργ΄.

77. Τοῖς Ἐνετίῃσιν εὑρισκομένοις εὐλαβεστάτοις καὶ ὀρθοδοξοτάτοις χριστιανοῖς τῷ τε μητροπολίτῃ Φιλαδελφείας καὶ τῷ θεοφιλεστάτῳ ἐπισκόπῳ Κυθήρων, ἀδελφοῖς καὶ συλλειτουργοῖς περιποθήτοις, σὺν τοῖς τιμίοις ἄρχουσι τοῖς ἀδελφοῖς τοῦ μεγάλου Γεωργίου,

---

1) Κασιμάτῃ cod. H.

μετὰ τῶν λοιπῶν πάντων τῶν ὀρθοδόξων χριστιανῶν, υἱῶν τῆς ἡμῶν μετριότητος ἐν κυρίῳ ἀγαπητῶν.—ζργ'.

78. Τῷ εὐσεβεστάτῳ καὶ ὀρθοδοξοτάτῳ θεοστέπτῳ ἁγίῳ βασιλεῖ καὶ αὐτοκράτορι, νικητῇ τροπαιούχῳ, ἀεὶ αὐγούστῳ, Θεοδώρῳ βίτζῃ Ἰωάννου, μεγάλῳ βασιλεῖ πάσης Ῥωσίας etc.— ζργ' (éd. p. 106—108; trad. par Malychevsky II, p. 15—17).

79. Τοῖς εὐλαβεστάτοις ἀρχιερεῦσι καὶ ἱερεῦσι σὺν τοῖς ἄρχουσι καὶ τοῖς λοιποῖς τῶν κατ' Αἴγυπτον καὶ Θήβας τὰς ἄνω καὶ τῶν ἐπέκεινα Κόπτων.—ζργ'· ἐν Αἰγύπτῳ.

80. Ἰωακεὶμ πατριάρχῃ Ἀντιοχείας θεουπόλεως τῆς μεγάλης.— ζργ'.

81. Τέκνῳ γνησίῳ Μαξίμῳ ἱεροδιακόνῳ.—ζργ'· ἐν Αἰγύπτῳ.

82. Τοῖς ἐν τῷ Σιναίῳ ὄρει μοναχοῖς. Comm.: Οἱ ἐν τῷ πανσεβασμίῳ καὶ θεοβαδίστῳ ὄρει τῷ Σιναίῳ ἐνασκούμενοι ὁσιώτατοι πατέρες, ἱερομόναχοί τε καὶ γέροντες σὺν τοῖς λοιποῖς ἀδελφοῖς, υἱοὶ τῆς ἡμῶν μετριότητος ἐν κυρίῳ ἀγαπητοί, χάρις εἴη ὑμῖν καὶ εἰρήνη καὶ ἔλεος παρὰ τοῦ κυρίου καὶ θεοῦ καὶ σωτῆρος ἡμῶν Ἰησοῦ Χριστοῦ.—ζργ'.

83. Ἀθανασίῳ ἱερομονάχῳ.—ζργ'.

84. Τοῖς ἐν Κρήτῃ. Comm.: Οἱ κατὰ τὴν λαμπροτάτην καὶ θεοφύλακτον Κρήτην (τὸ εὐσεβέστατον δηλονότι Κάστρον) διαιτώμενοι εὐλαβέστατοι ἱερεῖς καὶ τοῦ ὀρθοῦ πληρώματος ὑποφῆται καὶ τῶν ἱερῶν μυστηρίων διάκονοι, υἱοὶ ἐν πνεύματι ἁγίῳ περιπόθητοι, χάρις εἴη ὑμῖν καὶ εἰρήνη καὶ ἔλεος ἀπὸ θεοῦ.—Ἐν Αἰγύπτῳ· ς' Φεβρουαρίου, ζργ'.

85. Σωφρονίῳ τῷ παναγιωτάτῳ πατριάρχῃ τῆς ἁγίας πόλεως Ἱερουσαλὴμ καὶ πάσης Παλαιστίνης, Συρίας, Ἀραβίας πέραν τοῦ Ἰορδάνου, Κανᾶ τῆς Γαλιλαίας καὶ ἁγίας Σιών, ἀδελφῷ καὶ συλλειτουργῷ ἐν πνεύματι ἁγίῳ περιποθήτῳ.—Ἐν Αἰγύπτῳ· ι' Ἀπριλίου, ζργ'.

86. Τῷ λαμπροτάτῳ καὶ γαληνοτάτῳ βασιλεῖ πάσης Αἰθιοπίας Μέλεχη Σακάτ, νικητῇ τροπαιούχῳ, υἱῷ ἐν κυρίῳ περιποθήτῳ.—Ἐν Αἰγύπτῳ· ιε' Ἀπριλίου, ζργ (éd. Πανδώρα, XIII, p. 311—312).

87. Γρηγορίῳ ἱερομονάχῳ πρωτοσυγκέλλῳ τῆς μεγάλης ἐκκλησίας.

88. Ἱερεμίᾳ τῷ οἰκουμενικῷ.—κε΄ Ἀπριλίου, ζργ΄, αφϟς΄ (éd. Sakkelion, l. c., p. 55—57).

89. Τοῖς ἐν Ῥηθύμνῃ τῇ λαμπροτάτῃ καὶ θεοφρουρήτῳ εὐσεβέσι τε καὶ ὀρθοδόξοις χριστιανοῖς ἀπαξάπασιν, υἱοῖς τῆς ἡμῶν μετριότητος ἐν πνεύματι ἁγίῳ περιποθήτοις.—Ἐν Αἰγύπτῳ· αφϟς΄.

90. Τοῖς ἁπανταχοῦ.—Ἐν Αἰγύπτῳ· α΄ Μαΐου, ζργ΄. Lettre de recommendation pour Henri Warde (Ἐνρίκῳ τῷ Οὐάρδε), arrivé d'Angleterre pour visiter l'Egypte.—Ἐν Αἰγύπτῳ· α΄ Μαΐου, ζργ΄ (éd. Πανδώρα, VIII, p. 305—306).

91. Μαξίμῳ ἱεροδιακόνῳ.—Ἐν Αἰγύπτῳ· ζργ΄.

92. Γαβριὴλ Φιλαδελφείας.—Ἑκατομβαιῶνος α΄¹) ἱσταμένου, ζργ΄.

93. Μαξίμῳ τῷ θεοφιλεστάτῳ Μαργουνίῳ.—Ἑκατομβαιῶνος ς΄ ἱσταμένου, ζρβ΄.

94. Τοῖς κατὰ τὴν λαμπροτάτην πόλιν τῶν Ἐνετῶν εὑρισκομένοις ὀρθοδόξοις χριστιανοῖς τοῖς τε εὐγενεστάτοις καὶ τιμιωτάτοις ἄρχουσι σὺν παντὶ τῷ χριστεπωνύμῳ λαῷ, υἱοῖς ἐν κυρίῳ Ἰησοῦ ποθεινοτάτοις.—ζργ΄, ζ΄ Ἰουνίου.

95. Τῷ παναγιωτάτῳ πατριάρχῃ τῆς μεγάλης Ἀντιοχείας, θεουπόλεως Φοινίκης, Ἀραβίας, Ἰβηρίας καὶ πάσης ἀνατολῆς κῦρ Ἰωακείμ, ἀδελφῷ καὶ συλλειτουργῷ ἐν κυρίῳ περιποθήτῳ.—Ἐν Αἰγύπτῳ· ζργ΄, β΄ Ἰουλίου.

96. Γεωργίῳ ἱερεῖ τῷ λογοθέτῃ Ῥόδου.—ζργ΄, αφϟς΄.

97. Ἱππολύτῳ τῷ πανιερωτάτῳ πρῴην Χίου σὺν τοῖς πανοσιωτάτοις ἡγουμένοις τῶν σεβασμίων μοναστηρίων, Νικηφόρῳ Ἀρκαδίου, Λαυρεντίῳ Βροντησίου καὶ τοῖς εὐλαβεστάτοις ἱερεῦσιν ἱεροδιακόνοις τε καὶ μοναχοῖς, μετὰ παντὸς τοῦ χριστωνύμου λαοῦ ἀνδρῶν τε καὶ γυναικῶν τῆς θεοφυλάκτου Κρήτης, ἐν κυρίῳ περιποθήτοις. — κα΄ Σεπτεμβρίου, ζρδ΄, αφϟε΄· ἐν Ἀλεξανδρείᾳ (éd. Sakkelion, l. c., p. 58—60).

98. Λαυρεντίῳ τῷ πανοσιωτάτῳ καθηγουμένῳ τοῦ μεγάλου Ἀντωνίου τοῦ Βροντησίου.—Ἐν Ἀλεξανδρείᾳ· ζρδ΄ (éd. Sakkelion, l. c., p. 60—61).

---

1) ε΄ cod. H.

99. Νικηφόρῳ καθηγουμένῳ τῆς μονῆς τοῦ Ἀρκαδίου.— ζρδ´ (éd. Sakkelion, l. c., p. 61—62).

100. Λαυρεντίῳ ἱερομονάχῳ (éd. Sakkelion, l. c., p. 62—63).

101. Τοῖς κατὰ πᾶσαν τὴν λαμπροτάτην Κρήτην εὑρισκομένοις.—Ἐν Ἀλεξανδρείᾳ· ζρδ´ (éd. Sakkelion, l. c., p. 63—64).

102. Τοῖς ἐν τῇ θεοφυλάκτῳ Κυδωνίᾳ εὑρισκομένοις ὀρθοδοξοτάτοις χριστιανοῖς καὶ θεοφιλέσι τοῖς τε τοῦ ἱεροῦ καταλόγου καὶ τοῖς κοσμικοῖς ἀνδράσι τε καὶ γυναιξίν, υἱοῖς ἐν κυρίῳ ποθεινοτάτοις.— ζρδ´.

103. Λεοντίῳ τῷ Εὐστρατίῳ ἱερομονάχῳ.—Ἐν Ἀλεξανδρείᾳ· φθίνοντος Πυανεψιῶνος, κοσμογονίας ζρδ´.

104. Μητροφάνῃ μοναχῷ τῷ Ναυτιλίῳ. — Ἐν Ἀλεξανδρείᾳ· ζρδ´, Πυανεψιῶνος.

105. Τῷ Μαρμαρᾷ.—Ἐν Ἀλεξανδρείᾳ τῇ μεγάλῃ· ζρδ´.

106. Παϊσίῳ ἱερομονάχῳ τῷ Ζακυνθίῳ.— ζρδ´.

107. Διονυσίῳ τῷ πανιερωτάτῳ Ἡρακλείας.—Ἐν Ἀλεξανδρείᾳ· ζρδ´.

108. Τῷ εὐγενεστάτῳ κυρίτζῃ Γεωργίῳ τῷ Καντακουζηνῷ.— Ἀπριλίου β´, ζρδ´ (éd. Papadopoulos-Kérameus, Ἑλλην. Φιλολ. Σύλλ., XVII, p. 72, n. 29).

109. Τῷ εὐγενεστάτῳ κυρίτζῃ Ἀντωνίῳ τῷ Βλαστῷ.—β´ Ἀπριλίου, ζρδ´ (éd. Papadopoulos-Kérameus, Ἑλλην. Φιλολ. Σύλλ., XVII, p. 73, n. 30).

110. Τοῖς ἐν Κωνσταντινουπόλει εὑρισκομένοις ἱερωτάτοις ἀρχιερεῦσιν, ἱερεῦσιν, εὐλαβεστάτοις λογιωτάτοις κληρικοῖς, εὐγενεστάτοις ἄρχουσι καὶ παντὶ τῷ χριστωνύμῳ λαῷ τῶν ὀρθοδόξων, τοῖς ἐν κυρίῳ ποθεινοτάτοις.—Ἐν Ἀλεξάνδρου πόλει· Ἀπριλίου δ´, ζρδ´ (éd. Papadopoulos-Kérameus, Ἑλλην. Φιλολ. Σύλλ., XVII, p. 73, n. 31).

111. Γαβριὴλ Φιλαδελφείας.—ζρδ´.

112. Μιχαὴλ τῷ Καβάκῳ. — ζρδ´ (éd. Papadopoulos-Kérameus, Ἑλλην. Φιλολ. Σύλλ., XVII, p. 73, n. 32).

113. Τῷ εὐλαβεστάτῳ πρεσβυτέρῳ καὶ πρωτοσυγκέλλῳ τοῦ πατριαρχικοῦ Ἀλεξανδρείας θρόνου παπᾶ κῦρ Ἀγγέλῳ, υἱῷ ἐν κυρίῳ ἀγαπητῷ, μετὰ τῶν λοιπῶν ἁπάντων ὀρθοδόξων χριστιανῶν τῶν

κατά την περίφημον Μελίτην νήσον πολιτευομένων.—Έν Άλεξανδρεία· ζρδ, πέμπτη Σκιροφοριώνος.

114. Τοις κατά δύσιν πάσαν ορθοδόξοις χριστιανοις άνδράσι τε και γυναιξιν αξίας τε και τάξεως άπάσης, υίοΐς εν κυρίω άγαπητοΐς (éd. Έλλ. Φιλ. Σύλλ., I, p. 221—222).

115. Γαβριήλ τω παναγιωτάτω άρχιεπισκόπω Κωνσταντινουπόλεως Νέας Ρώμης και οικουμενικώ πατριάρχη, εν κυρίω περιποθήτω άδελφώ και συλλειτουργώ, τη τε αγία συνόδω των καθευρεθέντων ιερωτάτων άρχιερέων και τοις λογιωτάτοις των κληρικών μετά των χρησιμωτάτων αρχόντων, συν παντι τω χριστωνύμω πληρώματι των ορθοδόξων, τοΐς εν κυρίω άγαπητοΐς.— ζρδ.

116. Γαβριήλ πατριάρχη Κωνσταντινουπόλεως ιδίως. — Έν Άλεξανδρεία· ζρδ, Σκιροφοριώνος ιβ' (éd. Έλλ. Φιλ. Σύλλ., I, p. 221—222).

117. Τω λογοθέτη Ρόδου.— ζρδ.

118. Τοΐς εν τω θεοφρουρήτω Κάστρω της λαμπροτάτης νήσου Κρήτης και κατά τά περίχωρα ευρισκομένοις εύλαβεστάτοις ίερεύσι, χρησιμωτάτοις άρχουσι και παντι τω φιλοχρίστω λαω, τοΐς όρθοδοξοτάτοις και εύσεβεστάτοις υίοΐς εν κυρίω της ημών μετριότητος.— Έν Άλεξανδρεία· ζρδ.

119. Τοΐς εν Σιτεία και Ιερά Πέτρα και Μάλαις.—Έν Άλεξανδρεία· ζρδ.

120. Τοΐς απανταχού ευρισκομένοις ορθοδόξοις χριστιανοις ίερεύσί τε και λαϊκοΐς, τοΐς εν Χριστώ άγαπητοΐς. — ζρδ, ί Ιουλίου· εν Άλεξανδρεία.

121. Τω Κορώνης επισκόπω.—Έν Άλεξανδρεία· ζρδ, ιγ' Ιουλίου.

122. Λεοντίω τω όσιωτάτω μοναχώ.—Έν Άλεξανδρεία· ζρδ.

123. Τω οικουμενικω Γαβριήλ.— ζρδ (éd. Papadopoulos-Kérameus, Έλλ. Φιλ. Σύλλ., XVII, p. 74, n. 33).

124. Τη πανοσιωτάτη καθηγουμένη του Μεγάλου Ιωάννου λεγομένου Μεσαμπελίτη Ευγενία τη Μαρινοπούλη, συν ταΐς λοιπαΐς άδελφαΐς ταΐς εν κυρίω θυγατράσι τιμίαις.—λ' Αυγούστου, ζρδ (éd. Sakkelion, l. c., p. 64—65).

125. Γερασίμω ιερομονάχω. Comm. Τω πανοσιωτάτω καθηγου-

μένῳ τῆς σεβασμίας μονῆς τῆς Παναγίας τῆς Ὁδηγητρίας, σὺν τοῖς λοιποῖς ἱερομονάχοις τε καὶ μοναχοῖς καὶ γέρουσιν, υἱοῖς ἐν κυρίῳ περιποθήτοις, χάριν.— Ἐν Ἀλεξανδρείᾳ· λα΄ Αὐγούστου, ζρδ΄.

126. Ἀρσενίῳ τῷ Μαρίτζῃ καθηγουμένῳ τῶν Ἀπεζωνῶν.— Ἐν Ἀλεξανδρείᾳ· α΄ Σεπτεμβρίου, ζρε΄.

127. Τοῖς πανοσιωτάτοις καθηγουμένοις καὶ ὁσιωτάτοις ἱερομονάχοις καὶ γέρουσι μετὰ τῶν λοιπῶν ἀδελφῶν τῶν συνασκουμένων κατὰ πᾶν τὸ ἁγιώνυμον ὄρος, τοῖς τε κοινοβίοις φημὶ καὶ τοῖς ἐν ἀναχωρήσει, υἱοῖς τῆς ἡμῶν μετριότητος ἐν κυρίῳ περιποθήτοις.— Ἐν Ἀλεξανδρείᾳ· β΄ ἱσταμένου Σεπτεμβρίου, ζρε΄.

128. Τοῖς πανοσιωτάτοις καθηγουμένοις καὶ ὁσιωτάτοις ἱερομονάχοις καὶ γέρουσι τῶν κοινοβίων τοῦ ἁγίου ὄρους, ἐν κυρίῳ ἀγαπητοῖς.— Ἐν Ἀλεξανδρείᾳ· ζ΄ Σεπτεμβρίου, ζρε΄.

129. Παϊσίῳ ἱερομονάχῳ.— Ἐν Ἀλεξανδρείᾳ· δεκάτῃ φθίνοντος Βοηδρομιῶνος, ζρδ΄.

130. Τοῖς κατὰ πᾶσαν τὴν περιφανῆ Ζάκυνθον καὶ Κεφαληνίαν καὶ τὰ πορρωτέρω καὶ σύνεγγυς εὑρισκομένοις ὀρθοδόξοις χριστιανοῖς ἱερεῦσί τε καὶ λαϊκοῖς, υἱοῖς ἐν κυρίῳ ἀγαπητοῖς.— Ἐν Ἀλεξανδρείᾳ· ζ΄ Σεπτεμβρίου, ζρε΄ (éd. Νικολάου Κατραμῆ, Φιλολογικὰ ἀνάλεκτα Ζακύνθου. Ἐν Ζακύνθῳ 1880, p. 112—115).

131. Νικηφόρῳ ἱερομονάχῳ χαρτοφύλακι Πάτμου.— Ἐν Ἀλεξανδρείᾳ· Σεπτεμβρίου κβ΄, ζρε΄ (éd. Floridis, Ἐκκλησ. Ἀλήθεια, IV, p. 420).

132. Λεοντίῳ ἱερομονάχῳ.— ζρε΄.

133. Τοῖς κατὰ Πάτμον εὑρισκομένοις ὁσιωτάτοις ἱερομονάχοις καὶ μοναχοῖς, εὐλαβεστάτοις ἱερεῦσι, χρησίμοις ἄρχουσι, σὺν παντὶ τῷ χριστωνύμῳ λαῷ, υἱοῖς τῆς ἡμῶν μετριότητος ἐν κυρίῳ ἀγαπητοῖς.— Ἐν Ἀλεξανδρείᾳ· ζρε΄.

134. Ἐγκύκλιος. Concernant les affaires τοῦ εὐαγοῦς μοναστηρίου τῆς ἁγίας ἐνδόξου μεγαλομάρτυρος τοῦ Χριστοῦ Ἀναστασίας τῆς φαρμακολυτρίας τῆς ἐν τῷ Μεγάλῳ Βουνῷ κειμένης. — αφϟζ, Μαρτίου ιβ΄· ἐν Γαλατᾷ.

135. Τῷ ἐνδοξοτάτῳ καὶ ἐκλαμπροτάτῳ εὐσεβεστάτῳ τε καὶ ὀρθοδοξοτάτῳ αὐθέντῃ καὶ δεσπότῃ Ὀστροβείας, ἀρχηγῷ Λιτουανίας

καὶ Κυοβίας, καὶ κριτῇ Βλαδημοιρίου, τῷ μεγαλοπρεπεστάτῳ κνέζῃ Βασιλείῳ καὶ τοῖς λοιποῖς ὀρθοδόξοις καὶ ὑπερφυέσιν ἄρχουσι καὶ δεσπόταις πάσης Μικρᾶς Ῥωσίας τοῖς τε εὐλαβεστάτοις τῶν ἱερέων καὶ παντὶ τῷ φιλοχρίστῳ λαῷ τῶν ὀρθοδόξων τῷ κατὰ πᾶσαν ταύτην τὴν ἀρχὴν εὑρισκομένῳ, υἱοῖς ἐν κυρίῳ ποθεινοτάτοις. — Ἐν Ἀλεξανδρείᾳ· Πυανεψιῶνος γ΄ ἱσταμένου, ζρε΄ (Trad. polonaise Apokrisis 1597, p. 281—297; nouv. éd. dans Русская Истор. Библ. VII, p. 1667—1707. — Trad. russes anciennes Апокрисъ 1597, p. 47, 1—48, 3; nouv. éd. dans Русская Истор. Библ. VII, p. 1668—1708; Книжица 1598, f. 64—87. — Trad. russes modernes Апокрисъ. Кіевъ 1870, p. 205—28; Malychevsky II, p. 28—44).

136. Τῷ πανιερωτάτῳ Φιλαδελφείας. — ζρε΄.

137. Τοῖς Χίοις σοφοῖς κληρικοῖς καὶ τοῖς λοιποῖς πᾶσι. — ιγ΄ Μουνυχιῶνος, ζρε΄.

138. Κυρίλλῳ ἱερομονάχῳ τῷ Λουκάρει. — Ἐν Κωνσταντινουπόλει· ζρε΄.

139. Νικηφόρῳ τῷ λογιωτάτῳ. — Ἐν Κωνσταντινουπόλει· ζρε΄.

140. Τοῖς ἁπανταχοῦ. — ιά Μαρτίου, ζρε΄.

141. Ματθαίῳ τῷ πανοσιωτάτῳ ἐν πνευματικοῖς τῷ προηγουμένῳ, σὺν τῷ ὁσιωτάτῳ αὐταδέλφῳ καὶ τοῖς λοιποῖς πατράσι, τοῖς συνασκουμένοις ἐν τῷ σεπτῷ μοναστηρίῳ τοῦ Μεγάλου Προδρόμου, υἱοῖς ἐν κυρίῳ ἀγαπητοῖς. — Ἐν Κωνσταντινουπόλει· β΄ ἐπὶ δεκάτῃ Μουνυχιῶνος, ͵αφϟζ΄.

142. Τῷ λαμπροτάτῳ καὶ εὐσεβεστάτῳ κνέζῃ Βασιλείῳ, αὐθέντῃ καὶ δεσπότῃ Ὀστροβείας, ἀρχηγῷ Λιτουβανίας καὶ Κιοβίας καὶ κριτῇ Βλαδημοιρίας, σὺν τοῖς ὑπερφυεστάτοις καὶ ὀρθοδόξοις ἄρχουσι καὶ παντὶ τῷ χριστωνύμῳ πληρώματι τῶν ὀρθοδόξων χριστιανῶν τῆς τε ἱερᾶς κληρουχίας καὶ τῆς κοσμικῆς διατάξεως, τοῖς ἐν κυρίῳ υἱοῖς περιποθήτοις τῆς ἡμῶν μετριότητος. — Ἀπριλίου δ΄, ζρε΄· ἐν Κωνσταντινουπόλει (Ed. Paranikas, Ἑλλ. Φιλ. Σύλλ., XII, p. 148. — Trad. russe ancienne «Книжица» 1598, f. 119—123; nouv. éd. Акты южной и западной Россіи II, p. 195—196. — Trad. russe moderne Malychevsky, II, p. 68—70).

143. Ἀλεξίῳ ἱερεῖ.

144. Τῷ Θεσσαλονίκης μητροπολίτη σὺν τοῖς ὑπ' αὐτὸν ἐπισκόποις.—Ἀπριλίου ζ, ͵αφϟζ (éd. par Papodopoulos-Kérameus, Ἑλλ. Φιλ. Σύλλ., XVII, p. 74, n. 34).

145. Νικηφόρῳ ἱερομονάχῳ τῷ Ῥοδίῳ.—Σκιροφοριῶνος ς΄ ἱσταμένου, ζρε΄ ἐν Κωνσταντινουπόλει.

146. Τῷ λαμπροτάτῳ ἡγεμόνι κνέζῃ Βασιλείῳ.—,ζρε΄ ἐν Κωνσταντινουπόλει (trad. par Malychevsky, II, p. 73—74).

147. Γαβριὴλ Θεοδώρῳ βίτζῃ. — Ἐν Κωνσταντινουπόλει· ιδ΄ Μαΐου, ζρε΄.

148. Ἀρσενίῳ Ἐλασσῶνος μητροπολίτῃ.—Ἐν Κωνσταντινουπόλει· ιε΄ Ἀπριλίου, ζρε΄ (éd. par Papadopoulos-Kérameus, Ἑλλ. Φιλ. Σύλλ., XVII, p. 77, n. 40).

149. Τῷ κρατίστῳ βασιλεῖ Μοσκόβου.—Ἐν Κωνσταντινουπόλει· ιε΄ Ἀπριλίου, ζρε΄ (éd. p. 108—110; Paranikas, Ἑλλ. Φιλ. Σύλλ., XII, p. 147; trad. par Malychevsky, II, p. 17—19).

150. Τῷ αὐτῷ βασιλεῖ.—Ἐν Κωνσταντινουπόλει· ιζ΄ Μαΐου, ζρε΄ (éd. p. 110—111; trad. par Malychevsky, II, p. 19—21).

151. Τῷ λαμπροτάτῳ καὶ ὑπερφυεστάτῳ καὶ ὀρθοδοξοτάτῳ ἄρχοντι κῦρι Παρίσῃ ὑπάτῳ τῆς ὀρθοδοξοτάτης βασιλείας Μοσκόβου καὶ πάσης Ῥωσίας, υἱῷ ἐν κυρίῳ περιποθήτῳ (éd. p. 111—112; trad. par Malychevsky, II, p. 21—22).

152. Τῷ μεγαλοπρεπεστάτῳ καὶ φρονιμωτάτῳ καὶ θεοφιλεῖ ἄρχοντι κῦρι Βασιλείῳ τῷ ἐπὶ τοῦ ταμείου τῆς ὀρθοδοξοτάτης βασιλείας Μοσκόβου, υἱῷ ἐν κυρίῳ πάνυ ἠγαπημένῳ.—Ἐν Κωνσταντινουπόλει· Μαΐου ιζ΄ (éd. p. 112—113; trad. par Malychevsky, II, p. 22—23).

153. Τῇ κατὰ κύριον συστάσῃ καὶ ἐν κυρίῳ πολιτευομένῃ ἀδελφότητι τῶν κατὰ Λεοντόπολιν τὴν λαμπρὰν εὑρισκομένων ὀρθοδόξων χριστιανῶν τῶν τε τῆς ἱερᾶς τάξεως καὶ τῆς κοσμικῆς εὐταξίας, τοῖς ἐν Χριστῷ Ἰησοῦ περιποθήτοις υἱοῖς.—ζρε΄, ιθ΄ Μαΐου· ἐν Κωνσταντινουπόλει.

154. Κυρίλλῳ τῷ ὁσιωτάτῳ ἐν ἱερομονάχοις καὶ πνευματικοῖς πατράσι καὶ πρωτοσυγκέλλῳ.—͵αφϟζ, ιθ΄ Μαΐου· ἐν Κωνσταντινουπόλει.

155. Τοῖς ἐν Βυλίνη τῇ λαμπροτάτῃ διάγουσιν ἀδελφοῖς τῶν ὀρθοδόξων χριστιανῶν τοῖς τε τοῦ ἱεροῦ καταλόγου καὶ τῆς κοσμικῆς εὐκοσμίας, τοῖς ἐν Χριστῷ Ἰησοῦ υἱοῖς ὑπερποθήτοις.—Ἐν Κωνσταντινουπόλει· κγ Μαρτίου, ζρε΄.

156. Συστατικὸν ἱερωσύνης.—Ἐν Κωνσταντινουπόλει· αφϟζ΄.

157. Τῷ εὐσεβεστάτῳ καὶ λαμπροτάτῳ Μιχαὴλ βοϊβόδα.— Μαΐου κγ, ἔτει ζρε΄· ἐν Κωνσταντινουπόλει (éd. Paranikas, Ἑλλ. Φιλ. Σύλλ., XII, p. 154).

158. Ἰγνατίῳ τῷ εὐλαβεστάτῳ πρωτοπαπᾷ, χωρεπισκόπῳ Ὀστροβείας τῆς λαμπροτάτης καὶ εὐσεβεστάτης, διδασκάλῳ λογιωτάτῳ, τῷ ἐν κυρίῳ περιποθήτῳ υἱῷ.—Ἐν Κωνσταντινουπόλει· Σκιροφοριῶνος ς΄ φθίνοντος, ζρε΄.

159. Τοῖς ἐν τῇ λαμπροτάτῃ πόλει Κυδωνίᾳ διάγουσιν εὐσεβέσι καὶ θεοφιλέσι χριστιανοῖς τοῖς τε τοῦ ἱεροῦ καταλόγου καὶ τῆς κοσμικῆς διατάξεως ἀνδράσι τε καὶ γυναιξὶ καὶ ἀπαξάπαντι τῷ χριστωνύμῳ πληρώματι, υἱοῖς ἐν κυρίῳ περιποθήτοις.—Ἐν Κωνσταντινουπόλει· ιβ΄ Μαΐου, αφϟζ΄.

160. Ἱερεμίᾳ τῷ εὐσεβεστάτῳ καὶ ἐκλαμπροτάτῳ ἡγεμόνι Μολδοβλαχίας. — Ἐν Κωνσταντινουπόλει· ιδ΄ Ἰουνίου, ζρε΄ (éd. Paranikas, Ἑλλ. Φιλ. Σύλλ, XII, p. 154—155).

161. Γενναδίῳ τῷ Βλαστῷ.—Ἐν Κωνσταντινουπόλει· Ἰουλίῳ ή, ζρε΄.

162. Μελετίῳ ἱερομονάχῳ τῷ Βλαστῷ.— θ΄ Ἰουλίου, ζρε΄ (éd. Gédéon, Χλωρίς, I, p. 234; trad. par Malychevsky, II, p. 74—75).

163. Κνέζῃ Βασιλείῳ.

164. Κυρίλλῳ ἱερομονάχῳ τῷ Λουκάρει (éd. Ἑλλ. Φιλ. Σύλλ., I, p. 48).

165. Γαβριὴλ Θεοδώρῳ βίτζῃ. — Ἐν Κωνσταντινουπόλει· Ἰουλίου κδ΄, ζρε΄.

166. Γεδεὼν ἐπισκόπῳ Λεοντοπόλεως.—Ἐν Κωνσταντινουπόλει· Ἰουλίου κγ, ζρε΄.

167. Χλὲβ τῷ ταμίᾳ.—Ἐν Κωνσταντινουπόλει· ζρε΄ (trad. par Malychevsky, II, p. 75—76).

168. Τῇ κατὰ τὴν λαμπροτάτην Λεοντόπολιν συγκροτηθείσῃ

τῶν εὐσεβῶν ἀδελφότητι ἐν τῷ πανευαγεῖ τῆς Παναγίας ναῷ ἐπονομαζομένῳ τῆς Κοιμήσεως, τοῖς ἐν κυρίῳ ποθεινοτάτοις ἀδελφοῖς.—
Ἐν Κωνσταντινουπόλει· Ἰουλίου κγ΄, ζρε΄.

169. Τῷ Θεσσαλονίκης.—Ἐν Κωνσταντινουπόλει· Ἰουλίῳ, ζρε΄.

170. Νικηφόρῳ ἱερομονάχῳ.—Ἰουλίου κθ΄, αφϞζ΄· ἐν Κωνσταντινουπόλει.

171. Μιχαὴλ βοϊβόδα.—Ἐν Κωνσταντινουπόλει· ε΄ Αὐγούστου, ζρε΄ (éd. Paranikas, Ἑλλ. Φιλ. Σύλλ., XII, p. 154).

172. Τῷ μητροπολίτῃ Οὐγγροβλαχίας Εὐθυμίῳ[1]).— ς΄ Αὐγούστου, ζρε΄· ἐν Κωνσταντινουπόλει.

173. Τῷ εὐσεβεστάτῳ καὶ ὀρθοδοξοτάτῳ ἄρχοντι κνέζῃ Ἀδάμῳ Βασιλείῳ Βισκοβέτζικι καὶ τῷ εὐσεβεστάτῳ κνέζῃ Κυριακῷ Ρουζίνσκι μετὰ τῶν λοιπῶν ἀρχόντων καὶ παντὸς τοῦ λαοῦ τῶν ὀρθοδόξων τῆς τε ἱερᾶς τάξεως καὶ τῆς κοσμικῆς καταστάσεως, υἱοῖς ἐν κυρίῳ περιποθήτοις.—Ἐν Κωνσταντινουπόλει· ζ΄ Αὐγούστου, ζρε΄ (trad. par Malychevsky, II, p. 76—77).

174. Sans titre. Comm.: "Οταν ἀκούω τῶν ἡμετέρων τινὰς ἀτακτεῖν, λύπῃ μὲν συνέχομαι καὶ ἀθυμίᾳ.

175. Συμεῶνι τῷ Ἑλανικῷ.—Ἀπριλίου ι΄, ζρε΄· ἐν Κωνσταντινουπόλει (éd. par Papadopoulos-Kérameus, Ἑλλ. Φιλ. Σύλλ., XVII, p. 78, n. 42).

176. Συμεὼν μητροπολίτῃ Χίου. — Ἐν Κωνσταντινουπόλει· ι΄ Αὐγούστου, ζρε΄.

177. Τοῖς εὐσεβέσι καὶ ὀρθοδοξοτάτοις Ῥώσοις ἀνὰ πᾶσαν τὴν ὑψηλοτάτην ἀρχὴν τῆς κρατίστης βασιλείας Πολωνίας παροικοῦσι, τοῖς ἐν κυρίῳ υἱοῖς περιποθήτοις τῆς ἡμῶν μετριότητος.—Ἐν Κωνσταντινουπόλει· ζρε΄ (trad. russe ancienne «Книжица» 1598, f. 87—108; trad. russe moderne Malychevsky, II, p. 44—60).

178. Γεδεὼν ἐπισκόπῳ Λεοντοπόλεως.—Ἐν Κωνσταντινουπόλει·

---

1) Dans cette lettre il y a quelques indications sur la topographie de Constantinople: γνωρίζομεν δὲ τῇ σῇ ἱερότητι, ὅτι ἐν Κωνσταντινουπόλει ἐπωλήθησαν δύο μοναστήρια, ὁ Μέγας Δημήτριος καὶ ἡ Παναγία τοῦ Μπατίνου εἰς τὴν Ξυλόπορταν, ἠγοράσαμεν δὲ ἡμεῖς αὐτά, ἵνα μὴ εἰσέλθωσιν εἰς χεῖρας τῶν ἀσεβῶν.

CXXXV

ζρε´ (trad. russe ancienne «Книжица» 1598, f. 108—119; trad. russe moderne Malychevsky, II, p. 60—67).

179. Τῷ βασιλεῖ Μοσκόβου (éd. p. 113—114).

180. Τῷ οἰκονόμῳ Καλλιουπόλεως.—ιδ´ Πυανεψιῶνος, ζρε´ ¹).

181. Ἀλεξάνδρῳ ἱεροδιακόνῳ Καλλιουπόλεως.—Ἐν Κωνσταντινουπόλει· δ´ Πυανεψιῶνος, ζρς´.

182. Μαξίμῳ ἀρχιδιακόνῳ.— ζρς´.

183. Τῷ ἱερωτάτῳ Γαβριὴλ Φιλαδελφείας.—Ἐν Κωνσταντινουπόλει· ζρς´.

184. Τῷ θεοφιλεστάτῳ Κυθήρων Μαξίμῳ.—Ἐν Κωνσταντινουπόλει· γ´ ἱσταμένου Πυανεψιῶνος, ζρς´.

185. Τοῖς αὐτοῖς κοινῇ.—Ἐν Κωνσταντινουπόλει· ιδ´ Δεκεμβρίου, ζρς´.

186. Συμεὼν ἐπισκόπῳ τῷ Παλαπάνῳ.—Ἐν Κωνσταντινουπόλει· ζρς´.

187. Τῷ παναγιωτάτῳ ἀρχιεπισκόπῳ τῆς πρώτης Ἰουστινιανῆς Ἀχριδῶν καὶ πάσης Βουλγαρίας κῦρ Νεκταρίῳ ἐν κυρίῳ περιποθήτῳ.— Ἐν Κωνσταντινουπόλει· Ἰανουαρίου ια´, ζρς´.

188. Νικηφόρῳ ἱερομονάχῳ τῷ Ῥοδίῳ.—Ἐν Κωνσταντινουπόλει· Ἰανουαρίου ιγ´, ζρς´.

189. Κυπριανῷ ἱεροδιακόνῳ.—Ἐν Κωνσταντινουπόλει· ιδ´ Γαμηλιῶνος, ζρς´.

190. Ἀντωνίῳ Σκλίζῃ ²) τῷ κριτῇ.—Ἐν Κωνσταντινουπόλει· ζρς´.

191. Τῷ εὐλαβεστάτῳ ἐν ἱερεῦσι καὶ λογιωτάτῳ διδασκάλῳ τοῦ ἱεροῦ εὐαγγελίου Γεωργίῳ τῷ Μαραφαρᾷ τῷ ἐπιτρόπῳ, υἱῷ ἐν κυρίῳ ἀγαπητῷ.—Ἐν Κωνσταντινουπόλει· ζρς´.

192. Μελετίῳ ἱερομονάχῳ τῷ Βλαστῷ.—Ἐν Κωνσταντινουπόλει· κδ´ Ἰανουαρίου, ζρς´.

193. Κυδωνίοις. Πορφυρίῳ.—κδ´ Ἰανουαρίου, ζρς´.

194. Εἰς Ῥήθυμναν. Κωνσταντίνῳ ἱερεῖ τῷ Κλαροτζάννῃ. — Ἐν Κωνσταντινουπόλει· ζρς´.

---

1) ζρς´ cod. H.
2) Σκλέζᾳ cod. H.

195. Τῷ ὁσιωτάτῳ καὶ λογιωτάτῳ ἐν πνευματικοῖς κῦρ Λεοντίῳ τῷ Εὐστρατίῳ, πᾶσι δ' ὁμοίως τοῖς ὀρθοδόξοις τοῦ τε ἱεροῦ καταλόγου καὶ τῆς λαϊκῆς εὐκοσμίας.—ιʹ Φεβρουαρίου· ζρϛʹ.

196. Παϊσίῳ μητροπολίτῃ Ῥόδου.—Ἐν Κωνσταντινουπόλει· γʹ Φεβρουαρίου, ζρϛʹ.

197. Νικολάῳ ἱερεῖ τῷ Γρυλλίδῃ.—Ἐν Κωνσταντινουπόλει· ἡ ἱσταμένου Ἐλαφηβολιῶνος, ζρϛʹ.

198. Τοῖς κατὰ Πολωνίαν εὑρισκομένοις ὀρθοδόξοις χριστιανοῖς, Ῥώσοις τε καὶ Ἕλλησι, τοῖς τε θεοφιλεστάτοις ἀρχιερεῦσιν, εὐλαβεστάτοις ἱερεῦσι, τιμίοις ἄρχουσι καὶ παντὶ τῷ χριστωνύμῳ λαῷ, υἱοῖς ἐν κυρίῳ περιποθήτοις.— ζρϛʹ· ἐν Κωνσταντινουπόλει (trad. par Malychevsky, II, p. 78—90).

199. Τῷ ἱερωτάτῳ μητροπολίτῃ σὺν τοῖς εὐλαβεστάτοις κληρικοῖς, εὐγενεστάτοις ἄρχουσι καὶ ἀπαξάπαντι τῷ φιλοχρίστῳ καὶ φιλοθέῳ πληρώματι τῶν ὀρθοδόξων, τοῖς ἐν Χίῳ τῇ εὐλογημένῃ καὶ περιφανεῖ νήσῳ ἐν κυρίῳ περιποθήτοις.—Ἐν Κωνσταντινουπόλει· ζρϛʹ.

200. Τῷ λαμπροτάτῳ ἄρχοντι καὶ μεγάλῳ καγκελλαρίῳ Ἰωάννῃ Ζαμοσκήνῳ σὺν τοῖς μεγαλοπρεπεστάτοις ἄρχουσι τῆς ὑπερφυοῦς συγκλήτου τῆς ὑψηλοτάτης κορώνας Πολωνίας, υἱοῖς ἐν κυρίῳ περιποθήτοις.—ζρϛʹ.

201. Τῷ ἱερωτάτῳ Φιλαδελφείας κῦρ Γαβριὴλ ἐξάρχῳ τοῦ οἰκουμενικοῦ θρόνου.—Ἐν Κωνσταντινουπόλει· ζρεʹ (éd. Papadopoulos-Kérameus, Ἑλλ. Φιλ. Σύλλ., XVII, p. 77, n. 39).

202. Γεδεὼν ἐπισκόπῳ Λεοντοπόλεως.—Ἐν Κωνσταντινουπόλει· ζρεʹ.

203. Ταῖς ὀρθοδοξοτάταις καὶ εὐσεβεστάταις ἀδελφότησι ταῖς κατὰ τὴν Ῥωσίαν εὑρισκομέναις τῶν ὀρθοδόξων Ῥώσων, περιποθήτων υἱῶν τῆς ἡμῶν μετριότητος.— κδʹ Αὐγούστου, ζρεʹ (Trad. russe «Книжица» 1598, f. 123—126; nouv. éd. Акты южной и западной Россіи II, p. 198—199.—Trad. russe moderne Malychevsky, II, p. 70—72).

204. Ῥοδούλφῳ αὐτοκράτορι.

205. Γεωργίῳ ἱερεῖ τῷ Μαραφαρᾷ.—Ἐν Κωνσταντινουπόλει· ζρεʹ.

CXXXVII

206. Μιχαήλ βοϊβόδα.—Ἐν Κωνσταντινουπόλει· κθ' Αὐγούστου, ζρε'.

207. Γεωργίῳ Χίῳ.—λ' Αὐγούστου, ζρε'.

208. Γεωργίῳ μητροπολίτῃ Μολδοβλαχίας.—Ἐν Κωνσταντινουπόλει· ς' Σεπτεμβρίου, ζρς'.

209. Ἰερεμίᾳ αὐθέντῃ Μολδοβλαχίας.—Ἐν Κωνσταντινουπόλει· ς' Αὐγούστου, ζρς'.

210. Τῷ ἱερωτάτῳ μητροπολίτῃ Χίου καὶ ὑπερτίμῳ σὺν τοῖς ἐν πάσῃ τῇ Χίου νήσῳ ἱερωμένοις τε καὶ τοῖς ἐν κοσμικῇ καταστάσει, υἱοῖς ἐν κυρίῳ ἀγαπητοῖς.—Ἐν Κωνσταντινουπόλει· ς' Σεπτεμβρίου, ζρς'.

211. Λεοντίῳ ἱερομονάχῳ τῷ Εὐστρατίῳ.—Ἐν Κωνσταντινουπόλει· Μεταγειτνιῶνος εἰκάδι, ͵αφϟζ', ζρς'.

212. Μιχαὴλ ἐπισκόπῳ. Comm.: Θεοφιλέστατε ἐπίσκοπε Μιχαὴλ Κοπιστίνσκης, Παρεμουσλίου, Σαμπορίου, ἀδελφὲ καὶ συλλειτουργὲ ἐν κυρίῳ περιπόθητε, εἰρήνη σοι.—κα' Σεπτεμβρίου, ζρς'.

213. Τῷ ὁσιωτάτῳ ἐν πνευματικοῖς καὶ μεγάλῳ ἀρχιμανδρίτῃ Ἀλεξανδρείας Κυρίλλῳ τῷ καὶ συνεξάρχῳ ἡμετέρῳ, μετὰ τοῦ θεοφιλεστάτου ἐπισκόπου Λεοντοπόλεως κῦρ Γεδεὼν καὶ τοῦ λαμπροτάτου κνέζῃ Βασιλείου Κωνσταντίνου, υἱῷ τῆς ἡμῶν μετριότητος ἐν κυρίῳ περιποθήτῳ.—Ἐν Κωνσταντινουπόλει· ζρς'.

214. Ἀμβροσίῳ μοναχῷ.—Ἐν Κωνσταντινουπόλει· δ' φθίνοντος Μαιμακτηριῶνος, τοῦ ζρς' ἔτους κοσμογονίας.

215. Τῷ λαμπροτάτῳ καὶ ὀρθοδοξοτάτῳ ἄρχοντι Λουκᾷ Μαμόνιτζι, σκάρπανε τῆς Μεγάλης Λιτουανίας, στάροστι Ντζισίντζι, υἱῷ ἐν κυρίῳ περιποθήτῳ. Comm.: Ἐρχομένου πρὸς τὴν ὑμετέραν ἀγάπην τοῦ τιμίου Ἰωάννου Μιχαλοβίτζη, στέλλομεν τῇ σῇ λαμπρότητι τὰ πατριαρχικὰ τάδε γράμματα.—Ἐν Κωνσταντινουπόλει· ζρς', ιγ' Ὀκτωβρίου (trad. par Malychevsky, II, p. 90—91).

216. Γαβριὴλ Θεοδώρῳ βίτζῃ.—Ἐν Κωνσταντινουπόλει· ιγ' Ὀκτωβρίου, ζρς'.

217. Κυπριανῷ ἀρχιδιακόνῳ Ὀστροβείας.—Ἐν Κωνσταντινουπόλει· ιγ' Ὀκτωβρίου, ζρς'.

218. Γεωργίῳ Δοουίζῃ Νορδοβίκῳ τῷ Ἰωάννου, υἱῷ ἐν κυρίῳ

ἀγαπητῷ. — Ἐν Κωνσταντινουπόλει· Πυανεψιῶνος λα΄, τοῦ ζρζ ἔτους κοσμογονίας (éd. Georgii Dousae De itinere Constantinopolitano epist. Lugd. Batav. 1599, p. 122—125; Malychevsky, II, p. 158).

219. Σίμωνι Σιμωνίδῃ τῷ σοφωτάτῳ καὶ λογιωτάτῳ, υἱῷ ἐν κυρίῳ περιποθήτῳ. — ζρς΄· ἐν Κωνσταντινουπόλει.

220. Μαξίμῳ.

221. Τῷ αὐτῷ.

222. Ἱερεμίᾳ μοναχῷ τῷ Τζαγγαρέλλῳ. — Ὀκτωβρίου ιη΄, ζρς΄.

223. Νικηφόρῳ ἱερομονάχῳ Πάτμου. — ͵αφϟζ΄ (éd. Floridis, Ἐκκλησ. Ἀλήθεια, IV, p. 420).

224. Φιλοθέῳ ἱεροδιακόνῳ, Κωνσταντίνῳ καὶ Μιχαήλ, τοῖς ἐν κυρίῳ ἀγαπητοῖς. — Ἐν Ἀλεξάνδρου· ζρς΄.

225. Γεδεὼν ἐπισκόπῳ Λεοντοπόλεως. — Ἐν Ἀλεξανδρείᾳ· α΄ Νοεμβρίου, ζρζ΄.

226. Παϊσίῳ μητροπολίτῃ Ῥόδου. — Ἐν Ἀλεξάνδρου· β΄ Νοεμβρίου, ζρζ΄.

227. Κοσμᾷ τῷ ἱερωτάτῳ Θεσσαλονίκης. — β΄ Νοεμβρίου, ζρζ΄.

228. Τῷ ἱερωτάτῳ μητροπολίτῃ Μολδοβλαχίας κῦρ Γεωργίῳ τῷ Μογήλᾳ, ἀδελφῷ καὶ συλλειτουργῷ ἐν κυρίῳ περιποθήτῳ. — γ΄ Νοεμβρίου, ζρζ΄.

229. Ἱερεμίᾳ αὐθέντῃ Μολδοβλαχίας. — Ἐν Ἀλεξανδρείᾳ· Νοεμβρίου ζ΄, ζρζ΄.

230. Γαβριὴλ Θεοδωρίδῃ. — ͵αφϟζ΄.

231. Κυπριανῷ ἀρχιδιακόνῳ Ὀστροβείας. — ζρζ΄.

232. Ἰωάννῃ τῷ Βισένσκι. — Ἐν Ἀλεξανδρείᾳ· ͵αφϟζ΄.

233. Τῷ ἱερωτάτῳ καὶ λογιωτάτῳ ἀδελφῷ καὶ συλλειτουργῷ κυρίῳ Διονυσίῳ τῆς Ἡρακλείας, προέδρῳ τῶν ὑπερτίμων καὶ ἐξάρχῳ πάσης Θράκης, τῷ ἰσοψύχῳ καὶ περιποθήτῳ. — Ἐν Ἀλεξανδρείᾳ· ζρζ΄ (éd. Papadopoulos-Kérameus, Ἑλλ. Φιλ. Σύλλ., XVII, p. 76, n. 38).

234. Τῷ οἰκονόμῳ Καλλιουπόλεως καὶ Ἀλεξάνδρῳ ἱεροδιακόνῳ τῷ υἱῷ. — ζρζ΄.

235. Γεωργίῳ τῷ λογιωτάτῳ μεγάλῳ ῥήτορι. — ζρζ΄.

236. Κνέζη Κωνσταντίνῳ Βασιλείου (trad. par Malychevsky, II, p. 77—78).

237. Τοῖς ἐν Λεοντοπόλει εὐσεβεστάτοις καὶ ὀρθοδόξοις ἀδελφοῖς, υἱοῖς ἐν κυρίῳ περιποθήτοις.— ζρζ (trad. dans «Виленскій Археографич. Сборникъ», II, p. 13—14).

238. Ἠσαΐᾳ τῷ Μπαλαμπάνῳ.—Ἐν Ἀλεξανδρείᾳ.

239. Εἰς Σαυρομάτας.— ζρζ (trad. par Malychevsky, II, p. 91—93).

240. Νικηφόρῳ ἱερομονάχῳ τῷ Ῥοδίῳ.— ζρζ.

241. Ἰωάννῃ Κορέσῃ τῷ σοφωτάτῳ καὶ λογιωτάτῳ ἐν ἰατροῖς καὶ θεοφιλεστάτῳ, υἱῷ τῆς ἡμῶν μετριότητος ἐν κυρίῳ περιποθήτῳ, μετὰ καὶ τῶν λοιπῶν λογιωτάτων σοφῶν τοῦ τε κυρίου Γεωργίου καὶ τοῦ κυρίου Λεονάρδου Μινδονίου καὶ τοῦ κυρίου Μαξίμου, τῶν ἐν κυρίῳ ὑπερηγαπημένων υἱῶν.—Ἐν Ἀλεξανδρείᾳ· ζρζ, κθ΄ Δεκεμβρίου.

242. Γαβριὴλ τῷ πανιερωτάτῳ Φιλαδελφείας.—Ἐν Αἰγύπτῳ· ζρζ.

243. Ἀρσενίῳ τῷ Μαρίτζῃ καθηγουμένῳ. — Σκιροφοριῶνος ε ἐπὶ δέκα, ζρζ.

244. Ἰωάννῃ τῷ Μουσούρῳ.— ζρζ.

245. Τῷ ἱερωτάτῳ Φιλαδελφείας Γαβριήλ.—Ἐξ Αἰγύπτου· ζρζ.

246. Χριστοφόρῳ τῷ λογιωτάτῳ μεγάλῳ λογοθέτῃ, ἀμμογλώστῃ τῆς Κυπρίων ἐπαρχίας, σὺν τοῖς λοιποῖς ὀρθοδόξοις καὶ εὐλαβέσι χριστιανοῖς τοῖς φοβουμένοις τὸν κύριον.— ζρζ.

247. Εἰς Κυδωνίαν. Πανταλέοντι τῷ εὐλαβεστάτῳ ἐν ἱερεῦσι καὶ ἱερομνήμονι τῷ Ἀθηναίῳ, υἱῷ ἐν κυρίῳ ἀγαπητῷ.—Ἐν Αἰγύπτῳ.

248. Τῷ ἱερωτάτῳ Ῥόδου μητροπολίτῃ κῦρ Παϊσίῳ, ὑπερτίμῳ καὶ ἐξάρχῳ τῶν Κυκλάδων νήσων, ἐν κυρίῳ περιποθήτῳ.— ζρζ, Μεταγειτνιῶνος ς΄ ἱσταμένου· ἐν Αἰγύπτῳ (éd. Papadopoulos-Kérameus, Ἑλλ. Φιλ. Σύλλ., XVII, p. 75, n. 37).

249. Γεωργίῳ τῷ λογιωτάτῳ λογοθέτῃ Ῥόδου.— ς΄ ἐπὶ δεκάδι φθίνοντος, ζρζ.

250. Τῷ Ῥόδου. Comm.: Ἱερώτατε μητροπολίτα Ῥόδου, ὑπέρτιμε καὶ ἔξαρχε τῶν Κυκλάδων νήσων, ἀδελφὲ καὶ συλλειτουργὲ ἐν κυρίῳ περιπόθητε, καὶ εὐλαβέστατοι κληρικοὶ καὶ τίμιοι ἄρχοντες τῆς

αὐτῆς ἁγίας ἐκκλησίας, υἱοὶ ἐν κυρίῳ ἀγαπητοί, χάριν, ἔλεος καὶ εἰρήνην παρὰ τοῦ κυρίου.—Ἐν Αἰγύπτῳ· κζ' Ἰουλίου, ˏζρζ'.

251. Τοῖς ἐν τῇ Παναγίᾳ τοῦ Γδερνέτου μοναχοῖς. Comm.: Πανοσιώτατε καθηγούμενε καὶ ὁσιώτατοι ἱερομόναχοι, μετὰ τῶν ἁγίων γερόντων τῆς συνάξεως, σὺν τοῖς λοιποῖς μοναχοῖς τοῦ μοναστηρίου τῆς Παναγίας τῆς κυρίας τῶν ἀγγέλων εἰς τὸ Γδερνέτο, υἱοὶ τῆς ἡμῶν μετριότητος ἐν κυρίῳ ἀγαπητοί, χάρις εἴη ὑμῖν καὶ εἰρήνη καὶ ἔλεος παρὰ τοῦ κυρίου καὶ θεοῦ καὶ τοῦ σωτῆρος ἡμῶν Ἰησοῦ Χριστοῦ.—Ἐν Αἰγύπτῳ ˏαφϟβ'.

252. Μητροφάνῃ τῷ Φασηδύνῃ. Comm.: Μητροφάνῃ τῷ ὁσιωτάτῳ ἐν μοναχοῖς καὶ γέροντι τῆς συνάξεως τοῦ ἁγίου μοναστηρίου τοῦ ἐπιλεγομένου Γδερνέτου, κατὰ πνεῦμα υἱῷ ἀγαπητῷ.

253. Γεωργίῳ τῷ μεγάλῳ ῥήτορι.—ˏζρϛ'· ἐν Ἡρακλείᾳ.

254. Παϊσίῳ Ῥόδου.—Ἐν Λίνδῳ· α' Αὐγούστου, ˏζρϛ' ¹).

255. Τῷ πανιερωτάτῳ Φιλαδελφείας κῦρ Γαβριήλ, ἀδελφῷ καὶ συλλειτουργῷ ἐν κυρίῳ περιποθήτῳ.—Πυανεψιῶνος εἰκάδι, ἔτει κοσμογονίας ˏζρδ'· ἐν Ἀλεξάνδρου.

256. Περὶ τῶν ἀχράντων μοναστηρίων τὸ δεύτερον. Κυριακῷ Φωτεινῷ ἰατρῷ καὶ διδασκάλῳ ἐν Ἐγγοσταλδιανίῳ ἀκαδημίᾳ λαμπροτάτῳ.—Ἐν Κωνσταντινουπόλει, ἐκ τοῦ κελλίου τῆς ἡμετέρας παροικίας· ἔτει ˏζρδ' κοσμογονίας, πρὸ καλανδῶν Ἰουλίων, τουτέστι Μεταγειτνιῶνος λ'.

257. Τῷ πανιερωτάτῳ Φιλαδελφείας σὺν τῷ ἱερωτάτῳ Κυθήρων, τοῖς ὡς ἀληθῶς ἀδελφοῖς καὶ συλλειτουργοῖς ἐν κυρίῳ.—Ἐν Αἰγύπτῳ.

258. Μανὲ τῷ Βαρδᾷ.

259. Τῷ εὐσεβεστάτῳ καὶ ὀρθοδοξοτάτῳ κνέζῃ Κωνσταντίνῳ βίτζῃ, ἐκλαμπροτάτῳ δουκὶ Ὀστροβείας, παλατίῳ Κυοβίας, μαρσκάλῳ Πολωνίας, κριτῇ Βλαδημερίας καὶ τὰ ἑξῆς.—ˏαφϟθ' (trad. par Malychevsky, II, p. 94—95).

260. Κυπριανῷ ἀρχιδιακόνῳ Ὀστροβείας.

261. Ἐρβούρδᾳ τῷ λαμπροτάτῳ.

---

1) ˏζρζ' cod. H.

262. Τῷ οἰκουμενικῷ πατριάρχῃ κῦρ Ματθαίῳ.—Ἐν Αἰγύπτῳ· κδ' Ὀκτωβρίου, ζρή.

263. Διονυσίῳ Ἡρακλείας.— ζρή'.

264. Ἀρσενίῳ καθηγουμένῳ τῶν Ἀπεζωνῶν σὺν τοῖς λοιποῖς.— ζρή.

265. Ἰερεμίᾳ ἱερομονάχῳ τῷ εὐδαίμονι.

266. Μελετίῳ ἱερομονάχῳ τῷ Βλαστῷ.—Ἐν Αἰγύπτῳ· ζρή.

267. Νικηφόρῳ ἱερομονάχῳ τῷ Ῥόδῳ.

268. Τοῖς ἁπανταχοῦ ὀρθοδόξοις καὶ εὐσεβέσι χριστιανοῖς τοῖς τε τοῦ ἱεροῦ καταλόγου καὶ τῆς κοσμικῆς τάξεως, τοῖς ἐν κυρίῳ περιποθήτοις.—Ἐν Αἰγύπτῳ· ζρή.

269. Κρησί. Ἰωάννῃ, Φιλήμονι καὶ Σταυρακίῳ σὺν τοῖς λοιποῖς ἀδελφοῖς καὶ συγγενέσιν ἅπασι, τοῖς ἱερωτάτοις καὶ περιποθήτοις ἐν κυρίῳ υἱέσι τῆς ἡμῶν μετριότητος.—Ἐν Αἰγύπτῳ· ς' ἱσταμένου Ἀνθεστηριῶνος· ζρή.

270. Τοῖς κατὰ πᾶσαν τὴν γαληνοτάτην ἀρχὴν τῶν ὑψηλοτάτων Πολώνων εὑρισκομένοις ὀρθοδόξοις χριστιανοῖς τοῖς τε τοῦ ἱεροῦ καταλόγου καὶ τῆς κοσμικῆς τάξεως ἄρχουσί τε μεγαλοπρεπεστάτοις καὶ ἀρχομένοις καὶ ἁπαξάπαντι τῷ χριστωνύμῳ πληρώματι, ἐν Χριστῷ Ἰησοῦ περιποθήτοις.—Ἐν Αἰγύπτῳ· ͵αχα' νῦν, ὅτε δὲ ἐγράφη ͵αφϟθ', κβ' Ἀνθεστηριῶνος.

271. Στεφάνῳ τῷ Σιζανίῳ.—Ἐν Αἰγύπτῳ· ͵αφϟθ', κβ' Ἀνθεστηριῶνος.

272. Τοῖς κατὰ τὴν ὀρθοδοξοτάτην καὶ θεοφρούρητον πόλιν Κυδωνίαν θεοφιλέσι χριστιανοῖς τοῖς τε τοῦ ἱεροῦ καταλόγου καὶ τῆς κοσμικῆς τάξεως ἄρχουσί τε εὐγενεστάτοις καὶ πολίταις τιμιωτάτοις σὺν παντὶ τῷ χριστωνύμῳ πληρώματι, υἱοῖς ἐν κυρίῳ περιποθήτοις.— Ἐν Αἰγύπτῳ· λ' Νοεμβρίου, ζρή.

273. Τῷ ἐν διδασκάλοις λογιωτάτῳ Γεωργίῳ τῷ Μαραφαρᾷ, υἱῷ ἐν κυρίῳ περιποθήτῳ.

274. Ἰωάννῃ Μουσούρῳ σὺν τοῖς περὶ αὐτοῦ.—Ἐν Αἰγύπτῳ· ὀγδόῃ ἐπὶ δεκάτῃ Ποσειδεῶνος, ζρή.

275. Γεδεὼν ἐπισκόπῳ Λεοντοπόλεως. — Ἐν Αἰγύπτῳ· ιθ' Νοεμβρίου.

276. Τοῖς εὐσεβέσι καὶ ὀρθοδόξοις ἀδελφοῖς τοῖς ἐν Βυλίνῃ τῆς Λιτουανίας ἁπαξάπασι τοῖς τε τοῦ ἱεροῦ καταλόγου καὶ τῆς κοσμικῆς εὐταξίας τὴν ἱερὰν ἀδελφότητα συγκροτοῦσι τὴν τῆς ὀρθοδοξίας ὑπέρμαχον, υἱοῖς ἐν Χριστῷ Ἰησοῦ περιποθήτοις.—Ἐν Αἰγύπτῳ· ͵αφϟθ', Δεκεμβρίου κδ'.

277. Λεοντίῳ μοναχῷ.—Ἐν Αἰγύπτῳ· ͵αχ' ἔτει σωτηρίῳ, κδ' Μαΐου.

278. Ἁρμάκῃ ἱερεῖ.—Ἐν Αἰγύπτῳ· ͵ζρζ', Ἰουνίου ιγ'.

279. Παϊσίῳ Ῥόδου.—Ἐν Αἰγύπτῳ· ͵αχ'.

280. Στεφάνῳ Χίῳ καὶ τοῖς σὺν αὐτῷ.—Ἐν Ἀλεξανδρείᾳ· ͵αχ', ιβ' Αὐγούστου.

281. Γεωργίῳ ἄρχοντι τῷ Βλάχῳ.—Ἐν Ἀλεξανδρείᾳ· ͵ζρη', ιε' Αὐγούστου.

282. Ἔνδοσις πατριαρχική.—Ἐν Ἀλεξανδρείᾳ· ͵ζρη'.

283. Ἑτέρα ἔνδοσις.—Ἐν Ἀλεξανδρείᾳ· ͵αχ'.

284. Τοῖς ἐν Χίῳ τῇ θεοφρουρήτῳ εὑρισκομένοις ὀρθοδόξοις τῷ τε ἱερωτάτῳ μητροπολίτῃ μετὰ τῶν εὐλαβεστάτων κληρικῶν καὶ ἱερέων καὶ τοῖς εὐγενεστάτοις ἄρχουσι καὶ σοφοῖς μετὰ τοῦ χριστωνύμου πληρώματος.—Ἐν Ἀλεξανδρείᾳ· ἡ φθίνοντος Βοηδρομιῶνος, ͵ζρη'.

285. Μιχαὴλ τῷ Σάμῃ.—͵ζρη'.

286. Διογένει τῷ ῥήτορι.

287. Ἀθανασίῳ καθηγουμένῳ τοῦ Γδερνέτου.—͵ζρθ'.

288. Οἱ ἐν τῇ θεοφυλάκτῳ πόλει Ῥηθύμνῃ καὶ πάσῃ τῇ περιχώρῳ εὑρισκόμενοι χριστιανοί, ἱερεῖς τε καὶ λαϊκοί, ἄνδρες τε καὶ γυναῖκες, πρεσβύτεροί τε καὶ νεανίσκοι, εἰσὶ τῆς ἡμῶν μετριότητος ἐν κυρίῳ ἀγαπητοί, χάρις εἴη ὑμῖν.

289. Τοῖς ἐν Πάτμῳ.

290. Τῷ μεγάλῳ ῥήτορι τῆς μεγάλης ἐκκλησίας.

291. Τοῖς ἁπανταχοῦ.

292. Τοῖς ἐν Καστελλορούζῳ.

293. Κρησί. Comm.: Τιμιώτατα τέκνα, ὅ τε κῦρ Δημήτριος Ταχνῆς καὶ κῦρ Φίλιππος ὁ Ταβερύνας καὶ κῦρ Γεώργιος Ῥαγούζιος, ἐν κυρίῳ ἀγαπητά.

294. Εὐσταθίῳ ἱερεῖ τῷ ψηφιστῇ καὶ τῷ Γεωργίῳ Στουρίᾳ.— ζρθ'.

295. Θωμᾷ Ῥεσνέρῳ Πολώνῳ.— ζρθ'.

296. Διονυσίῳ Ἡρακλείας.— Ἐν Ἀλεξανδρείᾳ· ζρθ'.

297. Γαβριὴλ Φιλαδελφείας.— ζρθ'.

298. Κωνσταντίνῳ ἱερεῖ σὺν τοῖς προσγενέσι καὶ φίλοις.— ζρθ'

299. Ματθαίῳ τῷ Χαλκεοπούλῳ.— ζρθ'.

300. Παϊσίῳ μητροπολίτῃ Ῥόδου.— ζρθ'.

301. Τῷ αὐτῷ.

302. Ἰωακεὶμ πατριάρχῃ Ἀντιοχείας.

303. Γεωργίῳ τῷ Μουρμούρῃ. Comm.: Πρεσβεύσασι πρὸς ἡμᾶς τοῖς ὁσιωτάτοις πατράσι τοῦ εὐαγοῦς μοναστηρίου τῆς ἐν Γδερνέτῳ παναγίας καὶ δεσποίνης ἡμῶν θεοτόκου καὶ ἀειπαρθένου Μαρίας ἀπεκρινάμεθα διὰ τοῦ αὐτοῦ πρέσβεως.

304. Τοῖς ἐν Γδερνέτῳ τῷ εὐαγεῖ μοναστηρίῳ συνασκουμένοις ὁσιωτάτοις πατράσι τῷ τε πανοσιωτάτῳ καθηγουμένῳ σὺν τῷ συνέδρῳ καὶ τοῖς ὁσιωτάτοις ἱερομονάχοις γέρουσί τε τῆς συνάξεως οἰκονόμῳ τε καὶ τοῖς λοιποῖς ἀδελφοῖς, υἱοῖς τῆς ἡμῶν μετριότητος ἐν κυρίῳ.

305. Ἱερεμίᾳ ἱερομονάχῳ τῷ Τζαγγαρέλλῳ.

306. Ἀλεξάνδρῳ ἡγεμόνι Ὀστροβείας.— ζρθ'.

307. Τοῖς ἀπανταχοῦ εὑρισκομένοις εὐσεβεστάτοις χριστιανοῖς, ἐκλαμπροτάτοις ἄρχουσι καὶ ἡγεμόσιν ἐπιεικεστάτοις τε λαοῖς καὶ ἀπαξάπαντι τῷ χριστωνύμῳ πληρώματι, τοῖς ἐν ἁγίῳ πνεύματι ἀγαπητοῖς καὶ περιποθήτοις υἱοῖς τῆς ἡμῶν μετριότητος.

308. Τῷ Κύπρου ἀρχιεπισκόπῳ.

309. Τοῖς ἐν Ῥωσίᾳ τῇ μικρᾷ. Comm.: Τῷ ἐκλαμπροτάτῳ ἡγεμόνι Κορέτζικι Εὐθυμίῳ βοΐβόδα Μπρεσλαύσκι, ἐν πνεύματι ἁγίῳ χαίρειν προσφθεγγόμεθα.— ζρθ' (trad. par Malychevsky, II, p. 95—96).

310. Ἰωάννῃ κνέζῃ Σολομοιρέτζικῃ (trad. par Malychevsky, II, p. 97).

311. Κνέζῃ Γιάσκῳ Τζερτεβερτίνσκι (trad. par Malychevsky, II, p. 97—98).

312. Θεοδώρῳ Σκούμη βοϊβόδα Νοβιγχορόσκι.— ζρθ' (trad. par Malychevsky, II, p. 98—99).

313. Μιχαὴλ Οὐλεβίτζικι (trad. par Malychevsky, II, p. 99—100).

314. Τοῖς μεγαλοπρεπεστάτοις ἄρχουσι Ἀνδρέᾳ καὶ Ἀλεξάνδρῳ Ζακοροβάσκιε, τοῖς ὀρθοδοξοτάτοις καὶ ἐν κυρίῳ περιποθήτοις υἱέσι (trad. par Malychevsky, II, p. 100—101).

315. Πάνη Χόσκᾳ Θεοδωροβαγίᾳ.—Ἐν Αἰγύπτῳ· ζρθ' (trad. par Malychevsky, II, p. 101).

316. Βουλετζέμσκι Στοβολίνη (trad. par Malychevsky, II, p. 102).

317. Σιλβέστρῳ τῷ παναγιωτάτῳ καὶ μακαριωτάτῳ πάππᾳ καὶ πατριάρχῃ τῆς μεγαλοπόλεως Ἀλεξανδρείας καὶ κριτῇ τῆς οἰκουμένης, δεσπότῃ καὶ ἰδίῳ πατρὶ ἐν κυρίῳ θειοτάτῳ, ὑπακοὴν ὁ Μελέτιος.—Ἐν Αἰγύπτῳ· ε' ἱσταμένου Ἀνθεστηριῶνος, ͵αφπε'.

318. Θεοδώρῳ τῷ εὐσεβεστάτῳ καὶ ὀρθοδοξοτάτῳ Μοσκόβου βασιλεῖ καὶ αὐτοκράτορι πάσης Ῥωσίας καὶ ὑπερβορείων μερῶν, νικητῇ τροπαιούχῳ, ἀεὶ αὐγούστῳ, κράτος ἀμάραντον παρὰ Χριστοῦ θεοῦ σωτῆρος Μελέτιος μέγας πρωτοσύγκελλος καὶ ἀρχιμανδρίτης Ἀλεξανδρείας.—Σκιροφοριῶνος ι', ἔτει σωτηρίῳ ͵αφπγ'· ἐξ Αἰγύπτου (éd. p. 114—115; trad. par Malychevsky, II, p. 1—2).

III. Manuscrit de Mr. Sakkelion.

1. p. 1. Σιλβέστρῳ τῷ μακαριωτάτῳ καὶ παναγιωτάτῳ μου δεσπότῃ, πάππᾳ καὶ πατριάρχῃ τῆς μεγάλης πόλεως Ἀλεξανδρείας, Λ[ιβύης], Αἰθ[ιοπίας] καὶ πάσης Αἰγύπτου καὶ κριτῇ τῆς οἰκουμένης, Μελέτιος ὁ μοναχὸς πᾶσαν ἐν κυρίῳ ὑπακοήν.

2. p. 1—2. Τῷ αὐτῷ (épigramme).

3. p. 2. Τῷ αὐτῷ (lettre).

4. p. 2—3. Épigramme.

5. p. 3. Épigramme.

6. p. 3. Épigramme.

7. p. 4. Épigramme.

8. p. 4. Ad Aloisium Lolinum (épigramme).

9. p. 4—5. Τῷ αὐτῷ (lettre en latin).

10. p. 5. Τῷ αὐτῷ (lettre en italien).

11. p. 5—6. Τῷ αὐτῷ (lettre en italien).

12. p. 6. Τῷ αὐτῷ (épigramme).

13. p. 7. Épigramme en latin.

14. p. 7. Épigramme en grec.

15. p. 8. Τῷ ἱεροδιακόνῳ Ν.

16. p. 8. Τῷ αὐτῷ.—'Εξ Ἱερουσαλήμ· ιγ´ Μαΐου.

17. p. 8—9. Al ... r[everen]do p[ad]re frà Geremia da .. guardino di Terra santa.

18. p. 9. Épigramme en latin.

19. p. 9. Comm.: Ὁσιώτατοι πατέρες ἐν κυρίῳ τιμιώτατοι.— Fin Ἔρρωσθε.

20. p. 10. Épigramme.

21. p. 10. Épigramme.

22. p. 10. Épigramme.

23. p. 11. Vers italiens à Richard ....

24. p. 11—13. Μελέτιος ἱερομόναχος τῷ ὁσιωτάτῳ ἐν πνευματικοῖς κῦρ Παϊσίῳ τῷ Σιναΐτῃ.—Ἐξ Ἱερουσαλήμ· τῇ δ´ τοῦ Ὀκτωβρίου, ͵αφοε´.

25. p. 13. Ad cl[arissimu]m Ioannem Gisieri proconsulem Alexandriae ill[ustrissimi] regni Francorum.

26. p. 14. Épigramme en latin.

27. p. 15 Épigramme en italien.

28. p. 16. Τῷ πανοσιωτάτῳ πρεσβυτέρῳ Παϊσίῳ τῷ Σιναΐτῃ, Μελέτιος ὁ συμπρεσβύτερος καὶ πρωτοσύγκελλος Ἀλεξανδρείας.—Ἀπὸ Ἀλεξανδρείας· ιδ´ Σκιροφοριῶνος φθίνοντος, ἔτει σωτηρίῳ ͵αφπ´.

29. p. 17—19. Τῷ δεσπότῃ μου τῷ μακαριωτάτῳ πᾶσαν ἐν κυρίῳ ὑπακοὴν ὁ Μελέτιος. — Ἀπὸ Ἀλεξάνδρου· δεκάτῃ ἱσταμένου Ἑκατοβαιῶνος, ͵αφπ´.

30. p. 20—21. Εὐγενίῳ τῷ θεοφιλεστάτῳ ἐπισκόπῳ Σινὰ καὶ Ῥαϊθοῦ.—Ἑκατομβαιῶνος ια´, ͵αφπή.

31. p. 22—24. Τῷ αὐτῷ.

32. p. 25. Τῷ πατριάρχῃ Ἀλεξανδρείας.—Ἀπὸ Ἀλεξανδρείας· Ὀκτωβρίου ιε΄, ζπθ΄.

33. p. 26—28. Τῷ ὁσιωτάτῳ ἐν μοναχοῖς καὶ τιμιωτάτῳ κῦρ Νικηφόρῳ.—Ἀπὸ Ἀλεξανδρείας· εἰκάδι Πυανεψιῶνος, ἔτει σωτηρίῳ αφπ΄.

34. p. 29—30. Τῷ παναγιωτάτῳ μητροπολίτῃ Θεσσαλονίκης, πατρὶ ἐν κυρίῳ ὑπερτιμοτάτῳ.—Ἀπὸ Ἀλεξανδρείας· Πυανεψιῶνος γ΄ ἐπὶ εἰκάδι, ζπθ΄. Μελέτιος ἱερομόναχος καὶ πρωτοσύγκελλος Ἀλεξανδρείας.

35. p. 31—34. Μαξίμῳ τῷ Μαργουνίῳ τῷ σοφωτάτῳ καὶ λογιωτάτῳ καὶ πανοσιωτάτῳ καθηγουμένῳ τῆς μονῆς τοῦ Μεγάλου Ἀντωνίου τῶν Σαβατιανῶν. — Ἀπὸ Ἀλεξανδρείας· Ἀνθεστηριῶνος πρώτῃ, ζπθ΄.

36. p. 35—39. Τῷ αὐτῷ.

37. p. 39. Al cl[arissi]mo signior Paolo Mariagni dig[nissi]mo cons[ole] di Franzesi in Egitto (épigramme).

38. p. 43—44. Τοῖς πανοσιωτάτοις ἀδελφοῖς τῆς βασιλικῆς Λαύρας τοῦ ὁσίου καὶ θεοφόρου πατρὸς ἡμῶν Σάββα τοῦ ἡγιασμένου ἐν ἐρήμῳ τῆς Παλαιστίνης συνα[σκουμένοις].

39. p. 44. Τῷ ὁσιωτάτῳ ἐν πνευματικοῖς παπᾷ κῦρ Νήφῳ τῷ Σαβαΐτῃ (fragment).

40. p. 45—46. Σολομῶνι τῷ Σουεΐκὴρ [σιωπικῷ] καὶ πάσῃ τῇ συνοδίᾳ τοῖς ἀπὸ Γερμανίας εὐγενεστάτοις καὶ τιμιωτάτοις ἐν κυρίῳ τε παμφιλτάτοις παρὰ κυρίου εὖ πράττειν· Μελέτιος ἐλάχιστος ἱερομόναχος καὶ πρωτοσύγ[κελλος Ἀλεξανδρείας]. — Ἀπὸ Ἀλεξανδρείας· Μουνυχιῶνος ἑβδόμῃ ἐπὶ εἰκάδι, ἔτει σωτηρίῳ αφπα΄.

41. p. 47—49. Θεοδοσίῳ τῷ Ζυγομαλᾷ τῷ τιμιωτάτῳ καὶ λογιωτάτῳ.—Ἀπὸ Ἀλεξανδρείας· πρώτῃ ἐπὶ εἰκάδι Θαργηλιῶνος, ἔτει κοσμοσωτηρίῳ αφπα΄.

42. p. 49—50. Συμεῶνι τῷ ἱερομονάχῳ.—Ἀπὸ Ἀλεξανδρείας· Θαργηλιῶνος.

43. p. 51—54. Τῷ δεσπότῃ μου τῷ παναγιωτάτῳ καὶ μακαριωτάτῳ πᾶσαν ἐν κυρίῳ ὑπακοὴν ὁ Μελέτιος.— Ἀπὸ Ἀλεξανδρείας· μηνὸς δευτέρου ὀγδόῃ ἐν εἰκάδι φθίνοντος, ἔτους ἀπὸ σωτηρίας αφπα΄ (éd. Sakkelion, l. c., p. 37).

44. p. 55. Ἀθανασίῳ ἱερομονάχῳ τῷ Σιναΐτῃ.—Σκιροφοριῶνος ςʹ ἐπ' εἰκάδι φθίνοντος.

45. p. 56. Τῷ εὐλαβεστάτῳ ἐν ἱερεῦσι κῦρ Ἰωάννῃ τῷ υἱῷ Μιχαήλ. — Ἀπὸ Ἀλεξανδρείας· Ἰουνίῳ λʹ, ἔτους ἀπὸ σωτηρίας ͵αφπαʹ. Εἰς Καστέλλο Ῥοῦντζο.

46. p. 57. Τῷ πανιερωτάτῳ Ῥόδου προέδρῳ Νικάνδρῳ τῷ ὑπερτίμῳ καὶ ἐξάρχῳ τῶν Κυκλάδων νήσων.—Ἀπὸ Ἀλεξανδρείας· Ἰουνίῳ λʹ, ἔτους ͵αφπαʹ.

47. p. 58. Τῷ εὐλαβεστάτῳ ἐν ἱερεῦσιν Ἐμμανουὴλ καὶ Ἀντωνίῳ τῷ ἀναγνώστῃ τοῖς ἐν κυρίῳ τιμιωτάτοις. — Ἀπὸ Ἀλεξανδρείας εἰς Ῥόδον· γʹ Ἑκατομβαιῶνος ἱσταμένου, ἔτει σωτηρίῳ ͵αφπαʹ.

48. p. 59—66. Θεοδώρῳ τῷ Βεζῇ τῷ σοφωτάτῳ καὶ τιμιωτάτῳ τῆς ἐν Γενέβρᾳ ἐκκλησίας οἰκονόμῳ.—Ἀπὸ Ἀλεξάνδρου τῆς κατ' Αἴγυπτον· Ἑκατομβαιῶνος ἐννεακαιδεκάτῃ ἱσταμένου, ἔτει σωτηρίας ͵αφπαʹ. Ἐλάχιστος ἐν ἱερομονάχοις καὶ πνευματικοῖς Μελέτιος.

49. p. 67—68. Meletius Franc[isco] Porto gravissimo ac praestantissimo graecaeque linguae [clarissi]mo professori Genevae salutem a Deo [opti]mo maximo.—Alexandriae, 3 Kalend. August., anno a Christo nato 1581.

50. p. 71—72. Μαργαρίτῃ τῇ ὑψηλοτάτῃ Αὐγούστῃ τῇ βασιλίσσῃ Ναβάρας.

51. p. 73. Μελέτιος Ἀθανασίῳ συμπρεσβυτέρῳ τῷ Σιναΐτῃ.

52. p. 74. Μελέτιος Παϊσίῳ τῷ Ζακυνθίῳ τῷ Σιναΐτῃ. — Ἀπὸ Ἀλεξανδρείας· Πυανεψιῶνος ὀκτωκαιδεκάτῃ, ἔτει σωτηρίῳ ͵αφπαʹ.

53. p. 75. Μαξίμῳ τῷ σοφωτάτῳ Μαργουνίῳ.—Ἀπὸ Ἀλεξανδρείας· Πυανεψιῶνος ιηʹ ἱσταμένου.

54. p. 76. Τῷ αὐτῷ.—Γαμηλιῶνος βʹ ἐπὶ δέκα, ͵αφπαʹ.

55. p. 77—79. Daniel Ferulano [clarissi]mo medico Meletius.—Alexandriae, Idis Martiis annus salutis 1582.

56. p. 80—82. Meletius protosingelus Alexandriae Cretensis Salomoni Sveicher Sultsensi Wirtembergensi Germano pacem ac salutem a Deo op[ti]mo maximo.

57. p. 83—84. Μελέτιος ὁ Κρὴς πρωτοσύγκελλος Ἀλεξανδρείας Δαβὶδ Χυτραίῳ τῷ τῆς ἐν Ῥοστοχίᾳ Ἀκαδημίας ἀρχηγῷ τῷ σοφω-

τάτῳ καὶ λογιωτάτῳ.—Ἀπὸ Ἀλεξανδρείας τῆς μεγάλης· Μουνυχιῶνος τετάρτη φθίνοντος, ἔτει σωτηρίῳ ͵αφπβ'.

58. p. 85—86. Ἱερεμίᾳ τῷ ἁγιωτάτῳ καὶ μακαριωτάτῳ ἀρχιεπισκόπῳ Κωνσταντινουπόλεως καὶ οἰκουμενικῷ πατριάρχῃ, δεσπότῃ καὶ πατρὶ ἐν κυρίῳ θειοτάτῳ.—Ἀπὸ Ἀλεξανδρείας τῆς μεγάλης· Μουνυχιῶνος δ' φθίνοντος, ἔτει σωτηρίῳ ͵αφπβ'. Ἐλάχιστος ἐν ἱερομονάχοις καὶ πνευματικοῖς Μελέτιος πρωτοσύγκελλος Ἀλεξανδρείας ὁ Κρής (éd. Sakkelion, l. c., p. 40).

59. p. 87—88. Γεωργίῳ Γαβρᾷ τῷ σοφωτάτῳ καὶ λογιωτάτῳ τῆς μεγάλης ἐκκλησίας μεγάλῳ σκευοφύλακι, ἐν κυρίῳ ὑπερτιμοτάτῳ.—Ἀπὸ Κωνσταντινουπόλεως· Μεταγειτνιῶνος ὀγδόη φθίνοντος, ἔτει σωτηρίῳ ͵αφπζ'. Ὁ Μελέτιος.

60. p. 88—89. Νικολάῳ Ἀλβινόλτ τῷ Γερμανῷ, σοφωτάτῳ ἀνδρὶ καὶ λογιωτάτῳ.—Ἀπὸ Κωνσταντινουπόλεως· ς' φθίνοντος Μεταγειτνιῶνος, ἔτει σωτηρίῳ ͵αφπζ'.

61. p. 101—102. Τῷ αἰδεσιμωτάτῳ καρδινάλῃ Σανσεβερήνῳ.

62. p. 105. Fran[cis]co de Silberbechi Germano sa[lutem] a Deo optimo maximo.—E magno Caero, 6 Kal. August., anno S. 1582.

63. p. 106—107. Φιλοθέῳ τῷ θεοφιλεστάτῳ ἡγουμένῳ τῶν Ἀπεζόνων παρὰ θεοῦ παντοκράτορος.

64. p. 108. Μελετίου θρῆνος (20 vers).

65. p. 109. Ἱερεμίᾳ τῷ παναγιωτάτῳ ἀρχιεπισκόπῳ Κωνσταντινουπόλεως Νέας Ῥώμης καὶ οἰκουμενικῷ πατριάρχῃ, δεσπότῃ καὶ πατρὶ θείῳ, πᾶσαν ἐν κυρίῳ ὑπακοήν.—Μαιμακτηριῶνος δ' ἐν εἰκάδι φθίνοντος, ἔτει σωτηρίῳ ͵αφπβ' (éd. Sakkelion, l. c., p. 41—42).

66. p. 110. Εὐγενίῳ τῷ θεοφιλεστάτῳ ἐπισκόπῳ Σινᾶ καὶ Ῥαϊθοῦ.—Ἐξ Αἰγύπτου· Μεταγειτνιῶνος ι' ἱσταμένου, ἔτει σωτηρίῳ ͵αφπβ'.

67. p. 111—114. Παϊσίῳ τῷ ὁσιωτάτῳ ἐν ἱερομονάχοις, σὺν τοῖς λοιποῖς πατράσι τοῖς Σιναΐταις τοῖς τιμιωτάτοις, εἰρήνην καὶ ἔλεος παρὰ κυρίου· Μελέτιος Παύλου πρωτοσύγκελλος καὶ ἐπίτροπος τοῦ μακαριωτάτου Ἀλεξανδρείας.

68. p. 115. Εἰς ἑαυτόν (épigramme).

69. p. 115. Συμεῶνι τῷ ἱεροδιακόνῳ τῷ τιμιωτάτῳ.—Πυανεψιῶνος τρίτῃ φθίνοντος, ͵αφπβ'.

70. p. 116—117. Ἱερεμίᾳ τῷ παναγιωτάτῳ ἀρχιεπισκόπῳ Κωνσταντινουπόλεως Νέας Ῥώμης καὶ οἰκουμενικῷ πατριάρχῃ, πατρὶ καὶ δεσπότῃ θειοτάτῳ. — Ἐλαφηβολιῶνος ἐσχάτῃ, σωτηρίῳ ἔτει ͵αφπβ' (éd. par Sakkelion, l. c., p. 43—45).

71. p. 118. Συμεῶνι τῷ ἱεροδιακόνῳ τῷ λογιωτάτῳ καὶ τιμιωτάτῳ (sans fin).

72. p. 119—120. Γαβριὴλ τῷ πανιερωτάτῳ Φιλαδελφείας ἐν κυρίῳ πανυπερτίμῳ.

73. p. 121—122. Σιλβέστρῳ τῷ μακαριωτάτῳ πατρὶ καὶ δεσπότῃ.—Βοηδρομιῶνος τρίτῃ ἐπὶ δέκα, ͵αφπγ' ἔτει σωτηρίῳ.

74. p. 122—124. Ἱερεμίᾳ τῷ παναγιωτάτῳ ἀρχιεπισκόπῳ Κωνσταντινουπόλεως καὶ οἰκουμενικῷ πατριάρχῃ, πατρὶ καὶ δεσπότῃ θειοτάτῳ.—Βοηδρομιῶνος τρίτῃ ἐπὶ δέκα, ἔτει σωτηρίῳ ͵αφπγ'. Δοῦλος καὶ υἱὸς ἐν κυρίῳ ἐλάχιστος ἐν πνευματικοῖς Μελέτιος πρωτοσύγκελλος Ἀλεξανδρείας (éd. Sakkelion, l. c., p. 45—47).

75. p. 125. Ἐπίγραμμα ἐπιτάφιον εἰς τὸν ἐμὸν πατέρα.

76. p. 126. Γαβριὴλ τῷ πανιερωτάτῳ μητροπολίτῃ Φιλαδελφείας.—Ἐξ Αἰγύπτου· Σκιροφοριῶνος γ', ἔτει σωτηρίῳ ͵αφπγ'.

77. p. 127—132. Μαρτίνῳ τῷ Κρουσίῳ τῆς ἐν Τυβίγγῃ τῆς Γερμανίας ἀκαδημίας γλώσσης ἑκατέρας διδασκάλῳ τιμιωτάτῳ.

78. p. 133—137. Τῷ σοφωτάτῳ Μαργουνίῳ.—Ἐξ Αἰγύπτου· Πυανεψιῶνος ἐσχάτῃ, ͵αφπγ'.

79. p. 138. Γαβριὴλ τῷ πανιερωτάτῳ Φιλαδελφείας.—Ἐλαφηβολιῶνος ἕκτῃ ἱσταμένου, ἔτει σωτηρίῳ ͵αφπδ'.

80. p. 138—141. Ἱερεμίᾳ τῷ παναγιωτάτῳ ἀρχιεπισκόπῳ Κωνσταντινουπόλεως Νέας Ῥώμης καὶ οἰκουμενικῷ πατριάρχῃ.— Ἐξ Αἰγύπτου· Βοηδρομιῶνος α' ἐπὶ δέκα, ἔτει κοσμογονίας ζϟβ' (éd. Sakkelion, l. c., p. 47—49).

81. p. 141—142. Μήχνᾳ τῷ μεγαλοπρεπεστάτῳ αὐθέντῃ καὶ κρατίστῳ βοϊβόδᾳ ἐν κυρίῳ πανυπερτιμοτάτῳ.—Βοηδρομιῶνος ια', ἔτει ζϟβ'.

82. p. 142—144. Iulio Antonio S. Severinae presbytero cardinali ill[ustrissim]o ac r[everendissi]mo salutem a Christo Iesu Deo servatore.

83. p. 145—146. Τῷ ὁσιωτάτῳ ἐν ἱερομονάχοις καὶ πνευματικοῖς πατράσι παπᾷ κῦρ Διονυσίῳ τῆς ἁγίας Χρυσοπηγῆς. — Μαιμακτηριῶνος τρίτη ἐπὶ δέκα, ͵αφπβ΄.

84. p. 146—151. Σιλβέστρῳ τῷ παναγιωτάτῳ Ἀλεξανδρείας.— Ἐξ Αἰγύπτου· Μαιμακτηριῶνος τρίτη ἐπὶ δέκα, ἔτει σωτηρίῳ ͵αφπδ΄.

85. p. 151. Τῷ ὁσιωτάτῳ ἐν ἱερομονάχοις καὶ πνευματικοῖς Παϊσίῳ τῷ Ζακυνθίῳ ἀπὸ Κωνσταντινουπόλεως ἥκοντι ἐν καιρῷ τῶν τοῦ Νείλου ἀναβάσεων ἑξάστιχον.

86. p. 151. Τῷ αὐτῷ.

87. p. 152—155. Τῷ αὐτῷ.—Μεταγειτνιῶνος ἑβδόμη ἐπὶ δέκα.

88. p. 156—162. Ἰωάννῃ τῷ Γράσσῳ τῷ τιμιωτάτῳ ἐν πρεσβυτέροις καὶ παμφιλτάτῳ.—Ἐξ Αἰγύπτου· Μαιμακτηριῶνος ἐννέα ἐπὶ δέκα, ͵αφπδ΄.

89. p. 163. Épigramme.

90. p. 164. Épigramme.

91. p. 165. Épigramme en latin.

92. p. 166—168. Al molto re[veren]do padre Don Francesco Sasso magistro in teologia et Don Giovane Batista Eliano.

93. p. 169—171. R[everendissi]mo Ioanni Paolo Caimo praestantissimo ill[ustrissi]mi cardinalis Severinae oeconomo salutem a Domino Iesu Deo servatore.—Ex Aegypto, anno salutis MDLXXXIIII, postridie Calendas quatuor.

94. p. 172. Τῷ σοφῷ καὶ τιμιωτάτῳ ἐν πνευματικοῖς Παϊσίῳ τῷ Ζακυνθίῳ τῷ Σιναΐτῃ.— Ποσειδεῶνος ὀγδόῃ ἐπὶ δέκα, ͵αφπδ΄.

95. p. 173—175. A mons[ignior] l'ill[ustrissi]mo et r[everendissi]mo Iulio Antonio cardinale di S. Severina ill[ustrissi]mo et r[everendissi]mo signior in [Cristo] Iesu [Dio salvatore].

96. p. 249. Μελέτιος ἐλέῳ Θεοῦ πάππας καὶ πατριάρχης Λαυρεντίῳ ἱερομονάχῳ ἡγουμένῳ Μαρίνῳ. — Ἐν Κωνσταντινουπόλει· ͵αφϟγ΄, δ΄ Μαΐου (= Ms. P 36).

97. p. 249. Τῷ πανιερωτάτῳ Φιλαδελφείας Γαβριήλ. — Ἐν Κωνσταντινουπόλει· ͵αφϟγ΄ (= Ms. P 37).

98. p. 252—253. Τῷ Θεοδώρῳ βασιλεῖ Μοσκόβου.— ͵αφϟγ΄ ἐν Κωνσταντινουπόλει (= Ms. P 31).

99. p. 254—255. Εἰρήνῃ τῇ βασιλίσσῃ Μοσκόβου.—Ἐν Κωνσταντινουπόλει· κθ' Ἀπριλίου, ͵αφϟγ' (= Ms. P 34).

100. p. 255—256. Νικηφόρῳ.— ͵αφϟγ' (= Ms. P 35).

101. p. 256—258. Ἰὼβ πατριάρχῃ Μοσκόβου καὶ πάσης Ῥωσίας καὶ τῶν ὑπερβορείων μερῶν.—Ἐν Κωνσταντινουπόλει· ἔτει σωτηρίῳ ͵αφϟγ' (= Ms. P 30).

102. p. 258—262. Τοῖς κατὰ τὴν λαμπροτάτην Μησῆναν εὑρισκομένοις χριστιανοῖς ὀρθοδόξοις ἱερεῦσί τε καὶ λαϊκοῖς σὺν γυναιξὶ καὶ τέκνοις, υἱοῖς κατὰ πνεῦμα ἀγαπητοῖς τῆς ἡμῶν μετριότητος.— Ἰουλίου ιζ', ͵αφϟβ' (= Ms. P 21).

103. p. 262—264. Θεοδώρῳ τῷ εὐσεβεστάτῳ καὶ ὀρθοδοξοτάτῳ βασιλεῖ Μοσκόβου καὶ αὐτοκράτορι πάσης Ῥωσίας, νικητῇ τροπαιούχῳ, ἀεὶ αὐγούστῳ, υἱῷ καὶ δεσπότῃ ποθεινοτάτῳ ἐν κυρίῳ.— Ἐν Αἰγύπτῳ· ͵ζρβ' κοσμογονίας, Σεπτεμβρίου ιβ' (= Ms. P 22).

104. p. 264—267. Τῷ αὐτῷ.— ͵αφϟβ' (= Ms. P 23).

105. p. 267—271. Τοῖς κατὰ Πολωνίαν εὑρισκομένοις ὀρθοδόξοις τῆς ἐν Λεοντοπόλει ἀδελφότητος σὺν τοῖς λοιποῖς ὀρθοδόξοις ἀδελφοῖς, ἐν κυρίῳ υἱοῖς ἀγαπητοῖς τῆς ἡμῶν μετριότητος.—Ἐν Αἰγύπτῳ· ἡ Μαιμακτηριῶνος, ͵ζρά, σωτηρίῳ ͵αφϟβ' (= Ms. P 24).

106. p. 271. Ἀρσενίῳ μητροπολίτῃ Ἐλασσῶνος καὶ Δημονίκου.—Βοηδρομιῶνος ἡ φθίνοντος· ἐν Αἰγύπτῳ· ͵αφϟβ' (= Ms. P 25).

107. p. 271—272. Τῷ λογοθέτῃ Ῥόδου παπᾷ Γεωργίῳ.—Ἐν Ἀλεξανδρείᾳ· Μαιμακτηριῶνος ς' ἱσταμένου, ͵αφϟβ' (= Ms. P 19).

108. p. 272—273. Ἰγνατίῳ ἱερομονάχῳ.—Ἐν Ἀλεξανδρείᾳ· ͵αφϟβ' (= Ms. P 20).

IV. Manuscrit de Vérone.

1. Ἐμμανουὴλ ὁ Πηγᾶς τῷ ὁσιωτάτῳ ἐν ἱερομονάχοις Γαβριήλῳ τῷ Σεβήρῳ.—Ἐκ Παταβίου· Νοεμβρίου πέμπτῃ φθίνοντος (éd. Lami, Deliciae eruditorum. Gabrielis Severi et aliorum Graecorum recentiorum epistolae. Florentiae 1746, p. 14—15).

2. Τῷ εὐλαβεστάτῳ καὶ σοφωτάτῳ ἐν ἱερομονάχοις κυρίῳ Γαβριήλῳ τῷ Σεβήρῳ πατρὶ ἐν κυρίῳ τιμιωτάτῳ Μελέτιος ὁ μοναχός (éd. Lami, l. c., p. 16—18).

3. Μελέτιος ἐλέῳ θεοῦ πάππας καὶ πατριάρχης μεγάλης πόλεως Ἀλεξανδρείας καὶ ἐπίτροπος τοῦ οἰκουμενικοῦ θρόνου. Comm.: Ἱερώτατε καὶ ἐλλογιμώτατε μητροπολίτα Φιλαδελφείας, ὑπέρτιμε καὶ ἔξαρχε πάσης Λυδίας καὶ ἐπίτροπε καθολικὲ πατριαρχικέ, ἐν ἁγίῳ πνεύματι ἀγαπητὲ ἀδελφὲ καὶ συλλειτουργὲ τῆς ἡμῶν μετριότητος, χάρις εἴη σου τῇ ἱερότητι καὶ ἔλεος ἀπὸ θεοῦ.—Fin: ͺαφϛέ, Ἀπριλίου ά ἱσταμένου. Ὁ εὐτελὴς δοῦλός σου λογοθέτης, ὁ υἱὸς τοῦ μεγάλου λογοθέτου, ὁ πρὸ ὀλίγου γράψας τὸ ἐπιτροπικόν, προσκυνῶ τὴν σὴν ἄκραν ἐλλογιμότητα (éd. Lami, l. c., p. 150—151).

V. Manuscrit de Moscou.

1. A Jéremie patriarche de Constantinople. Comm.: Ἄριστον μὲν ὕδωρ, ἐκεῖνος ἔφη.—1583.

2. A Silvestre patriarche d'Alexandrie. Comm.: Χαλεπαινεῖς μου τῇ παρρησίᾳ.—1585 (= Ms. P 317).

3. Sans titre. Comm.: Ἀντὶ μεγίστων εὐεργετημάτων.—Ἐν Ἀθήναις· ἔτει σωτηρίῳ ͵αχξά (sic), Βοηδρομιῶνος δ᾽.

4. Sans titre. Comm.: Τὸν περὶ τῶν ἀχράντων μυστηρίων.

5. Sans titre. Comm.: Πολλάκις διετέλεσα διστάζων, λαμπρότατε Ἐδουάρτε.

6. Τῷ πανιερωτάτῳ Φιλαδελφείας κῦρ Γαβριήλ. Comm.: Οὔτ᾽ ἀχαριστίας εὖ μὴ δράσαντες (= Ms. P 255).

VI. Archives de la Pologne.

1. Ioanni Dousae Nordouici viro eruditissimo, mediocritatis nostrae filio dilecto. — Constantinopoli, X Kalend. Nouembr., anno mundi 7-mo 9-mo VI-to, salutis MDXCVII (Ed. Georgii Dousae, De itinere Constantinopolitano epist. Lugd. Batav. 1599, p. 112—121. Malychevsky, II, p. 153—158).

2. Γεωργίῳ Δούζῃ Νορδοβίκῳ τῷ Ἰωάννου, υἱῷ ἐν κυρίῳ ἀγαπητῷ.—Ἐν Κωνσταντινουπόλει· Πυανεψιῶνος λα΄, τοῦ ͵ζρζ΄ ἔτους κοσμογονίας (= Ms. P 218. Ed. Georg. Dousae, De itin. Const., p. 122—123. Malychevsky, II, p. 158).

Georgio Dousae Ioannis Nordouici, filio in Domino dilecto.—

Constantinopoli. Pr. Cal. Nouembr., anno mundi 7-mo 9-mo VI-to (éd. Georg. Dousae, De itinere Const., p. 124—125).

3. Sigismundo III invictissimo Poloniae Sueciaeque regi. — In Aegypto, anno salutis MDC (Ed. Regenvolscii, Systema historico-chronologicum ecclesiarum Slavonicarum. Trajecti ad Rhenum 1652, p. 467—469. Philippi Cyprii Chron. eccl. Graecae, ed. Hilarius. Lips. et Francof. 1687. App., f. d—d 3.— Trad. russe par Malychevsky, II, p. 141—144).

4. Simeoni Theophilo Turnovio antistiti in Maj. Pol. Conf. Bohem. Ecclesiarum, in Domino delectissimo. — In Aegypto, 9 Kal. Decembris, anno Salutis MDC (éd. Regenvolscius, l. c., p. 497—498; trad. russe Malychevsky, II, p. 144—145).

5. Magnifico ac eruditissimo viro Bronievio, in Domino dilectissimo. — In Aegypto, 8 Kal. Decembr., anno salutis MDC (éd. Regenvolscius, l. c., p. 498—499; trad. russe Malychevsky, II, p. 145—146).

6. A Ipati Potzeï, évêque de Brest. — En Egypte, le 15 Octobre 7108/1599 (Trad. russe ancienne «Посланіе Мелетія». Острогъ 1599. — Trad. polonaise dans Kazania y Homilie męża Bożego nieśmiertelney sławy, y pamięci Hipacyusza Pocieia Metropolity kiowskiego, halickiego, y caley Rusi, Biskupa Włodzimierskiego y Brzeskiego. Suprasl 1674. 1714. Poczajow 1788.—Trad. russe moderne Malychevsky, II, p. 103—104).

7. A Vassili prince d'Ostrog. — Alexandrie, le 30 Août 1596.(= Ms. P 135. Trad. polonaise dans «Apokrisis» 1597, p. 281—297.—Trad. russes anciennes dans «Апокрисисъ» 1597, p. 47, 1—48, 3; «Книжица»[1]) 1598, f. 64—87 et autres éd.).

8. A Vassili prince d'Ostrog. — Constantinople, le 8 Mars 7102 (= Ms. P 65. Trad. russe ancienne dans «Книжица» 1598, f. 37—42 et autres éd.).

9. A Sylvestre patriarche d'Alexandrie Méletius grand

---

1) La «Книжица» est aussi connue sous le nom «Сборникъ въ 10 отдѣлахъ».

protosyncelle et archimandrite d'Alexandrie (trad. russe ancienne «Книжица» 1598, f. 42—64; nouvelle éd. Malychevsky II, suppl. II, p. 29—43).

10. Aux Russes orthodoxes en Pologne. — Constantinople, le 23 Juillet 7105 (= Ms. P 177. Trad. russe ancienne «Книжица» 1598, f. 87—108 et autres éd.).

11. A Gédéon évêque de Lwow (Lemberg). — Constantinople, le 4 Août 1597 (= Ms. P 178. Trad. russe ancienne «Книжица» 1598, f. 108—119 et autres éd.).

12. A Vassili prince d'Ostrog. — Constantinople, le 4 Avril 7105 (= Ms. P 142. Trad. russe ancienne «Книжица» 1598, f. 119—123 et autres éd.).

13. Aux congrégations orthodoxes en Russie. — Constantinople, le 24 Août 7105 (= Ms. P 203. Trad. russe ancienne «Книжица» 1598, f. 123—126 et autres éd.).

14. A la congrégation orthodoxe de Lwow (Lemberg). — Alexandrie, le 29 Novembre 1589 (= Ms. P 237. Trad. russe dans «Виленскій Археографическій Сборникъ» II, p. 13—14).

15. A la congrégation orthodoxe de Lwow (Lemberg). — En Egypte, le 2 Août 1601 (trad. russe dans «Виленскій Археографическій Сборникъ» II, p. 18—19).

16. Aux habitants orthodoxes de Rogatine. — En Egypte, le 5 Août 1601 (trad. russe dans «Виленскій Археографическій Сборникъ» II, p. 19—20).

ANALECTA
BYZANTINO-RUSSICA.

I.

NARRATIONES DE THEOPHILO IMPERATORE CONSTANTINOPOLITANO ET THEODORA IMPERATRICE SUPER RESTITUTIONE SANCTARUM IMAGINUM.

1.

Vita sanctae Theodorae imperatricis.

+ Τῇ κυριακῇ τῆς ὀρθοδοξίας +

+ Βίος καὶ συνεγκώμιον τῆς μακαρίας καὶ ἁγίας Θεοδώρας τῆς βασιλίδος· δέσποτα εὐλόγησον +

+ Τὴν βασίλισσαν ἐπαινέσομεν Θεοδώραν, κἂν ὅτι μάλιστα
5 διασύρειν ἡμᾶς οἴεταί τις τῶν πάντα ἑτοίμων φιλοτιμίας χάριν, ἀλλ' οὐκ ὠφελείας τρόπος ἐπὶ τοὺς ἐπαίνους ἐλάσαντα· οὐ γὰρ πρὸς χάριν αὐτῇ ὁ παρὼν ἔπαινος, ἐπεὶ καὶ μετὰ θάνατον τὰ ἐγκώμια, οὐδὲ ὁ λόγος ἀκροατὴν ἔχων τὸν ἐπαινούμενον, ἵνα τι κερδανεῖ τὴν εὐγνωμοσύνην καὶ μισθοὺς ἕξει τὰ ἐπαίνου καὶ διηγήματος ἄξια· ἡ
10 μὲν γὰρ ἄνω χορεύουσα μετὰ τῆς ἄνω χοροστασίας τῷ κάλλει τῆς θεαρχίας ἐναγλα[ΐζεται......] καὶ περιλάμπεται, ὁ δὲ τοῖς κατωρθωμένοις ῥυθμίζει τὸν βίον καὶ καλεῖ πρὸς εὐσέβειαν...........

---

2 συνεγκωμίω | 4—6 κἂν—ἐλάσαντα emendatio desideratur | 5 χάρην | 6 ὠφελίας | 7 χάρην | 10 χορεστασίας | 11. 12 κάτω ῥεωμένοις

τοὺς εὐσεβείας καὶ ἀρετῆς ἐπαινέτας· ἀλλ' ἡμεῖς τῷ λόγῳ τρυφήσομεν, ὅσοι καὶ μάλιστα τὰ ἐκείνης θαυμάζομεν, καὶ πανήγυρις τελεῖται ἡμῖν ἡ ταύτης μετάστασις, ἡ ἀνάλυσις. ἐπεὶ δὲ οὕτως ζήλῳ συνειλύθατε καὶ ζητεῖτε τὸν λόγον διὰ || τὸν πόθον, ἐγὼ τὴν ἐκείνης ὑμῖν προθήσω διήγησιν, ἵν' ὑμεῖς τε ὁμοῦ καλῶς τῷ λόγῳ τρυφήσητε, κἀμοὶ δὲ μεγίστη παράκλησις τῆς ὑμῶν ὠφελείας ἕνεκα γένηται.

Πατρὶς τοίνυν Θεοδώρας τῆς ὄντως μακαρίας καὶ ἁγίας βασιλίδος Παφλαγονία ἐστίν, ἣ δωροφορεῖ μὲν τὰ ἀναγκαῖα τῇ βασιλίδι τῶν πόλεων, δωροφορεῖ δὲ καὶ πανταχοῦ γῆς τὰ οἰκεῖα καλά, ἄλλοις ἄλλα χαριζομένη τὰ πρόσφορα· οἱ δὲ ταύτης τεκόντες, Μαρῖνος καὶ Θεοκτίστη, οἱ μακαριώτατοι, πολλὴν καὶ ἄπειρον περὶ τὴν ἀρετὴν καὶ τὴν ἐλεημοσύνην ἐποιοῦντο σπουδήν, ὧν πολλὰ μὲν τὰ τῆς ἀρετῆς διηγήματα, πολὺς δὲ καὶ ὁ ὑπὲρ εὐσεβείας ζῆλος, ὧν ἐκ τῶν πολλῶν μικρά τινα καὶ ὀλίγα διηγησόμεθα. διωγμὸς ἦν μέγας καὶ οὐ τῶν ἀγενῶν οἱ ἀθληταί, οὐδὲ ὑπὲρ τῶν τυχόντων ἡ πάλη οὐδὲ διὰ μικροὺς τοὺς στεφάνους, ἀλλὰ περὶ βασιλείας οὐρανῶν καὶ τῶν αἰωνίων ἀγαθῶν· τὸ μὲν γὰρ στάδιον αἱμάτων πλῆρες καὶ ὁ δρόμος αἱμάτων σκαμματικῶν, εὐσέβεια δὲ ἦν τὸ κινδυνευόμενον καὶ στέφανος ἡ ἐν οὐρανοῖς βασιλεία καὶ τὰ ἐκεῖ ἀγαθά, ἃ ηὐτρέπισται τοῖς διὰ ταῦτα παθοῦσιν ἢ πάσχουσιν ἢ πεισομένοις· τὸ δὲ || δὴ θρησκευόμενον τύπων ἀναίρεσις καὶ εἰκόνων κατάλυσις, καὶ τούτων οὐ τῶν ἀκινδύνων ἢ καὶ μικρὰ βλαπτόντων τῇ ἀναιρέσει, ἀλλ' ὧν ἡ ἀναστήλωσις εὐσεβείας ἦν ζῆλος, καὶ πικρὸς τύραννος ἡ τούτων κατάλυσις· ἐντεῦθεν ἐκκλησιαστικῶν νοημάτων παρατροπαί, βίβλων παραγραφαί, ἱερῶν καταλύσεις, ναῶν ἀκοσμίαι, ἱερέων διαδοχαί, ἀνευθύνων ἐξετάσεις, ὑπευθύνων προεδρίαι καὶ τῶν λαμπροτάτων οἱ θρόνοι· ἐντεῦθεν πατρίδων ἐπαναστάσεις, σεμνεῖα κενούμενα, ὄρη κατοικούμενα, δήμευσις πατρῴας περιουσίας· ἐχώρει γὰρ καὶ μέχρι τούτων ἡ αἵρεσις τῶν εἰκονομάχων, τῶν μὲν φόβῳ τῶν ἀπειλουμένων καὶ τὸ μὴ κινδυνεῦσαι περὶ τὴν πίστιν σκοπούντων, τῶν δὲ καὶ ὑπὸ τῶν οἰκείων συγγενῶν ἐλαυνομένων· ἀπεδίωκον γὰρ οἱ πλεῖστοι καὶ τοὺς οἰκείους

---

1. 2 τροφήσωμεν | 5 ἡμεῖς | 8 παφλαγωνία | 17 πλήρης | 18 εὐσεβεία | 20 παθοῦσην | θρισκευόμενον | 21 τύπαν | 25 καταλύσης | 26 προαιδρίαι

καὶ τὸ συνοικεῖν ἀπηρνοῦντο ⟨τοῖς⟩ μὴ τῷ βασιλικῷ πειθομένοις προστάγματι. τούτων δὲ οὕτως πικρῶς καὶ ἀπανθρώπως τελουμένων, τί ποιοῦσιν οἱ καλοὶ ὄντως ἐκεῖνοι καὶ θεῖοι γεννήτορες τῆς μακαρίας Θεοδώρας καὶ τοῦ σώματος καὶ τῆς εὐσεβείας; ἐπειδὴ ἑώρων τοὺς δι᾽
5 εὐσέβειαν κιν‖δυνεύοντας, καὶ τοὺς μὲν τῶν ἀναγκαίων ἐκλελοιπό- f. 2 v. τας, τοὺς δὲ πλήθει τῶν κακώσεων κεκμηκότας, ἄλλους δὲ καὶ πνευστιῶντας, ὥσπερ ἐπὶ θεάτρων ὑπὸ τῶν ἐναντίων ἐλαυνομένους τε καὶ ἀπειλουμένους, ἀνοίγουσι τοὺς θησαυροὺς τῆς ψυχῆς, καὶ πᾶσι τὰ πάντα γινόμενοι, τοὺς μὲν πρὸς τὸ σκάμμα τῶν ἀγώνων σοφῶς
10 ὑπαλείφουσι, τῶν δὲ τοὺς μώλωπας θεραπεύουσι, καὶ πληροῦσιν ἄλλων γαστέρας πιεζομένας τῶν ἀναγκαίων, καὶ ἃς πόλεις τε καὶ χώρας ἀκουσίως ἀπολωλέκασιν ἑκουσίως εἰς προσδέχεται οἶκος καὶ ὡς οἰκείοις τοῖς ἀλλοτρίοις χαρίζεται· διὰ τοῦτο οἱ μὲν καρτεροῦσι τὸν διωγμὸν δεξιᾶς περιτυχόντες χειρός, οἱ δὲ καὶ γενναιότεροι
15 κατὰ τῶν διωκόντων δείκνυνται καὶ τοῖς ἄλλοις τὸ εὐσεβεῖν ἐπιτρέποντες. τοῦτο πρῶτον τῆς τῶν γεννητόρων θεοσεβείας τῆς μακαρίας Θεοδώρας τὸ κατόρθωμα, τοῦτο τῶν ἀοιδίμων ἐκείνων διηγημάτων ἡ ἀπαρχή.

Παρὰ τούτων τοίνυν τῶν δικαίων καὶ τρισμακαρίων ἡ ὁσία
20 καὶ μακαρία Θεοδώρα καὶ τὸ γεννᾶσθαι καὶ τὸ παιδεύεσθαι λαχοῦσα ἀνετρέφετο ἐν πάσῃ εὐσεβείᾳ καὶ νουθεσίᾳ κυρίου. ἐπεὶ δὲ καὶ εἰς ἡλικίαν γάμου προῆλθεν, ἐσκοπεῖτο τοῖς γονεῦ‖σιν αὐτῆς τοῦ τίνος f. 3 r. καὶ πότε δοθήσεσθαι αὐτὴν πρὸς γάμον· παρὰ πολλῶν δὲ διὰ τὸ φυσικὸν αὐτῆς κάλλος ἐπιζητουμένης, καὶ γὰρ ἦν τοιαύτη οἵα καὶ
25 πρὸς γάμον ἥρμοζεν βασιλεῖ, μεταστέλλεται παρὰ τοῦ τηνικαῦτα Ῥωμαίοις βασιλεύοντος Θεοφίλου διὰ ταχυδρόμων πρὸς τὴν βασιλίδα τῶν πόλεων, καὶ οὐ μόνον ταύτης, ἀλλὰ καὶ ἄλλων πολλῶν τῶν ἐπὶ θέᾳ κατ᾽ ἐκεῖνο καιροῦ θαυμαζομένων ἐπὶ ὡραιότητι καὶ εὐμορφίᾳ μεταπεμφθεισῶν πρὸς τὰ βασίλεια, ἀμφοτέρας ἐπὶ θέᾳ καὶ προκρίσει

---

1 τοῖς om. | πειθομένους | 6 κακόσεων | 8 ἀπιλουμένους | 9 ἀγόνων | 11 πιεζομένους | 12 ἀπολελώκασιν | 14 περιτυχόντας | γεννεότεροι | 17 ἀοιδήμων | 19 οὐσία | 22 τοῦ τίνος] an τὸ τίνι? | 23 δοθῆσθαι | 28. 29 μεταπεμφθησῶν | 29 βασίλια

κάλλους ὁ βασιλεὺς προεβάλλετο· καὶ εἶθ' οὕτως ἀπόπειραν ποιησάμενος ὁ βασιλεὺς Θεόφιλος, ἐκλεξάμενος ἐξ αὐτῶν κόρας ἑπτά, δέδωκεν μιᾷ ἑκάστῃ αὐτῶν πρὸς ἓν μῆλον καὶ ἀπέστειλεν αὐτὰς εἰς τὰ οἰκεῖα· καὶ τῇ ἐπαύριον πάλιν προσκαλεσάμενος αὐτὰς ἐπ' ὄψεσιν αὐτοῦ ὁ βασιλεὺς ἀρετῆς χάριν ἐζήτει ἐκ μιᾶς ἑκάστης αὐτῶν τὰ 5 βασιλικὰ μῆλα, καὶ οὐχ εὑρέθησαν· ὢ τῆς ἐντροπῆς καὶ δυστυχίας. τότε ὡς ἐξ ἀκανθῶν ῥόδον νεύσει θεοῦ ἡ μακαρία Θεοδώρα ὄπισθεν τῶν ἓξ ἱσταμένη ἐφαπλώσασα τὰς χεῖρας αὐτῆς, ὥσπερ κρίνον, ἐπέδωκε τῷ βασιλεῖ Θεοφίλῳ σὺν τῷ βασιλικῷ μήλῳ καὶ ἕτερον μῆλον· ἔρευναν δὲ ἀσφαλῆ ἐπὶ τῷ θαύματι || ὁ βασιλεὺς ποιησάμενος 10 ἐζήτει μαθεῖν τὸ ἀληθές· καὶ ἦν ἰδεῖν παρρησίαν φωνῆς ἐξ ἀμολύντου καρδίας ἐπιτυχίαν βασιλείας ῥητορεύουσαν· «τὸ μὲν πρῶτον μῆλον, ὦ δέσποτα, τὸ καταπιστευθέν μοι παρὰ θεοῦ τάλαντον, ἀπολάμβανε σῶον καὶ ὁλόκληρον, τοῦτ' ἔστιν τὴν παρθενίαν μου καὶ σωφροσύνην· τὸ δὲ δεύτερον, ὡς δηνάριον καὶ τοῦ ἐξ ἐμοῦ τικτομένου 15 υἱοῦ σου, μὴ ἀποστρέψῃς.» ὁ δὲ βασιλεὺς μετὰ τῶν θεραπόντων αὐτοῦ ἐπύθετο γνῶναι τὸ ἀληθές· «πόθεν ὁ δοθείς σοι χρησμὸς καὶ ἡ τοῦ μυστικοῦ ἐνεφανίσθη ἀποκάλυψις;» ἡ δὲ ἀπεκρίθη τῷ βασιλεῖ· «καθ' ὅλης τῆς ὁδοῦ, δέσποτα, ὀνειδιζομένη ἐξ ἀφελῶν γλωσσῶν ὑπέμεινα συλλυπουμένη καὶ οὐκ ἐλάλησά τινι, ἐστήριξα δὲ μετὰ 20 κρυφιοβλύστων δακρύων καὶ προσευχῶν τὴν ψυχήν μου ἐπὶ κύριον τὸν θεὸν ἡμῶν· καὶ μαθοῦσα περί τινος ἁγίου ἀνδρὸς ἐγκεκλεισμένου ἐν τῷ τῆς Νικομηδείας πύργῳ (πανταχοῦ γὰρ ἐφημίζετο ἡ μεγάλη καὶ ἐνάρετος αὐτοῦ πολιτεία), ὅτε ἐπλησίασα τῷ τόπῳ, ἀνῆλθον πρὸς αὐτόν, ἀστέρος ἐπιλάμψαντός μοι ὥσπερ ποτὲ τοῖς 25 μάγοις ἐν Βηθλεέμ, ἐν ᾧ καὶ προσκυνῆσαι αὐτὸν κατηξίωσα· καὶ βλέψας μοι ὁ ὅσιος ἐκεῖνος καὶ τρισ||μακάριος ἀνὴρ εἶπεν· θάρσει, ὦ θύγατερ, καὶ μηδὲν λυποῦ περὶ ὧν θλιβερῶν καθ' ὁδοῦ ὑπέστης, ἄγγελος γὰρ δόξης κυρίου χριστιανῶν βασίλισσαν στέφει σε, καὶ

---

3 μιᾷ] ἀνὰ | μῖλον | 5 ἀρετῆς] an ἐρεύνης? | 6 μῖλα | διστυχίας | 9 τοῦ βασιλικοῦ μίλου | 9. 10 μῖλον | 10 ἀσφαλεῖ | 12 μῖλον | 14.15 σοφροσύνην | 22 μαθῶν | 23 νικομιδίας | ἐφιμίζετο | 25. 26 τοὺς μάγους | 26 κατηξίωσεν

χείρ κυρίου ἐπὶ τὴν κεφαλήν σου· δέξαι ὃ δίδωμί σοι μῆλον μετὰ καὶ τοῦ μέλλοντός σοι ἐπιδοθῆναι ἐκ χειρὸς βασιλέως, ἵνα, ὅτε αἱ καταφλυαροῦσαί σου ἔξωθεν τῶν θυρῶν τοῦ παλατίου θρηνητικῶς ἀπελαθῶσιν, σὺ ταῦτα ἐπιδοῦσα τῷ βασιλεῖ καὶ πορφύραν στολισα-
5 μένη ἐν χρυσορόφῳ ταμείῳ ἐπὶ βασιλικοῦ θρόνου ἐπάνω πασῶν τῶν γυναικῶν καθεσθήσῃ.» τότε λαβὼν ὁ βασιλεὺς Θεόφιλος τὰ δύο μῆλα ἐκ χειρὸς Θεοδώρας τῆς ἀειμνήστου κατενώπιον τῆς συγκλήτου ἐπέδωκεν αὐτῇ τοῦ βασιλικοῦ ἀρραβῶνος τὸ χρυσοῦν δακτυλίδιον· τούτου δὲ γενομένου, εὐθέως καὶ παραχρῆμα αἱ τῆς
10 βασιλίσσης Εὐφροσύνης τῆς μητρὸς τοῦ βασιλέως οἰκειότεραι θεραπαινίδες, αἱ σεμνοπρεπῶς βιοῦσαι, ἀνελάβοντο αὐτὴν καὶ μετὰ τῆς προσηκούσης τιμῆς ὑπηρέτουν αὐτῇ κοσμίως καὶ εὐτάκτως. ἔκτοτε δὲ εἴκοσι καὶ δύο ἡμερῶν διελθουσῶν στέφεται ἡ προλεχθεῖσα Θεοδώρα μετὰ Θεοφίλου τοῦ βασιλέως ὑπὸ Ἀντωνίου τοῦ ψευδωνύμου
15 καὶ βεβήλου πατριάρχου, ἢ μᾶλλον || εἰπεῖν ἀγχωνίου φατριάρχου, f. 4 v. τοῦ ἀθλίως καὶ φρενοβλαβῶς τὰς ἁγίας καὶ σεπτὰς εἰκόνας ἀτιμάσαντος· καὶ βασιλεύει εὐσεβῶς ἡ αὐτὴ Θεοδώρα καὶ αὐτοκράτορος σύζυγος γίνεται ἐν τῷ πανσέπτῳ καὶ σεβασμίῳ ναῷ στεφεῖσα τοῦ ἁγίου πρωτομάρτυρος Στεφάνου τῆς Δάφνης· οὐκ ὀλίγοι δὲ τῶν
20 τοῦ ἱερατικοῦ καὶ πολιτικοῦ καταλόγου συνεκρότουν καὶ συνέχαιρον τοῖς βασιλεῦσιν ἐπὶ τῇ στεφηφορίᾳ αὐτῶν· φιλοτιμίας δὲ χάριν δέδωκεν ἡ βασίλισσα τῷ μὲν πατριάρχῃ χρυσίου λίτρας δεκαπέντε, τῇ δὲ συγκλήτῳ λίτρας πεντήκοντα, τῷ δὲ κλήρῳ λίτρας ιε, τοὺς δὲ συνεργήσαντας καὶ συνευδοκήσαντας ἐπὶ τῇ στεφηφορίᾳ αὐτῇ αἰσίως
25 καὶ φιλοφρόνως ἐδεξιώσατο.

Τούτων δὲ οὕτως γινομένων καὶ τελεσθέντων, ἡ αὐγοῦστα Εὐφροσύνη, ἡ μήτηρ Θεοφίλου, μῆνας δέκα ἐν τῷ παλατίῳ διατρίψασα, τῶν πλειόνων φροντίδων καὶ μεριμνῶν ἱμειρομένη ἀπαλλαγῆναι καὶ τὸν ἀτάραχον καὶ ἡσυχαστικὸν βίον ἐπιποθοῦσα, ἰδίᾳ προαιρέσει

---

1 μῖλον | 2. 3 αἱ καταφλυαροῦσαί] ἐκαταφλυαροῦσαί | 3 θρηνιτικῶς | 4. 5 στολησαμένη | 5 πάντων | 6 καθεσθείσῃ | 7 μίλα | 14 ψευδονύμου | 15 ἀγχωνίου dubium | 16 φραινοβλαβῶς | 19 προτομάρτυρος | 23 συγκλίτῳ | πεντίκοντα | 24 συνευδοκίσαντας | 26 an γενομένων?

καὶ οὐκ ἀνάγκῃ τινί, ἐθελουσίῳ ⟨δὲ⟩ καὶ αὐθαιρέτῳ γνώμῃ κατῆλθεν ἀπὸ τοῦ παλατίου καὶ ἐν τῇ τῶν Γαστρίων μονῇ ἡσύχασεν· ὁ[a]) οὖν βασιλεὺς Θεόφιλος, || τὴν αὐτοκρατορικὴν ἀρχὴν διέπων, τὴν ἀθέμιτον καὶ πονηρὰν τοῦ θεηλάτου καὶ τρισκαταράτου Κοπρωνύμου καὶ τῶν θηριωνύμων καὶ θηριοτρόπων χαλεπὴν καὶ ψυχόλεθρον αἵρεσιν διεδέξατο, καὶ ταύτην ἀναδεξάμενος οὐδὲν ἧττον ὤφθη τῆς ἐκείνων δυστροπίας τε καὶ τυραννίδος· ταύτην γὰρ ὁ μάταιος κακόφρόνως καὶ φρενοβλαβῶς ἀνεκαίνισεν, καὶ τὴν παραπληξίαν τῶν ματαιοφρόνων ἐκείνων καὶ παλαμναίων εἰκονομάχων μιμούμενος, τὴν ἐκ Μανιχαϊκῆς λύμης καὶ τυραννίδος μανίαν ἀναφυεῖσαν, διωγμὸν ἄσπονδον δὲ καὶ αὐτὸς κατὰ τῆς ἐκκλησίας τοῦ θεοῦ ἀνερρίπισεν, σύμβουλον καὶ συμμύστην καὶ συνίστορα τῆς ψυχολέθρου αἱρέσεως ἔχων καὶ ὁδηγὸν τῆς ἀπωλείας Ἰωάννην τὸν πατριάρχην, μᾶλλον δὲ μαντειάρχην καὶ δαιμονιάρχην, τὸν νέον ὄντως Ἀπολλώνιον ἢ Βαλαὰμ ἐν τοῖς καθ' ἡμᾶς χρόνοις κακῶς ἀναφανέντα ἐπί τε ἀνοσιουργίαις καὶ λεκανομαντείαις· ἀναξίως γὰρ τοὺς οἴακας τοῦ πατριαρχικοῦ θρόνου ἐγχειρισθεὶς ὁ δείλαιος ὑποβρύχιον ἐποίει τὸ σκάφος τῆς τοῦ θεοῦ ἐκκλησίας· πάσης γὰρ θεοστυγοῦς πράξεως καὶ τερατείας δεινὸς ἦν μύστης || καὶ ἐφευρετής, ὑφ' οὗ καὶ τὰ γράμματα παιδευθείς τε καὶ ὑπονοθευθείς, τήν τε γνώμην κακοβούλως καὶ σφαλερῶς πολιορκηθεὶς ὁ κουφογνώμων καὶ δύστηνος Θεόφιλος ὑπηρέτης γνήσιος καὶ δόκιμος καὶ τοῦ διαβόλου ἐπιτήδειον ὄργανον γέγονεν. ὢ τῆς παρατροπῆς καὶ ἠλιθιότητος καὶ εἴ τι τούτοις ἕτερον ἕπεται· οὐκ εἶχον γὰρ χώραν αὐτῶν τε τῶν κρατούντων καὶ τῶν δυσσεβῶν καὶ ἀνοσιουργῶν εἰκονομάχων αἱ ληρώδεις μυθοπλαστίαι, ἀλλὰ φληναφίας καὶ ψευδεπιπλάστου εἰκαιομυθίας καὶ ἐρεσχελίας ἦσαν πεπληρωμέναι αἱ γραφαὶ αὐτῶν καὶ ἀποκρίσεις· ὡς ἐν ἀγκίστρῳ γὰρ τὸ δέλεαρ προβαλλόμενοι οἱ ἄθλιοι καὶ ταλαί-

---

1 τινὶ ἐθελουσίω καὶ αὐθερέτω | 3. 4 ἀθέμητον | 4 κοπρονύμου | 5 θηριονύμων | 8 φραινοβλαβῶς ἀνεκαίνησεν | 10 ἀναφυῆσαν | 11. 12 ἀνερρήπησεν | 13 φατριάρχην | 14 μαντιάρχην | 16 λεκανομαντίαις | 19 δεινῶς | 21 πολιορκισθεὶς | δύστινος | 22 ἐπιτήδιον | 23 ἰλιθιότητος | 25. 26 μυθοπλαστείαι | 26 φλιναφίας | ψευδεπιπλάστους εἰκεομυθίας | 27 ἐραισχελίας

a) Initium narrationis editae a Combefis, col. 715.

πωροι τοὺς ἁπλουστέρους καὶ ἀμαθεστέρους συνήρπαζον, ὄντως
τάφος ἀνεῳγμένος ὁ λάρυγξ αὐτῶν καὶ καπνὸς ἀχλύος πλήρης, σκορ-
πίζοντες ὀφθαλμοὺς ἀφρόνων οἱ λόγοι αὐτῶν· τῇ γὰρ ἀνυπαρξίᾳ τοῦ
ψεύδους ἐναβρυνόμενοι τῆς ἀληθείας ἀλλότριοι γεγόνασιν. τούτων δὲ
5 οὕτως τολμωμένων παρὰ τῶν τῆς ἀληθείας ἐχθρῶν, ὁ τίμιος καὶ
ἱερὸς τῶν ὀρθοδόξων σύλλογος ὁρῶν ταῦτα τελούμενα, καὶ ὅτι παρὰ
τῶν νομιζομένων ‖ χριστιανῶν τοιαῦτα κατατολμῶνται, ἐχαλέπαι- f. 6 r.
νεν καὶ ἠνιᾶτο πάνυ· καὶ πρὸς ἀλλήλους ἔλεγον· ποῖος ἀνόσιος καὶ
μοχθηρὸς καὶ αὐθαδείας καὶ θρασύτητος εἰς ἄκρον ἥκων τολμήσει
10 τοὺς ἐντεθειμένους ὅρους παρὰ τῶν μεγαλοφωνοτάτων καὶ θεοδι-
δάκτων καὶ πολυυμνήτων ἁγίων ἀποστόλων καὶ τῶν ἑπτὰ ἁγίων
καὶ οἰκουμενικῶν συνόδων παρασαλεῦσαι ἢ παραφθεῖραι μίαν καὶ
μόνην κεραίαν, καὶ μὴ μᾶλλον στέρξαι καὶ ἀσμένως ἡσυχάσαι εἰς
τὴν θεόπνευστον καὶ ψυχόσωστον αὐτῶν διδασκαλίαν, ὡς οἱ βεβη-
15 λότατοι εἰκονομάχοι; ὁ γὰρ τοιοῦτον τολμῶν δρᾶν ἢ διδάσκειν
ἕτερον τῆς ἐκκλησίας ἵνα ἐξωσθῇ καὶ τῆς βασιλείας τῶν οὐρανῶν
ἀλλότριος γένηται. καὶ ταῦτα μὲν εἰς τοσοῦτον. ὁ δὲ δείλαιος καὶ
ἄθλιος Θεόφιλος ἀδιόρθωτος μένων, πολλαῖς καὶ πικραῖς τιμωρίαις
αἰκίαις τε καὶ βασάνοις πολλοὺς τῶν ὀρθοδόξων ὑποβαλὼν ὑπερορίαις
20 κατεδίκαζεν· ταῦτα ὁρῶντες οἱ ὀρθῶς καὶ εὐσεβῶς πολιτευόμενοι καὶ
βίον σεμνὸν καὶ θεοφιλῆ μετιόντες καὶ ἀρετῇ καὶ ὀρθοδοξίᾳ κεκοσμη-
μένοι εὐχαρίστως καὶ γενναίως ἔφερον καὶ ἐδέοντο τοῦ θεοῦ λύσιν ‖ f. 6 v.
τῶν δεινῶν γενέσθαι· πρώτη γὰρ ἀρετὴ ἡ ὀρθόδοξος γνώμη ἐστίν.
 Κατ' ἐκείνους δὲ τοὺς καιροὺς διέλαμπον ἄνδρες θαυμαστοί τε καὶ
25 εὐλαβεῖς καὶ ζήλου θείου καὶ σοφίας ἔμπλεοι τυγχάνοντες· Ἰωαννί-
κιος ὁ μέγας σημειοφόρος καὶ ἀξιάγαστος καὶ τρισμακάριστος, ὁ
ἐκ τῆς ἐλλάμψεως τοῦ παναγίου καὶ ζωοποιοῦ πνεύματος τὸ τῆς
προαιρέσεως καὶ προγνώσεως μέγα καὶ ὑπερθαύμαστον χάρισμα
ἀξιωθεὶς λαβεῖν παρὰ τοῦ θεοῦ καὶ πολλὰ τοῖς πυνθανομένοις προλέ-
30 γων τῶν ἐσομένων· Νικηφόρος τε ὁ θεοτίμητος καὶ ἡγιασμένος

---

1 ταλαίποροι | 7. 8 ἐχαλαίπενεν | 8 ἠνιάτω | 9 αὐθαδίας | ἤκον |
10 ἐντεθημένους | 13 καιρέαν | 14. 15 βέβηλοι τοῦτοι οἰκονομάχοι | 15 τοιοῦ-
των | 19 αἰκείαις | βασάνους | 21 θεοφιλεῖ | 26 σημιοφόρος | 30 ἐσωμένων

πατριάρχης· Θεόδωρός τε ὁ ἀοίδιμος καὶ ἡγούμενος τῶν Στουδίου·
Μεθόδιός τε ὁ τρισμακάριος καὶ θεσπέσιος ὁμολογητὴς καὶ θερμὸς
τῆς ὀρθοδόξου πίστεως ζηλωτής· Μιχαὴλ τε ὁ ἰσάγγελος καὶ μέγας
ὁμολογητής· καὶ ὁ ἀξιοθαύμαστος καὶ ἡγιασμένος Θεοφάνης ὁ ὁμο-
λογητής, ὁ τοῦ Μεγάλου Ἀγροῦ· Θεόδωρός τε καὶ Θεοφάνης οἱ
αὐτάδελφοι, οἱ καὶ γραφέντες τὰ πρόσωπα, καὶ ἕτεροι πλεῖστοι τῆς
ἀρετῆς καὶ ὀρθοδόξου πίστεως ἀθληταί· οὗτοι πάντες ὑπὲρ τῆς προ-
γονικῆς παρετάσσοντο ἀληθείας καὶ πίστεως καὶ τὰς ἐναντίας ἀπε-
κρούοντο προσβο||λὰς ⟨καὶ⟩ κατὰ πάσης αἱρετικῆς φάλαγγος ἀντι-
παρετάσσοντο· ἀντιρρόπους γὰρ κυβερνήτας καὶ φύλακας τῷ μεγέθει
τοῦ κλύδωνος δέδωκεν ὁ τῶν ὅλων πρύτανις Χριστός, ὁ ἀληθινὸς
θεὸς ἡμῶν, καὶ τῇ τῶν πολεμίων σφοδρότητι τῶν στρατηγιῶν ἀντ-
έταξεν, ἀρετῇ καὶ προσφορᾷ τῇ τοῦ καιροῦ δυσκολίᾳ τὰ ἀλεξητήρια
ἔδωκε φάρμακα. Θεοδώρα τε ἡ τιμία καὶ εὐσεβεστάτη ἄνασσα τοὺς
μὲν ὀρθοδόξους ἐτίμα κρυφίως καὶ φιλοφρόνως ἐδεξιοῦτο, τοὺς δὲ
ματαιόφρονας καὶ θεοβδελύκτους εἰκονομάχους ἐβδελύσσετο καὶ
ἀπεστρέφετο· ἤσχαλλε δὲ καὶ ἠδημόνει καὶ ἠθύμει, ὅτι καὶ διαπρά-
ξοιτο, ἀλλ' ἐδεδίει τὸ θυμῶδες καὶ ὀργίλον καὶ σκυθρωπὸν τοῦ
ἀνδρὸς αὐτῆς, καὶ τὸ περὶ τὰς τιμωρίας δυσμείλικτον, τήν τε τοῦ
θυμοῦ σφοδρότητα, καὶ τὸ τραχὺ τῆς φωνῆς, καὶ ἀγριώτατον τοῦ
προσώπου στρεφόμενον κατὰ μικρόν, καὶ πτοουμένη αὐτὸν ἐσιώπα·
ἐζήτει δὲ καιρὸν εὔθετον τοῦ φανερῶσαι καὶ εἰς φῶς ἐξενεγκεῖν τὸν
φιλόθεον αὐτῆς τρόπον καὶ τὴν εἰλικρινῆ καὶ ὀρθόδοξον πίστιν· ἀλλ' ὁ
φιλάνθρωπος καὶ ἐλεήμων θεός, ὁ ἀεὶ καὶ διὰ παντὸς κηδόμενος τῆς
σωτηρίας || τῶν ἀνθρώπων καὶ πρὸς τὸ συμφέρον πάντα οἰκονομῶν
καὶ προνοούμενος, οὐ παρεῖδεν αὐτῆς τὴν ἀγαθὴν πρόθεσιν, ἀλλὰ
τὴν ἀμώμητον καὶ ψυχόσωστον ὀρθοδοξίαν καὶ ἀναστήλωσιν τῶν
ἁγίων καὶ σεπτῶν εἰκόνων μετὰ μικρὸν δι' αὐτῆς ἐφανέρωσε, καθὼς
παρακατιὼν σαφέστερον δηλωθήσεται.

---

1 ἀοίδημος | 3 εἰσάγγελος | 9 καὶ om. | 9. 10 ἀντεπαρετάσσοντο | 10 με-
γέθη | 12 στρατιγίων | 16 θεοβδελλύκτους | ἐβδελύσσετο | 17 ἤσχαλε |
17. 18 διαπράξυτο | 18 ἐδεδείει | 19 δυσμήλικτον | 20 σφοδρώτητα | an
ἀγριωπὸν? | 21 πτωουμένη | ἐσίωπα | 23 εἰλικρινεῖ | 24 κιδόμενος |
27 ἀναστείλωσιν

Τῷ οὖν πέμπτῳ χρόνῳ τῆς βασιλείας τοῦ ἀφίλου θεῷ Θεοφίλου ἐν δυνάμει βαρείᾳ οἱ παμμίαροι καὶ ἀκάθαρτοι Ἀγαρηνοὶ πρὸς τὴν πατρίδα αὐτοῦ, τὸ Ἀμμώριον λέγω, παρεγένοντο, καὶ κραταιῶς ὠχυρωμένην αὐτὴν εὑρόντες καὶ κατησφαλισμένην πάνυ καὶ ὑπὸ στρατηγῶν ὀκτὼ μετὰ τῶν λογάδων αὐτῶν καὶ στρατευμάτων φρουρουμένην, ταύτην δι' ἡμερῶν ιε τοῦ Αὐγούστου μηνὸς ἐκπορθήσαντες καὶ δορυάλωτον εἰληφότες ἠχμαλώτευσαν τελείως· καὶ ἀνῃρέθη χριστιανῶν πλῆθος ἄπειρον, καὶ ἄλλο δὲ πλῆθος αἰχμαλώτων ἅμα τῶν ἁγίων καὶ ἐνδόξων τοῦ Χριστοῦ μβ νεοφανῶν μαρτύρων ἀπηνέχθη ἐν Συρίᾳ· ὡσαύτως καὶ πλήθη πλοίων αὐτῶν ἐξελθόντα τὰς Κυκλάδας νήσους ἠρήμωσαν καὶ τὴν Κρήτην καὶ Σικελίαν παρέλαβον· καὶ ἡ Κωνσταντινούπολις ἐκαύθη ἐκ τοῦ ψύχους καὶ || f. 8 r. τοῦ μεγάλου καὶ βαρυτάτου χειμῶνος, ὅτι πολὺς καὶ ἀγριώτατος καὶ δριμύτατος χειμὼν γέγονεν καὶ λιμὸς ἰσχυρὸς αὐχμοί τε καὶ ἀέρων φλογώσεις καὶ δυσκρασίαι καὶ ἀνωμαλίαι, προσεπιτούτοις δὲ καὶ σεισμοὶ φοβεροὶ καὶ ἐπάλληλοι τὴν πολλὴν καὶ ἄμετρον ἀπελέγχοντες τοῦ κρατοῦντος μοχθηρίαν καὶ κακοδοξίαν· εἰς τοσαύτην γὰρ ἀφιλοθεΐαν καὶ ἀπόνοιαν ἐξώκειλεν ὁ βασιλεύς, ὥστε καὶ τὴν τοῦ τρισκαταράτου Κοπρωνύμου καὶ τῶν θηριωνύμων θεοστυγῆ ἀνοσιουργίαν ὑπερακοντίσαι.

Οὕτως οὖν ὁ ἀνόσιος καὶ ἀλιτήριος Θεόφιλος δρῶν καὶ πράττων, δύο καὶ δέκα χρόνους καὶ μῆνας τρεῖς τῆς βασιλείας κρατήσας, δυσεντερικῇ νόσῳ περιπεσὼν τοιούτῳ τρόπῳ τὸν τῇδε μετῆλθε βίον· θνήσκοντι γὰρ αὐτῷ ἀνεῴχθη τὸ στόμα αὐτοῦ μέχρι τοῦ φάρυγγος, καὶ ψυχορραγοῦντος τούτου ὀδυνηρῶς ἡ αὐγοῦστα Θεοδώρα ἐπωλόλυξεν· εἶτα μικρὸν ἀφυπνώσασα βλέπει τὴν ὑπεραγίαν θεοτόκον ἐν ἀγκάλαις τὸ βρέφος βαστάζουσαν, καὶ κυκλάδα φοβερὰν ὡραιομόρφων ἀγγέλων τῷ βασιλεῖ Θεοφίλῳ διὰ τὰς ἁγίας

---

1 τῶν | 2 ἀγαρινοί | 3 Ἀμώριον Combefis, col. 721 | 4 ὀχυρωμένην | κατησφαλησμένην | 5 στρατιγῶν | 7 δωρυάλωτον | 11 σικελλίαν | 13 ὅτι] an ὅτε? | ἀγριότατος | 15 δυσκρατίαι | ἀνομαλίαι | 16. 17 ἀπελλέγχοντες | 18 ἐξώχιλεν | 19 κοπρονύμου | θηριονύμων | 21 ἀλητήριος | 24 θνησκόντι | 26 ἐπολώλυξεν | 27 ἐναγκάλες | βρέφος] σταυροφοροῦντα add.

f. 8 v. καὶ σεπτὰς εἰκόνας σφοδρῶς ὀνει‖διζόντων καὶ συνεχῶς τυπτόντων·
καὶ τούτων οὕτως γινομένων ἐπὶ ὥραν ἱκανήν, ἐλάλησεν ὁ βασιλεὺς
Θεόφιλος, τὴν κεφαλὴν συχνῶς ἐπικλίνων ἔνθεν κἀκεῖθεν καὶ λέγων
ὀδυνηρῶς· «οὐαί μοι τῷ ἀθλίῳ, διὰ τὰς εἰκόνας τύπτομαι, διὰ τὰς
εἰκόνας μαστίζομαι·» καὶ ἦν φοβερὸν καὶ παράδοξον ὑπὸ τῶν παρι-
σταμένων καὶ κλαιόντων αὐτῶν τὸ θεωρούμενον ἄκουσμα· καὶ τοῦ
μὲν βασιλέως ὁλονύκτως οὕτως βοῶντος καὶ λέγοντος, τῆς δὲ βασι-
λίσσης ἦν ἡ διάνοια καὶ ὁ νοῦς πρεσβεύουσα σὺν δάκρυσι πρὸς τὴν
ὑπεραγίαν θεοτόκον ἐγρηγορότως ἀνατεθείσης· Θεόκτιστος δὲ ὁ καὶ
κανίκλειος δραμὼν περιεβάλλετο διὰ τὸν φόβον τοῦ βασιλέως ὃ
εἶχεν ἐγκεκρυμμένον ἐγκόλπιον· ἀπορίᾳ δὲ τῷ βασιλεῖ συνέχοντα
ἐπὶ πολὺ τυπτομένῳ καὶ τῇδε κἀκεῖσε προσβλεπομένῳ τοῖς κλαίου-
σιν, βλέπει τὸ τοῦ ἐγκολπίου τενάντιον ἐν τῷ τραχήλῳ αὐτοῦ τὴν
ἁγίαν καὶ ἀπαράλλακτον εἰκόνα τοῦ ὑψίστου ἐμφαίνοντα· ὃν συχνο-
τέρως δακτυλοδεικτῶν ὁ βασιλεύς, βίᾳ τούτῳ νεύων, πρὸς ἑαυτὸν
ἐλθεῖν παρετάσσετο· τούτου δὲ φεύγοντος διὰ τῆς ἁγίας εἰκόνος
f. 9 r. τὸν φόβον μᾶλλον, κρατη‖θεὶς δι' ἑτέρων χειρῶν φόβῳ πολλῷ τῷ
βασιλεῖ ἐπλησίασεν, μὴ δυνηθεὶς ἀποκρύψαι τὸ σέβας· καὶ τῶν μὲν
νομισάντων, ὅτι τὰς τρίχας αὐτοῦ τῖλαι κελεύει, ἐνέβαλον αὐτὰς
ἐν ταῖς χερσὶν αὐτοῦ· τοῦ δὲ δοκοῦντος κεφαλικῶς κολασθῆναι,
καθήψατο ὁ δάκτυλος τοῦ βασιλέως τὸ τενάντιον πρὸς τὸ ἑαυτοῦ
χεῖλος τοῦτο ἐφέλκων· καὶ δὴ τεθέντος τοῦ τεναντίου ἐν τοῖς χείλε-
σιν αὐτοῦ καὶ ἐν τῷ στόματι τὴν τοῦ σωτῆρος ἡμῶν καὶ θεοῦ εἰκόνα
τὴν ἁγίαν καὶ σεβασμίαν φέροντος, ὡς εἴρηται, παραχρῆμα, ὦ τοῦ
παραδόξου θαύματος, προσῆλθον καὶ ἡνώθησαν τὰ χείλη αὐτοῦ ἐξ
ἑκατέρων διεστῶτα, τὰ παραχαράξαντα τῆς ἐκκλησίας τὰ δόγματα
καὶ πολλὰ φληναφήσαντα κατὰ τῶν ἁγίων καὶ σεπτῶν εἰκόνων·
τούτου δὲ τοῦ ἐξαισίου καὶ ἐκπληκτικοῦ θαύματος οὕτως γενομένου,
κατέπαυσε παρευθὺ ὁ τοῦ λάρυγγος αὐτοῦ ἠγριωμένος φάρυγξ

---

1 ὠνειδιζόντων | 6 θεορούμενον | θεωρούμενον ἄκουσμα contradictio |
| 9 ἐγρηγορώτος | 10 κανίκλιος | περιεβάλετο | 11 ἐγκεκριμμένον | ἀπο-
ρεία | συνέχοντα obscurum | 12 τυπτωμένῳ | τίδε κακεῖσαι | 13 τραχείλω |
15 βία dubium | τοῦτο νεῦον | 16 ἐπαρετάσσετο | τοῦτον | 19 τίλλε |
28 ἐξεσίου | 29 λάριγγος | ἡγριομένος φάρυξ

καὶ ⟨ἡ⟩ βασιλικὴ μορφὴ καὶ ἡ ὄψις ἀνενεώθη, ἐσίγησαν δὲ καὶ αἱ κραυγαὶ τοῦ βασιλέως καὶ τῶν ἀλγηδόνων ἀνύπειστοι κολάσεις καὶ τιμωρίαι· ὅθεν καὶ παραχρῆμα ἀφύπνωσε, πεισθεὶς ἀκριβῶς, ὅτι πάνυ ἐστὶν καλὸν καὶ ψυχωφελὲς τὸ σέβεσθαι καὶ τιμᾶν || καὶ προσκυνεῖν f. 9 v.
5 τὴν ἁγίαν καὶ σεβασμίαν εἰκόνα τοῦ κυρίου καὶ θεοῦ καὶ σωτῆρος ἡμῶν Ἰησοῦ Χριστοῦ καὶ τῆς τούτου παναγίας μητρὸς καὶ πάντων αὐτοῦ τῶν ἁγίων, ἄρχουσαν ὁδὸν θεότητος μυστικῶς τελουμένην ᵃ).

Τούτων δὲ οὕτως προβάντων, μετά τινας ἡμέρας ἀποπνεύσας ὁ βασιλεὺς Θεόφιλος ἐκοιμήθη ἐν εἰρήνῃ· μετὰ δὲ τὴν τελευτὴν Θεο-
10 φίλου ἐβασίλευσεν Μιχαὴλ ὁ υἱὸς αὐτοῦ, πέντε ἥμισυ ἐτῶν ὑπάρχων, μετὰ Θεοδώρας τῆς μητρὸς αὐτοῦ. ἐν τῇ οὖν αὐτοκρατορίᾳ Μιχαήλ, Ἀποδινάρ, ὁ τῶν βεβήλων καὶ θεοβδελύκτων Ἀγαρηνῶν φύλαρχος, ἐκ πολλῶν χρόνων παρασκευαζόμενος ἐν δυνάμει μεγάλῃ καὶ βαρείᾳ σφόδρα μετὰ πλοίων φοβερῶν τετρακοσίων καταπλήκτων
15 ἤρχετο κατὰ τῆς θεοφρουρήτου Κωνσταντινουπόλεως· ἀλλὰ τοῦτον ἡ μεγάλη καὶ ἄμαχος καὶ παντοκρατορικὴ καὶ ὁμοιούσιος τριάς, ἡ μία θεότης καὶ βασιλεία, δι' ἧς καὶ διασώζεται καὶ κυβερνητικῶς πρὸς τὸ συμφέρον οἰκονομεῖται πάντα τὰ ὁρατὰ καὶ ἀόρατα, καὶ διὰ δυνάμεως καὶ εὐπροσδέκτων πρεσβειῶν τῆς ἀειπαρθένου Θεοτόκου
20 Μαρίας, εἰς τέλος ἠφάνισε τὸν ἀλάστορα καὶ διώλεσεν, πάντων τῶν φοβερῶν καὶ καταπλήκτων ἐκείνων || πλοίων αὐτάνδρων συντρι- f. 10 r. βέντων ἐν ἀκρωτηρίῳ τῶν Κιβαιρυωτῶν, εἰς τὰ λεγόμενα Χελιδόνια, ἑπτὰ καὶ μόνον διασωθέντων ἐν Συρίᾳ καὶ ἀπαγγειλάντων τὴν τῶν Ῥωμαίων νίκην τε καὶ σωτηρίαν καὶ τὴν ἑαυτῶν ἧττάν τε
25 καὶ πανωλεθρίαν.

Ὁ οὖν βασιλεὺς Μιχαὴλ τὴν πατρῴαν βασιλείαν σὺν τῇ μητρὶ Θεοδώρᾳ, ὡς ἀνωτέρως εἴρηται, διαδεξάμενος, τὴν μὲν

---

1 ἡ om. | ἀνενεώθη | 2 ἀλγιδώνων ἀνύπιστοι | 3 πισθεὶς | 4 ψυχοφελὲς | τὸ]τοῦ | 8 προβάτων | 12 ἀπὸ δινὰρ cod. Ἀποδείναρ Georg. Hamartol. ed. Muralt p. 720 | θεοβδελλίκτων | 17 βασιλεία | κυβερνιτικῶς | 20 ἠφάνησε | 22 ἀκροτηρίῳ | κυβεριωτῶν cod. Κιβυρραιωτῶν Georg. Hamart. ed. Muralt p. 720 | 22. 23 Χελιδονία Georg. Hamart. ed. Muralt p. 721 | 25 πανολεθρίαν

a) Finis primae partis narrationis a Combefis editae, col. 726.

θεοστυγῆ καὶ ψυχοβλαβῆ καὶ βέβηλον τῶν εἰκονομάχων αἵρεσιν διεκρούσατο καὶ ἀνεθεμάτισε, τὴν δὲ ἔκπαλαι θεοφιλῆ καὶ θεοβράβευτον ἱεράν τε καὶ ψυχόσωστον καὶ ὀρθοτάτην πίστιν κραταιώσας καὶ βεβαιώσας παρρησιαστικῶς ἀνεκήρυξε, προτροπῇ καὶ παραινέσει καὶ διδαχῇ τῆς τιμίας καὶ ἁγίας αὐτοῦ μητρὸς Θεοδώρας· εἰ γὰρ 5 καὶ νήπιος ἐτύγχανεν τῇ σωματικῇ ἡλικίᾳ ὁ βασιλεὺς Μιχαήλ, καθὼς ἀνωτέρως εἴρηται, πέντε γὰρ ἥμισυ ἐτῶν ὑπῆρχεν, ἀλλ' ὁ ἐκ στόματος νηπίων καὶ θηλαζόντων καταρτίσας αἶνον θεὸς αὐτὸς καὶ τοῦτον παρεσκεύασεν τὴν ἀλήθειαν τοῦ θείου δόγματος ἀνυμνῆσαί τε καὶ φανερῶσαι καὶ τρανότερον κρατῦναι πρὸς αἶνον καὶ δόξαν τοῦ δι' 10 ἄκραν εὐσπλαγχνίαν καὶ φιλανθρωπίαν σαρκωθέντος θεοῦ λόγου καὶ τοῖς ἀνθρώποις ἐπὶ γῆς ὀφθέντος || καὶ συναναστραφέντος. τοιγαροῦν θεοκυβερνήτῳ βουλῇ καὶ βασιλικῇ προστάξει πάντων τῶν ἁγίων καὶ ὀρθοδόξων πατέρων καὶ θεηγόρων ἀσκητῶν καὶ ὁμολογητῶν, ἡ τῶν ἀνοσίων καὶ δυσσεβῶν εἰκονομάχων κάκιστος καὶ πονηρὰ αἵρεσις 15 ἀκριβῶς ἐλεγχθεῖσα καὶ τὰ μάταια καὶ βδελυρὰ ταύτης ληρήματα διαρρήδην ἀνατραπέντα, ἐλευθερία καὶ ὀρθοδοξία διέλαμψε πάσῃ τῇ οἰκουμένῃ· καὶ τὰ λυμαντικὰ θηρία ἠφανίσθησαν, καὶ τῆς ὀρθοδοξίας ὅρος καὶ λόγος ἐξανέτειλε παντὶ τῷ κόσμῳ, ὥσπερ ἔκ τινων μυχῶν καὶ δυσδιεξοδεύτων λαβυρίνθων καὶ σκοτεινῶν βαράθρων, καὶ 20 ὀρθοδοξία γέγονε τελεία· πᾶσι τοῖς εὐσεβῶς σεβομένοις τε καὶ προσκυνοῦσι τὰς ἁγίας καὶ σεπτὰς εἰκόνας τῇ πρώτῃ κυριακῇ τῶν ἁγίων νηστειῶν· τῆς γὰρ ἀληθοῦς θεογνωσίας ἡ χάρις ἐξανέτειλεν ἐν ὅλῳ τῷ κόσμῳ, καὶ καιρὸς εὐνομίας καὶ εἰρήνης καὶ ἀγαθοεργίας ἀνέστηκεν παντί τε καὶ πανταχοῦ, καὶ γαλήνη τοῦ λοιποῦ καὶ ἀταραξία 25 ἐμπολιτεύεσθαι ἐθεσπίσθη παρά τε τῶν ὀρθοδόξων καὶ μεγάλων βασιλέων καὶ παρὰ τῶν ὁσίων καὶ τρισμακαρίων πατέρων, Ἰωαννικίου τε, φημί, καὶ Ἀρσακίου, Ἡσαΐου καὶ Μεθοδίου || καὶ ἑτέρων πολλῶν, τῶν τότε ἐπ' αὐτῷ συναχθέντων. τότε [a]) τοίνυν καὶ ὁ προλεχθεὶς

---

2 θεοφιλεῖ | 8 καταρτήσας | 9 ἀνύμνησε | 10 τρανώτερον | 12 συναναστραφέντος | 13 βασιλεικῇ | 16 ἐλλεγχθεῖσα | βδελλυρὰ | 18 λοιμαντικὰ | 19 τεινων | 24 ἀγαθοεργείας

a) Caput de Methodio patriarcha, quod sequitur, usque ad verba: πρόδηλος γενόμενος 13, 24, invenitur in narratione a Combefis edita, col. 726—727.

τῆς κακωνύμου καὶ ψυχοβλαβοῦς αἱρέσεως ἔξαρχος καὶ διδάσκαλος
Ἰωάννης ὁ δύστηνος καὶ ἀλιτήριος μαντειάρχης ἀτίμως ἐκ τοῦ
πατριαρχικοῦ ἐκβάλλεται θρόνου καὶ ἀναθεματίζεται σὺν τοῖς ὁμό-
φροσιν αὐτοῦ διώκταις καὶ ὑβρισταῖς, τοῖς δίκην ἀνημέρων καὶ
5 λυμαντικῶν θηρίων τὸ ποίμνιον λυμηναμένοις, δικαίως καὶ θεοκρί-
τως· ἀντεισάγεται δὲ χάριτι θείᾳ καὶ προνοίᾳ Χριστοῦ τοῦ ἀληθι-
νοῦ θεοῦ ἡμῶν καὶ κοινῇ ψήφῳ πάντων τῶν ὀρθοδόξων Μεθόδιος
ὁ ἀοίδιμος ὁμολογητὴς καὶ τῆς ὀρθοδοξίας πρόμαχος, ὅστις πᾶσαν
τοῦ διαβόλου, τοῦ ἀεὶ βασκαίνοντος τὸ γένος ἡμῶν, τὴν ὀλέθριον
10 κατὰ τῶν ἱερῶν εἰκόνων μεθοδείαν καὶ τὴν βέβηλον κενοφωνίαν
τῶν αἱρεσιαρχῶν καὶ φοιτητῶν τῆς ἐκείνων κακονοίας καὶ φρενο-
βλαβείας ἄριστα καὶ σαφέστατα ἀνατρέψας καὶ διελέγξας τὴν
ὀρθόδοξον καὶ ἀμώμητον ἡμῶν πίστιν ἐπεκύρωσε καὶ ἀνεκήρυξε, καὶ
διὰ τοῦτο πολλοὺς μὲν καὶ ἄλλους προϋπέστη διωγμοὺς καὶ κινδύνους
15 πολλάς τε λυπηρὰς περιστάσεις καὶ τιμωρητικὰς βασάνους παρά
τε τῶν βεβήλων εἰκονομάχων καὶ τοῦ ‖ ἀλιτηρίου Θεοφίλου, καὶ f. 11 v.
ταῦτα γενναίως καὶ μαρτυρικῶς μεθ᾽ ὑπομονῆς ἔφερεν εὐχαριστῶν
τῷ φιλανθρώπῳ θεῷ· τίς γὰρ ἀριθμήσειε τοὺς πολλοὺς καὶ ποικί-
λους καὶ ἐπαλλήλους διωγμοὺς καὶ πειρασμούς, οὓς ὑπέστη, τούς τε
20 βαθυτάτους βοθύνους, καὶ τὰς ἀπρεπεῖς καὶ ζοφώδεις στενομονίας,
τάς τε πνιγηρὰς καὶ ταρταρώδεις κατακλείσεις, τῶν τε ἀναγ-
καίων τὴν στέρησιν καὶ τῶν φίλων καὶ ὁμοπίστων καὶ συγγενῶν,
ἃς ἀνέτλη γενναίως τε καὶ προθύμως ὁ μακάριος, ὑπομονῇ τοῖς
φερεπόνοις καὶ σιωπῶσα παραίνεσις, πρόδηλος γενόμενος; οὕτως τοί-
25 νυν ὁ ἀξιάγαστος καὶ ἡγιασμένος τῆς ἐκκλησίας Μεθόδιος, εὐδοκίᾳ
τοῦ φιλανθρώπου θεοῦ καὶ συνεργείᾳ τῆς εὐσεβεστάτης βασιλίσσης
Θεοδώρας καὶ τῶν ὁσίων, ὡς ἔφημεν, πατέρων, παραλαβὼν τὸ τοῦ
Χριστοῦ ποίμνιον ἐπὶ νομὰς ζωῆς αἰωνίου τοῦτο ὡδήγει, καὶ ὁ

---

1 κακονύμου | 2 δύστινος | ἀλητήριος μαντιάρχης | 4 διώκτες | ὑβρι-
στὲς | 6 ἀντισάγεται | 6. 7 ἀλιθηνοῦ | 8 ἀοίδημος | 10 μεθοδίας | κενοφο-
νίαν | 11 κακονίας | 11. 12 φραινοβλαβείας | 12 διελλέγξας | 15 περιστά-
σης | τιμωριτικάς | 16 ἀλητηρίου | 18 ἀριθμίσειε | 21 πνηγηρὰς | ταρ-
ταρώδης κατακλήσεις | 23 ἀνέτλει | 28 ὁδήγει

οἶκος τοῦ θεοῦ καὶ τὸ σύστημα τῶν ὀρθοδόξων ἐπορεύετο χαίρων ἐν ὁσιότητι καὶ δικαιοσύνῃ καὶ θείᾳ δυνάμει καὶ σαφῶς ἐκραταιοῦτο καὶ διέλαμπεν· ὁ δὲ τῶν δυσσεβῶν καὶ ἀνοσιουργῶν αἱρετικῶν σύλλογος καὶ Ἰουδαϊκὴ τῷ ὄντι σπεῖρα καὶ συμμορία κατῃσχύνετο, καὶ κομιδῇ ἠσθένει προφανῶς ἐπιστομιζομένη καὶ ἀνατρεπομένη καθ' ἑκάστην ἡμέραν, ὅθεν καὶ παραυτίκα διὰ βασιλικῆς προστάξεως ἀνεκλήθησαν ἅπαντες καὶ ἀνείθησαν τῶν δεσμῶν οἱ ἐν ἐξορίᾳ ὄντες καὶ πικραῖς φυλακαῖς, πατέρες ἅμα καὶ τὸ πλῆθος τῶν μοναζόντων, καὶ μέντοι καὶ τῶν εὐσεβῶν κοσμικῶν οὐκ ὀλίγοι, ὧν ὁ δυσσεβὴς Θεόφιλος τυραννικῶς τὰς ὑπάρξεις ἀφελόμενος ἀκρωτηριάσας περιώρισεν, ἄλλους δὲ μὴ πειθομένους τοῖς χλευαστικοῖς καὶ ἀπατηλοῖς αὐτοῦ λόγοις τιμωρήσας πικρῶς φρουρεῖσθαι προσέταξεν· οὗτοι δὲ πάντες ἔκτοτε ἐν ἀδείᾳ καὶ χαρμονῇ διῆγον αἰνοῦντες καὶ δοξάζοντες τὸν θεόν· ἡ δὲ τιμία καὶ φιλάγαθος αὐγοῦστα Θεοδώρα, ὁρῶσα τὴν ὀρθόδοξον πίστιν τῶν χριστιανῶν ἀνθοῦσαν καὶ διαλάμπουσαν, ἔχαιρεν καὶ ἠγαλλιᾶτο πάνυ καὶ θυμηδίας καὶ εὐφροσύνης ἐπληροῦτο· συνέχαιρε δὲ καὶ συνεκρότει ἐπὶ τούτοις τῇ αὐγούστῃ καὶ Θεόκτιστος ὁ λογοθέτης, ὁ καὶ κανίκλειος, θερμὸς τῆς ὀρθοδόξου πίστεως ζηλωτὴς τυγχάνων, πρὸς ὃν ἐχθρωδῶς διακείμενος Βάρδας, ὁ καῖσαρ καὶ ἀδελφὸς τῆς εὐσεβεστάτης καὶ θεοστέπτου Θεοδώρας τῆς βασιλίδος, ἀνεῖλεν αὐτὸν ἀδίκως· ἔκτοτε οὖν ἡ ἁγία καὶ φιλευσεβὴς βασίλισσα Θεοδώρα οὐκ ὀλίγους ᾤκτειρεν καὶ εὐεργεσίας ἠμείβετο τῶν εἰς αὐτὴν καταφευγόντων, ἀπὸ ἐμφύτου ἀγαθοεργίας καὶ φιλαγάθου γνώμης καὶ συμπαθοῦς προαιρέσεως πολλοῖς εἴδεσιν ἀρετῆς λαμπρυνομένη.

Οὕτως οὖν αἰσίως καὶ πρεπόντως τὸ ὑποχείριον οἰκονομοῦσα ἡ μακαρία Θεοδώρα καὶ ἐν τῷ παλατίῳ τέσσαρας καὶ δέκα χρόνους ἀπὸ τῆς αὐτοκρατορίας αὐτῆς μετὰ τοῦ υἱοῦ αὐτῆς Μιχαὴλ ποιήσασα, εἰς ἔχθραν ἐλθοῦσα μετὰ Βάρδα τοῦ γεγονότος καίσαρος, τοῦ καὶ

---

2 ὁσιώτητι | ἐκραταιούτω | 4 συμμωρία κατισχύνετο | 5 κομηδὴ | ἐπιστομηζομένη | 6 βασιλεικῆς | 7 ἀνέθησαν | 9 ὠλίγοι | 10. 11 ἀκροτηριάσας περιόρησεν | 12 τιμωρίσας | 13 ἀδία | χαρμωνῇ | 16 θυμιδίας | | 18 κανίκλιος | 19 τυγχάννων | ἐχθροδῶς | 21 βασιλείδος | 22 φιλευσεβεῖς βασίλεισσα | 23 αὐτῆ | 23. 24 ἐμφοίτου | 27 τέσσαρες | 29 γεγονώτος

προμνημονευθέντος ἀδελφοῦ αὐτῆς, διὰ τὴν ἄδικον σφαγὴν τοῦ προμνημονευθέντος ὁμοίως Θεοκτίστου τοῦ λογοθέτου, ἄκουσα καὶ μὴ βουλομένη κατῆλθεν ἀπὸ τοῦ παλατίου ἐν τῇ μονῇ τῶν Γαστρίων μετὰ τῶν τεσσάρων θυγατέρων αὐτῆς, Πουλχερίας, Θέκλας, Ἀνα
5 στασίας καὶ Ἄννης· καὶ τὰς μὲν τρεῖς θυγατέρας αὐτῆς ὁ βασιλεὺς Μιχαὴλ ἀπέχειρεν καὶ τὸ μοναχικὸν καὶ ἅγιον σχῆμα περιέβαλεν καὶ ἐν τῇ τῶν Καριανοῦ μονῇ προσέταξεν εἶναι, τὴν δὲ μητέρα αὐτοῦ, τὴν εὐσεβεστάτην ἄνασσαν Θεοδώραν μετὰ Πουλχερίας || τῆς f. 13 r. θυγατρὸς αὐτῆς ἐν τῇ προειρημένῃ τῶν Γαστρίων μονῇ εἶναι παρε
10 κελεύσατο. καὶ ταῦτα μὲν οὕτως γέγονεν ἐν τοῖς χρόνοις ἐκείνοις· Μιχαὴλ δὲ μόνος ἐκράτησεν χρόνους ιδ̄ καὶ ἐσφάγη παρὰ Βασιλείου πατρικίου καὶ παρακοιμωμένου αὐτοῦ ἐν τῷ παλατίῳ τοῦ ἁγίου Μάμαντος, χρόνων ὢν εἴκοσι ἐννέα.

Ἀλλὰ τί πρὸς ταῦτα ἡ καλὴ ὄντως ἐκείνη μήτηρ καὶ σώφρων
15 παιδαγωγός; οὐκ ἀναβάλλεται τῆς βασιλείας ἐξεστηκυῖα, οὐδὲ τὸ ἄρχειν ὑπὸ τοῦ ἀνδρὸς καταπιστευθεῖσα τὸ ἄρχειν ἐπιζητεῖ, καίπερ τοῦ πλήθους τῆς συγκλητικῆς τάξεως ταύτην ἐπιζητούντων, ἀλλὰ πρὸς ἑαυτὴν μετακαλεσαμένη τὸν παῖδα τοιαύτας ὑπὲρ τοῦ κοινοῦ αὐτῷ διετίθει τὰς γνώμας καὶ τὰ συμφέροντα ἐπεδίδασκε
20 τῷ υἱῷ· «ἐγὼ μέν», λέγουσα, «ὦ τέκνον ἐμὸν καὶ θεοῦ δώρημα, τῆς τοῦ λαοῦ προνοίας νῦν ἀπαλλαττομένη προσέχειν ἐμαυτῇ ἀρκεσθήσομαι, σοῦ τε καὶ τῶν ἄλλων ἐμῶν τέκνων ὑπερευχομένη· σὺ δὲ ὅρα, ὅπως ὑπὸ θεοῦ τῆς τοῦ λαοῦ ἐπιστασίας ἠξίωσαι, εὖ μάλα σαφῶς ἐπιστάμενος, ὡς δι' αὐτοὺς ἡμεῖς μᾶλλον κεκλή
25 μεθα ἢ αὐτοὶ δι' ἡμᾶς, τὰ μὲν βραβεῖα τοῖς ἀξίοις φιλοδω||ρούμενος f. 13 v. κατὰ τὸ πρέπον, τὴν δὲ δίκην τοῖς ὑπευθύνοις εὐσεβῶς καταψηφιζόμενος· καὶ τὰ μὲν κατ' ἐμὲ τοσαῦτα καὶ τοιαῦτα· δώῃ δέ σοι ὁ θεὸς ἄνωθεν, ἐξ οὗ τὸ ἄρχειν, τὸν ἀρχικὸν τουτονὶ πλοῦν καλῶς διασώσασθαι τῷ οἴακι τῆς δικαιοσύνης τὴν κοσμικὴν ταύτην ναῦν διευθύ
30 νοντι καὶ πνεῦμα τῆς σωτηρίας ἐπιπνεομένῳ.» τοσαύταις παραινέσεσι μητρικῶς τὸν παῖδα στηρίξασα καὶ τὰς εὐχὰς ὥσπερ τινὰ

_____

6 ἀπέκηρεν | 17 τὸ πλῆθος | an ἐπιζητοῦντος? | 21 ἀπαλαττομένη |
29. 30 διηυθύνοντι | 30 ἐπιπνεωμένω

ἄλλον μητρικὸν κλῆρον παρασχομένη, ἰδίως ἔξω τῶν βασιλείων κεκάθικεν· εἶτα, ἐπειδὴ τῶν βασιλικῶν φροντίδων ἀπήλλακται, ὢ τοῦ θαύματος, γίνεται ὥσπερ τοῖς βασιλεῦσι πρότερον τύπος, οὕτως καὶ τοῖς ἄλλοις μετὰ τὴν βασιλείαν γνωρίζεται· τίς γὰρ ἡσυχάζουσιν ὑπηρέτις ὡς αὐτὴ δόκιμος καὶ πόρρωθεν ἐχρημάτιζεν καὶ κοινωνὸν αὐτήν τε καὶ τὰ τέκνα τῆς ἐκείνων εὐχῆς ἐποιήσατο; τίς τράπεζαν προύθηκεν πεινῶσιν δαψιλεστέραν ἐκείνης, ἢ νοσοῦσι τὴν ἐπίσκεψιν ἐχαρίσατο, ἢ φρουρὰς μᾶλλον ἐκένωσεν, ἢ περιέβαλε χιτῶνας πλήθει γυμνητευόντων, ἢ δάνειον ἐκούφισεν, ἢ γῆς ἀλλοτρίας τοὺς οἰκείους || ἀνεκαλέσατο; τίς δὲ μᾶλλον ὅρασίν τε καὶ ἀκοὴν καὶ τὰς ἄλλας αἰσθήσεις τῷ θεῷ καθιέρωσεν, καὶ τὸν νοῦν ὁρᾶν θεὸν κατὰ τὸν Ἰσραὴλ παρεσκεύασεν, καὶ ὥσπερ τινὰ στήλην ἀθάνατον καὶ ἔμπνουν εἰκόνα ἑαυτὴν ἀνεστήσατο, τοῖς μὲν νέοις τὴν οἰκείαν ἀναστέλλουσα νεότητα, τοῖς δὲ μέσην ἄγουσιν ἡλικίαν τὸν ἐκείνης τελευταῖον χρόνον, τοῖς δὲ παλαιοῖς καὶ τὴν ἡλικίαν προβεβηκόσι τὴν πρὸ τῆς ἡλικίας πρεσβυτικὴν σύνεσιν, καὶ σιτοδοτεῖ μὲν μετὰ τοῦ Ἰωσὴφ καὶ φυλάττει τὴν σωφροσύνην, καὶ ὑποδέχεται τὴν τριάδα μετὰ τοῦ Ἀβραὰμ οὐ κατὰ τὴν οἰκίαν ἐπισκιάζουσαν, ἀλλὰ κατὰ τὴν καρδίαν αὐτῆς ἐνοικιζομένη μετὰ τοῦ Ἰὼβ ἀνοίγει τὰς θύρας, καὶ ψάλλει νυκτὸς καὶ ἡμέρας τὰ τοῦ θεοῦ δικαιώματα μετὰ τοῦ Δαβίδ, καὶ νίπτει τοὺς πόδας τῶν μαθητῶν, καὶ κηρύσσει μετὰ τῶν ἀποστόλων τὸ εὐαγγέλιον, καὶ μετέχει τῶν μαρτυρικῶν ἀγώνων αἱμάτων χωρὶς συμπαθοῦσα τοῖς μάρτυσιν, καὶ δικαιοῦται παρὰ Χριστοῦ, καὶ λαμβάνει τὸν στέφανον ἐν οὐρανοῖς ἄφθαρτον τέλος τετυχηκυῖα Χριστοῦ; ἐπειδὴ δὲ τῆς κατ' αὐτὴν τελευτῆς ἐμνήσθην, καλὸν εἴη καὶ τῶν τότε συνεπιμνησθῆναι διηγημάτων, ὅσους τε || αὐτὴ λόγους τοῖς παισὶ προετείνετο, καὶ ὅσους πρὸς τοὺς οἰκέτας ἐν αὐτῷ τῷ καιρῷ τῆς ἐξόδου διδασκαλίας ἕνεκα κατεβάλλετο. καὶ πρῶτον μὲν πρὸς τὰ τέκνα ἔφη· «ἰδού», φησίν, «ὦ τέκνα ἐμὰ καὶ γαστρὸς τῆς ἐμῆς κυήματα εὐκλεῆ, ὁ τῆς ἀναλύσεώς μου καιρὸς

---

1 βασιλειῶν | 2 κεκάθηκεν | 5 ὑπηρέτης | 6 αὐτὴν | 7 πινῶσιν δαψηλεστέραν | 8 πλήθη | 9 δάνιον ἐκούφησεν | 13. 14 ἀναστειλοῦσα | 14 μέσιν | 16 σιτοδεῖ | 17 σοφροσύνην | 21 Δαἰδ | 28 κατεβάλετο

ἐφεστήκει, καί με τὰς ἀκοὰς ἐπιστήσατε, καὶ τελευταῖον λοιπὸν ἀκούσατε λόγον· ὁ μὲν γὰρ τάφος ἠυτρέπισται, καὶ τὰ ἐντάφια ἐν χερσὶ τῶν κηδεύειν μελλόντων, καὶ συμπαθὲς δάκρυον συνελαύνεται πρὸ προσώπου χεόμενον, φίλων τε χορεῖαι κύκλωθεν περιίστανται ἐκ-
5 τραγῳδοῦσαι τὴν τελευτήν, καὶ οἶκος ὅλος τῇ κλίνῃ ὑποκαθήμενος οἰμώζει πικρῶς καὶ κόπτεται τὴν μετὰ μικρὸν ἐσομένην ἀποδημίαν· μέμνησθέ μου, τέκνα φίλτατα, τῶν πολλῶν κόπων καὶ πόνων καὶ τῶν καθ' ἑκάστην διδασκαλιῶν, μεθ' ὧν ἐξεθρεψάμην ὑμᾶς· μέμνησθε τῶν στεναγμῶν τῆς ἐμῆς πολυωδύνου καρδίας, ὅσοις τε δάκρυσι τὸν
10 θεὸν ἐξευμένισα καὶ ὅσαις προσεκαρτέρησα παννυχίοις λιταῖς τῆς ὑμῶν κατὰ θεὸν προκοπῆς ἕνεκα, καὶ πόδας μὲν ἁγίων κατησπασάμην, πανταχοῦ δὲ πρεσβείας ἐπαποστέλλουσα οὐ διέλιπον, || ἵνα f. 15 r. ὑμεῖς πρεσβείας τῶν ἐκλεκτῶν τύχητε· καὶ ὥσπερ μοι ἔτι περιούσῃ ἐν τῷδε τῷ βίῳ εἰς ὑπακοὴν ἐξεγγίνεσθε, οὕτω δὴ δυσωπῶ καὶ
15 μετὰ τὴν ἐμὴν ἀνάλυσιν τοῖς ἐμοῖς λόγοις ἐμμείνατε καὶ διδάγμασιν, μὴ ἀμελήσητε τῆς πρὸς θεὸν ἀγάπης, καὶ τῶν συνήθων εὐχῶν μὴ ἐνδώσητε, μηδὲ τῆς πρὸς τὸν πλησίον ἐπιλάθησθε σχέσεως, μὴ χεῖρας ἀδίκους ἢ λοίδορον γλῶσσαν κατὰ τοῦ πλησίον ἐπανατείνητε, εἰ καὶ παντὸς ἀγαθοῦ ἐκορέσθητε καὶ βασιλείας μὲν ἀπηλαύ-
20 σατε, χρυσῷ δὲ περιελάμφθητε, καὶ λίθοις πολυτελέσι κατεκοσμήθητε, καὶ πλῆθος ὑμῖν χρημάτων καὶ ἀνδραπόδων εἰς ὑπηρεσίαν δεδώρηται, εἰδυῖαι ὡς πέρας ἑκάστῳ ἐπακολουθεῖ τῆς παρούσης ζωῆς, αἰωνία δὲ τῶν ἀγγέλων ἐπαγγέλλεται ἡ ἀπόλαυσις, εἴ γε τὰ τῷ θεῷ δόξαντα ἐκτελέσωμεν· διὰ τοῦτο πρὸς τὰ ἄνω σκοπεῖτε, τὴν
25 βασιλείαν τῶν οὐρανῶν ζητεῖτε, σκορπίζουσαι τοῖς ἐνδεέσι τὸν πλοῦτον, ἵν' αὐτὸν ἔξητε ἐν οὐρανοῖς συναγόμενον· οὐδεμίαν γὰρ ὠφέλειαν ἡμῖν ἡ πρὸ ὀλίγου συνεισήνεγκε βασιλεία καὶ ἡ κενὴ δόξα καὶ ὁ λαμπρὸς πλοῦτος, εἰ μὴ καὶ μᾶλλον ἡμᾶς ἐτυράννησεν καὶ πρὸς || τὴν θείαν μελέτην τὸν νοῦν διετάραξε, καί που καὶ συμφορὰς f. 15 v.
30 πολλάκις ἐπήγαγεν· καὶ μάρτυρες τούτων ὑμεῖς· ἃ δὲ καὶ πρότερον

---

1 an ἐφέστηκεν? | 4 χωρίαι | 6 ἐσομένην | 9 πολυωδύνου | 10 ἐξευμένησα | ὅσοις προσεκαρτέρισα | 12 διέλειπον | 13 τετύχητε | 17 ἐνδόσητε | ἐπιλαθέσθε | 18 λοίδωρον | πλησίων | 20. 21 κατεκοσμήσθητε | 22 ἐπακολουθῇ | 23 ἐπαγγέλεται | 26. 27 ὀφέλειαν

λέγειν οὐκ ἐπαυσάμην καὶ νῦν παραινῶ, εἰρήνην μεθ' ἑαυτῶν καὶ πάντων ἄγετε, εἰρήνην ἣν ὁ θεὸς δίδωσιν καὶ ἣν ἐγὼ πρὸ τῶν ἄλλων περιεπτυξάμην, ἀλλήλας στηρίζουσαι, ἀλλήλας πρὸς τὰ καλὰ διεγείρουσαι, ἀλλήλων τὰ βάρη βαστάζουσαι, μὴ δόξης ἐπιθυμία τὴν ἕνωσιν ὑμῶν διαλύσῃ· ἔστω δὲ δι' εἰρήνην ὁ ἔσχατος τῶν πρὸ αὐτοῦ ὑψηλότερος καὶ ὁ πρῶτος δι' ἀγάπην τῶν μετ' αὐτὸν ταπεινότερος· εἷς νόμος ὑμῖν ἔστω τὸ τοῦ θεοῦ θέλημα, καὶ φόβος τὸ μηδὲν παριδεῖν τῶν αὐτοῦ ἀχράντων προσταγμάτων, ἵνα θεῷ καρποφορηθήσεσθε, οἷόν τι δῶρον αὐτῷ προσφορώτατον καὶ ἀπαρχαὶ λογικαὶ τῆς ἐμῆς πολυτόκου γαστρὸς προσαγόμεναι· οὕτω δὲ τοῖς ἐμοῖς λόγοις πεισθεῖσαι καὶ παραινέσεσι καὶ οὕτω βιώσασαι τύχοιτε τέλος Χριστοῦ καὶ τῆς ἐκεῖθεν μακαριότητος κληρονόμοι γενήσεσθε, εἰς κλέος μὲν ἐμοὶ τῇ τεκούσῃ καὶ θρεψαμένῃ μητρί, δόξαν δὲ θεοῦ τοῦ παρασχόντος ὑμᾶς ταῖς ἐμαῖς ἀγκάλαις». τούτοις τοῖς λόγοις ἅμα καὶ πλείοσιν τὰ τέκνα || ἡ μακαρῖτις στηρίξασα· «δώῃ», ἔφη, «καὶ ὑμᾶς ὁ θεὸς πρὸς τὸν οἰκεῖον λαὸν τὸν τῆς εὐπειθείας μισθόν, ἀνθ' ὧν ἡμῖν εἰς υἱῶν καὶ θυγατέρων γεγόνατε τάξιν, ἐπεὶ καὶ ἡμεῖς εἰς μητρός, καλῶς τὰ παρόντα διαθέσθαι καὶ τῶν ἐκεῖθεν ἐλπιζομένων τυχεῖν»· ἤδη δὲ καὶ αὐτοῦ Μιχαὴλ τοῦ υἱοῦ αὐτῆς καὶ βασιλέως ἅμα τῇ δεσποίνῃ τῷ συμπαθεῖ τοῦ θανάτου τὴν ἐπίσκεψιν ποιουμένων, δίδωσι καὶ αὐτοῖς τὴν ἐπιθανάτιον δωρεάν, κυβερνῆσαί τε τοὺς ὑπ' αὐτοὺς ἄριστα εὐξαμένη καὶ τῆς ἐν οὐρανοῖς τυχεῖν βασιλείας· εἶτα, πρὸς ἕκαστον τούτων τὸν λόγον ποιησαμένη, πρὸς τὰ τέκνα, πρὸς τὸν βασιλέα, πρὸς τοὺς οἰκέτας, δίδωσιν ἐν χερσὶ τοῦ πεποιηκότος θεοῦ τὴν ἑαυτῆς ἁγίαν ψυχὴν μηνὶ Φεβρουαρίῳ ιαˉ, τελευταίαν ταύτην ἀφεῖσα φωνήν· «κύριε, εἰς χεῖράς σου παραθήσομαι τὸ πνεῦμά μου». ὦ καλῆς γεννήσεως καὶ ἀνατροφῆς βλάστημα, ὦ γάμου ἐπαινετοῦ καὶ χηρείας θαυμαζομένης, ὦ χρηστῆς παραινέσεως καὶ λόγων σοφῶν διδάγματα· παρθενίαν ἐτίμησεν, γάμον ἐδόξασεν, τὸν ἄνδρα διεσώσατο, ἀνθρώπων πλήθη εἰς φῶς καθωδήγησεν, ἐπέβη πρὸς οὐρανούς, ἀπέλαβε διὰ τῆς ἐλπίδος τὰ || ἐλπιζό-

---

3 περιπτυξάμην | 4 βάρει | 9 προσφορότατον | 10. 11 πεισθῆσαι | 13 τεκούσει | 14 πλείωσιν | 15 μακαρίτης | 16 εὐπιθείας | ὑμῖν | 21 εὐξαμένης | 25 φευρουαρίω | 27 χηρίας | 29 πλήθει | 29. 30 καθοδήγησεν

μενα, περιελάμφθη τῷ φωτὶ τῆς ἄνω λαμπρότητος, ὅλη φῶς θεῷ
ἐχρημάτισεν, ἔτυχεν θεοῦ παρρησίας, πρεσβεύει ὑπὲρ τῶν κάτω θεῷ
κεκαθαρμένη, θεῷ τετελειωμένη, θεῷ εὐχαριστοῦσα, τῷ ἐν πατρὶ
καὶ υἱῷ καὶ ἁγίῳ πνεύματι ὑμνολογοῦσα καὶ δοξάζουσα, ὅτι αὐτῷ
5 πρέπει δόξα, κράτος, τιμή, νῦν καὶ ἀεὶ καὶ εἰς τοὺς αἰῶνας τῶν αἰώ-
νων· ἀμήν ☩ ☩ ☩ ☩ ☩ ☩

2.
De Theophili imperatoris absolutione.

Codex Londinensis.   Codex Madritensis.

f. 16 v.   ☩ Διήγησις ψυχωφε-
λὴς πάνυ περὶ Θεοφίλου
τοῦ βασιλέως, ὅπως ὁ φιλ-
άνθρωπος καὶ πολυεύ- 10
σπλαγχνος θεὸς δι' ἐντεύ-
ξεως καὶ ἱκεσιῶν τοῦ με-
γάλου ἀρχιερέως Μεθο-
δίου καὶ τῶν τότε εὐλα-
βεστάτων καὶ ὀρθοδόξων 15
ἀρχιερέων ὁσίων τε καὶ
ὁμολογητῶν καὶ τῆς τι-
μίας καὶ εὐσεβεστάτης
αὐτοῦ συμβίου Θεοδώρας
τῆς βασιλίδος συγγνώ- 20
μην δέδωκεν τῷ Θεοφίλῳ
καὶ ἄφεσιν ἁμαρτιῶν·
δέσποτα εὐλόγησον ☩

3 τετελειομένη | 7 διήγισις |
9 ὅπως] αὐτὸν add. | 21 τῷ]
αὐτῷ add. | 22 ἁμαρτιῶν] κα-
λὸν καὶ πάνυ ψυχωφελὲς ☩
αὐτοῦ add.

Codex Londinensis.

┼ Ἔστιν, ὦ θεοσύλλεκτον ἄθροισμα καὶ πάντιμον ἀκροατήριον, τὰ ἐναπομείναντα καὶ καταλειφθέντα περὶ Θεοφίλου τοῦ ἄνακτος τίμια καὶ ψυχωφελῆ ὑπάρχοντα ἐπαναλαβεῖν καὶ ταῖς ὑμῶν φιλοχρίστοις ἀκοαῖς διηγήσασθαι εἰς αἶνον || μὲν καὶ δόξαν τοῦ ἀγαθοῦ καὶ φιλανθρώπου θεοῦ ἡμῶν, σωτηρίαν δὲ καὶ ἐπιστροφὴν τῶν θελόντων σωθῆναι καὶ εἰς ἐπίγνωσιν ἀληθείας ἐλθεῖν· ἀρκτέον δ' ἐντεῦθεν. κατ' ἐκεῖνον τὸν καιρόν, τῆς ματαίας καὶ ἐπιβλαβοῦς καὶ ψυχοφθόρου αἱρέσεως τῶν εἰκονομάχων ἐπικρατούσης καὶ τοῦ ἀθλίου καὶ ταλαιπώρου Θεοφίλου πρὸς τὰ τέλη τοῦ βίου αὐτοῦ καταντήσαντος, Θεοδώρα ἡ τιμία καὶ ἀείμνηστος τούτου σύμβιος, ὡς ἐθεάσατο τοῦτον ψυχορραγοῦντα καὶ τὰ ἔσχατα πνέοντα τήν τε ψυχὴν αὐτοῦ ἐκλείπουσαν ἀπὸ τοῦ ἰδίου σκηνώματος,

Codex Madritensis.

Τούτων δὲ οὕτως προβάντων, μετά τ[ινας ἡμέρ]ας τελευτῶντος αὐτοῦ, Θεοδώρα ἡ τιμία καὶ ἀ[εί]μνηστος αὐτοῦ σύμβιος, ὡς ἐθεάσατο αὐτ[ὸν] ψυχορραγοῦντα καὶ ἔσχατον πνέοντα, τὸ ἑαυτῆς κιβώτιον ἀνοίξασα, τὸ τῆς ὀρθοδόξου πίστεως καὶ εὐσεβείας αὐτῆς μυστήριον, [εἰς] τὸ ἐμφανὲς ὑπεδείκνυεν· τὴν

---

1 ἐστὶν | 6 ψυχωφελεῖ | 8 φιλοχρήστοις | 15 ἀρκταῖον | 19 ἐπικρατούσις | 20 ταλαιπόρου | 21 τέλει | 27 ἐκλίπουσαν

21 αὐτοῦ] sc. Θεοφίλου τοῦ βασιλέως | 24 συχοραγοῦντα | 28 μυστήριων

Codex Londinensis.

τὸ ἑαυτῆς κιβώτιον ἀνοίξασα ἡ μακαρία, τὸ τῆς ὀρθῆς πίστεως καὶ εὐσεβείας αὐτῆς μυστήριον, εἰς τὸ ἐμφανὲς ὑπεδείκνυεν· τὴν ἁγίαν καὶ ἄχραντον σαρκομοιόμορφον εἰκόνα τοῦ κυρίου καὶ θεοῦ καὶ σωτῆρος ἡμῶν Ἰησοῦ Χριστοῦ καὶ τῆς ἁγίας καὶ παναμώμου αὐτοῦ μητρὸς ἐκ τοῦ κιβωτίου αὐτῆς, ὡς εἴρηται, ἐκλαβοῦσα τὸν ἄνακτα Θεόφιλον προσκυνῆσαι καὶ περιπτύξασθαι παρεσκεύασεν, ἄκοντα καὶ μὴ βουλόμενον.

Codex Madritensis.

γὰ[ρ ἁγία]ν καὶ ἄχραντον σαρκομοιόμορφον[εἰκόν]α τοῦ κυρίου καὶ θεοῦ καὶ σωτῆρος ἡμῶν Ἰησοῦ Χριστοῦ καὶ τῆς
5 ἁγίας αὐτοῦ καὶ παναμώμου μητρὸς ἐξενεγκ[οῦσα] τὸν ἄνακτα Θεόφιλον καὶ μὴ βουλόμενον προσκυνῆσαι καὶ προσπτύξασθαι παρεσκεύα-
10 σεν. οὗτινος μετὰ μικρὸν τελευτήσαντος, ἐβασίλευσεν ὁ υἱὸς αὐτοῦ Μιχαήλ, πέντε ἐτῶν καὶ ἥμισυ ὑπάρχων, μετὰ Θεοδώρας τῆς μητρὸς
15 αὐτοῦ. παραυτίκα γοῦν βασιλικῷ διορισμῷ τῆς βασιλίσσης Θεοδώρας ἀνεκλήθησαν ἅπαντες καὶ ἀπελύθησαν τῶν δεσμῶν οἱ ἐν ἐξορίᾳ ὄντες καὶ
20 πικραῖς φυλακαῖς, πατέρες μετὰ καὶ τοῦ πλήθους τῶν μοναζόντων καὶ μέτοικοι τῶν κοσμικῶν καὶ εὐσεβῶν οὐκ ὀλίγοι, οὓς ὁ δυσσεβὴς Θεό-
25 φιλος τυραννικῶς τὰς ὑπάρξεις ἀφελόμενος καὶ ἀκρωτηριάσας περιώρισεν, ἄλλους

---

6 σαρκομιόφορον | 11. 12 ἐκκαλοῦσα

8 προσκυνήσασθαι | 16 διορισμῶ | 16. 17 βασιλίσης | 17. 18 ἀνακληθῆναι ἅπαντας καὶ ἀπολυθῆναι | 24 δυσεβὴς | 26. 27 ἀκροτηριάσας

Codex Londinensis.   Codex Madritensis.

δὲ || μὴ πειθομένους τοῖς f. 17 v.
χ[λευαστικοῖς καὶ ἀπατη]λοῖς
λόγοις τιμω[ρίαις ὑ]ποβαλὼν
φρουρεῖσθαι τούτους [προσ-
5 έτ]αξεν· οὗτοι οὖν πάντες
ἀνακληθέντες ἔκτοτε ἐν ἀδείᾳ
διῆγον καὶ χαρμον[ῆ αἰν]οῦν-
τες καὶ δοξάζοντες τὸν θεόν.
τότε οὖν ὁ προλεχθεὶς τῆς
10 κακωνύμου καὶ ψυχοβλαβοῦς
αἱρέσεως ἔξαρχός τε καὶ δι-
δάσκαλος Ἰωάννης ὁ δύσ-
την[ος καὶ] ἀλιτήριος πα-
τριάρχης ἀτίμως ἐκβάλλεται
15 τοῦ πατριαρχικοῦ θρόνου καὶ
ἀναθεματίζεται σὺν τοῖς ὁμό-
φροσιν αὐτοῦ διώκ[ταις] καὶ
ὑβριστα[ῖς], τοῖς δίκην ἀνη-
μέρων καὶ λυμαντικῶν θη-
20 ρίων τὸ ποίμνιον λυμαινομέ-
νοις, δικαίως καὶ θεοκρίτως·
ἀντεισάγεται δὲ χάριτι θεοῦ
καὶ προνοίᾳ Χριστοῦ τοῦ ἀλη-
θινοῦ θεοῦ ἡμῶν, κοινῇ ψήφῳ
25 πάντων τῶν ὀρθοδόξων, Με-
θόδιος ὁ ἀοίδιμος καὶ ὁμολο-

---

6 ἀνεκληθέντες | 7 διῆγει |
9 προλεχθεὶς] προλαβεὶς |
11 αἱραίσεως | 13 ἀλητήριος |
14 ἐκβάλλων | 16 ἀναθεμάτω-
σιν αὐτὸν | 18. 19 ἀνημέρως |
20. 21 λυμενόμενοι | 22 ἀντ-
ισάγεται | 26 ἀοίδημος

Codex Londinensis.   Codex Madritensis.

γητής καί τῆς ὀρθοδόξου πί-
στεως πρόμαχος, [ὅστις πᾶ-
σαν τὴν τοῦ διαβόλου ὀλέ-
θριον κατὰ τῶν ἱερῶν εἰκό-
5 νων μεθοδείαν καὶ βέβηλον
κενοφωνίαν τῶν αἱρεσιαρχῶν
καὶ φοιτητῶν τῆς ἐκείνων
κακονοίας καὶ φρενοβλαβείας
ἄριστα καὶ σαφέστατα ἀνα-
10 τρέψας καὶ διελέγξας τὴν ὀρ-
θόδοξον καὶ ἀμώμητον ἡμῶν
πίστιν ἐπεκύρωσε καὶ ἀνεκή-
ρυξε, καὶ διὰ τοῦτο πολλοὺς
μὲν καὶ ἄλλους προϋπέστη
15 διωγμοὺς καὶ κινδύνους πολ-
λάς τε λυπηρὰς περιστάσεις
καὶ τιμωρητικὰς βασάνους
παρά τε τῶν βεβήλων εἰκονο-
μάχων καὶ τοῦ βασιλέως Θεο-
20 φίλου, καὶ ταῦτα γενναίως
καὶ καρτερικῶς μεθ' ὑπομο-
νῆς ἔφερε εὐχαριστῶν τῷ φιλ-

---

2 πρόμαχος] In codice sequitur: ὅτι κατὰ πᾶσαν τοῦ διαβόλου ὀλέθριον κενοφωνίαν κινηθήσεται λέγουσα. Inter verba κενοφωνίαν et κινηθήσεται a scriba unum folium videtur omissum esse, qua de causa hoc in loco inseruimus partem narrationis a Combefis editae, col. 727 et 729 | 8 φρενοβλαβίας c | 10 διελέξας c

Codex Londinensis.   Codex Madritensis.

ἀνθρώπῳ θεῷ· τίς γὰρ ἀριθ-
μήσειε τοὺς πολλοὺς καὶ
ποικίλους καὶ ἀλλεπαλλήλους
διωγμούς, οὓς ὑπέστη, τούς
5 τε βαθυτάτους βοθύνους, καὶ
τὰς ἀπρεπεῖς καὶ ζοφώδεις
στενομονίας, τάς τε πνιγηρὰς
καὶ ταρταρώδεις κατακλεί-
σεις, τῶν τε ἀναγκαίων τὴν
10 στέρησιν καὶ τῶν φίλων καὶ
ὁμοπίστων καὶ συγ·γενῶν, ἃς
ἀνέτλη γενναίως τε καὶ προ-
θύμως ὁ μακάριος, ὑπομονὴ
τοῖς φερεπόνοις καὶ σιωπῶσα
15 παραίνεσις, προδήλως γενόμε-
νος; τοιγαροῦν τὸ τηνικαῦτα
ἐκ θείας ἐλλάμψεως ἐφάνη
τῷ ὁσίῳ καὶ μεγάλῳ Ἰωαν-
νικίῳ φιλοσοφοῦντι ἐν τοῖς
20 ὄρεσι τοῦ Ὀλύμπου ὁ ἅγιος
Ἀρσάκιος, ὁ τοῦ θεοῦ γνήσιος
θεράπων καὶ μέγας ἀσκη-
τής, λέγων πρὸς αὐτόν· «ὁ ἐξ
ὕψους Καρμηλίου θεὸς ἐν δυ-
25 νάμει τῆς αὐτοῦ παρουσίας
Ἠλίαν ἀποστείλας πρὸς τὸν
Ἰσραὴλ ἐλέγξαι τοὺς ἀνο-
μοῦντας ἐν ταῖς βεβήλοις
θυσίαις παρακελεύεταί σοι
30 δι' ἐμοῦ παραγενέσθαι ἐν

---

12 ἀν ἔτλη c | 25 αὐτοῦ c |
27 ἐλέξαι c | 28 βεβήλαις c

Codex Londinensis.   Codex Madritensis.

τῷ πύργῳ Νικομηδείας τοῦ ἁγίου Διομήδους πρὸς τὸν ἐκλεκτὸν αὐτοῦ θεράποντα Ἡσαΐαν, ὅπως τὰ τῷ θεῷ
5 φίλα καὶ τῇ ἐκκλησίᾳ ἁρμόζοντα οἱ ἀμφότεροι σὺν ἐμοὶ τελέσητε. σύνες οὖν, καὶ πάντα, ὅσα ἂν εἴποι ἡμῖν, ποιήσωμεν καὶ τῇ βασι-
10 λίσσῃ Θεοδώρᾳ ἅμα Μεθοδίῳ τῷ πατριάρχῃ ἀναγγείλωμεν ἃ δεῖ γενέσθαι». καὶ δὴ τούτων οὕτως λεχθέντων πρὸς ἀλλήλους, κατ-
15 ῆλθον ἀμφότεροι ἀπὸ τοῦ ὄρους καὶ διὰ μέσης τῆς νυκτὸς ἐν τῷ || πύργῳ Νικομηδείας παρεγένοντο πρὸς τὸν δοῦλον τοῦ θεοῦ Ἡσαΐαν,
20 οἵτινες τρισσῶς εὐλογηθέντες ὑπ' αὐτοῦ συνῆσαν τῷ ὁσίῳ Ἡσαΐᾳ ἐπὶ τρισὶν ἡμέραις· μετὰ δὲ τὴν τρίτην ἡμέραν, ταῖς ἀλλήλων ἁγίαις εὐχαῖς
25 ἀμφοτέρων ἐφοδιασθέντων, ἐλάλησε τὸ πνεῦμα τὸ ἅγιον διὰ στόματος τοῦ ὁσιωτάτου Ἡσαΐου πρὸς τοὺς ἐρημικοὺς ἄνδρας λέγον· «τάδε λέγει

---

3 ἔκλεκτον c | 7 σύνες c | 29 τὰ δὲ c

Codex Londinensis.

τελευτήσαντος δὲ αὐτοῦ καὶ
ἐκποδὼν γενομένου καὶ τῆς
ματαίας καὶ βδελυρᾶς ἀσε-
βείας τῶν εἰκονομάχων ἔτι
ἐπικρατούσης ὡς τὸ ἀπ' ἀρ-
χῆς, βουλὴ γίνεται καλλίστη
f. 17 v. καὶ θεῷ ἀρέσκουσα ‖ παρὰ
τοῦ τότε τοὺς οἴακας τῆς
ἀρχιερωσύνης ἀναδεξαμένου
Μεθοδίου τοῦ ἁγιωτάτου πα-
τριάρχου τῶν τε ὀρθοδόξων
μητροπολιτῶν καὶ ἀρχιεπι-
σκόπων καὶ τῶν ὁσίων καὶ
εὐλαβεστάτων μοναχῶν καὶ
ὁμολογητῶν μετὰ καὶ τοῦ
λοιποῦ τῆς ἐκκλησίας πλη-
ρώματος, τοῦ σύμφωνον δέη-
σιν καὶ πρεσβείαν ποιήσασθαι
πρὸς Θεοδώραν τὴν τιμίαν
καὶ εὐσεβεστάτην αὐγοῦσταν

11 ἐκ ποδῶν γενομαίνου |
12 βδελυράς

Codex Madritensis.

κύριος· ἰδοὺ ἡμέρα ἐλήλυθε
καὶ οἱ ἐχθροὶ τῶν ἐκτυπω-
μάτων μου τέλος εἴληφαν·
καὶ ἐπὶ τὴν βασιλίδα Θεοδώ-
ραν παραγενομένων ὑμῶν,
κραυγὴ φωνῆς ἀκουσθήσεται]
λέγουσα· Ἰωαννίκιε καὶ Ἀρ-
σάκιε, εἴπατε Μεθοδίῳ τῷ
πατριάρχῃ· παῦσον πάντας
τοὺς ἀνιέρους καὶ οὕτως σὺν
ἀγγέλοις προσενέγκης μοι
θυσίαν αἰνέσεως, τῆς ἐμῆς
εἰκόνος τὴν μορφὴν μετὰ τοῦ
σταυροῦ σεβαζόμενος». ταύ-
της τῆς προφητείας ῥηθείσης
παρὰ τοῦ ὁσιωτάτου Ἡσαΐου
πρὸς τοὺς πατέρας, ἀνεχώ- ‖ f. 18 r.
[ρησαν συνταξάμενοι αὐτῷ]·
καὶ τούτων τὴν βασιλεύουσαν
[καταλαβόντ]ων καὶ τὰ λαλη-
θέντα αὐτοῖς παρὰ το[ῦ ὁσιω-
τά]του Ἡσαΐου τῷ πατριάρχῃ
Μεθοδίῳ καὶ τοῖς λοιποῖς ἱε-
ρεῦσιν, συνάμα τοῖς εὐλαβε-
στάτοις μοναχοῖς καὶ ὁμολο-
γηταῖς, ἔτι γε μὴν·τῷ λοιπῷ

3 εἴληφον c | 6 ἀκουσθήσε-
ται] Quae sequuntur codicis
sunt Madritensis | 12. 13 an
τῆς ἐμῆς μορφῆς τὴν εἰκό-
να? | 16 ὁσιοτάτου | 20 [κα-
ταλαβόντ]ον | 26 γε μήν] γέ-
μων

Codex Londinensis.

περὶ τῆς ἀναστηλώσεως καὶ
προσκυνήσεως τῶν ἁγίων καὶ
σεπτῶν εἰκόνων. καὶ δὴ τὸ
παλάτιον καταλαβόντες εἰσ-
ῆλθον πρὸς τὴν βασίλισ-
σαν Θεοδώραν, τοῦ θεοῦ, ὡς
οἶμαι, οὕτως οἰκονομήσαντος
ἐπ᾽ ἀμφότερα, καθὼς τὸ πέ-
ρας ἔδειξεν, ἵνα τὸν βασιλέα
Θεόφιλον σώσῃ καὶ τὸν ἔν-
θεον ζῆλον αὐτῆς καὶ ὀρθό-
δοξον, τὸν ἕως τότε κρυπτό-
μενον, τοῖς πᾶσι κατάδηλον
ποιήσῃ. τοῦ δὲ ἐν ἁγίοις Με-
θοδίου μετὰ πολλῆς ταπει-
νώσεως καὶ δακρύων ἱκετι-
κῶς πρὸς τὴν βασίλισσαν εἰ-
πόντος· «κέλευσον, ὦ δέσποινα
θεόστεπτε, τοῦ ἀνακαινισθῆ-
ναι καὶ ἑνωθῆναι τὴν τοῦ
θεοῦ ἐκκλησίαν, καὶ ὃν πάλαι
τίμιον καὶ σωτήριον κόσμον
ἀπώλεσεν τῶν ἁγίων καὶ σεπ-
τῶν εἰκόνων αὖθις ἀπολα-
f. 18 r. βεῖν, ὅπως καὶ τὸ τῶν ‖ χρι-
στιανῶν κέρας εἰς ὕψος ἐπι-
δοθείη ἐπὶ τοῦ θεοστέπτου
κράτους τῆς ὑμῶν βασιλείας

---

5. 6 βασίλεισσαν | 17 βασί-
λεισσαν | 19 θεόστεπται |
24 αὔθης | 26. 27 ἐπιδωθείη |
28 ἡμῶν βασιλίας

Codex Madritensis.

πληρώματι τῆς ἐκκλησίας
ἀπαγγειλάντων, ⟨βουλὴ γίνε-
ται⟩ ἐπὶ πάντων [τοῦ ποι]ήσα-
σθαι καὶ σύμφωνον δέησιν καὶ
π[ρεσβε]ίαν πρὸς Θεοδώραν
τὴν τιμίαν καὶ εὐσεβεστάτην
αὐγοῦσταν περὶ τῆς ἀναστη-
λώσεως καὶ προσκυνήσεως
τῶν ἁγίων καὶ σεπτῶν εἰκό-
νων. [ἐ]πεὶ δ᾽ οὖν καὶ δὴ τὸ πα-
λάτιον καταλαβόντες εἰσῆλ-
θον πρὸς τὴν βασίλισσαν Θεο-
δώραν, τοῦ θεοῦ, ὡς οἶμαι, οἰ-
κονομοῦντος ἐπ᾽ ἀμφότερα,
καθὼς τὸ πέρας ἔδειξεν, ἵνα
τὸν βασιλέα σώσῃ καὶ τὸν
ἔνθεον ζῆλον τῆς βασιλίσσης
καὶ ὀρθόδοξον, τὸν ἕως ἄρτι
κρυπτόμενον, κατάδηλον τοῖς
πᾶσιν ποιήσῃ· τοῦ δὲ ἐν ἁγίοις
Μεθοδίου τοῦ πατριάρχου
μετὰ πολλῆς ταπεινώσεως
καὶ δακρύων ἱκετικῶς πρὸς
τὴν βασίλισσαν εἰπόντος· «κέ-
λευσον οὖν, δέσποινα θεό-
στεπτε, ἀνακαινισθῆναι τῇ
τοῦ θεοῦ ἐκκλησίᾳ ὃν πάλαι
τίμιον καὶ σωτήριον κόσμον
ἀπώλεσεν τῶν ἁγίων καὶ
σεπτῶν εἰκόνων, ὅπως καὶ

---

2. 3 βουλὴ γίνεται om. |
3 ἐπεὶ | 10 [ἐ]πείδουν | 17 βα-
σιλίσης | 24 εἰπῶντος

Codex Londinensis.

καὶ τὸ ὄνομα καὶ τὸ μνημόσυνόν σου μετὰ τῶν χρυσοστόλων καὶ φιλτάτων σου τέκνων εἰς γενεὰς γενεῶν ἐπαινεῖται καὶ μακαρίζεται· ἡ εὐσεβεστάτη καὶ θεόφιλος αὕτη βασιλὶς τοῖς τιμίοις καὶ παρακλητικοῖς αὐτοῦ λόγοις εἴξασα πρὸς αὐτὸν ἀντέφη· «τὸ θερμὸν καὶ διάπυρον καὶ ὀρθόδοξον τῆς ὑμῶν εὐλαβείας καὶ πίστεως, ὦ πάτερ ἅγιε, ἀκριβῶς ἐπίσταμαι· γνωστὸν δὲ ὑμῖν ἔστω περὶ ἐμοῦ, ὅτι κἀγώ, ἡ ταπεινὴ καὶ ἐλαχίστη, τῇ τοιαύτῃ ὀρθοδοξίᾳ καὶ προσκυνήσει τῶν ἁγίων καὶ πανσέπτων εἰκόνων ἐμμένω ἐκ προγόνων ἔχουσα τὸ τοιοῦτον σέβας καὶ προσκυνοῦσα καὶ σέβουσα ταύτας καὶ σεμνυνομένη ἐν αὐταῖς· ἵνα δὲ μὴ διὰ λόγων δόξητέ με θέλειν ὑμᾶς πείθειν, ἐξ ἔργου βεβαιώσω». καὶ εὐθέως ἅμα τῷ λόγῳ ἐξενεγκοῦσα ἐκ τοῦ κόλπου

5 ὅπως supra cum optativo (ἐπιδοθείη), hoc in loco cum indicativo (ἐπαινεῖται καὶ μακαρίζεται)! | 7 βασιλῆς | 9 ἤξασα | 18 πανσεπτῶν | 22 σεμνηνομένη | 27 ἐξενέγκουσα

Codex Madritensis.

τὸ τῶν χριστιανῶν κέρας ‖ εἰς f. 18 v. ὕψος ἐπιδοθείη [ἐπὶ τοῦ θεοστέπτου κρά]τους τῆς ὑμῶν βασιλείας [καὶ τὸ ὄν]ομα καὶ τὸ μνημόσυνόν σου μετὰ τῶν χρυσοστόλων καὶ φιλτάτων σου τέκνων εἰς γενεὰς γενεῶν ἐπαινεῖται καὶ μακαρίζεται· ἡ οὖν εὐσεβεστάτη καὶ φιλόθεος Θεοδώρα βασίλισσα εἴξασα τοῖς τιμίοις αὐτοῦ καὶ παρακλητικοῖς ῥήμασιν πρὸς αὐτὸν ἀντέφησεν· «τὸ θερμὸν καὶ ἄπειρον καὶ ὀρθόδοξον τῆς ὑμῶν εὐλαβείας καὶ πίστεως ἀκριβῶς ἐπίσταμαι, ὦ πάτερ ἅγιε· γνωστὸν δὲ ἔστω περὶ ἐμοῦ καὶ ὑμῖν, ὅτι κἀγώ, ἡ ταπεινὴ καὶ ἐλαχίστη, τῇ αὐτῇ ὀρθοδοξίᾳ καὶ προσκυνήσει τῶν ἁγίων καὶ σεπτῶν εἰκόνων ἐμμένω ἐκ προγόνων ἔχουσα τὸ τοιοῦτον σέβας καὶ προσκυνοῦσα καὶ σεβομένη ταύτας καὶ σεμνυνομένη ἐν αὐταῖς· ἵνα δὲ μὴ διὰ λόγων δείξηται θέλειν ὑμᾶς πείθειν, ἐκ τῶν ἔργων βεβαιώσω».

3 ἡμῶν | 4 βασιλίας | 5 τό] τω | 8 de verbi modis cfr. adn. ad cod. Lond. | 11 ἤξασα | 11 πρὸς τοὺς τιμίους | 12 ῥήμασιν] καὶ add. | 15 ἡμῶν | 16 ὦ] ο | 25 σεμνηνομένη

Codex Londinensis.

αὐτῆς τὴν ἁγίαν καὶ ἄχραντον εἰκόνα τοῦ κυρίου καὶ θεοῦ καὶ σωτῆρος ἡμῶν Ἰησοῦ Χριστοῦ καὶ τῆς παναγίας καὶ ἀχράντου αὐτοῦ μητρὸς καὶ ἐπ' ὄψεσι πάντων προσκυνήσασα καὶ ἀσπασαμένη ταύτην εἶπεν· «τῷ μὴ προσκυνοῦντι καὶ σεβομένῳ τὸν χαρακτῆρα τοῦ κυρίου ἡμῶν || Ἰησοῦ Χριστοῦ καὶ τῆς θεοτόκου καὶ πάντων τῶν ἁγίων εἴη τὸ ἀνάθεμα»· τότε ἔδωκαν ἅπαντες αἶνον καὶ δόξαν τῷ φιλανθρώπῳ θεῷ ἡμῶν. τούτων δὲ οὕτως γενομένων λέγει πρὸς τὸν πατριάρχην ἡ βασίλισσα· «εἰ βούλει, πανάγιε δέσποτα, τὰ καταθύμια ὑμῶν ἅπαντα ἐκπληρῶσαί με, καὶ ὑμεῖς τὴν αἴτησίν μου τὴν πρὸς ὑμᾶς μὴ βδελύξησθε μήτε μὴν ἀποστραφῆτε». τῶν δὲ φησάντων· «καὶ τίς ἐστιν ἡ αἴτησις τῆς βασιλείας ὑμῶν, ἡ πρὸς ἡμᾶς τοὺς ταπεινούς;» ἔφη ἡ βασίλισσα πρὸς αὐτούς·

Codex Madritensis.

καὶ ἅμα τῷ λόγῳ ἐξενεγκοῦσα ἐκ τοῦ κόλπου αὐτῆς τὴν ἁγίαν καὶ ἄχραντον εἰκόνα τοῦ κυρίου καὶ θεοῦ καὶ σωτῆρος ἡμῶν Ἰησοῦ Χριστοῦ καὶ τῆς παναχράντου ἁγίας θεοτόκου τῆς αὐτοῦ μητρὸς καὶ ἐπ' ὄψεσι πάντων προσκυνήσασα καὶ ἀσπασαμένη ταύτην εἶπεν· «τῷ μὴ προσκυνοῦντι καὶ σεβομένῳ τὸν χαρακτῆρα τοῦ κυρίου ἡμῶν Ἰησοῦ Χριστοῦ καὶ τῆς παναχράντου δεσποίνης ἡμῶν θεοτόκου καὶ || πάντων τῶν ἄλλων εἴη τὸ ἀνάθεμα»· τότε δεδώκασι μν[ήμην καὶ αἶ]νον καὶ δόξαν τῷ φιλανθρώπῳ θεῷ ἡμῶν. τούτων δὲ οὕτως γενομένων λέγει πρὸς τὸν πατριάρχην ἡ βασίλισσα· «εἰ βούλει, πανάγιε δέσποτα, τὰ [καταθύμια] ὑμῶν ἐκπληρῶσαι, καὶ ὑμεῖς τὴν αἴτησίν μου τὴν πρὸς ὑμᾶς μὴ βδελύξησθε μήτε μὴν ἀποστραφῆτε». τῶν δὲ φησάντων· «καὶ τίς ἐστιν ἡ αἴτησις

---

8 ταύτας | 8. 9 ὁ μὴ προσκυνῶν καὶ σεβομενος | 19 βούλη | 20 ἡμῶν | 23 βδελύξησθε | 24 ἀποστραφεῖτε | 25. 26 αἴτισις

10 ταύτας | 10. 11 ὁ μὴ προσκυνῶν καὶ σεβόμενος | 23 ἡμῶν | 25 ἡμᾶς | 26 βδελύξησθε | 26. 27 ἀποστραφεῖτε | 27. 28 φησάτων | 28 αἴτισις

Codex Londinensis.

«ἡ ἐμὴ αἴτησις καὶ παράκλησις ἡ πρὸς τὴν εὐλάβειαν ὑμῶν καὶ ἁγιωσύνην αὕτη ἐστίν, ἵνα δεηθῆτε καὶ ἐκδυσωπήσητε τὸν ἐλεήμονα καὶ φιλάνθρωπον θεὸν περὶ Θεοφίλου τοῦ ἐμοῦ συνεύνου, ὅπως συγχωρήσῃ αὐτὸν κύριος ὁ θεὸς τὰ πλημμελήματα αὐτοῦ πάντα καὶ μάλιστα ὅσα εἰς τὰς ἁγίας καὶ σεπτὰς εἰκόνας ἠνόμησεν· ἐπίσταμαι γὰρ ἀκριβῶς ἀπὸ τῶν ἁγίων εὐαγγελίων, ὅτι ὑμῖν δέδοται ἐξουσία παρὰ θεοῦ τοῦ δεσμεῖν τε καὶ λύειν τὰ τῶν ἀνθρώπων πλημμελήματα». ἔφη πρὸς αὐτὴν ὁ μέγας τοῦ θεοῦ ἀρχιερεὺς Μεθόδιος· «ὑπὲρ τὴν δύναμιν ἡμῶν ἡ αἴτησίς σου ὑπάρχει, ὦ δέσποινα· ἀλλ' ἐπεὶ πιστῶς αἰτεῖσαι, γέγραπται «πάντα δυνατὰ τῷ πι||στεύοντι», ποιήσομεν οὖν ἅπαντες νηστείαν καὶ δέησιν καὶ προσευχὴν πρὸς τὸν φιλάνθρωπον, ἀλλὰ μὴν καὶ σὺ αὐτὴ μετὰ πάν-

f. 19 r.

---

4 δεηθεῖτε | 4. 5 ἐκδυσωπήσηται | 11 ὅσα] ὁ | 14 εὐαγγελιῶν | 15 δέδωται | 21 αἴτισις | 23 αἰτῆσαι cod., an αἰτεῖς? | 24. 25 ποιήσωμεν

Codex Madritensis.

καὶ ἡ παράκλησις τῆς βασιλείας σου, ἡ πρὸς τὴν εὐλάβειαν ἡμῶν τῶν ταπεινῶν;» ἔφη αὐτοῖς ἡ βασίλισσα· «ἡ ἐμὴ αἴτησις καὶ ἡ παράκλησις ἡ πρὸς τὴν εὐλάβειαν ὑμῶν καὶ ἁγιωσύνην αὕτη ἐστίν, ἵνα δεηθῆτε καὶ ἐκδυσωπήσητε τὸν φιλάνθρωπον θεὸν περὶ Θεοφίλου τοῦ ἐμοὶ συνεύνου, ὅπως συγχωρήσῃ αὐτῷ κύριος ὁ θεὸς τὰ πλημμελήματα αὐτοῦ πάντα καὶ μάλιστα ὅσα εἰς τὰς ἁγίας εἰκόνας καὶ σεπτὰς ἠνόμησεν· ἐπίσταμαι γὰρ ἀκριβῶς ἀπὸ τῶν ἁγίων γραφῶν, ὅτι ὑμῖν δέδοται ἐξουσία παρὰ θεοῦ τοῦ δεσμεῖν τε καὶ λύειν τὰ τῶν ἀνθρώπων ἁμαρτήματα». ἔφη πρὸς αὐτὴν ὁ μέγας τοῦ θεοῦ Μεθόδιος καὶ ἀρχιερεύς· «ὑπὲρ τὴν δύναμιν ἡμῶν ὑπάρχει, ὦ δέσποινα, ἡ αἴτησίς σου· ἀλλ' ἐπειδὴ πιστῶς αἰτεῖς, γέγραπται γὰρ «πάντα δυνατὰ τῷ πιστεύοντι», ποιήσομεν οὖν ἅπαντες νηστείαν καὶ δέησιν καὶ || προσ- f. 19 v. ευχὴν πρὸς τὸν φιλάνθρω-

---

8 ἐκδυσωπήσηται | 14 ὅσα] ὁ | 15 ἠνόμισεν | 18 δέδωται | 28 ποιήσωμεν

Codex Londinensis.

των τῶν ἐν τῷ παλατίῳ σου ἀπὸ νηπίου καὶ θηλάζοντος μέχρι νεωτέρου καὶ γηραιοῦ σου σὺν δάκρυσιν καὶ ἐλεημοσύνῃ· καὶ πάντως ποιήσῃ καὶ εἰς ἡμᾶς τοὺς ταπεινοὺς τὸ ἔλεος αὐτοῦ καὶ τὴν φιλανθρωπίαν, ὡς καὶ πάντοτε». ταῦτα εἰπὼν ὁ τοῦ θεοῦ ἀρχιερεὺς Μεθόδιος τῇ βασιλίσσῃ καὶ συνταξάμενος αὐτῇ ἐξῆλθέν ἀπὸ τοῦ παλατίου. ἐλθὼν δὲ ἐν τῇ μεγάλῃ τοῦ θεοῦ ἐκκλησίᾳ προσεκαλέσατο ἅπαντα τὸν τίμιον καὶ ὀρθόδοξον λαόν, ἀπὸ μικροῦ αὐτῶν ἕως μεγάλου σὺν γυναιξὶ καὶ τέκνοις, καὶ πρό γε τούτων μητροπολίτας τε καὶ ἐπισκόπους, πρεσβυτέρους τε καὶ διακόνους, μονάζοντας καὶ ἐρημίτας, στυλίτας τε καὶ ἐγκλείστους· ἐξ ὧν ἦσαν ὅ τε ἐν ἁγίοις πατὴρ ἡμῶν καὶ μέγας θαυματουργός Ἰωαννίκιος ὁ τοῦ Ὀλύμπου, Θεόδωρός τε ὁ ὁμολογητὴς καὶ ἡγούμενος τῶν Στουδίου, καὶ Θεοφάνης, ὁμοίως καὶ αὐτὸς ὁμολογητὴς καὶ ἡγούμενος ὁ τοῦ Μεγάλου Ἀγροῦ,

5 ποιήσει | 22 ἐρημήτας

Codex Madritensis.

πον, ἀλλὰ [μὴν καὶ] σὺ αὐτὴ μετὰ παντὸς τοῦ κυρίου σου καὶ ⟨τῶν ἐν⟩ τῷ παλατίῳ σου ἀπὸ νη[πίου καὶ] θηλάζοντος μέχρι νεωτέρου καὶ γηρ[αιοῦ] σου σὺν δάκρυσι καὶ ἐλεημοσύναις· καὶ πάντως ἐνδείξηται καὶ εἰς ἡμᾶς τοὺς ταπεινοὺς τὸ ἔλεος αὐτοῦ καὶ ἡ φιλανθρωπία, ὡς ἀεὶ καὶ πάντοτε». ταῦτα εἰπὼν ὁ τοῦ θεοῦ ἀρχιερεὺς Μεθόδιος τῇ βασιλίσσῃ καὶ συνταξάμενος ἐξῆλθεν τοῦ παλατίου. ἐλθὼν δὲ ἐν τῇ μεγίστῃ τοῦ θεοῦ ἐκκλησίᾳ προσεκαλέσατο ἅπαντα τὸν τίμιον καὶ ὀρθόδοξον λαόν, ἀπὸ μικροῦ [ἕ]ως μεγάλου αὐτῶν σὺν γυναιξὶ καὶ τέκνοις, καὶ πρὸ τούτων γε μητροπολίτας [καὶ] ἐπισκόπους, πρεσβυτέρους τε καὶ διακόνους, μονάζοντας καὶ ἐρημίτας, στυλίτας τε καὶ ἐγκλείστους· ἐξ ὧν ἦσαν ὅ τε προλεχθεὶς πατὴρ ἡμῶν καὶ μέγας θαυμα-

1 αὔτη | 3 τῶν ἐν om. | 9. 10 τὴν φιλανθρωπίαν αὐτοῦ | 13 βασιλίσιν | 21 μητροπολιτῶν | 22 ἐπισκόπων | 22. 23 πρεσβυτέρων | 23 διακόνων | 24 ἐρημήτας

Codex Londinensis.

Μιχαήλ τε ὁ ἁγιώτατος ὁμολογητὴς καὶ σύγκελλος ὁ ἁγιοπολίτης, καὶ σὺν αὐτῷ Θεόδωρος μοναχὸς καὶ ὁμολογητὴς ὁ γρα‖πτός, ὡσαύτως δὲ καὶ Θεοφάνης μητροπολίτης Νικαίας ὁ ποιητὴς καὶ γραπτὸς καὶ ἕτεροι πλεῖστοι τῆς ἀρετῆς καὶ τῆς ὀρθοδόξου πίστεως ἀντεχόμενοι μέχρι θανάτου· οὗτοι πάντες κοινὴν εὐχὴν καὶ ἀγρυπνίαν σὺν νηστείᾳ ποιησάμενοι καὶ δάκρυα πλεῖστα ἐκχέαντες τῇ πρώτῃ ἑβδομάδι τῆς ἁγίας τεσσαρακοστῆς παννυχίαις τε ψαλμῳδίαις ἀεννάως τὸν θεὸν ἐξελιπάρουν τοῦ δοθῆναι συγγνώμην καὶ ἄφεσιν ἁμαρτιῶν Θεοφίλῳ τῷ βασιλεῖ· ἔκτοτε οὖν καὶ μέχρι τῆς δεῦρο ἐξετέθησαν αἱ παννυχίαι ἐν τῇ μεγάλῃ τοῦ θεοῦ ἐκκλησίᾳ τῇ πρώτῃ ἑβδομάδι τῆς ἁγίας τεσσαρακοστῆς. καὶ τὰ μὲν κατὰ τὸν ἐν ἁγίοις ἀρχιεράρχην Μεθόδιον τοιαῦτα. ἡ δὲ τιμία καὶ εὐσεβεστάτη

---

2 σύγκελος | 13 νηστείαν | 14 ἐκχέοντες | 15 ἐβδομάδη | 17 ψαλμοδίαις | 22 πανυχίαι | 24 ἐβδομάδη | 26. 27 ἀρχιεράρχου μεθοδίου

Codex Madritensis.

τουργὸς Ἰωαννίκιος ὁ τοῦ Ὀλύμπου σὺν τῷ ὁσιωτάτῳ Ἀρσακίῳ, καὶ Θεόδωρος ὁμολογητὴς καὶ ἡγούμενος τῶν Στουδίου, καὶ Θεοφάνης, ὁμοίως καὶ αὐτὸς ὁμολογητὴς καὶ σύγκελλος ὁ ἁγιοπολίτης, Θεόδωρος μοναχὸς καὶ ὁμολογητὴς ὁ γραπτὸς καὶ ἕτεροι πλεῖστοι τῆς ἀρετῆς καὶ τῆς ὀρθοδόξου πίστεως ἀντεχόμενοι ‖ μέχρι θανάτου, Θεοφάνης μητροπολίτης Νικαίας ὁ ποιητὴς καὶ γραπτός· [οὗτοι π]άντες κοινὴν εὐχὴν καὶ ἀγρυπνίαν σὺν νηστείᾳ [ποι]ησάμενοι καὶ δάκρυα πλεῖστα ἐκχέαντες τῇ πρώτῃ ἑβδομάδι τῆς ἁγίας τεσσαρακοστῆς παννυχ[ίσι] τε καὶ ψαλμῳδίαις ἀεννάως τὸν θεὸν

---

3. 4 ὁμολογητής | 5 θεοφάνους | 6 ὁμολογητής. Hoc in loco a scriba videntur esse omissa verba: καὶ ἡγούμενος ὁ τοῦ Μεγάλου Ἀγροῦ, Μιχαήλ τε ὁ ἁγιώτατος ὁμολογητής. Cfr. codicem Londinensem et narrationem a Combefis editam col. 734 | 7. 8 ἁγιοπολίτης | 9 ὡμολογητής | 13 θεοφάνους | 13. 14 νικείας | 18 ἐκχέοντες | 20 πανυχ[ίδων] | 21 ψαλμοδιῶν

Codex Londinensis.

Θεοδώρα ἡ αὐγοῦστα καὶ αὐτὴ ὁμοίως σὺν τῇ συγκλήτῳ οὐ διέλιπεν νηστείαις καὶ ἐλεημοσύναις σὺν δάκρυσι καὶ χαμευνίᾳ καὶ ἐν σάκκῳ καὶ σποδῷ, νύκτωρ καὶ μεθ' ἡμέραν, τὸν φιλάνθρωπον θεὸν καθικετεύουσα τοῦ δοθῆναι συγγνώμην καὶ ἄφεσιν ἁμαρτιῶν τῷ ἑαυτῆς συνεύνῳ. καὶ δὴ πρὸς τὸ τέλος τῆς πρώτης ἑβδομάδος, τῆς ἁγίας παρασκευῆς πρὸς ὄρθρον ἐλθούσης, ἡ βασίλισσα δὲ ἐκ πολλῆς θλίψεως καὶ ἀδολεχίας ‖ εἰς ὕπνον ἐτράπη καὶ ἐν ἐκστάσει γενομένη ὁρᾷ κατ' ὄναρ ἱσταμένην ἑαυτὴν ἐν τῷ φόρῳ, πλησίον τοῦ κίονος τοῦ μεγάλου Κωνσταντίνου, καί τινας μετὰ θορύβου καὶ ταραχῆς τὴν λεωφόρον διερχομένους κατέχοντάς τε ἐν ταῖς χερσὶν αὐτῶν διάφορα εἴδη βασανιστηρίων ὀργάνων, τοῦτ' ἔστι πλῆκτρα, ἀρθρέμβολα, βούνευρα, ῥάβδους καὶ εἴ τι ἕτερόν ἐστιν τιμωρητικὸν ὄργανον, καὶ ὡς πρὸς τὸ κάταντες τῆς ὁδοῦ βαδίζον-

f. 20 r.

---

15. 16 ἀδολεχίας] an ἀδημονίας? | 28. 29 τιμωριτικὸν

Codex Madritensis.

ἐξελιπάρουν τοῦ δοθῆναι συγγνώμην καὶ ἄφεσιν ἁμαρτιῶν Θεοφίλῳ τῷ βασιλεῖ. ἔκτοτε οὖν καὶ μέχρι τῆς δεῦρο ἐξετέθησαν αἱ παννυχίδες ἐν τῇ μεγάλῃ ἐκκλησίᾳ τῇ πρώτῃ ἑβδομάδι τῆς ἁγίας τεσσαρακοστῆς. καὶ τὰ μὲν κατὰ τὸν ἐν ἁγίοις πατριάρχην Μεθόδιον τοιαῦτα. ἡ δὲ τιμία καὶ εὐσεβεστάτη Θεοδώρα ἡ αὐγοῦστα καὶ αὐτὴ ὁμοίως σὺν τῇ συγκλήτῳ οὐ διέλιπε νηστείαις καὶ ἐλεημοσύναις, σὺν δάκρυσι καὶ χαμευνίᾳ, καὶ ἐν σάκκῳ καὶ σποδῷ, ἐν νυξὶ καὶ ἡμέραις, τὸν φιλάνθρωπον θεὸν ἐκλιπαροῦσα τοῦ δοθῆναι ἄφεσιν ἁμαρτιῶν καὶ συγγνώμην τῷ ἑαυτῆς συνεύνῳ. καὶ δὴ πρὸς τὸ τέλος τῆς πρώτης ἑβδομάδος, ἤτοι τῆς παρασκευῆς πρὸς ὄρθρον ἐλθούσης, ἡ βασίλισσα δὲ ἐκ πολλῆς θλίψεως καὶ ἀθυμίας εἰς ὕπνον ἐτράπη καὶ ἐν ἐκστάσει γενομένη ὁρᾷ κατ' ὄναρ ἱσταμένην αὐτὴν ἐν τῷ φόρῳ, πλησίον τοῦ κίονος τοῦ

---

5 παννυχίδες | 7 ἑβδομάδη | 12 αὕτη | 18 ἐκλιπαροῦντα | 23 τῇ παρασκευῇ | 28 ἱσταμένη αὕτη.

Codex Londinensis.

τὰς, μέσον δὲ αὐτὸν συρόμενον γυμνὸν ὄπισθεν τὰς χεῖρας δεδεμένας ἔχοντα καὶ τυπτόμενον Θεόφιλον τὸν βασιλέα. ὡς οὖν τοῦτον εἶδεν ἡ αὐγοῦστα Θεοδώρα οὕτως ἀτίμως συρόμενον καὶ ἀνηλεῶς τυπτόμενον, ἀναγνωρίσασα αὐτὸν συνείπετο τοῖς ἀπάγουσιν κλαίουσα καὶ ὀδυρομένη· καὶ δὴ τὴν χαλκῆν πύλην καταλαβόντες, ἐθεάσατο ἄνδρα τινὰ μέγαν καὶ φοβερὸν καθεζόμενον ἐπὶ θρόνου ἔμπροσθεν τῆς φοβερᾶς καὶ ἁγίας εἰκόνος τοῦ κυρίου ἡμῶν Ἰησοῦ Χριστοῦ. ἔνθα καὶ ἀγαγόντες Θεόφιλον τὸν βασιλέα οἱ κατέχοντες αὐτὸν ἔστησαν ἔμπροσθεν αὐτοῦ, ὡς ἦν δεδεμένος. ἡ δὲ τιμία καὶ θεοφιλὴς ἐκείνη γυνὴ τῶν ποδῶν ἐπιλαβομένη τοῦ προκαθεζομένου φοβεροῦ καὶ ἐνδόξου || βασιλέως προσεκυλινδοῦτο ἔμπροσθεν αὐτοῦ ὀλοφυρομένη, σὺν πολλοῖς δάκρυσι καὶ ἱκετεύουσα ὑπὲρ

5 ἴδεν | 7. 8 ἀνιλεῶς | 8.9 ἀναγνωρήσασα | 10.11 ὀδυρωμένη | 25. 26 προσεκύλινδοῦτο | 27 ὀλοφυρωμένη

Codex Madritensis.

μεγάλου Κωνσταντίνου, || f. 20 v. καί τινας μετὰ θορύβου [καὶ ταραχῆς τὴν λεωφόρον] διερχομένους [κατέχοντάς τε] ἐν ταῖς χερσὶν αὐ[τῶν] διάφορα εἴδη βα[σανιστή]ρια, τοῦτ' ἔστι πλῆκ[τρα], ἀρθρέμβολα, βούνευρα, ῥάβδους καὶ εἴ τι ἕτερον τιμωρη[τικὸ]ν ὄργανον, καὶ ὡς πρὸς τὸ κάταντες τῆς ὁδοῦ βαδίζοντας, μέσον δὲ αὐτὸν συρόμενον γυμνὸν καὶ ὄπισθεν τὰς χεῖρας ἔχοντα δεδεμένας καὶ τυπτόμενον Θεόφιλον τὸν βασιλέα. ὡς οὖν τοῦτον εἶδεν ἡ αὐγοῦστα Θεοδώρα οὕτως ἀτίμως συρόμενον καὶ ἀνηλεῶς τυπτόμενον, καὶ ἀναγνωρίσασα αὐτὸν συνείπετο τοῖς ἀπάγουσιν κλαίουσα καὶ ὀδυρομένη· καὶ δὴ τὴν χαλκῆν πύλην καταλαβόντες, ἐθεάσατο ἄνδρα τινὰ μέγαν καὶ φοβερὸν καθεζόμενον ἐπὶ θρόνου ἔμπροσθεν τῆς φοβερᾶς καὶ ἁγίας εἰκόνος τοῦ κυρίου ἡμῶν Ἰησοῦ Χριστοῦ· καὶ ἀγαγόντες ὡς πρὸς αὐτὸν Θεόφιλον τὸν

2 θορύβους | 7 ἀθρέβολα | 11 βαδίζοντες | 18 ἀνιλέως | 20 συνήπτετο

Codex Londinensis.

τοῦ ἰδίου ἀνδρός. καὶ δὴ ἐπὶ
πολὺ δεομένης αὐτῆς καὶ
κοπτομένης, ἀνοίξας τὸ πανά-
γιον καὶ πανάχραντον αὐτοῦ
στόμα ὁ φοβερὸς ἐκεῖνος ἀνὴρ
πρὸς αὐτὴν ἀπεφθέγξατο· «ὦ
γύναι, μεγάλη σου ἡ πίστις·
ὕπαγε διὰ τὰ δάκρυά σου καὶ
τὴν πίστιν σου, ἔτι δὲ καὶ
διὰ τὴν παράκλησιν καὶ ἱκε-
σίαν τῶν ἱερέων μου συγγνώ-
μην δίδωμι Θεοφίλῳ τῷ ἀνδρί
σου». καὶ εὐθέως ἅμα τῷ
λόγῳ ἐκέλευσε τοῖς παρε-
στῶσι καὶ κρατοῦσιν αὐτὸν
ἁγίοις ἀγγέλοις εἰπών· «λύ-
σατε αὐτὸν καὶ ἐνδύσατε καὶ
ἀπόδοτε αὐτὸν τῇ γυναικὶ
αὐτοῦ». καὶ τούτων οὕτως
γενομένων, λαβοῦσα αὐτὸν
ἐκ τοῦ βασιλικοῦ βήματος
ἐξῆλθε χαίρουσα καὶ ἀγαλ-
λιωμένη σὺν τῷ ἀνδρὶ αὐτῆς.
ἕως ᾧδε τὰ τῆς ὀπτασίας. ὁ
δὲ ἐν ἁγίοις Μεθόδιος ὁ πα-
τριάρχης μετὰ τὸ ἐπισυνάξαι
πάντας τοὺς ὀρθοδόξους μη-
τροπολίτας μοναχούς τε καὶ
κοσμικούς, ἐν ἀρχῇ τῆς πρὸς

Codex Madritensis.

βασιλέα οἱ κατέχοντες αὐτὸν
ἔστησαν ἐπὶ τοῦ βήματος
τοῦτον ἔμπροσθεν αὐτοῦ, ὡς
ἦν δεδεμένος· ἡ δὲ τιμία καὶ
5 θεοφιλὴς ἐκείνη γυνὴ τῶν
ποδῶν ἐπιλαβομένη ἱκέτευε
σὺν πολλοῖς δάκρυσιν ὑπὲρ
τοῦ ἰδίου ἀνδρός. καὶ ἐπὶ πολὺ
δεομένης, ἀνοίξας τὸ πανά-
10 γιον αὐτοῦ στόμα ὁ φοβερὸς
ἐκεῖνος ἀνὴρ πρὸς αὐτὴν
ἀπεφθέγξατο· «ὦ γύναι, με-
γάλη σου ἡ πίστις· γίνωσκε
οὖν ὅτι || [διὰ τὰ δάκρυα σου f. 21 r.
15 καὶ τὴν] πίστιν σου, ἔτι δὲ
καὶ διὰ τὴν παράκλη[σιν τ]ῶν
αὐτῶν ἱερέων μου συγγνώ-
μην δ[ίδωμι τῷ] ἀνδρί σου
Θεοφίλῳ». εὐθέως ἅμα τῷ
20 λόγῳ ἐκέλευσεν ταῖς παρε-
στῶσι [καὶ] κατ[έχ]ουσι λέ-
ξας οὕτως· «λύσαντες αὐτοῦ
[τὰς χεῖρ]ας καὶ ἐνδύσαντες
ἀπόδοτε αὐτὸν τῇ γυναικὶ
25 αὐτοῦ». καὶ τούτων οὕτως
γενομένων, λαβοῦσα αὐτὸν
καί, οὗπερ ἔβλεπε βήματος,
ἐξῆλθε χαίρουσα καὶ ἀγαλ-
λιωμένη καὶ εὐθέως ἔξυπνος
30 ἐγένετο. ὁ δὲ ἐν ἁγίοις πατὴρ

---

3 κοπτωμένης | 12 δίδωμοι |
18 ἀπόδωτε | 21 βαςιλεικοῦ |
22. 23 ἀγαλλιομένη

6 καὶ ἱκετεύουσα | 21. 22 καὶ
ἐκκλέξας | 22 λύσαντας | 27 βῆμα

Codex Londinensis.

τὸν θεὸν δεήσεως αὐτοῦ περὶ Θεοφίλου καὶ ἕτερόν τι εἰργάσατο, ὥσπερ ἀπόπειραν τοῦτο ποιησάμενος· λαβὼν γὰρ τόμον καινὸν ἔγραψεν ἐν αὐτῷ πάντων τῶν πρὸ τοῦ Θεοφίλου ἀρξάντων αἱρετικῶν τῆς βασιλείας τὰ ὀνόματα, ἐντάξας || καὶ τὸ αὐτὸ τοῦ Θεοφίλου ὄνομα, καὶ τοῦτο βουλλώσας μετὰ πάσης ἀσφαλείας ἐν τῇ ἁγίᾳ τραπέζῃ ἐναποτίθησιν ὑποκάτω τῆς ἐνδυτῆς. καὶ τούτου γενομένου καὶ τῇ προσευχῇ καὶ δεήσει μετὰ πάντων αὐτοῦ προσκαρτεροῦντος, ὁρᾷ κατ' ὄναρ καὶ αὐτὸς φωτοειδῆ καὶ θεῖον ἄγγελον κατελθόντα πρὸς αὐτὸν καὶ λέξαντα ταῦτα· «ἰδοὺ εἰσηκούσθη σου ἡ δέησις, ὦ ἐπίσκοπε, καὶ συγγνώμην ὁ Θεόφιλος ἔλαβεν· μηκέτι περὶ τούτου τὸ θεῖον διενοχλήσῃς». ὁ δὲ πατριάρχης ἔντρομος τοῦ ὕπνου διαναστὰς καὶ βουλόμενος μαθεῖν, εἰ ἄρα ἀληθής ἐστιν ἡ ὀπτασία, τὸν τόμον λαβὼν καὶ τοῦτον ἀνοίξας τῶν μὲν

2 καὶ] κατ' | 16. δεήσῃ | 24 μηκέτι | 28 ἀληθείς

Codex Madritensis.

ἡμῶν Μεθόδιος ὁ πατριάρχης μετὰ τὸ ἐπισυνάξαι πάντας τοὺς ὀρθοδόξους μητροπολίτας μοναχούς τε καὶ λαϊκούς, ἐν ἀρχῇ τῆς πρὸς θεὸν δεήσεως αὐτοῦ περὶ Θεοφίλου καὶ ἕτερόν τι εἰργάσατο, ὥσπερ ἀπόπειραν δῆθεν πεποιηκώς· λαβὼν γὰρ τόμον καινὸν ἔγραψεν ἐν αὐτῷ πάντων τῶν πρὸ τοῦ Θεοφίλου καταρξάντων αἱρετικῶν τῆς βασιλείας τὰ ὀνόματα, ἐντάξας ἐν ταὐτῷ καὶ τὸ τοῦ Θεοφίλου ὄνομα, καὶ τοῦτο σφραγίσας μετὰ πάσης ἀσφαλείας ἐν τῇ ἁγίᾳ τραπέζῃ τῆς τοῦ θεοῦ μεγάλης ἐκκλησίας ἐναπέθετο. καὶ τούτου γενομένου καὶ τῇ προσευχῇ καὶ τῇ δεήσει αὐτοῦ μετὰ πάντων προσκαρτεροῦντος, ὁρᾷ κατ' ὄναρ καὶ αὐτὸς φωτοειδῆ καὶ θεῖον ἄγγελον κατελθόντα πρὸς || αὐτὸν καὶ λέξαντα αὐτῷ [οὑτωσί· «ἰδοὺ εἰση]κούσθη [. . . . ., ὦ] ἐπίσκοπε, ἡ δέ[ησίς σου, καὶ συγ]γνώμης

4 λαοικοὺς | 7 ἕτερα | 8 ἀπὸ πείρα | 15 τοῦτον | 21 δεήσει] καὶ add. | 22 προσκαρτερούντων | 25. 26 αὐτῶν

Codex Londinensis.

λοιπῶν αἱρετικῶν τὰ ὀνόματα εὗρε γεγραμμένα ἐν τῷ χάρτῃ, καθὼς καὶ ἐγράφησαν, τὸ δὲ τοῦ Θεοφίλου ὄνομα οὐδ' ὅλως εὑρέθη, ἀλλ' ἦν ὁ τόπος αὐτοῦ ὅλως δι' ὅλου ἄγραφος. τούτου τοίνυν τοῦ παραδόξου καὶ ἐξαισίου θαύματος διαφημισθέντος ἐν ὅλῃ τῇ πόλει, πάντες οἱ ἀκούσαντες ηὐφράνθησαν καὶ ἠγαλλιάθησαν καὶ τὸν φιλάνθρωπον ἐδόξασαν καὶ ἐμεγάλυναν, τὸν ποιοῦντα μεγάλα καὶ παράδοξα τέρατα ἔνδοξά τε καὶ ἐξαίσια, ὧν οὐκ ἔστιν ἀριθμός. μαθοῦσα δὲ καὶ τοῦτο
f. 21 v. τὸ παράδοξον θαῦμα ἡ || εὐσεβεστάτη αὐγοῦστα Θεοδώρα ἔτι πλεῖον ἐβεβαιώθη περὶ τῆς συγχωρήσεως τοῦ ἀνδρὸς αὐτῆς καὶ ἐχάρη καὶ τὸν φιλάνθρωπον θεὸν ἐδόξασε καὶ ἐμεγάλυνεν· ὅθεν καὶ παραχρῆμα ἐμήνυσε τῷ ἁγιωτάτῳ πατριάρχῃ Μεθοδίῳ τοῦ δηλοποιῆσαι καὶ ἐπισυνάξαι πάντα ἄνθρωπον ὀρθόδοξον ἀπό τε μητροπολιτῶν, ἀρχιεπισκόπων, ἡγουμένων, κλη-

Codex Madritensis.

ἔτυχεν ὁ βασιλεὺς Θε[όφιλος καὶ] ἔλα[βεν αὐτήν]· μηκέτι οὖν τὸ θεῖον διενόχλει». ὁ δὲ πατριάρχης ἔντρομος γενόμενος, τοῦ ὕπ[νου δι]αναστὰς καὶ βουλόμενος μαθεῖν, εἰ ἄρα ἀληθ[ής ἐστιν ἡ ὀπτασία], παρευθὺς ἐν τῇ ἐκκλησίᾳ γενόμενος καὶ τὸν τόμον λαβὼν καὶ τοῦτον ἀνοίξας καὶ τῶν μὲν λοιπῶν αἱρετικῶν τὰ ὀνόματα εὗρε γεγραμμένα ἐν τῷ χάρτῃ, καθὼς προϋπῆρχον, τὸ δὲ τοῦ Θεοφίλου ὄνομα οὐδ' ὅλως εὑρέθη, ἀλλ' ἦν ὁ τόπος δι' ὅλου ἄγραφος. τούτου τοίνυν τοῦ παραδόξου θαύματος ⟨διαφημισθέντος⟩ πάντες οἱ ἰδόντες καὶ ἀκούσαντες εὐφράνθησαν καὶ ἠγαλλιάσαντο, δοξάζοντες τὸν φιλάνθρωπον θεόν. ὅθεν καὶ παραχρῆμα ἡ ἁγιωτάτη βασίλισσα Θεοδώρα μηνύει τὸν ἁγιώτατον πατριάρχην τοῦ κατάδηλα ποιῆσαι πάντα τὰ παρὰ τοῦ θεοῦ ἀποκαλυφθέντα αὐτοῖς καὶ συνάξαι πάντα ἄνθρωπον ὀρθόδοξον

---

2. 3 χάρτι | 6 ὅλος | 8 ἐξεσίου | 11 ἠγαλλιάσθησαν | 16 ἐξέσια

3 διενόχλη | 11 λιπῶν | 13 χάρτει | 18. 19 διαφημισθέντος om. | 23. 24 βασίλισα

Codex Londinensis.

ρικῶν καὶ κοσμικῶν, τοῦ παραγενέσθαι ἐν τῇ μεγάλῃ τοῦ θεοῦ ἐκκλησίᾳ μετὰ τιμίων σταυρῶν καὶ ἁγίων εἰκόνων τῇ πρώτῃ κυριακῇ τῶν ἁγίων νηστειῶν. καὶ τούτων πάντων οὕτως γενομένων καὶ ἀναριθμήτου πλήθους συναχθέντος ἐν τῇ τοῦ θεοῦ μεγάλῃ ἐκκλησίᾳ, παραγίνεται καὶ αὐτὸς ὁ βασιλεὺς Μιχαὴλ μετὰ τῆς ἁγίας καὶ ὀρθοδόξου αὐτοῦ μητρὸς καὶ πάσης τῆς συγκλήτου, ἀνὰ κηρὸν βασιλικὸν εἰς ἕκαστος αὐτῶν βαστάζων· καὶ ἑνωθέντες τῷ ἁγιωτάτῳ πατριάρχῃ καὶ λιτὴν ὁμοῦ ἀπάραντες, ἀπὸ τοῦ ἁγίου θυσιαστηρίου μετὰ τοῦ τιμίου σταυροῦ καὶ τοῦ ἁγίου εὐαγγελίου κατῆλθον λιτανεύοντες μέχρι τῶν βασιλικῶν πυλῶν τῶν καλουμένων Κτεναρίων. καὶ δὴ ἐκτενοῦς εὐχῆς γενομένης καὶ μετὰ κατανύξεως καὶ δακρύων πολλῶν καὶ στεναγμῶν τὸ «κύριε ἐλέησον» εἰπόντων, ὑπέστρεψαν || ἐν τῷ ἁγίῳ ναῷ μετὰ χαρᾶς πολ-

f. 22 r.

---

7 γινομένων | 16 ἑνωθέντες] ἐν add.

Codex Madritensis.

ἀπό τε μητροπολιτῶν, ἐπισκόπων, ἡγουμένων, κληρικῶν καὶ κοσμικῶν, ὡς ἂν παραγένωνται ἐν τῇ μεγάλῃ ἐκκλησίᾳ. μετὰ τῶν τιμίων σταυρῶν καὶ ἁγίων εἰκόνων τῇ πρώτῃ κυριακῇ τῶν ἁγίων νηστειῶν. καὶ τούτων οὕτως γενομένων καὶ ἀναριθμήτων πληθῶν συναχθέντων || ἐν τῇ f. 22 r. μεγάλῃ ἐκκλησίᾳ, [παρα]γίνεται καὶ αὐτὸς ⟨ὁ⟩ βασιλεὺς Μιχαὴλ [μετὰ τῆς ὀρθοδόξο]τάτης μητρὸς αὐτοῦ Θεοδώρας καὶ πά[σης τῆς συ]γκλήτου αὐτῶν, ἀνὰ κηρὸν βασιλικὸν [εἰς] ἕκαστος βαστάζων· καὶ ἑνωθέντες τῷ [ἁγιωτάτῳ] πατριάρχῃ καὶ ὁμοῦ μετὰ λιτῆς ἅπαντες ἀπῆλθον λιτανεύοντες μέχρι τῶν βασ[ιλικ]ῶν πυλῶν τῶν λεγομένων Κτεναρίων. καὶ δὴ ἐκτενοῦς εὐχῆς γενομένης μετὰ κατανύξεως καὶ δακρύων καὶ πάντων βοώντων τὸ «κύριε ἐλέησον», ὑπέστρεψαν ἐν τῷ ἁγίῳ ναῷ καὶ δὴ

---

3. 4 παραγίνονται | 9.10 ἀναρίθμητα πλήθη | 12 ὁ om. | 16. 17 ἀνακηρῶν βασιλικῶν | 23 Κτεναρίων] καὶ τρυαρίων | 28 νάω

Codex Londinensis.

λῆς καὶ λαμπρότητος, τὴν
θείαν καὶ μυστικὴν λειτουρ-
γίαν ἐκτελέσαντες. καὶ οὕ-
τως ἀνεστηλώθησαν αἱ ἅγιαι
εἰκόνες ἐν τῷ ναῷ τοῦ θεοῦ
τοῦ τιμᾶσθαι καὶ σέβεσθαι
καὶ προσκυνεῖσθαι ὑπὸ πάν-
των τῶν πιστῶν. ἐθέσπισαν
οὖν οἱ εὐσεβέστατοι βασιλεῖς
μετὰ τοῦ σεβασμίου καὶ ἁγιω-
τάτου πατριάρχου Μεθοδίου
καὶ τῶν σὺν αὐτῷ μητροπο-
λιτῶν τοῦ κατ' ἔτος ἑορτάζειν
τὴν ἁγίαν καὶ σεβασμίαν ἑορ-
τὴν ταύτην λαμπρῶς ἐν τῇ
τοῦ θεοῦ μεγάλῃ ἐκκλησίᾳ
τῇ πρώτῃ κυριακῇ τῶν ἁγίων
νηστειῶν, ἥτις καὶ μέχρι τοῦ
νῦν εὐδοκίᾳ καὶ χάριτι τοῦ
ἀγαθοῦ καὶ φιλανθρώπου
θεοῦ ἡμῶν ἑορτάζεται εἰς
δόξαν καὶ αἶνον τοῦ τῶν ὅλων
θεοῦ, κυρίου δὲ ἡμῶν Ἰησοῦ
Χριστοῦ, ᾧ ἡ δόξα καὶ τὸ
κράτος ἅμα τῷ πατρὶ σὺν τῷ
ἁγίῳ πνεύματι νῦν καὶ ἀεὶ
καὶ εἰς τοὺς αἰῶνας τῶν αἰώ-
νων· ἀμήν ✠

---

4 ἅγιαι | 8 ἐθέσπησαν

Codex Madritensis.

τελεσθέντος τῆς θείας λει-
τουργίας καὶ πάντες μέτοχοι
γενόμενοι τῶν θείων καὶ ζωο-
ποιῶν μυστηρίων. καὶ οὕτως
ἀνεστηλώθησαν αἱ ἅγιαι εἰ-
κόναι ἐν τῷ ναῷ τοῦ θεοῦ
⟨τοῦ⟩ τιμᾶσθαι καὶ προσκυνεῖ-
σθαι ὑπὸ πάντων τῶν πιστῶν.
οἱ οὖν εὐσεβῶς κρατοῦντες
μετὰ τοῦ σεβασμιωτάτου πα-
τριάρχου Μεθοδίου καὶ τῶν
σὺν αὐτῷ μητροπολιτῶν καὶ
ὁσίων ἀνδρῶν ἀσκητῶν τὸ
τηνικαῦτα ἐθέσπισαν τοῦ ἑορ-
τάζειν τὴν ἁγίαν καὶ σεβάσ-
μιον ἑορτὴν ταύτην λαμπρῶς
τῇ πρώτῃ κυριακῇ τῶν ἁγίων
νηστειῶν, ἥτις καὶ μέχρι τῆς
δεῦρο εὐδοκίᾳ καὶ χάριτι τοῦ
ἀγαθοῦ θεοῦ ἡμῶν ἑορτάζε-
ται ἐτησίως εἰς δόξαν καὶ
αἶνον τοῦ τῶν ὅλων θεοῦ καὶ
κυρίου ἡμῶν Ἰησοῦ Χριστοῦ,
ᾧ ἡ δόξα καὶ τὸ κράτος σὺν
τῷ ἀνάρχῳ αὐτοῦ πατρὶ ὡς
καὶ [σὺν τῷ παναγίῳ] καὶ
ζωοπ[οιῷ] πν[εύματι] νῦν καὶ
ἀεὶ καὶ εἰς τοὺς αἰῶνας τῶν
αἰώνων· ἀμήν ✠

---

5 ἅγιαι | 7 τοῦ om. | 14 ἐθέσ-
πισαν τοῦ] θεσπισάντων

3.
De Theophili imperatoris benefactis.

＋ Περὶ τῶν ἀγαθοεργιῶν Θεοφίλου τοῦ βασιλέως ＋

＋ Μηδεὶς οὖν, ὦ θεῖον καὶ ἱερὸν ἀκροατήριον, ἐπὶ πολὺ καταμεμφέσθω Θεόφιλον τὸν βασιλέα· εἰ γὰρ καὶ τῷ τῆς πατρικῆς αἱρέσεως περιέπεσε κινδύνῳ, ὡς ἐξ ἀρχῆς καὶ ἄνωθεν παραλαβὼν τὴν τοι‖αύτην συνήθειαν, ἀλλ' οὖν ἔσχεν καὶ ἀγαθοὺς τρόπους καὶ πλεονεκτήματα κάλλιστα. καὶ πρῶτον μὲν τὰ τείχη τῆς πόλεως ἁπάσης ἀπ' ἄκρου ἕως ἄκρον ἀνέστησε καὶ ἀνῳκοδόμησε πρὸς ὀχύρωσιν καὶ ἀσφάλειαν τῶν ἐν αὐτῇ κατοικούντων, ἀλλὰ μὴν καὶ μοναστήρια πλεῖστα καὶ τὸν κοσμόσωστον καὶ πάνσεπτον ναὸν τῆς ὑπεραγίας θεοτόκου τῶν Βλαχερνῶν ὁ αὐτὸς Θεόφιλος, ἔξωθεν ὑπάρχοντα καὶ παρὰ πάντων τῶν πολεμίων ἐχθρῶν βέλη δεχόμενον, τόν τε ἄργυρον αὐτοῦ καὶ τὸν χρυσὸν κόσμον αὐτῶν διαρπαζόντων καὶ ἄλλα τινὰ ἔργα καὶ ἀλλόκοτα ἐν αὐτῷ ἐργαζομένων· ἀλλὰ μὴν καὶ κριτὴς δίκαιος καὶ ἄριστος ἐτύγχανεν, ἀντεχόμενος τοῦ δικαίου καὶ τῆς ἀληθείας ὑπὲρ τὸ μέτρον τῆς ἀνθρωπίνης φύσεως, καὶ δικαιῶν μὲν τοὺς ὑπὸ τοῦ δικαίου βοηθουμένους, καταδικάζων δὲ τοὺς κατὰ δυναστείαν ἀδικοῦντας τοὺς πένητας μέχρι καὶ θανάτου αὐτοῦ. καὶ μαρτυρεῖ μοι τῷ λόγῳ ὁ φίλος αὐτοῦ καὶ πραιπόσιτος, ὃν ἔκαυσεν ἐν τῷ ἱπποδρομίῳ διὰ τὸ πλεονεκτηθὲν παρ' αὐτοῦ καράβιον μετὰ τῆς ἐνθήκης αὐτοῦ τῆς χήρας γυναικός, ὡς ὁρισθέντος παρ' αὐτοῦ τοῦ ἀποδοῦναι ‖ αὐτὸ τῇ αὐτῇ χήρᾳ ἤγουν τῇ κυρίᾳ τοῦ κτήματος καὶ καταφρονήσαντος τοῦ προστάγματος αὐτοῦ. ὁμοίως δὲ καὶ τὸν αὐτοῦ κυαίστορα βουνευρίσας καὶ μαστίξας, ὡς τὰς δίκας μὴ λύοντα συντόμως, τό τε γένειον αὐτοῦ καὶ τὴν κεφαλὴν ξυρήσας καὶ καύσας ἐξόριστον αὐτὸν πεποίηκεν ἐν ἀλλοδαπῇ γῇ, ὡς τὸ δίκαιον παραβλέποντα καὶ τοὺς νόμους τοῦ θεοῦ καταπατοῦντα· καὶ οὐ μόνον τὸν κυαίστορα αὐτοῦ, ἀλλὰ καὶ

---

2. 3 καταμεμφθέσθω | 3 τῷ] τὸ | 10 ὑπάρχοντος | 11 δεχομένου | 12 αὐτοῦ | 13 ἀλόκοτα | 18 πραιπώσιτος | 19 πλεονεκτιθὲν | 21 κτίματος | 22 αὐτοῦ κυέστορα | 22. 23 βουνευρήσας | 23 γένιον | 24 ξυρίσας | 26 κυέστορα

μαγίστρους δύο ἔσχεν ἡ σύγκλητος ἐνδόξους καὶ πλουσίους σφόδρα, οἵτινες καὶ εἶχον πρὸς ἓν προάστειον ἐν ἑνὶ τόπῳ ἐν τῷ θέματι τοῦ Ὀψικίου· μέσον δὲ τῶν αὐτῶν δύο προαστείων ὑπῆρχεν ἕτερον προάστειον γυναικείας μονῆς, καὶ ὡς ἅτε πτωχῶν καὶ ἀπερριμμένων κατ-
5 εφρόνουν οἱ ἄνθρωποι τῶν αὐτῶν μαγίστρων καὶ ἔθλιβον αὐτοὺς πάνυ. ὁ δὲ οἰκονόμος τῆς αὐτῆς μονῆς καὶ αἱ μονάζουσαι προσέπιπτον πολλάκις δεόμενοι καὶ ἐγκαλοῦντες τοῖς αὐτοῖς μαγίστροις, ἵνα μὴ ἐπηρεάζωνται ἢ ἀδικῶνται παρὰ τῶν ἀνθρώπων αὐτῶν· οἱ δὲ συνέθεντο μέν, ἐψεύδοντο δὲ προσδοκῶντες τοῦ κατασχεῖν αὐτὸ καὶ κληρονομῆσαι τε-
10 λείως· ὁ δὲ οἰκονόμος τῆς μονῆς, φρόνιμος ὢν καὶ εὐλαβής, || ἀκούων f. 23 v. παρὰ πολλῶν τὸ φιλοδίκαιον τοῦ βασιλέως συνεβουλεύσατο ταῖς μοναζούσαις καὶ προσλαβόμενος αὐτὰς ἀπῆλθεν ἐν ἡμέρᾳ παρασκευῆς εἰς τὸν ἔμβολον τὸν καλούμενον τοῦ Ἀμαυριανοῦ καὶ ἔστη ἐκεῖ μετὰ τῶν μοναζουσῶν ἐκδεχόμενος τὴν τοῦ βασιλέως παρουσίαν· ὁ γὰρ βασι-
15 λεὺς Θεόφιλος κατὰ πᾶσαν παρασκευὴν τοῦ χρόνου ὅλου ἐξήρχετο τοῦ παλατίου καὶ καβαλλικεύων ἀπὸ τῆς Δάφνης διήρχετο μέσον τοῦ ἱπποδρομίου καὶ ἀνήρχετο διὰ τοῦ ἐμβόλου τοῦ φόρου μέχρι τῶν Βλαχερνῶν. ὡς οὖν ἦλθεν ὁ βασιλεὺς πλησίον αὐτῶν καὶ ἐδεήθησαν αὐτοῦ εἰπόντες καὶ τὴν αἰτίαν, ἔφη πρὸς αὐτάς· "αὔριον θεοῦ θέλον-
20 τος καὶ εὐδοκοῦντος ἐγὼ αὐτὸς καθέζομαι καὶ τηρῶ τὴν δίκην ὑμῶν, καὶ μάτην χάριν ὅπου ὑπάγω, ἐὰν τοὺς καταδικάσεται, ἵνα ἀποκεφαλίσω καὶ τοὺς δύο καὶ δώσω ὑμῖν καὶ τὰ προάστεια αὐτῶν". ὡς οὖν τοῦτο ἤκουσαν οἱ δύο μάγιστροι, ἔλαβεν αὐτοὺς φόβος καὶ τρόμος· ὄπισθεν γὰρ ἐπορεύοντο καὶ κατελθόντες ἀπὸ τῶν ἵππων αὐτῶν μετὰ
25 δακρύων καὶ συντετριμμένης καρδίας ἥψαντο τῶν ποδῶν || τοῦ τε f. 24 r. οἰκονόμου καὶ τῶν μοναζουσῶν, αἰτοῦντες συγγνώμην καὶ συγχώρησιν καί, εἴ τι ἂν θέλωσιν, ἵνα λάβωσιν περὶ τοῦ τοιούτου κτήματος· τότε καὶ φίλοι πολλοὶ καὶ αἱ γυναῖκες αὐτῶν καὶ τὰ τέκνα αὐτῶν συνήχθησαν κλαίοντες καὶ δεόμενοι τοῦ φιλανθρωπευθῆναι εἰς αὐ-

---

3 μέσων | 4 γυναικίας | ἀπεριμνένων | 7. 8 ἐπηρεάζονται | 8 ἀδικῶντε | 10 φρόνημος | 12 παρασκευῇ | 16 τὸ παλατίου | καβαλικεύων | 18 πλησίον | 21 καὶ—καταδικάσεται emendatio desideratur | 21. 22 ἀποκεφαλήσω | 25 τῶν] τῶ

τούς· ὁ δὲ οἰκονόμος φρόνιμος ὢν καὶ λόγιος ἔπεισε τὰς μοναζούσας
τοῦ ὑπακοῦσαι καὶ συμπαθῆσαι αὐτοῖς. καὶ δὴ πεζοποροῦντες ἄπαντες
ὑπέστρεψαν ἐν τῷ ναῷ τῶν ἁγίων μ̄, καὶ καθεσθέντες ἔμπροσθεν
αὐτῶν ἐποίησαν τελείαν πρᾶσιν καὶ ἀποχὴν εἰς τὸ τοιοῦτον προάστειον
ὅ τε οἰκονόμος καὶ αἱ μονάζουσαι, καὶ λαβόντες παρὰ τῶν αὐτῶν 5
δύο μαγίστρων λίτρας μ̄ εἰρήνευσαν τελείως. ὁ δὲ βασιλεὺς Θεόφιλος
πρωΐθεν ἀναστὰς τῆς κοίτης αὐτοῦ ἐξῆλθε τοῦ παλατίου καὶ ἐλθὼν
ἐν τῷ μεγάλῳ τρικλίνῳ τῆς Μαγναύρας ἐκαθέσθη ἐν αὐτῷ καὶ πρῶ-
τον πάντων ἐζήτησε τοὺς δύο μαγίστρους, μηδὲ κἂν φθογγῆς αὐτοὺς
ἀξιώσας· οἱ δὲ ἵσταντο ὥσπερ νεκροὶ ἐκδεχόμενοι τὸν θάνατον· εἶτα 10
ζητεῖ τὸν οἰκονόμον καὶ τὰς μοναζούσας, τῶν δὲ μὴ εὑρεθέντων
μαί||νεται πρὸς τὸν δρουγγάριον τῆς βίγλης καὶ τύπτει αὐτὸν διὰ
μαγκλαβίων δισσῶν τὸν ἀριθμὸν λς̄· ὁ δὲ δρουγγάριος ἀπέστειλεν
ἐκ τῆς ὑποβεβηκυίας αὐτῷ τάξεως τῶν μανδατόρων ἱκανοὺς ἐν τῷ
φόρῳ πρὸς τὸ ἄξαι τόν τε οἰκονόμον καὶ τὰς μοναζούσας ἐν τῷ κρι- 15
τηρίῳ· τῶν δὲ εὑρόντων αὐτοὺς ἀγοράζοντας δισκοποτήρια ἀργυρᾶ,
βιβλία καὶ ἄλλο εἴ τι ἐλείπετο ἡ μονὴ αὐτῶν καὶ ἔχρηζεν, πάντας
συρομένας ἔφερεν ὅπου ἦν ὁ βασιλεύς· τῶν δὲ ἐλθόντων καὶ παρα-
στάντων, ἔφη πρὸς αὐτὰς ὁ βασιλεύς· «οὐχ ὑμεῖς χθὲς ἔγκλησιν
ἐποιήσασθε κατὰ τῶν δύο μου μαγίστρων;» τῶν δὲ φησάντων· «ναί, 20
δέσποτα ἀγαθέ» ἔφη πρὸς αὐτὰς ὁ βασιλεύς· «καὶ δι' ἣν αἰτίαν τὴν
σήμερον ἡμέραν οὐκ ἦτε παραγενόμεναι, ἵνα λάβῃ πέρας ἡ δίκη
ὑμῶν;» ὁ δὲ οἰκονόμος ἀπεκρίθη· «ἐπειδὴ χθές, δέσποτα ἀγαθέ, εἴχο-
μεν δίκην καὶ ἤλθομεν πρὸς τὴν βασιλείαν σου· σήμερον μηδὲν ἔχον-
τες ἡσυχάσαμεν»· λέγει πρὸς αὐτὸν ὁ βασιλεύς· «πῶς καὶ τίνι τρόπῳ 25
ταῦτα λέγεις;» ἔφη ὁ οἰκονόμος· «χθές, δέσποτα ἀγαθέ, ὅπου ἐνεκα-
λέσαμεν τὴν βασιλείαν σου, ἐκεῖ καὶ ἐδικαιώθημεν || παραχρῆμα,
εὐχαριστήσαντες τὸν φιλάνθρωπον θεὸν καὶ σε ὑπερευχόμενοι· ποῖος
δέ, δεσπότα μου, νόμος παρακελεύεται, ἵνα ἄνευ ἀντιδίκου ὁ κριτὴς
ζητῇ δίκην;» τοῦ δὲ βασιλέως εἰπόντος· «καὶ ὅλως οὐκ ἔχετε δίκην 30

---

1 φρόνυμος | 11 οἰκονόμονα | 12 μένεται | δρογγάριον | 13 μαγγλα-
βίων δυσσῶν | 17 ἔχριζεν | 22 εἶτε | 23. 24 ἔχομεν | 26. 27 ἐνεγκαλέσα-
μεν | 28 εὐχαριστίσαντες | 30 ζητεῖ

μετά τινος;» ἀπεκρίθησαν ἐκεῖνοι τὸ «οὐχί». τότε ὁ βασιλεὺς λέγει
πρὸς αὐτούς· «ἐπειδὴ δίκην οὐκ ἔχετε μετά τινος, ἀπέλθατε ἐν εἰρήνῃ,
οὔτε ἐγὼ κρίνω ὑμᾶς». ἔφη δὲ καὶ πρὸς τοὺς μαγίστρους· «ἀπέλθατε
καὶ ὑμεῖς εἰς τὰ ἴδια ὑμῶν μετ' εἰρήνης». οἱ δὲ ὥσπερ νεκροὶ ἐκδεχό-
5 μενοι τὸν θάνατον ἐξῆλθον ἀπὸ προσώπου τοῦ βασιλέως. ἦν γὰρ δι-
καιοκρίτης πάνυ ὁ ἀνήρ, ὥστε καὶ τοῦτο φέρεται περὶ αὐτοῦ, ὅτι ἐν
ὅλαις ιζ ἡμέραις τὴν πόλιν ἅπασαν ἀναζητήσαντες τοῦ εὑρεῖν δίκην,
ἵνα κρίνῃ ὁ βασιλεύς, οὐδαμοῦ εὑρέθη· καὶ ἐπὶ τῶν ἡμερῶν τῆς βα-
σιλείας αὐτοῦ οὔτε ὁ ἀδικῶν οὔτε ὁ ἀδικούμενος ὑπῆρχεν, ἐπειδὴ πολ-
10 λοὺς τοὺς τὴν ἀδικίαν ἀγαπῶντας καὶ τὴν ἑαυτῶν ψυχὴν μισοῦντας
ἀπώλεσεν καὶ τῷ θανάτῳ παρέδωκεν· καὶ οὐ μόνον ταῦτα ἔσχεν τὰ
κατορθώματα καὶ πλεονεκτήματα, ἀλλὰ καὶ ἄλλα τούτων πλείονα.
καὶ ὁ ἐλεήμων || καὶ φιλάνθρωπος θεός, ὁ εἰπὼν διὰ τοῦ προφήτου f. 25 v.
Ἡσαΐου· «κρίνατε ὀρφανὸν καὶ δικαιώσατε χήραν· καὶ δεῦτε καὶ διε-
15 λεγχθῶμεν ᵃ)»· ἀψευδής ἐστιν καὶ ἀληθινὸς θεός, ὅθεν καὶ τοῦτον διὰ
πολλῶν προφάσεων ἠβουλήθη δοῦναι συγγνώμην καὶ συμπάθειαν,
ὡς μακρόθυμος, ὡς συμπαθής, ὡς ἐλεήμων καὶ φιλάνθρωπος, διὰ
πρεσβειῶν τῆς ὑπεραγίας θεοτόκου καὶ πάντων αὐτοῦ τῶν ἁγίων.
ἀμήν +

---

2 ἔχεται | 8 κρίνει | 14. 15 διαλεχθῶμεν | 17 συμπαθείς
a) Ies. I, 17—18.

II.

NARRATIO DE RUSSORUM AD FIDEM CHRISTIANAM CONVERSIONE.

Διήγησις ἀκριβὴς ὅπως ἐβαπτίσθη τὸ τῶν Ῥωσῶν ἔθνος.

Τῆς θείας καὶ ὑπεραγάθου τοῦ ἀληθινοῦ θεοῦ καὶ σωτῆρος ἡμῶν Ἰησοῦ Χριστοῦ μακαρίας χρηστότητος πάντοτε καὶ πανταχοῦ τὰ πάντα εὐεργετούσης ἡμᾶς δι' οἰκείαν ἀγαθότητα καὶ τὰ ἡμῶν 5 ἅπαντα ἐκπληρούσης θελήματα, χρὴ καὶ ἡμᾶς, κἂν μέγα κἂν μικρὸν ἐπιγινώσκωμεν ὄντως ἀγαθόν, μὴ σιγᾶν αὐτό, ἀλλὰ δημοσιεύειν καὶ ἀνακηρύττειν τρανότατα, ὅπως ἡ τοῦ θεοῦ θεία χρηστότης καὶ ἀνείκαστος εὐσπλαγχνία ἐπὶ πλέον θαυμάζηται καὶ μεγαλύνηται, ἥτις οὐ θέλει τὸν θάνατον τῶν ἁμαρτωλῶν, ἀλλὰ τὴν ἐπιστροφὴν ἀεὶ δέ- 10 χεται. λοιπὸν ἄξιον καὶ ἡμᾶς ἐκδιηγήσασθαι καὶ εἰπεῖν μερικῶς, ὅπως τὸ τῶν Ῥωσῶν ἄπειρον ἔθνος τὴν ἀληθινὴν εὐσέβειαν μὴ μεμάθηκε καὶ τοῦ θείου τετύχηκε λουτροῦ καὶ βαπτίσματος.

Ἦρξαν μὲν τοῦ δηλωθέντος ἔθνους ἄρχοντες πολλοὶ καὶ μεγάλοι χρόνοις οὐκ εὐαριθμήτοις, ὧν τὰς κλήσεις οὐ δεῖ ἡμᾶς ἀριθμεῖν διὰ τὸ 15 ἀπειρόπληθες τῶν ὀνομάτων αὐτῶν· μετὰ δὲ παραδρομὴν χρόνων πολ-

---

1 διήγησις P | τῶ τὸν P | 5 ἐβεργετούσης. P | δει P | 8 ἀνακηρύττει P | 8. 9 ἀνήκαστος P | 9 εὐσπλαχνία P | θαυμάζεται P | μεγαλύνεται P | 10 θέλη P | τῶν] τὸν P | 11 ἐκδιήγισασθαι P | εἰπὴν P | 12 τῶν] τὸν P | ἄπυρον P | ἀληθηνῆν εὐσέβιαν P | μὴ del.? | 15 οὐκεναρυθμήτοις P | κλήσης P | δῆ P | 16 ἀπειροπληθεῖς P | μετὰ δὲ] εἶτα μὲν P

λῶν καί τις αὐτῶν ἦρξεν ἄρχων τοὔνομα Βλαντίμηρος, τῇ φρονήσει τε
καὶ συνέσει πλεῖστα τῶν πρῴην διαπρέπων. οὗτος οὖν καθεζόμενος καθ'
ἑαυτὸν πολλάκις μεγάλως ἐθαύμαζε καὶ διηπόρει, βλέπων τὸ μυριάριθ-
μον καὶ τοσοῦτον ἔθνος ἐκεῖνο ἔνθεν κἀκεῖθεν κλονούμενον καὶ διακεί-
5 μενον διὰ τὴν δόξαν καὶ λατρείαν τοῦ αὐτῶν σεβάσματος· ἐπεὶ οἱ μὲν
τὴν τῶν Ἑβραίων ἠσπάζοντο καὶ ἐσέβοντο ὡς μεγίστην καὶ ἀρχαίαν,
οἱ δὲ τὴν τῶν Περσῶν θρησκείαν ἐμακάριζον καὶ ἐν ταύτῃ προσέμε-
νον, καὶ ἄλλοι τὴν τῶν Σύρων, καὶ ἕτεροι τὴν τῶν Ἀγαρηνῶν, καὶ
ἦν ἐν πᾶσι τούτοις σύγχυσις μεγίστη καὶ φιλονεικία περὶ τῆς ἑαυτῶν
10 δόξης καὶ πίστεως. τὸ τοιοῦτον οὖν σχίσμα καὶ τὴν πολλὴν καὶ ποι-
κίλην σύγχυσιν τοῦ ἀπείρου ἐκείνου λαοῦ ὁρῶν καὶ ἀκούων ὁ τὴν
ἀρχὴν ἐκείνων πεπιστευμένος ἀγχίνους καὶ μεγαλόνους ἄρχων ἐξε-
πλήττετο καὶ διηπόρει καὶ οὐκ εἶχεν ὅτι καὶ γένηται. μιᾷ δὲ τῶν
ἡμερῶν, εὔθετον καιρὸν λαβόμενος, προσκαλεῖται αὐτῷ τοὺς προ-
15 έχοντας ἔν τε φρονήσει καὶ πείρᾳ καὶ πυνθάνεται αὐτοῖς, πῶς εἰς
θρησκεύματα πλεῖστα καὶ δόξας τοσαύτας τὸ ἑαυτῶν ἔγκειται ἔθνος,
καὶ τούτων τὸ κρεῖττον ἐζήτει μαθεῖν καλῶς, ὅπως καὶ αὐτὸς τοῦτο
ἕλοιτο. ὡς δὲ τοῦτο ἤκουσαν, ἀποκριθέντες τινὲς ἐξ αὐτῶν πρὸς τὸν
ἄρχοντα αὐτῶν μέγαν ῥῆγαν εἶπον· «ἡμεῖς, ὦ λαμπρότατε καὶ πε-
20 ρίβλεπτε ἄρχων, ἡμῶν αὐθέντα, περὶ τοῦ τίς ἐκ πάντων ἡμῶν ὀρθῶς
δοξάζει καὶ κρείττων τῶν ἄλλων σέβεται καλῶς λέγειν οὐκ οἴδαμεν,
τοῦτο δὲ μόνον, ὅτι ἐν πάσῃ τῇ οἰκουμένῃ δύο τόποι τῶν ἄλλων πάν-
των εἰσὶ προκρείττονες, ὧν ὁ μὲν Ῥώμη καλεῖται, ὁ δὲ ἕτερος Κων-
σταντινούπολις· διὸ καὶ ἐν τούτοις μόνοις ὑπολαμβάνομεν τὸ σέβας
25 ἀληθινὸν εἶναι καὶ ὀρθόν». ταῦτα ἀκούσας ὁ μέγας ἐκείνων ἄρχων
καὶ πολὺς τῇ φρονήσει αὐτὸς ἤρετο πάλιν· «καὶ πῶς ἔχομεν τοῦτο
ἀκριβῶς μαθεῖν καὶ πληροφορηθῆναι, ὑμεῖς εἴπατε». οἱ δὲ πρὸς αὐτὸν

---

2 οὕτως P | 3 βλέπον P | 4 ἐκεῖνον | 5 λατρίαν P | ἐπὶ P | 6 εβραΐον P |
7 τὴν] τῇ P | 9 φιλονηκία P | 10. 11 ποικήλην P | 11 σύγχησιν P |
13 διηπόρη P | 14 αὐτῶ.| 14. 15 προσέχοντας P | 15 αὐτοῖς] an αὐτῶν? |
16 ἔγκειται] requiri videtur ἔσχισται | 17 κρήττον P | 21 εἴδαμεν P |
22 τούτω P | πᾶσι P | 22. 23 πασῶν P | 23 πρόκρίττονες P | 26 πά-
λην P

εἴρηκαν· «εἰ θέλεις τὸ βέβαιον μαθεῖν καὶ ἀληθές, ἐκ πάντων ἡμῶν οἳ ὑπὸ τὴν σὴν χεῖρά εἰσι, τέσσαρας τῶν κρειττόνων ἐπίλεξαι ἄνδρας, οἵτινες τῶν ἄλλων εἰσὶ τῇ πείρᾳ καὶ τῇ φρονήσει ὀξύτεροι, καὶ τούτους ἐξαπόστειλον πρὸς τὸν τῆς Ῥώμης τόπον· καὶ αὐτοὶ τὰ ἐκεῖσε πάντα καλῶς σκοπήσαντες καὶ θεωρήσαντες καὶ δοκιμάσαντες πάλιν 5 πρὸς ἡμᾶς καταλαβέτωσαν, καὶ παρ' αὐτῶν ἡμεῖς τὴν βεβαίαν καὶ καθαρὰν ἀλήθειαν ἀκούσαντες μάθωμεν, καὶ τότε ὅπερ ⟨ἂν⟩ κελεύσῃς γενήσεται». καὶ ἐκεῖνοι μὲν πρὸς τὸν ἐξάρχοντα αὐτῶν ταῦτα εἰρήκαν.

Ὁ δὲ τὴν τοιαύτην αὐτῶν συμβουλὴν καὶ τὸν λόγον ταχέως πεπλήρωκε, καὶ ἐκ τῶν αὐτοῦ τέσσαρας ἄνδρας ἐπιλεξάμενος, τοὺς εἰδότας 10 διακρίνειν τὸ καλὸν ἐκ τοῦ χείρονος, στέλλει πρὸς τὴν πρεσβυτέραν Ῥώμην, ὅπως ἀναψηλαφήσωσι καὶ θεωρήσωσι τὰ ἐκεῖσε πάντα καὶ τὰ τοῦ σεβάσματος τούτων καλῶς καταμάθωσιν. οἱ δὲ τὸ τοῦ λόγου εἰπεῖν πτερωτοὶ γενόμενοι τὴν Ῥώμην καταλαμβάνουσι, καὶ τὰ ἐκεῖσε πάντα ἐρευνῶσι καὶ σκοποῦσι· καὶ καλῶς περιεργάζονται τῶν 15 τε θείων ναῶν τὴν εὐπρέπειαν καὶ τοὺς ἐκεῖσε ἱερεῖς καὶ ἀρχιερεῖς. οὐ μὴν ἀλλὰ τὸν πατριάρχην αὐτὸν ὁρῶσι, τὸν καὶ πάπαν καλούμενον, καὶ λόγους ὠφελείας παρ' αὐτοῦ πλείστους ἀκούουσιν. καὶ οὕτως σπουδαίως παλινδρομοῦσι καὶ τὴν ἑαυτῶν καταλαμβάνουσι χώραν καὶ πρὸς τὸν μέγαν ῥῆγαν ἑαυτοὺς ἐμφανίζουσι, καὶ ἅπερ εἶδον καὶ 20 ἤκουσαν κἀκεῖσε καλῶς ἐξαγγέλλουσιν. εἶναι δὲ μεγάλα καὶ ἀληθῆ διεβεβαιοῦντο πάντῃ, καὶ οὐδὲν δέονται ἑτέρας τινὸς ἀναψηλαφήσεως καὶ ἐρεύνης· καὶ «εἰ θέλεις», ἔφησαν, «λαμπρότατε καὶ ἐνδοξότατε ἡμῶν αὐθέντα καὶ ἄρχων, τὴν τούτων πίστιν δέξασθαι, μήνυσον αὐ-

---

2 οἵ] ὧν P | εἰσὺ P | τέσαρας P | ἐπιλέξαι P | 3 εἰσὺ P | πήρα P | 4 αὐτῇ P | 7 ἂν om. P | 8 ἐκοίνει P | 9 συμβολὴν P | λόγων P | 10 αὐτοῦ τέσαρας P | 11 χείρωνος P | 12. 13 καὶ τὰ τοῦ σεβάσματος] initium codicis Parisini a Bandurio editi | καὶ τὰ om. P | 13 τούτον P | 14 πτερωτεῖ P, σπερωτοὶ b | 14 γενόμενοι] γεγόνασειν ὅμως P | 15 ἐκοίσε P | σκοπῶσι Pb | καὶ sec. om. P | 16 ἱεροῖς P | 17 τὸν πρῶτον ἄρχοντα αὐτῶν P | ὁρῶσιν P | 18 λόγοις P | ὠφελείας om. P | πλείστοις P | 19 σπουδέως P | τὴν om. b | ἑαυτὸν P | καταλαμβάνουσιν P | 20 ἑαυτοῖς P | 21 ἐξαγγέλουσην P | εἶνε P | 22 διεβεβαιοῦτο P | 23 ἢ θέλης P | 24 ἄρχον b | τούτον πίστην P

τοῖς καὶ καλῶς τὰ ἐκείνων μυήθητι». ὡς δὲ οἱ σὺν ἐκείνῳ ἄρχοντες πάντα ἤκουσαν, μᾶλλον δὲ οἵτινες καὶ πρώην αὐτῷ συνεβούλευσαν, πάλιν πρὸς αὐτὸν καὶ αὖθις εἴρηκαν· «οὐ καλὸν φαίνεται τοῦτο γενέσθαι πᾶσιν ἡμῖν, ἐὰν μὴ οἱ αὐτοὶ καὶ τὰ τῆς Κωνσταντινουπόλεως
5 καλῶς δοκιμάσωσι καὶ καταμάθωσιν, ἐπειδὴ καὶ ταύτην πόλιν μεγάλην τινὰ καὶ κρείττονά τινες εἶναι διαφημίζουσι· λοιπὸν ἄξιόν ἐστιν ὅπως καὶ ταύτης τὸ σέβας καὶ τὴν λατρείαν οἱ αὐτοὶ ἐρευνήσωσι καὶ ἀναψηλαφήσωσι, καὶ οὕτως ἀμφοτέρων τὸ κρεῖττον ἐκλεξόμεθα».

Ἤκουσε πάλιν καὶ τοῦτο ὁ ἐχέφρων καὶ περιβόητος ῥήγας ἐκείνων
10 καὶ προσήκατο καὶ καλῶς ἀπεδέξατο· διὸ καὶ τοὺς δηλωθέντας πολλάκις τέσσαρας ἄνδρας πάλιν ἐκπέμπει καὶ πρὸς τὴν Κωνσταντινούπολιν, ὡς ἵνα καὶ τὰ ἐκεῖσε πάντα κατοπτεύσωσι καὶ ἀποπειράσωνται. καὶ δὴ μετὰ πολλοῦ κόπου καὶ ταύτην καταλαμβάνουσι, καὶ τῷ τότε τὰ Ῥωμαίων σκῆπτρα ἰθύνοντι, Βασιλείῳ φημὶ τῷ ἐκ Μακεδονίας,
15 προσέρχονται, καὶ τὴν αἰτίαν τῆς αὐτῶν ἀφίξεως ἀπαγγέλλουσιν. ὁ δὲ ἄσμενος καὶ τρισάσμενος τούτους ἀποδεξάμενος ἄρχοντάς τινας παραυτὰ τῶν ἐλλογίμων αὐτοῖς ἐπιδίδωσιν, ὅπως τὰ κάλλιστα πάντα τῆς πόλεως αὐτοῖς ἐπιδείξωσι καὶ τὰς πεύσεις αὐτῶν πάσας καλῶς διευκρινήσωσι καὶ ἀπολογήσωνται. οἱ δὲ ἄνδρας παραλαβόντες καὶ
20 πολλὰ ἐν τῇ πόλει ἀξιοθέατα ἐπιδείξαντες, εἰσῆλθον καὶ πρὸς τὸν περιβόητον καὶ μέγαν θεῖον ναὸν τῆς τοῦ θεοῦ Σοφίας. καὶ γὰρ ὡς ὁ λόγος κρατεῖ, ὅτι καὶ ἑορτὴ μεγάλη τις πρὸς αὐτὸν ἐτελεῖτο τῷ τότε, εἴτε δὲ τοῦ χρυσορρήμονος εἴτε ἡ κοίμησις τῆς ὑπεραγίας μητρὸς τοῦ κυρίου μου, ἀκριβῶς λέγειν οὐκ ἔχω, πλὴν ἑορτὴ ἐτελεῖτο θαυ-
25 μαστὴ καὶ μεγάλη. καὶ οἱ τέσσαρες ἐκεῖνοι ἄνδρες, οἱ μετὰ τῶν ἀρχόντων ἡμῶν ὄντες, τὸν ναὸν πάντα περιεσκόπουν, καὶ τῆς τελου-

---

1 ἐκοίνων P | σην ἐκοίνω P | 2 σηνεβούλευσαν P | 3 αὖθης P | εἰρήκασι b | 4 ἡμῖν P | μὴ] μὲν P | οἱ om. P | 5 πόλειν P | 6 κρίττονα P | 7 λατρίαν P | ἐρευνήσαντες P | 8 ἀμφωτέρων b | κρίττον P | 9 ἐχέφρον P | 11 τέσαρας P | 12 ἀποπειράσονται P | 14 ἰθύνοντι P | 15 αὐτῶν Pb | ἀφήξεως P | 16 καὶ τρισάσμενος om. P | 17 ἐλογίμων P | πάντων P | 18 ἐπιδίξωσι P | 19 ἀπολογήσονται P | οἱ] εἰ P | ἄνδρες b | 20 ἐπειδείξαντες P | καὶ om. b | 21 θίον P | 22 τῷ] τὸ b | 23 χρισορρήμονος P | ὑπεράγνου P | 24 ἔχων b | 25 τέσαρες ἐκείνει P

μένης ἑορτῆς τὰ πλεῖστα φῶτα βλέποντες καὶ τὴν μελῳδίαν τῶν ᾀσμάτων ἀκούοντες θαυμάζοντες διηπόρουν. διαβιβάσαντες οὖν ἐκεῖσε τὸν ἑσπερινὸν ὕμνον καὶ τὸν ὀρθρινὸν καὶ πολλὰ εἰπόντες καὶ ἀκούσαντες, φθάνει καὶ ὁ καιρὸς τῆς ἱερᾶς καὶ θείας λειτουργίας· καὶ πάλιν οἱ ῥηθέντες ἄνδρες μετὰ καὶ τῶν τοῦ βασιλέως ἀρχόντων εἰς τὸν 5 σεβάσμιον καὶ μέγιστον ναὸν εἰσέρχονται, ὅπως τῆς ἀναιμάκτου καὶ θείας μυσταγωγίας θεαταὶ γενήσονται.

Ἀλλ' ἐνταῦθα τοῦ λόγου γενόμενος ἐκπλήττομαι τοῦ θεοῦ τὸ φιλάνθρωπον, τοῦ θέλοντος πάντας ἀνθρώπους σωθῆναι καὶ εἰς ἐπίγνωσιν ἀληθείας ἐλθεῖν. καὶ γὰρ ἐπεὶ οἱ ἐθνικοὶ καὶ βάρβαροι ἄνδρες ἐκεῖνοι ἐν 10 τῷ τρισμεγίστῳ ναῷ εἰσῆλθον, ὡς εἴρηται, κἀκεῖσε ἱστάμενοι τὰ δρώμενα πάντα ἐν τῷ ναῷ ἐσκόπουν καὶ ἀκριβῶς κατεμάνθανον, πῶς πρότερον ἡ λεγομένη μικρὰ εἴσοδος γέγονεν, εἶτα καὶ ἡ μεγάλη εὐτρεπίζετο, καὶ οἱ ὑποδιάκονοι καὶ οἱ διάκονοι μετὰ λαμπάδων καὶ ῥιπιδίων ἐξεπορεύοντο τοῦ ἱεροῦ βήματος, οὐ μὴν ἀλλὰ καὶ ἱερεῖς πλεῖστοι καὶ ἀρχιε- 15 ρεῖς κατὰ τὸ σύνηθες μετὰ καὶ τῶν φρικτῶν καὶ θείων μυστηρίων, καὶ αὐτὸς ὁ τὴν ἀρχιερωσύνην τότε ἔχων πατριάρχης· καὶ πάντες μὲν ἐπ' ἐδάφους κατέπεσον οἱ ἐκεῖσε ὄντες καὶ εὐχὴν ἐξαιτοῦντες καὶ τὸ κύριε ἐλέησον ἔκραζον, μόνοι δὲ οἱ τέσσαρες ἄνδρες ἐκεῖνοι οἱ ἐθνικοὶ ἀσκαρδαμυκτὶ καὶ ἀδεῶς ἐνητένιζον καὶ πάντων τελουμένων 20 ἐσκόπουν. διὸ καὶ ὁ εὔσπλαγχνος ἡμῶν θεὸς καὶ ἐλεήμων τοὺς ὀφθαλμοὺς τῶν ἀνδρῶν ἐκείνων ἀνέῳξε, καὶ εἶδον φοβερά τινα καὶ παράδοξα, ἅπερ καὶ ἐρωτήσαντες τὴν ἀλήθειαν ἀκριβῶς ἔμαθον· ὡς γὰρ ἡ θεία ἐκείνη καὶ μεγάλη εἴσοδος τέλος ἔλαβε, καὶ ἐκ τῆς κατακλίσεως πάντες ἀνέστησαν, παρευθὺ οἱ τὴν ξένην ὀπτασίαν ἑωρα- 25 κότες ἄνδρες τοὺς σύνεγγυς αὐτοῖς ὄντας ἄρχοντας τοῦ βασιλέως ἐπὶ

---

4 τῆς] τὶς P | 5 τοῦ βασιλέως] βασιλίων P | 6 ἀνεμάκτου P | 7 μυσταγωγείας P | 8 ἀλλ' om. b | 8. 9 τὴν φιλανθρωπίαν b | 9 ἀνθρώπους om. b | ἐπίγνωσην P | 10 ἐκοίνοι P | 11 ἤρηται P | 13 ηὐτρεπίζετο b | 14. 15 ἐξεπορεύοντο τοῦ ἱεροῦ βήματος μετὰ λαμπάδων καὶ ῥιπιδίων b | 16 σήνηθες P, συνηθές b | 17 ἀρχιεροσήνην P | μὲν] μὲ P | 18 ἐξετοῦντες P, ἐζετοῦντο b | 19 τέσαρες P | ἐκοίνοι P | 19. 20 ἐθνικὶ P | 20 ἀνασκαρδαμυκτοὶ Pb | πάντων] τῶν add. P | 22 ἐκοίνων P | φοβερὰ] καὶ add. P | 23 ἀλείθειαν P | 24 ἐκοίνη P | 24. 25 κατακλήσεως Pb | 26 σήνεγγις P | ὄντας om. b | βασυλέως P

χεῖρας λαβόμενοι τοιαῦτα πρὸς αὐτοὺς ἔφησαν. «ὅτι φοβερὰ καὶ μεγάλα μὲν ὑπῆρχον, ἅπερ ἕως ἄρτι ἐβλέπομεν πάντα, οὐκ ἀρνούμεθα· τὸ δὲ νῦν ὁραθὲν ἡμῖν ὑπὲρ τὴν φύσιν ἐστὶ τὴν ἀνθρωπίνην. νεανίσκους γάρ τινας ἑωράκαμεν πτερωτοὺς στολὴν ξένην ὡραίαν ἐνδεδυ-
5 μένους, οὐ μὴν ἀλλ' οὐδὲ τὸ ἔδαφος τοῦ ναοῦ ἐπάτουν, ἀλλ' ὑπὸ ἀέρος ἐφέροντο ψάλλοντες ἅγιος ἅγιος ἅγιος· ὅπερ πάντας ἡμᾶς πλέον πάντων τῶν ἄλλων ἐξέπληξε καὶ εἰς μεγίστην ἀμηχανίαν ἐνέβαλεν». ὡς δὲ ταῦτα ἤκουσαν οἱ τοῦ βασιλέως ἄρχοντες, πρὸς αὐτοὺς ἀπεκρίναντο λέγοντες· «καὶ τάχα πάντα ἀγνοεῖτε τὰ τῶν χριστιανῶν μυ-
10 στήρια, καὶ οὐ γινώσκετε ὅλως, ὅτι ἄγγελοι ἐκ τῶν οὐρανῶν κατέρχονται καὶ λειτουργοῦσι μετὰ τῶν ἱερέων ἡμῶν». ἐκεῖνοι τοῦτο ἀκούσαντες εἶπον· «πανάληθες καὶ φανερόν ἐστιν ὅπερ ἡμῖν λέγετε καὶ ἑτέρας ἀποδείξεως οὐ δέεται, αὐτοὶ γὰρ πάντα οἰκείοις ὀφθαλμοῖς ἑωράκαμεν. λοιπὸν οὖν ἐάσατε ἡμᾶς, ὅπως ἵνα ταχέως ἀπέλθωμεν
15 ὅθεν καὶ ἐστάλημεν, ὅπως καὶ τὸν κατάρχοντα ἡμῶν καλῶς πληροφορήσωμεν καὶ βεβαιώσωμεν ἅπερ εἴδομεν καὶ ἐμάθομεν καλῶς». οὕσπερ καὶ ἀπέπεμψαν μετὰ χαρᾶς μεγάλης καὶ εὐφροσύνης πάλιν ἐκεῖσε.

Οἱ δὲ ἐπανακάμψαντες καὶ τὴν ἑαυτῶν καταλαβόντες χώραν εὗρον τὸν λαμπρότατον καὶ μέγαν αὐτῶν ῥῆγαν, καὶ προσκυνήσαντες
20 αὐτόν, ἅπερ εἶδον καὶ ἤκουσαν πάντα εἶπον καὶ διεσάφησαν τρανῶς, λέγοντες καὶ τοῦτο· «ὅτι μὲν μεγάλα τινὰ καὶ λαμπρὰ πρώην ἐν τῇ Ῥώμῃ ἐθεασάμεθα, οὐκ ἀρνούμεθα, τὰ δὲ ἐν τῇ Κωνσταντινουπόλει ὁραθέντα πάντα νοῦν ἀνθρώπινον καταπλήττουσιν»· καὶ ἓν καθ' ἓν λεπτομερῶς διηγήσαντο· ὁ δὲ μέγας ἐκείνων ἄρχων, ὡς τὴν ἀλή-
25 θειαν παρ' ἐκείνων ἀκριβῶς ἀνέμαθε καὶ ἐβεβαιώθη, μηδὲν μελλήσας ἀλλὰ παραυτὰ στέλλει πρὸς τὸν εὐσεβέστατον βασιλέα τῶν Ῥωμαίων ἐν τῇ Κωνσταντινουπόλει καὶ ἀρχιερέα αἰτεῖ, ὡς ἵνα τὸ ἐκεῖσε μυ-

---

2 μὲν om. P | 3 νὴν P | φύσην ἐστὴν P | 6 ἄερον b | 7 πάντας P | μηχανίαν ἐνέβαλλεν P | 9 πάντη τάχα P | 11 λειτουργοῦσην P | ἐκοίνη P | 12 ἐστι b | λέγεται P | 14 ὅπως] ὡς P | 16 βεβαιώσομεν P | ἴδομεν P | 19 αὐτῶν om. b | 22 ἐθεάμεθα b | Κωνσταντινουπόλει] ἡμῖν add. P | 23 καταπλήττουσιν P | 24 λεπτομερός P | 25 ἐνέμαθε b | ἐβεβαιώθην P | μελήσας Pb | 26 τὸν βασιλέα τὸν εὐσεβέστατον b

ριάριθμον ἔθνος διδάξῃ καὶ βαπτίσῃ. ἦν δὲ τότε Βασίλειος ὁ ἐκ Μακεδονίας ὁ τὰ τῶν Ῥωμαίων σκῆπτρα διέπων, ὃς καὶ μετὰ χαρᾶς μεγάλης τοὺς σταλέντας ἐκ τῶν ἐκεῖσε ἀνθρώπους δεξάμενος ἀρχιερέα τινὰ αὐτοῖς ἐξέπεμψεν, ἐπ᾽ εὐλαβείᾳ πάσῃ καὶ ἀρετῇ διαβόητον, καὶ σὺν αὐτῷ ἄνδρας δύο, Κύριλλον καὶ Ἀθανάσιον, ἐναρέτους καὶ αὐτοὺς 5 ὄντας καὶ πάνυ λογιωτάτους καὶ φρονιμωτάτους, καὶ οὐ μόνον τῆς θείας γραφῆς ἦσαν ἔμπλεοι, ἀλλὰ καὶ τοῖς ἔξω καλῶς ἐξησκημένοι, ὡς καὶ τὰ γενόμενα ὑπ᾽ αὐτῶν γράμματα μαρτυροῦσι τοῦτο καλῶς. οὗτοι δὲ ἐκεῖσε ἀπελθόντες, πάντας ἐδίδασκον καὶ ἐβάπτιζον καὶ πρὸς τὴν τῶν χριστιανῶν εὐσέβειαν ἐνῆγον. βάρβαρον δὲ πάντῃ καὶ σό- 10 λοικον βλέποντες τὸ τοιοῦτον ἔθνος οὐκ εἶχον οἱ ῥηθέντες λογιώτατοι ἄνδρες, ὅπως καὶ τὰ τῶν Ἑλλήνων εἴκοσι τέσσαρα γράμματα αὐτοῖς διδάξαι, μήποτε πάλιν τῆς εὐσεβείας παρεκκλίνωσι. διὸ καὶ τριάκοντα πέντε στοιχεῖα γραμμάτων αὐτοῖς ἐνεχάραξαν καὶ ἐδίδαξαν, ὧνπερ καὶ ἡ κλῆσις τῶν ὀνομάτων αὐτῶν ἐστιν αὕτη· ἄς, μπούκη, βέτδ, 15 γλαώγ, δοπρῶ, γέεστι, ζηβήτ, ζελῶ, ζεμπλέα, ἤζε, ἤ, κάκω, λούδια, μῆ, νᾶς, ὧν, ποκόη, ῥιτζίη, σθλόβω, ντβέρδω, ἤκ, φέρωτ, χέρ, ὦτ, τζῆ, τζέρβη, σάα, σθία, γέορ, γερῆ, γέρ, γέατ, γίου, γέους, γέα. ταῦτα μέν εἰσι τὰ τριάκοντα πέντε γράμματα τῶν Ῥωσῶν, ἅπερ καὶ ἕως τοῦ νῦν μανθάνουσι πάντες καὶ καλῶς τὴν εὐσέβειαν γινώσκουσι. 20

Λέγουσι δέ τινες καὶ τοιοῦτόν τι θαῦμα γενέσθαι ἐν τοῖς ἐκεῖσε. ἔτι γὰρ τῇ δεισιδαιμονίᾳ κατεχόμενος αὐτός τε ὁ ἄρχων καὶ οἱ μεγιστᾶνες αὐτοῦ καὶ ἅπαν τὸ ἔθνος, καὶ σκοπούμενοι περὶ τῆς πρῴην αὐτῶν θρησκείας καὶ τῆς τῶν χριστιανῶν πίστεως, εἰσκαλοῦσι πρὸς αὐτοὺς τὸν ἄρτι φοιτήσαντα ἀρχιερέα, ὃν καὶ ἐπηρώτησεν ὁ ἄρχων τίνα τὰ 25 κατ᾽ αὐτῶν ἐπαγγελλόμενα παρ᾽ αὐτοῦ καὶ αὐτὰ τὰ διδάσκεσθαι

---

1 βασίλιος P | 4 ἐξέπεμψε Pb | εὐλαβία P | πάσῃ om. b | 5 σὴν P | κείριλλόν τινα P | 6 λογιοτάτους P | φρονημοτάτους P | 7 οἴσην P | τῆς P | καλλῶς P | ἐξησκημμένοι b | 8 καὶ τὰ] τά τε b | γενόμενα P | 12 τέσαρα P | 13 παρεκλίνωσι P | 15 τῶν om. b | αὐτῶν om. b | αὐτή b | βέτ P | 16 γλαώδ b | ζεπλέα b | ἤ, ζεῆ b, ἐζέ· ἤ P | 17 ρητζίη P | ντεβέρδω b | φέρτω P | 18 γεία P | 19 τριάκοντα πέντε] λε´ b | ρουσῶν P | 20 νὴν P | 21 δὲ καί τινες καὶ b | 23 τὸ ἅπαν P | 25 ἐπερώτησεν Pb | an τινά? | 26 ἐπαγγελόμενα P

μέλλοντα. τοῦ δὲ τὴν ἱερὰν τοῦ θείου εὐαγγελίου προτείναντος βίβλον καί τινα θαύματα ἐξηγουμένου τῶν ὑπὸ τοῦ θεοῦ ἐν τῇ ἀνθρωπίνῃ ἐπιδημίᾳ τερατουργηθέντων, «εἰ μή τι τῶν ὁμοίων», τὸ πλῆθος ἔφη τῶν Ῥωσῶν, «καὶ ἡμεῖς θεασώμεθα, καὶ μάλιστα ὁποῖον λέγεις
5 ἐν τῇ καμίνῳ τῶν τριῶν παίδων γενέσθαι, οὐκ ἄν σοι ὅλως πιστεύσωμεν». ὁ δὲ τῷ ἀψευδεῖ πιστεύσας λόγῳ τοῦ εἰπόντος, ὅτι ὃ ἐὰν αἰτήσησθε ἐν τῷ ὀνόματί μου λήψεσθε, καὶ ὁ πιστεύων εἰς ἐμὲ τὰ ἔργα ἃ ἐγὼ ποιῶ κἀκεῖνος ποιήσει καὶ μείζονα τούτων ποιήσει, ἔφη πρὸς αὐτούς· «εἰ καὶ μὴ ἔξεστιν ἐκπειράζειν κύριον τὸν θεόν, ὅμως εἰ
10 ἐκ ψυχῆς διεγνώκατε προσελθεῖν τῷ θεῷ, αἰτήσασθε ὅπερ βούλεσθε, καὶ ποιήσει τοῦτο πάντως διὰ τὴν αἴτησιν ὑμῶν ὁ θεός, κἂν ἡμεῖς ἐλάχιστοι καὶ ἀνάξιοι». οἱ δὲ εὐθέως ᾐτήσαντο τὴν τοῦ θείου εὐαγγελίου πυκτίδα ἐν τῇ παρ᾽ αὐτῶν ἀναφθείσῃ ῥιφῆναι πυρκαϊᾷ, καὶ εἰ ἀβλαβὴς αὐτὴ τηρηθείη, προσελθεῖν καὶ αὐτοὺς τῷ παρ᾽ αὐτοῦ κη-
15 ρυσσομένῳ θεῷ. ἔδοξε ταῦτα· καὶ τοῦ ἱερέως πρὸς θεὸν τοὺς ὀφθαλμοὺς καὶ τὰς χεῖρας ἐπάραντος καὶ «δόξασόν σου τὸ ἅγιον ὄνομα, Ἰησοῦ Χριστὲ ὁ θεὸς ἡμῶν» εἰπόντος, ἐν ὀφθαλμοῖς τοῦ ἔθνους παντὸς ἐρρίφη εἰς τὴν κάμινον ἡ τοῦ ἁγίου εὐαγγελίου βίβλος. ἐφ᾽ ὥρας δὲ ἱκανὰς τῆς καμίνου ἐκκαιομένης, εἶτα καὶ τέλεον ἐκμαρανθείσης,
20 εὑρέθη τὸ ἱερὸν πυκτίον διαμεῖναν ἀπαθὲς καὶ ἀλώβητον, μηδεμίαν ἀπὸ τοῦ πυρὸς δεξάμενον λύμην. ὅπερ ἰδόντες οἱ βάρβαροι καὶ τῷ μεγέθει καταπλαγέντες τοῦ θαύματος, ἀνενδοιάστως πρὸς τὸ βάπτισμα ηὐτομόλουν, καὶ καθαιρόμενοι τὸν νοῦν τὸν σωτῆρα ἐδόξαζον κύριον, ᾧ ἡ δόξα καὶ τὸ κράτος νῦν καὶ ἀεὶ καὶ εἰς τοὺς αἰῶνας τῶν αἰώνων.
25 ἀμήν.

---

2 τίνα b | 4 ῥῶς P | ἡμᾶς P | 5 οὔκειν P | 5. 6 πιστεύσομεν P, an πιστεύσαιμεν? | 6 ἀψευδῆ P | 7 λήψεισθε P | 8 καὶ om. P | 12 ἐτήσαντο P | 13 εἰ] ἤ P | 14. 15 κηρυσομένω P | 16 ὄνομα] πνεῦμα b | 18 ἁγίου om. P | 20 ἄπαθες b | ἀλώβητον P | 21 δεξάμενος Pb | 22 ἀνενδιάστως P | 23 τὸν νοῦν om. P | 24 νὴν P

III.
ACTA ELECTIONIS EPISCOPORUM RUSSIAE TEMPORIBUS THEOGNOSTAE METROPOLITAE KIJOVIENSIS.

1.
Mense Maio a. 1328.

f. 9 v.   + Ἔτους ͵ςωλς΄, μηνὶ Μαΐῳ, ἰνδικτιῶνος ια΄, ψῆφος γινομένη τῆς θεοσώστου πόλεως Βολεδιμοίρου· παρόντων θεοφιλεστάτων ἐπισκόπων τοῦ τε Μάρκου Παραμουσθλίου, Γρηγορίου Χολμίου, Θεοδοσίου Λουτζικῶν καὶ Στεφάνου Τουρώβων, συναινούντων καὶ τῶν λοιπῶν ἐπισκόπων ἁπάσης Ῥωσίας· ψηφισθέντων οὖν τριῶν ἀξίων προσ- 5 ώπων κατὰ τάξιν κανονικήν, τοῦ τε ἱερομονάχου Ἀθανασίου, τοῦ ἱερομονάχου Θεοδώρου καὶ τοῦ ἱερομονάχου Πέτρου· προκριθεὶς καὶ ἐκλεγεὶς ὁ ἱερομόναχος Ἀθανάσιος ἐχειροτονήθη ἐπίσκοπος τῆς θεοσώστου πόλεως Βλαδιμήρου +

2.
Mense Maio a. 1328.

+ Τῷ αὐτῷ μηνὶ τῆς αὐτῆς ἰνδικτιῶνος, ψῆφος γινομένη τῆς 10 θεοσώστου πόλεως Γαλίτζου· παρόντων θεοφιλεστάτων ἐπισκόπων τοῦ τε Μάρκου Παραμουσθλίου, Γρηγορίου Χολμίου, Θεοδοσίου Λουτζήκου καὶ Στεφάνου Τουρώβων, συναινούντων καὶ τῶν λοιπῶν ἐπισκόπων· ψηφισθέντων οὖν τριῶν ἀξίων προσώπων κατὰ τάξιν κανονικήν, τοῦ τε ἱερομονάχου Θεοδώρου, τοῦ ἱερομονάχου Πέτρου καὶ τοῦ ἱερομονάχου Ἀντωνίου· προκριθεὶς καὶ ἐκλεγεὶς ὁ ἱερομόναχος Θεόδωρος ἐχειροτονήθη ἐπίσκοπος τῆς θεοσώστου πόλεως Γαλίτζου +

3.

Mense Octobri a. 1329.

+ ͵ςωλή', μηνὶ Ὀκτωβρίῳ, ἰνδικτιῶνος ιγ', ψῆφος γινομένη τῆς θεοσώστου πόλεως Ῥωστοῦ· παρόντων θεοφιλεστάτων ἐπισκόπων τοῦ τε Θεοδώρου Γαλίτζου καὶ τοῦ Γρηγορίου Ῥαζανίου, συναινούντων καὶ τῶν λοιπῶν ἐπισκόπων· ψηφισθέντων οὖν τριῶν ἀξίων προσώπων κατὰ τάξιν κανονικήν, τοῦ ἱερομονάχου Ἀντωνίου, τοῦ ἱερομονάχου Ἀνδρέου καὶ τοῦ ἱερομονάχου Γαβριήλ· προκριθεὶς καὶ ἐκλεγεὶς ὁ ἱερομόναχος Ἀντώνιος ἐχειροτονήθη ἐπίσκοπος τῆς θεοσώστου πόλεως Ῥωστοῦ +

4.

6 die Decembris a. 1331.

+ Μηνὶ Δεκεμβρίῳ ς', ἰνδικτιῶνος ιε', ἔτους ͵ςωμ', ψῆφος ἐγένετο τῆς πόλεως Λουτζικῶν· παρόντων καὶ τῶν θεοφιλεστάτων ἐπισκόπων Ἀθανασίου Βολοδημήρου, Θεοδώρου || Γαλίτζης, Γρηγορίου f. 10 r. Χολμίου, συναινούντων καὶ τῶν λοιπῶν ἐπισκόπων· ψηφισθέντων οὖν τριῶν ἀξίων προσώπων κατὰ τάξιν κανονικήν, τοῦ τε ἱερομονάχου Τρύφωνος, τοῦ ἱερομονάχου Ἀντωνίου, τοῦ ἱερομονάχου Πέτρου· προκριθεὶς καὶ ἐκλεγεὶς ὁ ἱερομόναχος Τρύφων ἐχειροτονήθη ἐπίσκοπος Λουτζικοῦ +

5.

Mense Aprili a. 1332.

+ Μηνὶ Ἀπριλίῳ, ἰνδικτιῶνος ιε', ἔτους ͵ςωμ', ψῆφος γινομένη τῆς θεοσώστου πόλεως Τζερνιχόβου· παρόντων καὶ τῶν θεοφιλεστά-

---

1 In codice scriptum est: τοῦ τε ἱερομονάχου ἀθανασίου· θεοδώρου τοῦ ἱερομονάχου πέτρου. Vox ἀθανασίου non habet sensum et ab ipso scriba emendata esse videtur θεοδώρου | 2 ἀντονίου | 8 κανωνικὴν | 10. 11 θεοσόστου | 16 κανωνικὴν | 21 θεοσόστου

τῶν ἐπισκόπων Ἀθανασίου Βολοδημήρου, Θεοδώρου Γαλήτζης, Γρηγορίου Χολμίου καὶ Μάρκου Περιμουσθλίου, συναινούντων καὶ τῶν λοιπῶν· ψηφισθέντων οὖν τριῶν ἀξίων προσώπων κατὰ τάξιν κανονικήν, τοῦ τε ἱερομονάχου Παύλου, τοῦ ἱερομονάχου Ἀνδρέου, τοῦ ἱερομονάχου Ἀβραάμ· προκριθεὶς καὶ ἐκλεγεὶς ὁ ἱερομόναχος Παῦλος 5
ἐχειροτονήθη ἐπίσκοπος Τζερνιχόβου —|—

6.
Mense Iunio a. 1334.

—|— Μηνὶ Ἰουνίῳ, ἰνδικτιῶνος β΄, ἔτους ͵ϛωμ⟨β΄⟩, ψῆφος γινομένη τῆς θεοσώστου πόλεως Σαραίου· παρόντων καὶ τῶν θεοφιλεστάτων ἐπισκόπων Βασιλείου ἀρχιεπισκόπου Νοβογορόδου, τοῦ Ἀντωνίου Ῥοστοῦ, τοῦ Τυφερίου Θεοδώρου, τοῦ Γρηγορίου Ῥαζανίου, συναι- 10
νούντων καὶ τῶν λοιπῶν· ψηφισθέντων οὖν τριῶν ἀξίων προσώπων κατὰ τάξιν κανονικήν, τοῦ ἱερομονάχου καὶ ἀρχιμανδρίτου Ἀνδρέου, τοῦ [ἱερομονάχου Ἀθανασίου καί τοῦ ἱερομονάχου . . . . .]· προκριθεὶς καὶ ἐκλεγεὶς ὁ ἱερομόναχος Ἀθανάσιος, ἐχειροτονήθη ἐπίσκοπος Ἀθανάσιος Σαραίου —|— 15

7.
30 die Octobris a. 1343.

—|— Τῷ μηνὶ Ὀκτωβρίῳ λ΄, ἰνδικτιῶνος ιβ΄, ἔτους ͵ϛωνβ΄, ψῆφος γινομένη τῆς θεοσώστου πόλεως Σαραίου· παρόντων καὶ τῶν θεοφιλεστάτων ἐπισκόπων Ῥοστοβίου Γαβριήλ, Ῥαζανίου Κυρίλλου, συναινούντων καὶ τῶν λοιπῶν· ψηφισθέντων οὖν τριῶν ἀξίων προσώπων

---

3. 4 κανωνικὴν | 7 In codice scriptum est: ͵ϛωμ΄, qui annus non respondet indictioni:

a. 6840 = ind. 15.
a. 6842 = ind. 2.

In numero anni ultima littera β omissa esse videtur, qua de causa hanc electionem indictione testante ad a. 6842 (1334) transferimus | 8 θεοσόστου | φεοφιλεστάτων | 12 κανωνικὴν | ἀρχιμανδρήτου ἀνδρείου | 13 In codice est lacuna; desiderantur nomina duorum candidatorum, quorum unum, sc. Athanasii, legimus in fine huius documenti | 17 θεοσόστου | 18. 19 συνενούντων | 19 προσόπων.

κατά τάξιν κανονικήν· προκριθείς και εκλεγείς ο ιερομόναχος Ισαάκ εχειροτονήθη επίσκοπος Σαραίου +

8.

Mense Augusto a. 1345.

+ Μηνί Αυγούστω, ινδικτιώνος ιγ', έτους ͵ςωνγ', ψήφος γινομένη της θεοσώστου πόλεως Σμολενίσκου· παρόντων και των θεοφιλεστάτων επισκόπων Πριανίσκου Ιωάννου, Ασπροκάστρου Κυρίλλου, συναινούντων και των λοιπών· ψηφισθέντων ούν τριών αξίων προσώπων κατά τάξιν κανονικήν· προκριθείς και εκλεγείς ο ιερομόναχος Ευθύμιος, εχειροτονήθη επίσκοπος Ευθύμιος +

9.

7 die Augusti a. 1347.

+ Μηνί Αυγούστω, ινδικτιώνος ιε', έτους ͵ςωνε', ημέρα δευτέρα της μεταμορφώσεως, εψηφίσθη και εχειροτονήθη ο ιερομόναχος Ναθαναήλ εις τό Σουσδάλην, παρόντων και των θεοφιλεστάτων επισκόπων Ιωάννου Ρωστοβίου και Θεοδώρου Τυφερίου +

10.

2 die Martii a. 1330.

+ Μηνί Μαρτίω β', έτους ͵ςωλη', ινδικτιώνος ιγ', ψήφος γινομένη της θεοσώστου πόλεως Σουσδάλων· παρόντων θεοφιλεστάτων επισκόπων, τού τε Αντωνίου Ρωστού, Σοφωνίου Σαραίου και Γρηγορίου Ραζανίου, συναινούντων και των λοιπών επισκόπων· ψηφισθέντων ούν τριών αξίων προσώπων κατά τάξιν κανονικήν, τού τε ιερομονάχου Δανιήλ, Ανδρέου και του Εφρέμ· προκριθείς και εκλεγείς ο ιερομόναχος Δανιήλ εχειροτονήθη επίσκοπος Σουσδάλεων +

11.

Mense Martio a. 1330.

+ Τω αυτώ μηνί και του αυτού έτους, ψήφος εγένετο της θεοσώστου πόλεως Τυφερίου· παρόντων και των θεοφιλεστάτων επισκό-

---

4 θεοσόστου | 6 συνενούντων | 6. 7 προσόπων | 8 εχειροτονίθη | 10 μεταμορφόσεως | εχειροτονίθη | 14 θεοσόστου | 17 κανωνικήν | 18 ανδραίου | 20. 21 θεοσόστου

πων Ἀντωνίου Ῥαιστοῦ καὶ Δανιὴλ Σουσδαλίου, συναινούντων καὶ
τῶν λοιπῶν ἐπισκόπων· ψηφισθέντων οὖν τριῶν ἀξίων προσώπων
κατὰ τάξιν κανονικήν, τοῦ ἱερομονάχου Λαυρεντίου, τοῦ ἱερομονάχου
Θεοδώρου καὶ τοῦ ἱερομονάχου Ἐφρέμ· προκριθεὶς καὶ ἐκλεγεὶς ὁ
ἱερομόναχος Θεόδωρος ἐχειροτονήθη ἐπίσκοπος Τυφερίου -+-   5

12.

25 die Augusti a. 1331.

-+- Μηνὶ Αὐγούστῳ κε΄, ἰνδικτιῶνος ιδ΄, ἔτους ͵ϛωλθ΄, ψῆφος
γινομένη τῆς θεοσώστου πόλεως Μεγάλου Νοβογορόδου· παρόντων
θεοφιλεστάτων ἐπισκόπων τοῦ τε Ἀθανασίου Βλαντιμήρου, Θεοδώρου
Γαλίτζης, Γρηγορίου Χολμίου καὶ Μάρκου Περιμουσθλίου, συναινούν-
των καὶ τῶν λοιπῶν ἐπισκόπων· ψηφισθέντων οὖν τριῶν ἀξίων προσ- 10
ώπων κατὰ τάξιν κανονικήν, τοῦ τε ἱερομονάχου Ἀρσενίου, τοῦ Βα-
σιλείου ἱερομονάχου καὶ Λαυρεντίου ἀρχιμανδρίτου· προκριθεὶς καὶ
ἐκλεγεὶς ὁ ἱερομόναχος Βασίλειος, ἐχειροτονήθη ἀρχιεπίσκοπος Βα-
σίλειος -+-

13.

19 die Novembris a. 1335.

-+- Μηνὶ Νοεμβρίῳ ιθ΄ τοῦ προφήτου Ἀβδίου, ἰνδικτιῶνος δ΄, 15
ἔτους ͵ϛωμδ΄, ψῆφος γινομένη τοῦ θεοφρουρήτου κάστρου Τζερνιχό-
βου· παρόντων θεοφιλεστάτων ἐπισκόπων τοῦ τε κῦρ Ἀθανασίου Βο-
λοδημήρου, τοῦ κῦρ Θεοδώρου Γαλίτζης, Γρηγορίου Χολμίου, Τρύφω-
νος Λουτζικοῦ καὶ Ἰωάννου Σμολενίσκου, συναινούντων καὶ τῶν λοι-
πῶν ἐπισκόπων· ψηφισθέντων οὖν τριῶν ἀξίων προσώπων κατὰ τάξιν 20
κανονικήν, τοῦ ἱερομονάχου Ἰωάννου, τοῦ Μαξίμου ἀρχιμανδρίτου
Πετζερίου, τοῦ ἱερομονάχου Πέτρου· προκριθεὶς καὶ ἐκλεγεὶς ὁ ἱερο-
μόναχος Ἰωάννης ἐχειροτονήθη ἐπίσκοπος τῆς θεοσώστου πόλεως
Πριανίσκου -+-

---

3 λαβρεντίου | 7 θεοσόστου | 11 κανωνικήν | 16 θεοφρουρίτου | 19 συν-
ενούντων | 20 τάξην | 21 κανωνικήν | 23 θεοσόστου

IV.

FRAGMENTMUM EPISTOLAE NASSIR SULTANI AEGYPTI AD ANDRONICUM III IMPERATOREM CONSTANTINOPOLITANUM.

Γράφει ὁ Σουλτάνος τῆς Αἰγύπτου πρὸς τὸν Ἀνδρόνικον f. 145 v. βασιλέα.

＋ Ὁ Σουλτὰν ὁ μέγας, ὁ ἐξουσιάζων, ὁ βασιλεὺς τῶν βασιλέων, ὁ Νάσαρ, ὁ δεσπότης ὁ μέγας, ὁ φιλοσοφώτατος, ὁ δικαιότατος, ὁ 5 στρατηγικώτατος, ὁ νικητής, ὁ ἰσχυρός, ὁ ἐξουσιάζων τῶν ἐξουσιαζόντων, ὁ νικῶν εἰς τὴν ἑαυτοῦ πίστιν, ὁ Σουλτάνος τῶν Σαρακηνῶν, ἡ ζωὴ τῆς δικαιοσύνης εἰς τὸν κόσμον, ὁ κληρονόμος τῆς σουλτανικῆς αὐθεντίας, ὁ Σουλτάνος τῶν Ἀράβων, τῶν Περσῶν καὶ Τούρκων, ὁ πλατύνας τὴν αὐθεντίαν τῆς Αἰγύπτου, ὁ συναγαγὼν ἐκ πάντων 10 τῶν ἐθνῶν εἰς τὴν πίστιν αὐτοῦ, ὁ ἀποκτείνων καὶ θανατῶν τοὺς ἀπίστους καὶ φονεῖς καὶ πάντας τοὺς κακούργους, ὁ διώκτης τῶν Ἀρμενίων καὶ τῶν Φραγκῶν καὶ τῶν Τατάρων, ὁ Ἀλέξανδρος τοῦ καιροῦ τούτου, ὁ προσκυνητὴς τοῦ Μάκε, ὁ ἀπὸ τοῦ θεοῦ στερεωθεὶς εἰς τὴν αὐθεντίαν, ὁ κρατῶν ἰσχυρῶς τὴν πίστιν ‖ αὐτοῦ καὶ τὰ f. 146 r. 15 ἐντάλματα τοῦ νόμου, ὁ Σουλτάνος τῆς γῆς, ὁ στηρίζων τοὺς τοίχους τῆς ἀρχῆς αὐτοῦ, ὁ ἀνοίξας τὰς θύρας τῆς αὐθεντίας αὐτοῦ, ὁ Μα-

---

1 γράφη | 4 φιλοσοφάτατος | 5 στρατικότατος | 6 ἑαυτὴν | 8 ἀρράβων | 9 συναγαγὸν | 10 ἀποκτίνον | 11 φωνεῖς | διόκτης | 13 ἀπὸ] an ὑπὸ? | 15 τύχους

χούμετ, ὁ υἱὸς τοῦ Σουλτάνου, ὁ Σουλτάνης Μανσούρ, ἡ σπάθη τῆς πίστεως καὶ τῆς ἀρχῆς αὐτοῦ, ὁ θεοπολυχρόνητος, ὁ Καλαοῦ, ὁ διέπων καλῶς τὴν πίστιν αὐτοῦ· γράφω ἐν ὀνόματι θεοῦ, θεοῦ τοῦ ἐλεοῦντος, πολυχρόνιον ποιήσοι ὁ θεὸς τὸν βασιλέα τὸν ὑψηλότατον, τὸν κραταιότατον, τὸν ἐνδοξότατον, τὸν ἀνδρικώτατον, τὸν ἰσχυρότατον, τὸν λέοντα, τὸν φρονιμώτατον Ἀνδρόνικον, τὸν νοήμονα τῆς αὐτοῦ πίστεως, τὸν δικαιότατον εἰς τὴν βασιλείαν αὐτοῦ, τὸν στῦλον τῆς πίστεως τῶν χριστιανῶν, τὸν πατέρα τῶν βεβαπτισμένων, τὴν τιμὴν τοῦ χριστιανισμοῦ, τὴν σπάθην τῆς βασιλείας τῶν Μακεδόνων, τὴν ἀνδρειότητα τῆς βασιλείας τῶν Ἑλλήνων, τὸν βασιλέα τῆς Βουλγαρίας καὶ τῆς Βλαχίας καὶ τῆς Ἀλανίας, τὸν αὐθέντη τῆς Ῥωσίας καὶ Ἰβερίας καὶ τῶν Τούρκων, τὸν κληρονόμον τῆς βασιλείας τῶν Ῥωμαίων, τὸν ἐξουσιάζοντα τῶν δύο θαλασσῶν καὶ τῶν ποταμῶν, Δούκαν Ἄγγελον Κομνηνὸν τὸν Παλαιολόγον, ἄν ποτε νὰ ἦσαι πάντοτε εἰς τὴν βασιλείαν σου, καὶ νὰ ἦσαι πάντοτε στερρῶς εἰς τὴν ἀγάπην ἡμῶν, καὶ νὰ πληρώνῃς μετὰ ἐπιμελείας τὰς δουλείας ἡμῶν.

Ἡ γραφή μου αὐτόθεν ἐπεστάλη εἰς τὴν βασιλείαν σου τὴν ἐνδοξοτάτην, νὰ γνωρίσῃς, ὅτι ὁ γέρων || ὁ τιμιώτατος καὶ εὐλαβέστατος Λάζαρος πατριάρχης τῶν Ἱεροσολύμων. . . . .

---

1 σπάθης | 2. 3 διέπον | 4 ὑψιλότατον | 5 ἀνδρικότατον | 6 φρονημότατον | 8 βεβαπτισμένον | 9 τημὴν | 10 ἀνδριότυτα | τῶν] τὸν | 11 αὐθέντι | 12 Ἰβηρίας in litteris Sultani Hasan ad imp. Ioannem Cant. | 16 ἐποιμελείας | 17. 18 ἐδοξοτάτην | 18 γέρον | τιμιότατος

V.

EPISTOLAE ISIDORI HIEROMONACHI (POSTEA METROPOLITAE KIJOVIENSIS).

Ἰσιδώρου ἱερομονάχου ἐπιστολαί.

α'. Γουαρίνῳ.

Ἄρτι τοῦ μετοπώρου τὴν τοῦ θέρους ὥραν διαδεξαμένου νοσοῦντι νόσον μακρὰν καὶ βαρεῖαν, τὴν λοιμώδη, ἧκέ μοι γράμματα σὰ οὕτω
5 δή τοι σφόδρα τούτων ἐρῶντι, ὥστ' οὐδὲ πολλάκις ἐγένετο χόρος ταῦτα διεξιόντι, ἀλλ' ἐκεῖνα μὲν τήν τε σὴν ὑγίειαν τήν τε περὶ λόγους ἐπίδοσιν ἐμήνυεν· ἐδήλου δὲ ἡμῖν καὶ ἕτερον, μηδαμῶς ἡμῶν ἐπιλελῆσθαί σε, τῷ γε καὶ πρὸς ἡμᾶς ἐπιστέλλειν αἱρεῖσθαι. τῆς μὲν οὖν ὑγιείας χάριν μὲν τῷ θεῷ τῷ σοι παρέχοντι ταύτην μάλ' ὅτι
10 πολλὴν οἴδαμεν, συνήσθημεν δέ γε καὶ σοί, ὡσπερεὶ τὴν ὑμετέραν καὶ ἡμῶν λογιζόμενοι, ἀλλ' ἐν τοιαύτῃ καὶ καθαρωτέρᾳ μᾶλλον εἴης μοι διὰ τέλους· τοῦ δευτέρου δέ, λέγω δὴ τὸ περὶ λόγους σε πονεῖν καὶ τῶν παλαιῶν ἐρᾶν ποιητῶν τε καὶ ῥητόρων καὶ τιμᾶν τοὺς ἐκείνων λόγους κἀκείνους σπουδάζειν μιμεῖσθαι, πῶς οὐ σὲ μὲν εἰκότως
15 ταῦτα τοιούτων ἐργάτην λόγων δεικνύει, ἡμᾶς δέ, οἷς οὐκ ὀλίγος ἔρως ἐντέτηκε τῶν σῶν, μάλα θαυμάζειν ἀναπείθει τὰ σά. ἀλλὰ καὶ τοῦ λοιποῦ, φημὶ δὲ λοιπὸν τὸ μεμνῆσθαί σε ἡμῶν, ὥσπερ εἰ οὐκ ἔγραφες, τῶν μὴ καλῶν ἐτίθουν, οὕτω σοῦ γεγραφότος τῶν καλῶν

---

9 μάλ' ὅτι dubium

τίθεμαι, καὶ τὸ μηδὲ τῆς πρὸς ἡμᾶς καθυφεῖναι παλαιᾶς ἐκείνης φιλίας, μᾶλλον δὲ καὶ τῷ τοῦ χρόνου μήκει συμπαρεκτείνεσθαι δεῖν οἶμαι ταύτην, καθάπερ τῶν φ[υτῶν] ὁπόσα τοῖς γεωργοῖς ἀρδείας τετυχηκότα τυγχάνει. ἀλλὰ σὺ μὲν ἅπαξ ἐπιστέλλεις τοῦ ἔτους, καίτοι, τί λέγω, ὅτε καὶ δύο πολλάκις παρῳχηκότων ἐτῶν μόλις ἥκει 5
μοι γράμματα παρὰ σοῦ, καὶ ταῦτά γε καλῶς εἰδότος ὅπῃ τε γῆς εἰμι πολλῶν τε ὄντων τῶν ὡς ἡμᾶς αὐτόθεν ἀφικνουμένων· ἐγὼ δὲ νῦν μὲν εἰς Χῖον, νῦν δὲ εἰς Ῥόδον, εἰς Ἀκουηλίαν δ' ἄλλοτε, ἀλλὰ καὶ πρὸς Ῥώμην πέτεσθαί σε μανθάνων, ὥσπερ καὶ εἰς Φλορεντίαν νῦν, οὔκουν ὤκνησα μήτ' αὐτοῦ μήτ' ἀλλαχοῦ πρὸς τὸν μετάρσιόν σε 10
καὶ τρόπον δή τινα τῷ πτηνῷ Διὸς ἅρματι φερόμενον γράμματα πέμπειν, εἰ καὶ μὴ καλά, συχνὰ γοῦν. ὁρᾷς, ὦ γενναῖε, ὡς ἐγὼ μὲν ἠδίκημαι, σὺ δὲ ἀδικῶν διατελεῖς; ἢ τοίνυν τῇ τῶν γραμμάτων εἰσέτι πυκνότητι, ὡς οὐ ῥᾳθυμία τις ἦν ὡς ἡμᾶς, τοῦτο δείκνυε ἤ, εἰ μή γε τοῦτο, δώσεις ἕτερα ὑπονοεῖν, ποῖα δὴ ταῦτα; ὀλίγων τε καὶ 15
χρηστῶν πολλά τε ἐθέλειν ὠνεῖσθαι καὶ φαῦλα. σκόπει δέ, ὦ γενναῖε,

f. 50 v. μήπως || τουτὶ εἰς ἐμπόρους μᾶλλον καὶ σοφιστὰς ἢ φίλους φέρον ἐνθήσει σε, τὸν μηδέποτε τῶν φίλων τινὸς ἀνεχόμενον ἡττᾶσθαι, μᾶλλον δὲ καὶ πολλῷ τῷ περιόντι τούτους νικῶντα. δέχου τοίνυν ἅμα τούτοις τοῖς γράμμασι τήν τε Ξενοφῶντος Κύρου ἀνάβασιν τόν 20
τε Οἰκονομικόν, καὶ σύν γε αὐτοῖς τὸν οὕτω πως Ἱέρωνα ἢ Τυραννικὸν ἐπιγραφόμενον, ἀρίστου ῥήτορος ἄριστα συγγράμματα, ἃ δή σοι πάντα δεικνύειν μέλλει τό τε τῶν γραμμάτων κάλλος τήν τε περὶ ταῦτα μετὰ σπουδῆς ὀρθότητα. ἕξεις δὲ ἅμα ἦρι σύν γε τῇ τοῦ θεοῦ βοηθείᾳ καὶ τὰ τοῦ Σύρου Σαμοσατέως· εἰ δ' οἷόν θ' ἡμῖν γένοιτο, 25
λῆψη καὶ τὰ τοῦ συγγραφέως Ἀθηναίου κατ' αὐτὴν τὴν τοῦ ἦρος ὥραν. ἀλλ' ἐπιλέλησμαι τῶν ἐμῶν, τοσοῦτον ἐρωτικῶς ἔχω περὶ τὰ σά. ὥσπερ δὲ ἐγὼ τῶν σῶν, οὕτως καὶ σὺ φρόντιζε τῶν ἐμῶν· ἃ γὰρ πάλαι μὲν αὐτὸς ὑπισχνοῦ, ἤλπιζον δὲ ἐγὼ λαβεῖν, λέγω δὴ τοὺς ἀπὸ τῶν ὅλων κώδικας, ἵνα σε καὶ αὖθις ἐκείνων ἀναμνήσω, οὔπω 30

---

3 in margine adscriptum est καθάπερ τῶν φ . . . . ; finis ultimi vocabuli a libri compactore abscisus est | 10 μετάρσιόν] in margine scriptum est γράφε ἀέριον | 12 συχνά γε νοῦν | 17 φέρον dubium | 30 ὅλων dubium

παρ' ἡμῖν ἐγένοντο, ἀλλ' οὐδὲ τὰ ὡροσκοπεῖα. ἢ τοίνυν θᾶττον αὐτὰ πέμπε, κἂν τούτῳ πολλὴν ἕξω σοι χάριν, ἢ βραδύνοντα περὶ τὰς ὑποσχέσεις ἐν τοῖς ὀφείλουσιν ἔξω, καὶ ἀντὶ τοῦ χάριν εἰδέναι ἐγκαλεῖν σοι μᾶλλον ἀναγκασθήσομαι.

β'. Τῷ αὐτῷ.

Ὅσον εἰσηνέγκαμεν κρότον ἀναγνόντες σου τὴν ἐπιστολήν, ἐπιστολὴν ἐκείνην τὴν διὰ πάσης ἤκουσαν ὥρας, οὐδὲ λέγειν ῥᾳδίως ἂν ἔχοιμεν, τοσοῦτον ᾐσθημεν ἀμφότεροι, ὅ τε ἀναγινώσκων ἐγὼ οἵ τε ἀκροώμενοι πάντες. ἀποστῆναί τε γὰρ αὐτῆς ἠβουλήθημεν διεξιόντες πολλάκις· ἡ δὲ μᾶλλον ἡμᾶς κατεῖχεν ἢ αἱ Σειρῆνες τοὺς παραπλέοντας. ἀλλ' οὐδ' Ὀδυσσεὺς ἄν, οἶμαι, ταύτην παρέδραμε μὴ κατακηληθεὶς ὑπὸ τῆς ἐκείνης ἴυγγος· οὕτως ἐκείνη γενναία, οὕτω καλλίστη, οὕτω δὲ καὶ σοῦ τὴν διάνοιαν διὰ πάντων ἀρίστην ἐδείκνυεν, ὥστε σε καὶ ῥήτορα δεξιὸν καὶ ἄνδρα πολιτικὸν καὶ σεμνὸν ἀπέφαινε φιλόσοφον, ἀλλὰ δὴ καὶ φίλον ἀγαθόν. ἅπαντα γὰρ ἦν ἐν ἐκείνῃ, φράσεως ἁρμονία, συνθήκης ῥυθμός, τόνου δύναμις, διανοίας ὀξύτης, λόγος σεμνὸς καὶ ἐσχηματισμένα προβλήματα, λαμπρότης σχημάτων, φίλων μακρὸς ἔπαινος, οἷς ὡραΐζετο μᾶλλον ἢ τῶν ὀρνίθων οἱ ᾠδικώτατοι ∥ κύκνοι, ὁπότε τῷ ζεφύρῳ τὰς πτέρυγας ὑπανέντες ἡδύ τι f. 51 r. μάλα καὶ ἐναρμόνιον ἐμπνέουσι. ταύτην οὖν ἡμῶν ἀναγινωσκόντων ἡσθῆναί τε μετὰ τοῦ θαυμάζειν συνέβη τὰ σὰ πόσον οἴει; ἐνενόουν γάρ, ὅσον ὄφελος ἂν εἴη ταῖς πόλεσι Γουαρῖνος ὁ καλός, κοσμήσας μὲν τὴν πατρίδα καὶ πρὸ τῆς πατρίδος Ἰταλίαν πᾶσαν τῇ πατρίῳ φωνῇ, κοσμήσας δὲ τὴν Ἑλλάδα τῇ ἐκείνων τῶν Ἑλλήνων παιδείᾳ· ἐμακάριζον δέ σου καὶ τὴν σπουδὴν καὶ πρὸ ταύτης τὴν φύσιν, οὕτως ἀμφοτέρων δεξαμένην τοὺς λόγους, ὥστε μοι πολλάκις ἐπὶ σοὶ μᾶλλον ἐπῄει καλεῖν, ὅπερ ἐπὶ Ζήνωνι τοῖς παλαιοῖς ἐλέγετο, ὡς ἄρ' ἀμφοτερόγλωσσός τις εἴης, οὕτως ἀκριβῶς ἑκατέραν εἰδότος σου, ὥστε μόλις ἂν ἕτερος οὕτως ἐφίκοιτο θατέρας παιδείας. εἴτε γὰρ

---

1 ἐγένετο, supra scriptum est ἐγένοντο | 17 σχηματισμένα | 19 ὑπανέντες | 24 Ἑλλάδα] ἑλλήνων | τῇ ἐκείνων] τῇ, in margine scriptum est γράφε τῇ 'κείνων | 25 σου] σοι

Ἰταλῶν ὁ κράτιστος ἀκούσειεν ἄν σου ῥητορεύοντος, οὐκ ἂν αὐτῷ δόξειεν, ὡς ἄρ' ἀποπλεύ[σοιό] ποτε πρὸς τὴν Ἑλλάδα, ἀλλ' αἰεὶ σοφοῖς σε τοῖς καθ' ὑμᾶς συνδιατρίβειν, εἴτε τοῖς σοῖς Ἕλλην ἀνὴρ ἐντύχοι γράμμασι, Πανελλήν[ιόν] σε προσείποι καὶ μηδέποτ' ἂν ἐγκύψαντα τοῖς ἀδύτοις Κικέρωνος, ἀλλ' αἰεὶ Ἀριστείδου τε ἐχόμενον καὶ 5 Δημοσθένους. τὸν οὖν οὕτως ἔχοντα καὶ νῦν μὲν ὑπὸ ταύτης, νῦν δ' ὑπὸ τῆς ἑτέρας κοσμούμενον, πῶς οὐκ ἄν τις γράμματα παρὰ τούτου λαμβάνων ἕρμαιον ἄντικρυς τῶν καλλίστων ἡγοῖτο, ὥσπερ δὴ τοὐναντίον τῶν ἀνιαρῶν τό τε μὴ δέχεσθαι; γράφε τοίνυν τοῖς ποθοῦσιν ἡμῖν ἀεὶ τὰ σὰ καὶ πρὸ παντὸς ἑτέρου τῶν καλῶν ἄγουσι τὰ ὑμέτερα, 10 εὐφραίνων ἡμᾶς τῷ τε κάλλει τῇ τε πυκνότητι τῶν γραμμάτων. εἰ δ' ἡμῶν αὐτὸς λήθην καταψηφιῇ μακράν, ἴσθι ὡς ἄρα καὶ ἡμεῖς γραψόμεθά σε τὴν ὑπὸ τῷ τῆς ἀφιλίας ἐγκλήματι γραφὴν καὶ τίμημα ἐπιθήσομεν οὐχ ὅπερ ἂν οἶδ' ὅτι ῥᾳδίως οἴσεις· σιγήσω γὰρ καὶ αὐτὸς μὴ ἀποκναίων σοι τὴν Ἀττικὴν ἀκοὴν τῇ τῶν γραμμάτων ἀηδίᾳ, 15 ἐπαινῶν δὲ ἡμῶν τὴν σαπρὰν ἐκείνην καὶ ῥυπῶσαν, ὡς ἄν τις ἕτερος ἐπιστολὴν εἴποι, ἔοικας τῷ σφόδρα σε φιλεῖν ἡμᾶς, τῷ τοῦ φιλεῖν ἑαλωκέναι πάθει οὐκ ἐῶντι καθαρῶς ὁρᾶν τὰ ἡμέτερα. τουτὶ μὲν οὖν

f. 51v. τὸ πάθος εὐξαίμην ἂν ἔγωγε || πρὸ παντὸς ἑτέρου τῷ θεῷ μηδέποτέ σου τῆς ψυχῆς ἐκβαλεῖν, ἀλλ' ἀεί τε αὔξειν προϊόντος τε τοῦ χρόνου 20 καὶ μηδέποτε λήξειν· οὕτω γὰρ ἔγωγε μὲν ἀεὶ τῶν σῶν ἀπολαύω δεχόμενος ἐπιστολὰς γεμούσας μὲν παιδείας, ναούσας δὲ τῆς καλλιρρόου κρήνης ἐκείνης ἥδιον, σοί τε τὰ ἡμέτερα ἀνεκτὰ φανήσεται, ποθήσεις δὲ ἔτι μᾶλλον καὶ πλείω λαμβάνειν. ἀλλ' εἴ σε τὸ μῆκος τῆς ἐπιστολῆς ἀνιάσει ὑπερβαινούσης μὲν τὸ μέτρον, τούτῳ δὲ κόρον ἐμποιούσης 25 τῷ σφόδρα λακωνίζοντί σοι, σαυτὸν αἰτιῶ μᾶλλον ἢ γε ἐμέ· οὔπω γὰρ ἧκε παρ' ἡμῖν τὰ ὡροσκοπεῖα, ὥστε φανέντων ἡμῖν τουτωνὶ καὶ τὴν σύμμετρον ὥραν δηλούντων, τηνικαῦτα δὴ μέτρια καὶ τὰ γράμματά σοι φανήσεται.

---

2 ἀποπλεύσαιό cod.; in margine scriptum est γράφε ἀποπλεύ . . . . ; finis huius vocabuli a libri compactore abscisus est | 4 πανέλληνα cod.; in margine scriptum est γράφε πανελλήν . . . . ; finis huius vocabuli a libri compactore abscisus est | 9 δέχεσθαι] hoc loco a scriba aliquid omissum videtur esse | γράψε

γ'. Τῷ Μηδείας.

Ἀλλ' εἰ καὶ τῆς ὑμετέρας πόρρω πόλεως ἡμεῖς καὶ τῆς σῆς μὴ κοινωνοῦντες χρηστῆς συνουσίας, ἣν ἡμεῖς τῶν ἐν τῇ μεγάλῃ πόλει τὸ πάντων ἡγούμεθα κάλλιστον, ἀλλ' ἡ μνήμη καὶ τὸ φίλτρον ἐν τῇ ψυχῇ, καὶ καθ' ὥραν σχεδὸν οὐ μακρὰν ἀφέστηκας ἡμῶν. καὶ ὅσῳ μεμνήμεθα, τοσούτῳ δάκνεται μὲν ἡ ψυχή, κινεῖται δὲ καὶ τὸ σῶμα καὶ πολλάκις ἐθέλει γενέσθαι παρὰ σοί· τὸ μῆκος δὲ τῆς τοσαύτης ὁδοῦ, τά τε μακρὰ πελάγη οὐκ ἐῶσι πέτεσθαι παρὰ σοί, κάθημαι δὲ μονονοὺ δάκρυα τῶν ὀφθαλμῶν προχέων, ὅτε σου καὶ μόνον μνησθῶ. πάσχω γὰρ ἀτεχνῶς τὸ τῶν δυσερώτων, οἳ τῷ δεινῶς ἐρᾶν καὶ τῶν προσηκόντων αὐτοῖς ἀμελοῦσιν. ὅθεν καὶ πολλάκις μὲν ἠράσθην τῆς Δαιδάλου τέχνης, ἐζήτησα δὲ καὶ τὸ πτηνὸν Διὸς ἅρμα, ὅπως ἀφικοίμην τάχιστα παρὰ σοί. ἐπέτυχον δὲ οὐδέποτε, καὶ μὰ τὴν σὴν ὁμιλίαν, τὴν πάντ' ἐμοὶ φίλην, οὔτε στοῶν κάλλη οὔτε ναῶν ὡραιότης οὔτε οἰκιῶν καὶ ἀγρῶν κτήσεις, οὔτε ὠνίων πλῆθος καὶ ἀφθονία παντοίων βρωμάτων, ἃ πολλὰ μέν εἰσι παρ' ὑμῖν, καλλίω δὲ μᾶλλον ἢ πολλά, ταύτην δὴ τὴν ὑμετέραν ἑλέσθαι, ἧς ἐκληρώθημεν, πείθει· καὶ ταῦθ', ὅσον παρ' ἡμῖν, τίνος οὐκ οὔσης χαλεπωτέρας, μόνη δὲ τοῦ θαυμαστοῦ Μηδείας ἡ συνουσία, ἣν καὶ μείζω τοῦ παρ' Ὁμήρῳ δύνασθαι λωτοῦ ∥ πᾶς τις ἂν φαίη, τοσοῦτον χειροῦται τὸν f. 52 r. ἀκροατήν, πλέον δὲ πάντως ἢ καὶ τὰ ἠρινὰ τῶν ἀνθέων τοὺς τῶν παριόντων ὀφθαλμούς. ἐπίστελλε κἂν ⟨ἅπαξ⟩ τοιγαροῦν, ἵνα σου τοῖς γράμμασιν ἐντρυφῶντες τὴν ἀπὸ τούτων ἡδονὴν καρπώμεθα· καὶ πυκνὰ δέ, ἐπειδὴ ἡμεῖς πυκνοτέροις ἀμειψόμεθά σοι τοῖς γράμμασιν. οἶσθα δέ, ὅτε προσειπόντες ὑμᾶς ἐνεβαίνομεν τῇ νηί, ὅτι σὺ μὲν παρεκελεύου καὶ πέμπειν καὶ πυκνὰ δέ, ἡμεῖς δὲ χρῆσθαί σε τοῖς ἴσοις ἠξιοῦμεν, ἀπηγόρευες δὲ αὐτὸς οὐδαμῶς. ποίει τοίνυν τουτί· ὃ γὰρ σοὶ μὲν ῥᾷον, ἡμῖν δὲ παντὸς ἥδιον ἑτέρου, πῶς οὐκ ἄν σέ τις ἀδικίας γράψαιτο, τὸν σφόδρα τῶν τε νόμων καὶ τοῦ δικαίου ἀκριβῆ καὶ γενναῖον φύλακα;

---

13 ἀφίκοιμι | 14 νεῶν | 21 κρινὰ | 22 ἅπαξ om. | 22. 23 γράμμασι | 24 ἐπειδὴ] ἐπεὶ δὲ | γράμμασι

δ'. Τῷ Χορτασμένῳ.

Οὐκ ἄρα τῆς ἐν Πελοποννήσῳ διατριβῆς ἡμῶν ἐπιλελῆσθαί σε μόνον ἡγούμην, ἀλλ' εἰ καὶ τῶν Ἄλπεων ἐπέκεινα συνέπιπτεν ἡμᾶς οἰκεῖν, μηδ' οὕτω τῆς παλαιᾶς ἡμῶν ἀμνημονήσειν φιλίας, κἀκεῖσε δέ, εἴπερ τοῦτ' ἦν, καὶ μεμνῆσθαι καὶ ἐπιστέλλειν, ὁπόταν σοι ῥᾷον 5 εἴη· νῦν δὲ παρὰ τὴν Πέλοπος ἡμῶν οἰκούντων, οὕτω μὲν οὐ πολὺ τῆς ὑμετέρας ἀφεστηκυίας πόλεως, οὕτω δὲ καὶ τῶν οἰκητόρων ἑκατέρας παρ' ἀλλήλους συνεχῶς ἀφικνουμένων, παρὰ τῶν ἄλλων γράμματα δέχεσθαι μέν, παρὰ σοῦ δὲ καθ' ἡμέραν μὲν ἐλπίζειν, μηκέτι δὲ λαμβάνειν, πῶς οὐκ ἄν τις ἡμῶν ἐσχηκέναι σε λήθην μακρὰν εἰκά- 10 σειεν; ὅπερ οὐδέποτε τὴν σὴν ᾠμην λογιότητα τοιοῦτόν τι δρᾶσαι πρὸς ἡμᾶς. ἢ τοίνυν ἐπίστελλε τοῖς γράμμασιν ἀναιρῶν τὴν τοιαύτην δόξαν, ἢ σιωπῶντα ἴσθι ὡς οὐδείς σε ταύτης ἐξαιρήσεται τῆς αἰτίας. εἰ δ' αὐτὸς ἡμῖν τὴν μέχρι τοῦ νῦν προφέρεις σιγήν, ἀλλ' ἡμεῖς ἀεὶ μὲν ἐν τῇ ψυχῇ, τοῖς γράμμασι δὲ τρίτον ἤδη μεμνήμεθά σου· τὸ 15 μὲν πρῶτον ἐν τοῖς πρὸς τὸν καλὸν κἀγαθὸν Μακάριον γράμμασι, τὸ δεύτερον δ' ὥσπερ τὸ πρῶτον, νῦν δὲ γράμμασι τούτοις δὴ τοῖς πρὸς σέ· καὶ ταῦτα βιβλία μὲν καὶ λόγους ἀφ' οὗπερ ἀπήραμεν ῥίψαντες, ζεύγη δὲ βοῶν καὶ ἵππους ἀγείρειν γῆν τε ἀροῦν καὶ αὔλακα τέμνειν φροντίζοντες, καὶ νῦν μὲν εἰς Ἐπίδαυρον, νῦν δ' εἰς Σπάρτην, ἄλλοτε 20 δ' ἀπὸ κώμης εἰς ἑτέραν ὥσπερ οἱ δρομεῖς ἀναγκαζό||μεθα τρέχειν. ὅτε τοίνυν μηδ' ἡμῶν αὐτῶν ὄντες γράμματα πέμπομεν, οὐ καλὰ μέν, τῆς δὲ σῆς ἐρωτικὰ ψυχῆς, ποίαν αὐτὸς ἕξεις ἀπολογίαν καὶ συχνὰ δυνάμενος πέμπειν καὶ μακρότερα μὲν ἢ συχνά, καλλίω δὲ μᾶλλον ἢ μακρά; γράφε τοίνυν τῷ τε κάλλει τῶν ἐπιστολῶν εὐφραί- 25 νων ἡμᾶς τήν τε σὴν ὑγίειαν ταύταις ἡμῖν παραδηλῶν, ἣν ἕν τι τῶν καλλίστων ἡγούμεθα. καὶ περὶ τῆς ἐπιστολῆς δέ, ἣν ἀνηνέγκαμεν τῷ παντ' ἀρίστῳ καὶ θειοτάτῳ βασιλεῖ, δήλωσον ἡμῖν, ὅπως τε ὁ ἀκριτοεπὴς Θερσίτης ἢ ἀπέκναισε τὴν θείαν καὶ Ἀττικὴν ἀκοήν, ἢ ἡδύ τι τάχα καὶ λιγυρὸν ἐφθέγξατο, μικρὰν ἡδονὴν τῆς ἐπιστολῆς 30 φερούσης, ἧς τὸ ἀτύχημα σαφῶς ἡμῖν ἐρεῖς, πάλαι φίλος ὢν ἀληθείας.

8 ἀλλήλας.

ε'. Τῷ βασιλεῖ κῦρ Μανουήλ.

Ἴσως μὲν καὶ τῶν ἄλλων ἕνεκα ἐπιστέλλειν ἐχρῆν καὶ περὶ τοῦ λόγου μάλιστα τοῦ σοῦ, καὶ τὰ κατ' αὐτὸν οἷα γέγονε διεξιέναι· σφόδρα τε οὖν ᾑρούμην τὸ χρέος ἀποτιννύναι καὶ πολλάκις τοῖς γράμμασι δεικνύειν, ἡλίκους τοὺς ἐπαίνους ἡ τῶν Πελοποννησίων προσάγει σοι γλῶττα· ἀλλ' ἡ τῶν γραμμάτων ἀμουσία καὶ τὸ μὴ σὺν ὥρᾳ δύνασθαι λέγειν τὴν ὁρμὴν ἀφῄρει καὶ τὴν σιωπὴν ἀσπάζεσθαι ἔπειθεν, ὡς ταύτῃ δή μοι μᾶλλον λυσιτελεῖν καὶ μὴ οὕτως ἀποκναίειν τὴν Ἀττικὴν ἀκοήν, πρὸς ἣν Πλάτωνος καὶ Δημοσθένους γλῶτταν καὶ τῶν κατ' αὐτοὺς μόνον προσήκει φθέγγεσθαι· ἄλλως θ' ὅτι καὶ ῥήτορος πολὺ τῶν ἄλλων ὑπερφωνοῦντος ἔδει τὰ κατ' ἐκεῖνον καὶ πῶς μὲν ἀνεγνώσθη, ὅπως δὲ καὶ παρὰ πάντων ἐπῃνέθη διηγουμένου. ἀλλ' ἐπεὶ νόμος οὗτος, καὶ παλαιός γε ὁ νόμος, μὴ τοῖς εὐπόροις μόνον, ἀλλὰ καὶ τοῖς πένησιν ἐξεῖναι μὲν λέγειν, ἐξεῖναι δὲ αὐτοῖς ἐκ τῶν ἐνόντων ὑμῖν τοῖς βασιλεῦσι τὰ δῶρα προσάγειν, αὐτὸς δὲ πρὸ τῶν ἄλλων φιλάνθρωπος, καὶ τὴν σὴν φύσιν μάλα τούτῳ συμβαίνουσαν ὁρῶμεν τῷ νόμῳ, δέχου δὴ γράμματα φαῦλα μέν, ἀπὸ ψυχῆς δὲ τῶν σῶν ἐξηρτημένης λόγων καὶ πολλὴν τρεφούσης πρὸς τὸ σὸν κράτος τὴν εὔνοιαν. ἡδέως τοιγαροῦν ἀκούοις, ὦ βασιλεῦ· πρότερον δὲ ἐρῶ σοι λόγον βραχὺν μέν, γλώττης δὲ ἀρίστης δεόμενον καὶ μείζονος ἢ κατὰ τὴν ἐμήν. ||

Ἐπεὶ προσέσχεν ἡ ναῦς τῇ Πελοποννήσῳ παρὰ τὸν τῶν Βιτυ- f. 53 r. λαίων λιμένα, καὶ ἡμεῖς ἀπεβαίνομεν ἤδη, πόλιν ὑπὲρ τὴν ἀκρώρειαν ἑωρῶμεν· ὁμώνυμος δὲ ἡ πόλις τῷ λιμένι, ἀρχαία καὶ Ἑλληνίς, ὅσον ἐκ τῶν ἐγκεκολαμμένων τοῖς κύρβεσι κατενοοῦμεν, ἀλλ' ὁ δῆμος οὐχ Ἑλλήνων, ἀλλὰ βαρβάρων ἦν· ἡ δὲ τούτων ὠμότης καὶ τὴν Σκυθῶν ὑπερηκόντιζεν. καὶ ταῦτ' ἠκούομεν μὲν καὶ πρότερον, οὐ ῥᾳδίως δὲ ἐπιστεύομεν· τηνικαῦτα δὲ ὁρῶντες αὐτοὺς ἀπό τε τῆς τῶν ὀφθαλμῶν βολῆς ἀπό τε τῶν ἠθῶν, προσέτι γε μὴν καὶ τῆς ἀναβολῆς καὶ τῶν ὅπλων, ἃ πάντες εἰρήνης οὔσης βαθείας κατεῖχον ἐν ταῖς χερσί, καὶ ὡς οὐδὲν τῶν ἀγριωτάτων θηρίων διέφερον, μάλα

---

7. 8 πείθει | 10 an ἄλλως τε καὶ ὅτι? | 16 an ἄλλων ⟨εἶς⟩?

συμβαίνοντα τούτοις κατενοοῦμέν τά γε περὶ αὐτῶν ᾀδόμενα. ὡς δ᾽ ἐρωτῶντες ἠκούομεν, ὅθ᾽ ἡ μὲν ὄρειος δίαιτα καὶ τὰ τοιαῦτα μόνον ἤθη παρ᾽ αὐτοῖς, ἡμερώτεροι δὲ τὴν ψυχὴν ἢ τῶν ἑτέρων ἀνθρώπων οἱ πλείους, ἐξαίφνης ἐν ἠρεμίᾳ τε ἦμεν καὶ τὴν μεταβολὴν ἐθαυμάζομεν. ἐπυνθανόμεθα δὲ καὶ παρ᾽ αὐτῶν τὴν αἰτίαν. ἀλλ᾽ ἐκεῖνοι μὲν 5
εὐθὺς μετὰ κρότων καὶ ἐπαίνων καὶ λαμπρᾶς τῆς εὐφημίας τὸ σὸν ἐβόων ὄνομα, εὐεργέτην τε σὲ καὶ πολιοῦχον καὶ σωτῆρα τοῦ σφῶν ὠνόμαζον γένους. ἐξ ὅτου γάρ, ἔφασκον, κατῆρας παρὰ τὴν Πέλοπος, τὸ τούτων ἐστόρεσας φρόνημα, λέλυται δὲ ἐκεῖνα τὰ πρῴην δεινά·
καὶ οὔθ᾽ υἱὸς ἔτι ξίφος ἐγύμνωσε κατὰ πατρός, οὔτ᾽ αὖ πατὴρ κατὰ 10
παιδὸς τὴν χεῖρα ἐμόλυνεν, ἀλλ᾽ οὐδὲ ἀδελφὸς ἐπ᾽ ἀδελφῷ, οὐδ᾽ ὥρμησεν ἔτι γείτων κατὰ γείτονος, οὐδ᾽ ἔτι μετὰ τὴν σφαγὴν δάκτυλον ἢ μέλος ἕτερον ἀποκόψας τοῦ κειμένου, τοῦτο παρὰ τὸν πότον τῇ κύλικι βάπτων προπίνει τοῖς φίλοις· τοῦτο δὴ τὸ ἐκείνοις πάλαι φίλον καὶ σύνηθες· ἀντὶ τούτων δὲ ἑορτὴ καὶ πανήγυρις ἀτεχνῶς 15
καθ᾽ ἡμέραν, καὶ συμπόσιον πρὸς ἀλλήλους, καὶ ἔπαινοι παρὰ πάντων τοῦ τοσούτου ᾀδόμενοι ἔργου. ὅθεν δή σοι καὶ τρόπαιον ἕστηκε μάλα λαμπρόν, τουτὶ δὲ τὸ τρόπαιον, βασιλέων ἄριστε, μεῖζον καὶ τῶν ὑμνουμένων πάλαι, ἃ δὴ Θεμιστοκλεῖ καὶ Μιλτιάδῃ καὶ τοῖς κατ᾽ ἐκείνους ἀνέστη. ἐκεῖνοι μὲν γὰρ καὶ μεθ᾽ ἑτέρων καὶ ὅπλων καὶ 20
αἱμάτων τὰ τρόπαιά τε ἀνίστων || καὶ τὴν νίκην ἀνῃροῦντο, σὺ δὲ τούτων ἄνευ ἁπάντων, μετὰ μόνης δὲ τῆς μεγάλης συνέσεως τοσαύτας μὲν πόλεις, τοσαύτας δὲ κώμας καὶ ἀριθμὸν ὑπερβαινούσας προσηνῶς τε καὶ ἡμέρως τὸν βίον περαίνειν ἀνέπεισας, καὶ οὐχ ἅπαξ μέν, καθ᾽ ἡμέραν δὲ τρόπαιον ἱστᾷς, ῥυόμενος ἐκείνους, ὁπόσοι τοῦ 25
ξίφους ἔργον γίγνοιντ᾽ ἄν.

Τοιαῦτα τῶν σῶν ἐγκωμίων τὰ προοίμια. ἐπεὶ δὲ καὶ παρὰ τὴν τῶν Σπαρτιατῶν ἐγενόμεθα μητρόπολιν, λόγος τε ἔρρει πολὺς καὶ τὸ βιβλίον ἅπαντες ἐζήτουν καὶ περὶ ἐκείνου πολὺν ἐποιοῦντο λόγον· θᾶττον γὰρ ἢ πτηνὸν τὸ πτερὸν τῆς φήμης διαδραμὸν πάντας ἀνέ- 30
πεισεν ἐκεῖνο ζητεῖν. ἐντεῦθεν δὴ καὶ μετέωρον τὴν ἀκοὴν εἶχον, ὥσπερ οἱ τὰ μεγάλα μυστήρια πάλαι μυούμενοι. ἀλλ᾽ ἐπεὶ τοίνυν

---

2 an ὅτι ἤ? | 14 'κείνοις | 25 μέν] an μόνον? | 31 ἐκεῖνον

ἧκεν ἡ προθεσμία καὶ ἡ ἡμέρα τοῦ ἔτους, καθ' ἣν ὁ εὐφημούμενος
μετέστη τῶν ὧδε, τελετὴ δὲ ἐπὶ τῇδε γίγνεται, ἔδει δὲ ἐν ταύτῃ καὶ
τὸ βιβλίον ἀναγινώσκεσθαι, παρῆν μὲν ὁ πάντα ἄριστος καὶ λαμπρό-
τατος δεσπότης, παρῆν δὲ καὶ ὁ ἀρχιερεὺς καὶ ἡ γερουσία δὲ καὶ
5 πᾶν ὅσον ἔκκριτόν τε καὶ καθαρὸν τοῦ ἱερατικοῦ καταλόγου. καὶ τοῦ
δήμου δὲ οὐδεὶς ἀπῆν· συνέρρεον γὰρ ἅπαντες ἐπὶ τὴν ἀκρόασιν μᾶλ-
λον ἢ τῶν Ὀλυμπίασιν ἀγώνων οἱ θεαταί. καλὸν τοιγαροῦν ἐδόκει
καὶ προσῆκον πρὸ τῆς τελετῆς τὸν ἐπιτάφιον ἀναγινώσκεσθαι, καὶ ὁ
τοῦ βιβλίου διακομιστὴς ἐπὶ τούτῳ προσεκαλεῖτο· ὁ δ' οὐχ ὑπήκουεν,
10 ἑτέροις τοῦτο φάσκων προσήκειν. καὶ οἱ μὲν ἐνέκειντο, ὁ δὲ οὐκ ἐνε-
δίδου. ὡς δὲ καὶ ὁ δεσπότης παρεκελεύετο, εἶξε τῷ ἐκείνου προστάγ-
ματι, καὶ ἀνεγίνωσκε μὲν ἐξαναστάς, ἠκροῶντο δὲ ἅπαντες ἑστῶσιν
ὠσὶ τὸ τοῦ λόγου, πῶς ἄν τις ἡδέως εἴποι, διεξῄει δὲ τοῦ βιβλίου τὸ
ἥμισυ. ἐπ' ἐκείνῳ δὲ Γαζῆς ὁ καλὸς ἀνεγίνωσκε, τὸ μὲν πρῶτον
15 ἠρέμα καὶ ὁμαλῶς τὴν ἠχὼ πέμπων, κατὰ μικρὸν δ' ἔτι τὴν φωνὴν
ὑπεραίρων ἐς διάτορόν τι καὶ γεγωνός, ὅσον τε ἐχρῆν καὶ ἡ τάξις
ἀπῄτει τοῦ λόγου. ὅθεν καὶ οἱ μὲν ἐβόων, μετὰ κρότων καὶ λαμπρῶν
τῶν ἐπαίνων, τὴν τῶν ὀνομάτων ὥραν, τὴν συνθήκην τῶν λέξεων,
τὸ τῆς φράσεως κάλλος, τὴν τάξιν τῶν ἐπιχειρημάτων, καὶ ὅλως τὴν
20 διὰ παντὸς τοῦ λόγου ἁρμονίαν καὶ μουσικὴν ἀγάμενοι τὴν διὰ πα-
σῶν, εἶπεν ἄν τις μουσικός· οἱ δὲ αὐτὸν ἐδόκουν τὸν κείμενον ὁρᾶν ||
ἐκεῖνα τῶν ἔργων πράττοντα, ἃ τοῖς τῶν παλαιῶν ἦν ἐφάμιλλα, καὶ f. 54 r.
σὲ ταῦτα φθεγγόμενον, ἃ τῷ μακαρίτῃ πραττόμενα τὴν Πέλοπος
ἔσωζεν ἢ μᾶλλον τῆς βαρβαρικῆς ἐρρύετο δυναστείας. οἷς δὲ καὶ τὸ
25 φίλτρον πλεῖστον ἐνετέτηκτο, κἂν τοῖς πλείστοις τῶν ἀρίστων ἔργων
ἐκείνῳ συνεφήπτοντο· τούτοις δὲ τὸ δάκρυον ἔρρει κρουνηδὸν καὶ τὸ
ἄσθμα συνεχὲς ἐξῄει κεραννύμενον τῷ τῆς λύπης χρώματι. ὁ δὴ
δῆμος ἐκπεπληγμένοις ἐῴκεισαν· καὶ οὐδεὶς ἦν ὃς οὐκ ἦν ἐκείνῳ μὲν
σῶστρά τε θύων τοῖς λόγοις σωτῆρά τε καὶ εὐεργέτην καλῶν, σὲ δ'
30 εἰς βαθὺ καὶ λιπαρὸν ἀφικέσθαι γῆρας ὑπερευχόμενος.

Ἀλλὰ τί δεῖ μηκύνειν τὰ γράμματα; εἶπεν ἄν τις ἰδὼν τηνικαῦτα
τὴν Ἀθηνᾶν παρεῖναι μετὰ τοῦ χοροῦ τῶν μουσῶν, συνεφαπτομένην

---

9 ὅδ' | 16 γεγονός | 25 κἂν cod. dubium | 28 ἐῴκησαν | μὲν ἐκείνω

μὲν τοῖς Ἡρακλέους ἔργοις, μετὰ δὲ τὴν ἀποβίωσιν τοῦτον δὴ τὸν νέον
Ἡρακλῆν στεφανοῦσαν καὶ κοσμοῦσαν τοῖς ἔπεσι. τίνες τοίνυν Πλάτωνες, τίνες Ἀριστείδεις, ποῖοι Δημοσθένεις τῆς τοῦ λόγου ἀξίας ἱκανῶς
ἐφικέσθαι δυνηθεῖεν ἄν; ἓν τοῦτο μόνον φημί, ὃ πρὸ ἐμοῦ καὶ τῶν
παλαιῶν ἔφη τις περί τινος, ὡς οἱ σοὶ λόγοι ἐμψυχωμένοι γεγάασιν. 5
ἀλλὰ τούτους δὴ τοὺς γενναίους καὶ λίαν γενναίους καὶ ἕως σφόδρα
γενναίους νενίκηκεν ἕτερος, νίκη δ' ἐπαμείβεται ἄνδρας ᵃ). τίς δ' ὁ τὴν
νίκην ἀνῃρημένος; σαυτόν, βασιλεῦ, παρήνεγκας σύ. καὶ καινὸν
οὐδέν· εἰ γὰρ αὐτοσχέδια τῶν πολλῶν καλλίω, τί παράδοξον εἰ
ἐκείνων τὰ ἐσκεμμένα σοι βελτίω; ὃ δ' ἐν τοῖς γράμμασι παρακελεύῃ, 10
ὡς εἴ τινι τῶν πάλαι γνωρίμων ἐν λόγοις τὸ αὐτοσχεδιάζειν ἐπετήδευτο, καὶ τὸ σὸν ἀνήσεις ὡς ἐκεῖνο· εἰ δ' οὖν τὰ ἐκείνων ἐχρῆν
αὐτοσχέδια μείζω καὶ τῶν ἐσκεμμένων εἶναί σοι, τοῦθ' οὕτως ἔχειν
οὐκ οἶμαι· ἡγοῦμαι γὰρ πάντας τοὺς μεγίστους τοῦτ' αὐτὸ μεγίστους
εἶναι, τὸ μετὰ πολλῆς τῆς περινοίας τοὺς λόγους ἐργάζεσθαι καὶ πολ- 15
λάκις τὰ σφῶν μεταπλάττειν, τοῖς καλοῖς ἢ καλλίω προστιθέντας
ἢ καὶ τὸ περιττὸν ἀφελόντας. ἔχεις δὴ πρό γε τῶν ἄλλων τὸν Ἀρίστωνος, τὴν τοῦ λόγου γλῶτταν, τῶν Ἀθηναίων τὸ κράτιστον· οὗτος
τοίνυν ἐν τῷ Μενέξενος ἢ Ἐπιτάφιος τὸν Σωκράτην εἰσάγων, ὥσπερ
κἂν τοῖς ἑτέροις τῶν ξυγγραμμάτων εἰώθει, τοῦτον δὴ διαποροῦντα || 20
f. 54 v. μετὰ τοῦ προσδιαλεγομένου δείκνυσιν, ὡς ἐπὶ τοῖς πεσοῦσι τῶν Ἀθηναίων τηνικαῦτα τοὺς ῥήτορας δῆθεν ἐροῦντας, καὶ ὡς μὴ μελετήσαντας οὐκ ἂν ἀξίως τῶν κειμένων ἐρεῖν· Σωκράτης δ' ἦν αὐτὸς ἢ
μᾶλλον ὁ μέλλων ἐρεῖν, Πλάτων ὁ σεμνός· καὶ τὸν λόγον δέ, ᾧ Κριτίας ἢ Ἀτλαντικὸς τὸ ἐπίγραμμα, μὴ ἂν οὕτως εἰργάσθαι τῷ φιλο- 25
σόφῳ, εἴ γε μὴ τοῦ ζῆν ὑπεξίστατο. οὔτε γὰρ ἐκείνῳ τέλος οἰκεῖον
τοῖς προοιμίοις, οὔτ' αὖ ξύμπας τῇ δυνάμει τοῦ φιλοσόφου ἀνάλογος.
καὶ μαρτυρεῖ μοι τῷ λόγῳ ὁ Χαιρωνεὺς Πλούταρχος, ἀνὴρ σφόδρα
τοῖς λόγοις ἐνευδοκιμῶν, ὡς που ἐν τῷ Σόλωνος βίῳ φησί. δέχου
τοιγαροῦν τὸ βιβλίον καὶ προστίθει τοῖς ἀρίστοις ἄριστα καὶ μετά- 30

---

5 an ἐψυχωμένοι? | 9 ὦ τὰ σχέδια | 11. 12 ἐπετήδευτο dubium |
12 ἐκεῖνο] ἐκεῖνον | 16 προστεθέντας | 24 ὦ
a) Hom. Il. 6, 339.

πλάττε τοῖς καλλίοσι τὰ καλά· ᾧ γὰρ ἐν τοσαύταις φροντίσιν εἴργασται τηλικαῦτα, καὶ ταῦτα δὴ μετὰ μελέτης ὀλίγης, τίν' ἄν τις ἐν σκέψει καὶ μετὰ ῥαστώνης εἰκάσειε τούτῳ γενέσθαι; ἢ δῆλον ὡς ἡδίω μὲν τῶν περιᾳδομένων ἐκείνων σειρήνων, καλλίω δὲ τῶν ἑτέρων, 5 ἡμῖν δὲ πολλῷ καὶ τῶν Κροίσου χρημάτων φίλτερα καὶ λαμπρότερα.

ς'. Τῷ Ῥωσίας.

Τὰ μὲν πρὸς τοὺς ἑταίρους πάντας τοὺς σοὺς πάνυ καλά, πάνυ γενναῖα, πάνυ θαύματος γέμοντα· τὰ πρὸς ἐμὲ δὲ μόνον τούτοις ἄντικρυς τἀναντία, ὁποῖα δέ, μετ' ὀλίγους ἐρῶ. ἀλλ' ἐκείνοις οὕτω 10 σφόδρα καλῶς ἔχει σοι τὰ γεγενημένα, καὶ τοσοῦτον ἀπώναντο τῆς σῆς ἑταιρείας, ὥστ' οἶμαι μηδένα τούτων ἐπιλελῆσθαί ποτε τῆς σῆς ἱερότητος, κἂν εἰς τὸ Τιθωνοῦ κἂν εἰς τὸ τοῦ Ἀργανθωνίου γῆρας ἀφίκηται, ἀλλ' αἰεί σε διὰ μνήμης ἄγειν καὶ σοῦ σὺν ἐπαίνοις μεμνῆσθαι μακροῖς. τοσοῦτον ἐκεῖνοι πεπόνθασιν εὖ διπλῇ τὰς δωρεὰς 15 καρπωσάμενοι, τοῦτο μὲν τοῖς δώροις, τοῦτο δὲ τοῖς γράμμασιν, οἷς μᾶλλον οὐκ ὀλίγον ἀνανεοῦται φίλτρον τοῖς ἐρωτικῶς ἄγουσι τὰ σά· οἳ δὴ καὶ καθάπερ οἱ τὰς τῶν ἐρωμένων εἰκόνας τὰ γράμμαθ' ὁρῶντες τὰ μέγιστα ἥδονται καὶ πάντας ἀναπείθουσι θαυμάζειν τὰ σά. διὰ ταῦτ' οὖν οὐκ ἀπὸ τούτων μόνον, ἀλλὰ καὶ παρὰ τῶν ἡμετέρων 20 πάντων πολιτῶν εὐφημίαι, κρότοι καὶ τῶν σῶν ἔργων ἔπαινοι μάλα λαμπροί. γενομένου τοιγαροῦν ποτε συλλόγου, παρὼν δὲ καὶ αὐτὸς ἐτύγχανον, λόγος περὶ τῶν σῶν ἐκινεῖτο· καὶ ὁ μὲν ἐπῄνει σου || τὸ f. 55 r. φιλότιμον, ὁ δὲ τὸ πρᾷον, ἕτερος τὴν ἐπιείκειαν· καὶ τὴν διὰ πάντων τῶν ἠθῶν ἁρμονίαν, ἄλλος τὸ σπουδαῖον καὶ ἀγχίνουν τῆς σῆς συν-25 έσεως· καὶ ἁπλῶς εἰπεῖν, πολλὰ τοιαῦτα καὶ τούτοις ἐνείροντες παραπλήσια πάντες ἐδημηγόρουν. ἐγὼ δ' ἤκουον μέν, ἐπῄνουν δὲ καὶ ταῦτα, κατέχειν δ' ἐμαυτὸν οὐκ ἠδυνάμην, ἀλλὰ καὶ πλατὺν ἐκίνουν τὸν γέλωτα τὰ τοιαῦτ' ἀκούων ᾀδόντων ἐκείνων, ἃ δὴ κἂν ἐν πολλοῖς τῶν ἰδιωτῶν εὕροι τις ἄν. οἱ δ' ὥσπερ ἐκπεπληγμένοι, «σὺ 30 δ' αὐτὸς τί παθών», ἠροντό με, «ταῖς ἡμετέραις οὐ σύμψηφος εἶ γνώμαις», ὅτι πρὸς αὐτοὺς ἔφην· ἀφέντες τὰ μεγάλα τὰ μικρὰ θαυ-

---

11 ἑταιρίας | 12 ἀργαθωνίου | 30 εἶς] εἴης

μάζετε τοῦ ἀνδρὸς καὶ ἃ πρόσεστι μὲν ἐκείνῳ, ὀλίγοις δὲ πάνυ τῶν
ἐν ἀρχῇ τηλικαύτῃ, ἀγνοεῖν μοι δοκεῖτε, φράσω δὲ ὑμῖν ἐγώ. νῦν,
ἔλεγον, εὐδαιμονήσει τὸ τῶν Σαρματῶν γένος, νῦν ὁ θαυμαστὸς
οὗτος ἀνὴρ τῇ πολλῇ καὶ ποικίλῃ συνέσει Σκυθικὸν καταστορέσει
φρόνημα, νῦν ἄρχοντας διαλλάξει πρὸς ἀλλήλους στασιάζοντας τῷ 5
τῆς ἀρχῆς ἔρωτι. ταῦτά μου καταλέγοντος καὶ ἐν τούτοις γενομένου,
ἐξαίφνης ἀναστὰς τῶν αὐτόθεν ἡκόντων τις ἐπεμαρτύρει τοῖς λεγο-
μένοις καὶ διηγεῖτο, ὅπως τε οἱ τοῦ μεγάλου ῥηγὸς ὁμαίμονες τοῦ
σφῶν ἀπορραγέντες ἔθνους προσερρύησαν τοῖς Σκύθαις, καὶ ὡς ἔμελ-
λον σὺν αὐτοῖς τὴν παροιμίαν βεβαιώσειν, ἥτις ἀπὸ τῶν ἐκείνων 10
ἔλαβε τὴν κλῆσιν ἔργων, καὶ Σκυθῶν ἐρημίαν τὴν ὑμετέραν ποιήσειν,
εἰ μὴ εὐθὺς αὐτὸς ἀναστὰς καὶ ταῦτ' ἐν μέσῃ τῇ τοῦ χειμῶνος ὥρᾳ
κατεφρόνησας μὲν ψύχους τοσούτου, κατεφρόνησας δὲ φόβων, ἥψω
δὲ ὁδοῦ κινδύνων γεμούσης, καὶ ταῦθ' ὑπὸ πολλῶν, μᾶλλον δ' ὑπὸ
τοῦ μεγίστου τῶν ἀρχόντων οὐκ ἐώμενος τοιοῦτον ἐκ τοῦ προφανοῦς 15
ἀνατλῆναι κίνδυνον τὸν περὶ ψυχῆς ἄντικρυς ὑποφαίνοντος, αὐτὸς
τὴν ἐντολὴν εὐθὺς ἐπὶ νοῦν βαλλόμενος τὴν δεσποτικὴν καὶ τὴν
ψυχὴν ὑπὲρ τῶν σαυτοῦ λογικῶν προβάτων θεὶς οἷα δὴ ποιμὴν ἀλη-
θής, μηδὲ τῶν οἰκείων εἰδότων ὅποι ἂν ἀπίοις, ταχέως ἐν τοῖς Σκυ-
θῶν γενόμενος ὅροις, διαλλάττεις μὲν ἐκείνους, ἐλευθεροῖς δὲ οὐκ 20
ὀλίγα σμήνη τῆς μετ' ὀλίγους ἐσομένης δουλείας, προστιθεὶς τῷ τά-
χει καὶ τὴν ἀπὸ τῶν φρενῶν σύνεσιν. εἶτ' εὐθὺς ἐγὼ πάλιν ἐγενόμην
ἐν τῷ κατα||λόγῳ τῶν σῶν κατορθωμάτων, ἄρτι, λέγων, εὐνομοῦν-
ται πόλεις τῇ σῇ περὶ δικαιοσύνης ἐπιμελείᾳ, ἄρτι τὸ σοὶ λαχὸν ἔθνος
πρὸς ἐπίδοσιν αὔξει τῶν καλῶν, καὶ ὡς βούλει μὲν ἐπὶ τῆς ἀρχῆς 25
οὐδένα λυπεῖν, ὠφελεῖν δ' ὅτι πλείστους, καὶ πάντας μὲν εὖ ποιεῖν,
χάριν δ' οὐδένα τούτων αἰτεῖν, καὶ τὸ μεῖζον, ὅτι μηδ' ἐν ἀρχῇ τηλι-
καύτῃ γεγονὼς ἐπιλέλησαί του τῶν φίλων. τοσαῦτα καὶ τοιαῦτ' εἰρη-
κότος μου, τῶν ἀκροωμένων οἱ μὲν τῶν λεγομένων ἕκαστον διὰ πολ-
λοῦ τοῦ θαύματος ἦγον καὶ ἐκπεπληγμένοις ἐῴκεσαν, καὶ οὐκέθ' 30
ἁπλῶς ὥσπερ τὸ πρῶτον, ἀλλὰ καὶ μετὰ πολλῶν ἐπῄνουν τῶν χρό-

---

4 ποικίλλη | 5 σταζιάζοντας | 22 σύνεσιν] in margine scriptum est
γράφε ῥώμην | 23. 24 εὐνομοῦντες | 30 ἐπεπληγμένοις

των. ἥδοντο μὲν οὖν ἐκεῖνοι, ἡδόμην δὲ καὐτός, πόσον οἴει. τοιαῦτα μὲν οὖν τὰ ἡμέτερα περὶ σέ· τὰ δὲ παρὰ σοῦ πρὸς ἐμὲ ἥκω σοι λέξων, καί γε καλῶς εἰδότι ὁποῖ᾽ ἄττα, καθάπερ ἐν ἀρχῇ τῆς ἐπιστολῆς ὑπεσχόμην. σὰ μὲν ἧκε πᾶσιν ἐκείνοις γράμματα, ἐμοὶ δὲ οὐδ᾽ ὅλως·
5 καὶ χάριτες μὲν ἐκείνοις μεγάλαι, ἐμοὶ δὲ μόλις χάριτός τινος ἀπορρώξ. διὰ τοῦτο οὔτ᾽ ἐν λόγῳ οὔτ᾽ ἐν ἀριθμῷ παρὰ σοὶ τὰ ἡμέτερα. ὅσῳ τοίνυν ἡδόμην πάλαι, τοσοῦτον ἄχθομαι νῦν, οὐχ ὅτι καὶ αὐτός, ὥσπερ οἱ πολλοί, δωρεὰς μεγίστας οὐκ εἴληφα, μὴ τούτοις ἡμῖν ὁρίζοιτο φιλία, ἀλλ᾽ ὅτι πάντες μὲν ἐτέρποντο γράμματα δεχόμενοι
10 παρὰ σοῦ, ἡμεῖς δ᾽ οὐ μόνον γραμμάτων οὐκ ἠξιώθημεν, ἀλλ᾽ οὐδ᾽ ἓν ἑτέρων, κἂν τοῦ τυχόντος προσρήματος, οὐδ᾽ ἀπὸ φωνῆς τινος τῶν ὡς ἡμᾶς αὐτόθεν ἡκόντων· ὅ με καὶ σφόδρα ἡμῶν ἐπιλελῆσθαί σε πείθει. ἀλλ᾽ εἴ σοι τοιγαροῦν τουτὶ φίλον, σὺ μὲν τοῖς αὐτοῖς χρῶ, ἐγὼ δ᾽ οἷσπερ τὸ πρῶτον, τούτοις ἀεὶ οὐκ ὀκνήσω χρῆσθαι.

---

10. 11 οὐδ᾽ ἓν cod. dubium

VI.
EPISTOLAE PATRIARCHARUM GRAECORUM AD PRINCIPES MOSCOVIAE USQUE AD ANNUM 1613.

1.
Litterae Ioasaph patriarchae Constantinopolitani.
A. 1557.

-+- Πατριαρχικόν ∵
-+- Τῷ εὐσεβεστάτῳ καὶ ἐκλαμπροτάτῳ καὶ περιφανεστάτῳ βασιλεῖ πάσης γῆς Ῥωσίας καὶ Μοσχοβίου, Καζανίου καὶ Ἀστραχανίου, Νοβογράδου καὶ τῶν λοιπῶν, κῦρ Ἰωάννῃ τῷ μεγάλῳ κνέζῃ, τῷ κατὰ πνεῦμα ἀγαπητῷ υἱῷ τῆς ἡμῶν μετριότητος, δοθείη εὐλαβῶς ∵ -+-

-+- Ἰωάσαφ ἐλέῳ θεοῦ ἀρχιεπίσκοπος Κωνσταντινουπόλεως Νέας Ῥώμης καὶ οἰκουμενικὸς πατριάρχης ∵

-+- Εὐσεβέστατε, ἐκλαμπρότατε, θεοδόξαστε καὶ κράτιστε βασιλεῦ πάσης γῆς Ῥωσίας τῆς μεγάλης καὶ Βολοδιμέρου, Μοσχοβίου, Νοβογράδου, Καζανίου, Ἀστραχανίου, αὐθέντα Πισκοβίου, καὶ μέγα κνέζη Σμολένισκα, καὶ Τεφερίου, καὶ Γιόρτζικη, Περίμισκη, Βήττιτζικι, Μπολγάρισκη καὶ τῶν λοιπῶν, καὶ πάσης γῆς Σιμπιρίου, καὶ πάντων

---

2 ἐκλαμπρωτάτω | 9 ἐκλαμπρώτατε

τῶν ὑπερβορείων μερῶν τῶν ὑποτεταγμένων τῇ σῇ βασιλείᾳ, κῦρ Ἰωάννη, μέγα κνέζη, ἐν ἁγίῳ πνεύματι περιπόθητε καὶ ἠγαπημένε υἱὲ τῆς ἡμῶν μετριότητος, χάριν, εἰρήνην, ἔλεος, ῥῶσιν ψυχῆς καὶ σώματος, νίκην κατ' ἐχθρῶν ἀοράτων τε καὶ ὁρατῶν, ζωὴν ἀνώδυνον
5 καὶ πολυχρόνιον, καὶ πᾶν ἄλλο εἴ τι ἀγαθὸν καὶ σωτήριον ἐπεύχεται τῇ αὐθεντίᾳ σου ἡ μετριότης ἡμῶν ἀπὸ θεοῦ παντοκράτορος καὶ κυρίου ἡμῶν Ἰησοῦ Χριστοῦ.

Μετὰ θάνατον τοῦ ἀοιδίμου πατριάρχου κῦρ Διονυσίου συνόδου ἀρχιστατικῆς συγκροτηθείσης καὶ αὐτῶν τε τῶν ἱερωτάτων ἀρχιε-
10 ρέων καὶ τῶν τιμιωτάτων κληρικῶν καὶ σταυροφόρων τῆς ἁγιωτάτης τοῦ Χριστοῦ μεγάλης ἐκκλησίας καὶ τῶν λοιπῶν θεοσεβεστάτων ἱερέων τῆς τε Μεγαλοπόλεως καὶ τοῦ Γαλατᾶ καὶ τῶν εὐγενεστάτων ἀρχόντων ζητησάντων ἡμᾶς εἰς τὸ ἀναδέξασθαι τὴν τοῦ πατριαρχείου προστασίαν, οὐδαμῶς τοῦτο κατεδεξάμεθα σκοπὸν ἔχοντες εἰς
15 τὸ ἐκκοπῆναι τὸ μπεσχέσιον, ὅπερ δέδωκεν ὁ πρὸ ἡμῶν πατριάρχης· ὁπόταν δὲ εὐδόκησεν ὁ θεὸς καὶ ἐχάρισεν ἡμῖν ὁ μέγας αὐθέντης τὰς ὀγδοήκοντα χιλιάδας ἐκ τοῦ μπεσχεσίου αὐτοῦ, θέλοντες καὶ μὴ βουλόμενοι ἐλάβομεν τὸ πατριαρχεῖον εἰρηνικῶς καὶ ἀταράχως. ὅθεν τὰ τίμια γράμματα τῆς βασιλείας σου δεξάμενοι παρὰ τοῦ ἱερωτάτου
20 μητροπολίτου Εὐρίπου κῦρ Ἰωάσαφ τοῦ ἡμετέρου ἀδελφοῦ καὶ συλλειτουργοῦ καὶ παρὰ τῶν ἀπεσταλμένων παρὰ τῆς σῆς βασιλείας τοῦ τε τιμιωτάτου ἐν ἱερομονάχοις καὶ ὁσιωτάτου κῦρ Θεοδωρήτου καὶ τοῦ κῦρ Ματθαίου, ἅμα δὲ καὶ τὴν ἐλεημοσύνην, ἣν ἀπέστειλας μετ' αὐτῶν τῶν χιλίων ῥουμπλίων, τὰ σαμούρια, ἐπιστώθημεν καὶ
25 ἐγνωρίσαμεν ἀκριβῶς, ὅσην ἀγάπην καὶ εὐλάβειαν ἔχεις εἰς τὴν μεγάλην ἐκκλησίαν τὴν μητέρα πασῶν τῶν ἐκκλησιῶν, καὶ μέλλομεν τοῦ διοικῆσαι αὐτὴν τὴν ἐλεημοσύνην καὶ ἐξοδιάσαι εἰς ἀναγκαίας ἀνακτήσεις τῆς μεγάλης ἐκκλησίας, ὡς καὶ ὁ πρὸ ἡμῶν πατριάρχης τοῦτο ἔγραψε, καὶ ἡ βασιλεία σου γράφει εἰς ἡμᾶς τὰ νῦν. διὰ τοῦτο
30 καὶ εἰς τὸ συνοδικὸν τῆς μεγάλης ἐκκλησίας ἐγράψαμεν τὸ ὄνομά σου, καὶ τῇ κυριακῇ τῆς ὀρθοδοξίας μετὰ τῶν παλαιῶν ὀρθοδόξων βασιλέων αἰώνιον ἔχεις τὸ μνημόσυνον, ὁμοίως δὲ καὶ ὁ μακαρίτης

---

1 ὑπερβοραίων | 9 an ἀρχιερατικῆς? | 22 Θεοδορίτου

ὁ πατήρ σου ἀοίδιμος βασιλεὺς κῦρ Βασίλειος, μέγας κνέζης πάσης γῆς Ῥωσίας καὶ Μοσχοβίου, ὁ διὰ τοῦ θείου καὶ ἀγγελικοῦ σχήματος μετονομασθεὶς Βαρλαὰμ μοναχός. ἀλλὰ δὴ καὶ ἐν τῇ ἁγίᾳ προθέσει καὶ παρρησίᾳ αὐτός τε καὶ κυρὰ Ἑλένη ἡ μήτηρ σου καὶ βασίλισσα ᾀδόμενον ἔχουσι τὸ μνημόσυνον αὐτῶν μετὰ τῶν κτητόρων τοῦ πατριαρχείου, καὶ ἐν πάσαις ταῖς ἱεραῖς τελεταῖς, καὶ ἐν τῇ θείᾳ ἱερουργίᾳ, ὅθεν νυκτὸς καὶ ἡμέρας εὐχόμεθα τῷ παναγάθῳ θεῷ τοῦ αὐξάναι τὴν βασιλείαν σου καὶ ἀτάραχον φυλάξαι αὐτὴν καὶ ἀσκανδάλιστον εἰς αἰῶνας, καὶ οἱ παῖδες τῶν παίδων σου καὶ ἔγγονοι καὶ δισέγγονοι κληρονόμοι γενήσονται ταύτης καὶ ἐπὶ τὸ διπλάσιον αὐξυνθήσεται. ἔτι δὲ εὐχόμεθα καὶ εὐλογοῦμεν καὶ τὴν κατὰ πνεῦμα θυγατέρα ἡμῶν, τὴν εὐγενεστάτην καὶ εὐσεβεστάτην βασίλισσαν κυρίαν Ἀναστασίαν τὴν σύμβιόν σου, καὶ τοὺς φιλτάτους παῖδας ὑμῶν κατὰ σάρκα, κῦρ Ἰωάννην κνέζην τὸν βασιλόπουλον καὶ κυρὰν Εὐδοκίαν κνείναν τὴν βασιλοπούλαν, καὶ νυκτὸς καὶ ἡμέρας αὐτούς τε καὶ τὴν βασιλείαν σου μνημονεύομεν, δεόμενοι ὑπὲρ συστάσεως καὶ διαμονῆς αὐτῆς τῆς βασιλείας ὑμῶν. καὶ τὰ ὀνόματα, ὅσα ἔγραψας μετὰ τοῦ κῦρ Ἰωάσαφ τοῦ μητροπολίτου εἰς τὸ μνημονεύεσθαι, καὶ αὐτὰ ἐγράφησαν καὶ μνημονεύονται· πλὴν καὶ ὁ ἄνθρωπος τῆς βασιλείας σου κῦρ Θεοδώρητος ὁ σὸς πιστὸς κατὰ πάντα, ὅσα πνευματικῶς ἀναγγελεῖ σοι ὡς ἐκ τοῦ ἡμετέρου στόματος, πίστευσον αὐτῷ ὡς τιμίῳ ἱερομονάχῳ καὶ εὐχέτῃ σου. εὐλογήσαι δὲ κύριος ὁ θεὸς τὸ ἔργον τῶν χειρῶν τοῦ ἱερωτάτου μητροπολίτου τῆς Ῥωσίας κῦρ Μακαρίου καὶ ποιῆσαι αὐτὸ πολυχρόνιον, ἐπειδὴ πάντα, ὅσα ἂν ποιεῖ καθ' ἑκάστην, καλά εἰσι λίαν καὶ θεάρεστα. τὸν δέ γε τῆς σῆς βασιλείας πιστὸν δοῦλον βουλόμενοι ἀποστεῖλαι, ὡς ἔγραψας ἡμῖν, κῦρ Θεόδωρον τὸν Μαμαλάχον, ἐκρατήσαμεν αὐτόν, ἵνα παιδευθῇ καὶ σπουδάζῃ ὀλίγον ἑλληνικῶς εἰς τὸ μεταγλωττίζειν τὰ γράμματα, καὶ ὁπόταν αὐτόθι πάλιν ἀνθρώπους ἡμετέρους ἐξαποστείλωμεν, παραγενήσεται καὶ αὐτὸς μετὰ συνοδίας καλῆς.

Ὁ δὲ τῶν βασιλέων βασιλεὺς ὁ ἄναρχος καὶ ἀτελεύτητος, οὗ τῷ

---

4 κῦρ Ἑλλένη | 5 ἀδώμεγον | 7 εὐχώμεθα | 8 an αὐξῦναι? | 11 εὐχώμεθα | 14 κυρὰν] κῦρ | 20 Θεοδόριτος | 28 σπουδὰς | 29 ἐξαποστείλομεν

νεύματι και βουλήματι τα πάντα διεξάγονται και κυβερνώνται, ποιήσαι μακρόβιον την βασιλείαν σου, τηρήσαι αυτήν ασάλευτον και ανεπηρέαστον εις αιώνας μακρούς, αξιώσαι σε και της αιωνίου αυτού βασιλείας. αμήν +

+ Ιωάσαφ ελέω θεού αρχιεπίσκοπος Κωνσταντινουπόλεως νέας Ρώμης και οικουμενικός πατριάρχης: +

(L. S.)

2.

Litterae Ioasaph patriarchae Constantinopolitani et synodi ecclesiae orientalis confirmantes Ioanni IV magno duci Moscoviae titulum Caesaris.

A. 1561.

+ Ιωάσαφ ελέω θεού αρχιεπίσκοπος Κωνσταντινουπόλεως νέας Ρώμης και οικουμενικός πατριάρχης: —

+ Επειδή η μετριότης ημών επληροφορήθη και επιστώθη, ου μόνον εκ παραδόσεως πολλών αξιοπίστων ανδρών, αλλά δη και από εγγράφων αποδεί(2)ξεων των χρονογράφων, ότι ο νυν βασιλεύς Μοσχοβίου, Νοβογράδου, Αστραχανίου, Καζανίου, Νογαί, και πάσης γης μεγάλης Ρωσίας κύριος Ιωάννης κατά(3)γεται από γένους και αίματος τωόντι βασιλικού, ήτοι απ' εκείνης της αοιδίμου βασιλίσσης και δ[εσποίνης] κυρίας Άννης, αδελφής του αυτοκρά(4)[τορος κυρίου Βασιλείου. ούτος δε ο Βασίλειος και] ο ευσεβέστατος βασιλεύς Κωνσταντίνος, [μετά του] τότε πατριάρχου, και της τηνικαύτα (5) ιεράς των αρχιερέων συνόδου, αποστείλαντες τον τότε ιερώτατον μητροπολίτην Εφέσου, και τον της Αντιοχ[είας έπαρχο]ν, έστεψαν εις βασιλέα τον

---

14 rectius τῷ όντι | 15 δεσποίνης] in interpretatione XVII s. дєсинны | 15. 16 primum videntur fuisse verba τορος κυρίου Βασιλείου. ούτος δε ο Βασίλειος και, quae posteriore manu emendata sunt: τορος (4) Βασιλείου του Πορφυρογενήτου· έπιτα Μονομάχος δέ, | 17 μετά του τότε] in interpretatione XVI s. и с тогдашн | 19 και τον — έπαρχον] in interpretatione XVI s. и Адинухинско изралноначальшего епаха

εὐσεβέστατον (6) Βελίκ Κνὲς Βολοντίμοιρον, καὶ ἐδωρήσαντο αὐτῷ τό τε βασιλικὸν στέμμα ἐπὶ τῆς κεφαλῆς καὶ τὸ μετὰ [μαργαριτῶν δι]άδημα, καὶ τἄλλα βασιλικὰ σημεῖα (7) καὶ ἄμφια. ὅθεν καὶ ὁ ἱερώτατος μητροπολίτης Μοσκοβίου καὶ πάσης μεγάλης Ῥωσίας κῦρ Μακάριος ἐντε[ῦθεν ὁρμ.]ώμενος, ἔστεψεν αὐτὸν εἰς (8) βασιλέα νόμιμον 5
καὶ εὐσεβέστατον, καὶ ἡμεῖς ὁμοιοτρόπως ἀπῃτήθημεν στέψαι τοῦτον εἰς βασιλέα εὐσεβῆ, καθότι οὐκ ἰσχύει ὅπερ ἐποίησεν ὁ ῥηθεὶς (9) μητροπολίτης Μοσκοβίου κῦρ Μακάριος, καὶ οὐ μόνον μητροπο[λίτης ἢ ἄ]τι[να ἄλλ]α καὶ εἴη δύναται, ἢ ἐξουσίαν ἔχει τὸ τοιοῦτον τελέσαι, (10) ἀλλ᾽ οὐδὲ πατριάρχης ἄλλος, μόνον γὰ[ρ τοσοῦτον] προνό- 10
μιον ὑπάρχει δυοῖν, τῷ τε Ῥώμης φημὶ καὶ τῷ Κωνσταντινουπόλεως, τούτου χάριν (11) καὶ ἡ μετριότης ἡμῶν ἀποδεξαμένη τὴν τοιαύτην αἴτησιν ἅτε δικαίαν καὶ εὔ[λο]γο[ν οὖσαν,] ἀλλ[ως τε] πεπεισμένη καὶ περὶ [τ]ῶν πολλῶν (12) καὶ μεγάλων ἀρετῶν καὶ εὐποιϊῶν τούτου τοῦ εὐσεβεστάτου βασιλέως Μοσκοβίου κυρίου Ἰωάννου, ὅστ[ις] ὡς 15
ἀληθῶς καθάπέρ τις ἕτερος (13) λαμπρότατος ἥλιος, σφαῖραν τὴν [τ]ῆς βασιλείας αὐτοῦ ὑψηλοτάτην ὄντως καὶ λαμπροτάτην λαχώ[ν], συγγίνεται καὶ τοῖς χθαμαλοῖς, καὶ (14) οὐρανῷ εἰπεῖν στηριχθείς, βαίνει καὶ ἐπ᾽ αὐ[τ]ῇ τῇ χθονί ᵃ), τὰς ἀκτῖνας τῆς αὐτοῦ ἐλεημοσύνης ταῖς ἁπανταχοῦ ἐκκλησίαις φιλανθρώπως ἐπαφιείς, (15) καὶ ἃς μὲν 20
τῶν ἐκκλησιῶν θάλπω[ν] ζωογονεῖ, ἃς δ᾽ ἐκκαλεῖται πρὸς αὔξησιν καὶ καρποῦ φοράν. τούτων λοιπὸν ἁπάντων ἕνεκεν (16) καὶ ἡ μετριότης ἡμῶν γνώμῃ καὶ τῶν ἐνταῦθα καθευρεθέντων ἱερωτάτων μητροπο-

---

2. 3 καὶ—διάδημα] in interpretatione XVI s. и днадимою украшѣою бисерѡ |
5 ἐντεῦθεν ὁρμώμενος] in interpretatione XVI s. үразүмѣк͞ подѡно; in interpretatione posteriore XVII s. ꙍтъдѧ въщинъ | 8. 9 καὶ οὐ μόνον—δύναται] in interpretatione XVI s. Ни тѡмо ѥдн͞ мнрополн͞ аще ѹбо н можѣ бꙑн и власть нм͞кѣ таковоѥ совѣршн͞н; in interpretatione posteriore XVII s. І не тѡмо мнтрополнтъ или ннѩ аще ѥсть мѹжетъ или власть нматъ снѩ сотворнтн | 10. 11 μόνον—δυοῖν] in interpretatione XVI s. аще ли бꙑ не по закону тѡмо законѡ бъıва͞ бѧть |
13 ἅτε—πεπεισμένη] in interpretatione XVI s. ѥже прѣно и блгословѥо бꙑша· Ннѡжи сотворнѣо | 15 ὅστις] in interpretatione XVII s. нже | 16 rectius καθάπερ τις

a) Hom. Il. IV, 443: οὐρανῷ ἐστήριξε κάρη καὶ ἐπὶ χθονὶ βαίνει.

λιτῶν καὶ θεοφιλεστάτων ἐπισκόπων, τῇ ἐνεργείᾳ καὶ χάριτι (17) τοῦ παναγίου καὶ ζωαρχικοῦ καὶ τελεταρχικ[οῦ] πνεύματος, ἐπιχορηγεῖ καὶ ἐπιβραβεύει τῷ ῥηθέντι βασιλεῖ κυρίῳ Ἰωάννῃ, τοῦ εἶναι καὶ ὀνομάζεσθαι αὐτὸν εἰς (18) βασιλέα νόμιμον καὶ εὐσεβέστατον, ἐστεμ-
5 μένον καὶ παρ' ἡμῶν νομίμως ἅμα καὶ ἐκκλησιαστικῶς. ἐπεὶ καὶ ἐ[κ] γένους κατάγεται καὶ αἵματος βασιλικοῦ, (19) ὡς εἴπομεν, καὶ παντὶ συμφέρει τῷ χριστιανισμῷ, καὶ πανταχόθεν νόμιμον ὑπάρχει καὶ δίκαιον, πρὸς σύστασιν δηλαδὴ καὶ ὠφέλειαν παντὸς (20) τοῦ χριστιανικοῦ πληρώματος. ἐπεὶ γὰρ πᾶν τὸ ὅμοιον κοινωνητόν, τὸ δὲ ἀνό-
10 μοιον ἀκοινώνητον, καὶ φιλεῖ φησὶ πᾶν τὸ ὑπήκοον ἕπεσθαι κατόπιν (21) τῆς τοῦ ἄρχοντος γνώμης a), καὶ τὸ πᾶν τῆς ἀποδείξεως καὶ τῆς ἀληθείας ὑπάρχει οὐχ ἵνα ἐκ τῶν ἀποτελεσμάτων τοσοῦτον καταλαμβάνομεν τὰς (22) ἀρχὰς καὶ τὰ αἴτια τῶν πραγμάτων, ὅ[σ]ον ἐκ τῶν αἰτιῶν καὶ τῶν ἀρχῶν καταλαμβάνειν τὰ ἀποτελέσματα. τού-
15 του χάριν προφανῶς συμφέρει τὸ (23) εἶναι καὶ προηγεῖσθαι βασιλέα εὐσεβῆ καὶ ὀρθόδοξον, διά τινα ἀρχὴν καὶ θεμέλιον ἀρραγῆ, ᾧτινι καὶ σύμπας λαὸς καὶ τὸ ὑπήκοον ἕπεσθαι (24) εἴωθεν, καὶ τοῦτον μιμεῖσθαι κατὰ δύναμιν ἐν ἐργασίᾳ παντὸς ἀγαθοῦ, οἷόν τι ἀποτέλεσμα ἐξερχόμενον ἀπ' αἰτίας ἀγαθῆς καὶ βασιλικῆς ὡς εἴρηται. (25)
20 ὅθεν καὶ εἰς τὴν περὶ τούτων δήλωσιν καὶ ἀσφάλειαν ἐγένετο καὶ τὸ παρὸν ἡμέτερον εὐεργετικὸν γράμμα, καὶ ἐπεδόθη τῷ εὐσεβεστάτῳ, θεοστέπτῳ τε καὶ φι(26)λοχρίστῳ βασιλεῖ ἡμῶν κυρῷ Ἰωάννῃ· ἐν ἔτει ϛχθϟ, ἰνδικτιῶνος δ': —

+ Ἰωάσαφ ἐλέῳ θεοῦ ἀρχιεπίσκοπος Κωνσταντινουπό-
25 λεως νέας Ῥώμης καὶ οἰκουμενικὸς πατριάρχης: +

+ Ὁ ταπεινὸς μητροπολίτης Κεσσαρίας καὶ Καππαδοκίας, Μακάριος +

+ Ὁ ταπεινὸς μητροπολίτης, Ἀγκύρας, Γεράσιμος +: —

+ Ὁ ταπεινὸς μητροπολίτης, Ἡρακλείας, Κύριλλος +

30 + Ὁ ταπεινὸς μητροπολίτης Ἐφέσου Λουκᾶς :·

---

13 rectius καταλαμβάνωμεν | 26 rectius Καισαρείας
a) Cfr. Ev. Ioann. 10, 4.

+ Ὁ ταπεινὸς μητροπολίτης Νικαίας Κύριλλος: —
+ Ὁ ταπεινὸς μητροπολίτης Φιλαδελφίας, Γαβριήλ+:
+ Ὁ Θεσσαλονίκης Θεωνᾶξ: —
+ Ὁ ταπεινὸς μητροπολίτης Ἀδριανουπόλεως, Ἀρσέ- 5
νιος +
+ Ὁ ταπεινὸς μητροπολίτης Εὐρίπου, Ἰωάσαφ τὸν τόπω ἐπέχων Κυζίκου: —
+ Ὁ ταπεινὸς μητροπολίτης Πισιδίας Βενιαμήν: —
+ Ὁ ταπηνὸς μητροπολίτης Ἰκονίου Βασίλειος: —
+ Ὁ ταπεινὸς μητροπολίτης Νικομηδείας Διονύσιος + 10
+ Ὁ ταπεινὸς μητροπολίτης Χαλκηδόνος, Εὐθύμιος +: —
+ Ὁ ταπεινὸς μητροπολίτης Ἀμασίας, Γεννάδιος+:
+ Ὁ ταπεινὸς μητροπολίτης Βινιδίνης Νεόφιτος :•
+ Ὁ ταπεινὸς μητροπολίτης Προύσης, Γρηγόριος: — 15
+ Ὁ ταπεινὸς μητροπολίτης Γάνου, Θεοφάνης: —
+ Ὁ ταπεινὸς μητροπολίτης Ἐρισοῦ καὶ ἁγίου ὄρους Δαβίδ: —
+ Ὁ ταπεινὸς μητροπολίτης Ζυγνῶν Κάλλιστος :•
+ Ὁ ταπεινὸς μητροπολίτης Μονεβασίας, Ἱερεμίας: — 20
+ Ὁ ταπεινὸς μητροπολίτης Χριστιανουπόλεως, Μαρτύριος + :•
+ Ὁ Ἀθηνῶν, Κάλλιστος: —
+ Ὁ Κορίνθου, Σωφρόνιος +
+ Ὁ Θηβῶν, Ἰωάσαφ :• 25
+ Ὁ ταπεινὸς μητροπολίτης Λαρίσσης, Νεόφιτος :•
+ Ὁ Νέων Πατρῶν, Μάξιμος: —
+ Ὁ Φιλιππουπόλεως, Ἀρσένιος +
+ Ὁ Παλαιῶν Πατρῶν, Γερμανός + :•
+ Ὁ ταπεινὸς μητροπολίτης Λαχεδεμονίας, Δωρόθεος :• 30

---

2 rectius Φιλαδελφείας | 7 rectius τόπον | 9 rectius ταπεινός | 13 rectius Ἀμασείας | 14 rectius Νεόφυτος | 19 rectius Ζιχνῶν | 20 rectius Μονεμβασίας | 26 rectius Νεόφυτος | 30 rectius Λακεδαιμονίας

╼ Ὁ Ναυπάκτου καὶ Ἄρτης Γαβριήλ: —
╼ Ὁ ταπεινὸς μητροπολίτης Τερνόβου, Ἰωακείμ: —
╼ Ὁ Ἀγχιάλου Ἀκάκιος: —
╼ Ὁ εὐτελὴς ἐπίσκοπος Κίτρους, Δαμασκηνός: —
╼ Ὁ εὐτελὴς ἐπίσκοπος Σερβίου Μακάριος: —
╼ Ὁ εὐτελὴς ἐπίσκοπος Πολιανῆς, Γρηγόριος: —
╼ Ὁ ταπεινὸς ἀρχιεπίσκοπος Ἀλασσῶνος, Ἰωάσαφ: —

(L. S.)

3.
Litterae Ioasaph patriarchae Constantinopolitani.
A. 1561.

╼ Ἰωάσαφ ἐλέῳ θεοῦ ἀρχιεπίσκοπος Κωνσταντινουπόλεως νέας Ῥώμης καὶ οἰκουμενικὸς πατριάρχης: —
╼ Ἐν βασιλεῦσιν ἀοίδιμε, θεόστεπτε, αὐτοκράτορ μέγιστε Μοσχοβίου, Νοβογράδου, Ἀστραχανίου, Καζανίου καὶ πάσης γῆς Ῥωσίας, κύριε Ἰωάννη, υἱὲ κατὰ πνεῦμα τῆς ἡμῶν μετριότητος, χάρις εἴη τῇ βασιλείᾳ σου καὶ εἰρήνη καὶ ἔλεος ἀπὸ θεοῦ παντοκράτορος τοῦ κυρίου ἡμῶν Ἰησοῦ Χριστοῦ, σὺν τῇ κατὰ πνεῦμα ἡμῶν θυγατρὶ τῇ συζύγῳ σου καὶ βασιλίσσῃ κυρίᾳ Ἀναστασίᾳ καὶ τοῖς φιλτάτοις ἡμῶν κλάδοις καὶ βασιλοπούλοις τῷ τε κυρίῳ Ἰωάννῃ καὶ τῷ κῦρ Θεοδώρῳ.

Πρῶτον μὲν δεόμεθα τοῦ θεοῦ καὶ τῆς δεσποίνης αὐτοῦ μητρὸς τῆς παμμακαρίστου τοῦ ὑγιαίνειν σε ψυχῇ τε καὶ σώματι καὶ διεξάγειν τὸ κράτος τῆς βασιλείας σου ἄνοσον, ἀήττητον, ὑποτάσσοντά σε τοὺς ἐχθρούς σου καὶ ἀεὶ νίκας καὶ τρόπαια κατὰ τῶν πολεμίων ἐγείροντα. εἶτα διὰ τὸ παρεληλυθὸς καὶ αὖθις εὐχαριστοῦμεν τῇ βασιλείᾳ σου ἕνεκεν τῆς καλλίστης ἀποδοχῆς, ὅτε δηλαδὴ πρότερον ἐδεξιώσω ἐλευθεριώτατα τὸν ἱερώτατον μητροπολίτην Εὐρίπου αὐτόθι τότε παραγενόμενον ἔξαρχον πατριαρχικόν, ὅστις, ἣν ἔδωκας αὐτῷ βοήθειαν καὶ ἐλεημοσύνην χάριν τῆς μητρὸς πασῶν τῶν ἐκκλησιῶν, ταύτης λέγω τῆς καθ᾿ ἡμᾶς μεγάλης ἐκκλησίας, κεκόμικεν ἡμῖν

---

6 rectius Πολυανῆς | 20 σε] an τε?

καθαρῶς καί πιστῶς, καί ἡμεῖς αὐτήν κατά τόν ὁρισμόν τῆς βασιλείας σου ἐδαπανήσαμεν ἐπί βελτιώσει καί ἀνακτίσει τῶν κελλίων καί τοῦ ὅλου περιτειχίσματος τοῦ πατριαρχείου. ἀνεκτίσαμεν γάρ ὅλως καί περιετειχίσαμεν οὐ διά σανίδων, ὡς ἦν πρότερον σεσαθρωμένον, ἀλλά διά πετρῶν καί ὕλης μονίμου καί στερεᾶς, ἀνηγείραμεν 5 δέ πρός τούτοις καί οἴκους περιφανεῖς ἐκ βάθρων καί ἄλλα τινά κτίρια ἐπωφελῆ, εἰς ἔπαινον καί καύχημα καί διηνεκές μνημόσυνον τῆς βασιλείας σου. ἐφάνης οὖν ἀληθῶς καί εἰς τάς ἁπανταχοῦ ἐκκλησίας ἠκούσθης καί ἀνεκηρύχθης νέος κτήτωρ ταύτης τῆς νέας Σιών, τῆς ὄντως μητρός καί πηγῆς καί ῥίζης πασῶν τῶν ἐκκλησιῶν. ἡμεῖς 10 δέ θεοῦ συνάρσει οὐ μόνον ἐπιμελούμεθα τῶν νέων τούτων καί ἀναγκαιοτάτων ἀνακτίσεων καί βελτιώσεων, ἀλλ' ἔτι πρός τούτοις καί διδασκαλεῖα ἀνηγείραμεν καί παιδευτήρια καί ἀκαδημείας, καί φιλόσοφον ἄνδρα ἐμισθωσάμεθα καί ἄλλους διδασκάλους, εἴς τε ῥητορικά δηλαδή ποιητικά τε καί γραμματικά καί μουσικά μαθήματα, καί 15 τούτους ἔχομεν καί κρατοῦμεν ἐνταῦθα μετά μισθοῦ καί δαπάνης οὐκ ὀλίγης, ὥστε σπουδάζειν καί παιδεύεσθαι τούς τῶν χριστιανῶν παῖδας μοναχούς τε καί λαϊκούς καί ἡλικίαν πᾶσαν· ἐξ ὧν σύν θεῷ μετά καιρόν οὐ πολύν χρηματίσουσιν ἀρχιερεῖς σοφοί καί ἐπιστήμονες εἰς τό ἀξίως ποιμαίνειν καί διδάσκειν τούς χριστιανούς, καθάπερ 20 ἦν ἔκπαλαι καί ἐν τῷ καιρῷ τῶν εὐσεβεστάτων ἐκείνων βασιλέων. ὧν μαθημάτων καί παιδευτηρίων καί διδασκαλείων ἕνεκεν δίδομεν τούς μισθούς καί τά ἐτήσια σιτηρέσια οὐ μόνον τοῖς διδασκάλοις, ἀλλά καί τοῖς μαθηταῖς πτωχοῖς οὖσιν, ἵνα ἔχωσιν αἰτίαν τοῦ σπουδάζειν. ἐπεί οὖν ἡ βασιλεία σου παρέχεις φιλανθρώπως καί κατά 25 θεόν τήν δαπάνην καί αὐτός δήπου μετά θεόν συνεργεῖς καί ὑπάρχεις αἴτιος τῶν τοσούτων καί τοιούτων ἀγαθῶν, ἄνευ γάρ τῆς σῆς βοηθείας καί ἐλεημοσύνης ἡμεῖς μόνοι ἤ οὐδέν ἤ μικρόν ποιῆσαι ἐν τοῖς τοιούτοις ἰσχύσαμεν ἄν, λοιπόν τούτου χάριν καί αὖθις δεῖν ἔγνωμεν θαρρούντως πρός τήν σήν καταφυγεῖν κραταιάν χεῖρα καί 30 δεξιάν πλουσιοπάροχον, ἵνα, ἐξ οὗ βασιλέως τά ἀγαθά ἤρξατο, ἐκ τούτου σύν θεῷ καί τελειωθῶσι βασιλικῶς τε καί θεαρέστως.

---

5 στερρεᾶς | 7 κτήρια | 13 ἀκαδημίας | 22 μαθημάτων καί καί

Διὸ δὴ εἰ καὶ διὰ τὸ γῆρας οὐκ ἠβουλόμεθα δοῦναι τὸν τοιοῦτον κόπον καὶ τὴν τοιαύτην ὑπηρεσίαν τῷ διαληφθέντι ἱερωτάτῳ μητροπολίτῃ Εὐρίπου, ὅμως τὸ μέν, ὡς αὐτὸς ἔφη, ὅτι ἡ βασιλεία σου ἐκέλευσας διὰ ζώσης φωνῆς αὐτὸν καὶ πάλιν αὐτόθι ἐπανελθεῖν καὶ
5 ὑποστρέψειν, τὸ δὲ ὅτι καὶ ἡμεῖς ἐν πολλοῖς πεῖραν λαβόντες τοῦ ἀνδρὸς εὔρομεν αὐτὸν οὐ μόνον ἐνάρετον καὶ πνευματικῇ καὶ πρακτικῇ συνέσει κεκοσμημένον, ἀλλὰ καὶ ἄξιον καὶ πιστότατον καὶ ἁρμόδιον πρὸς τὴν τοιαύτην ὑπηρεσίαν· τούτου χάριν λοιπὸν σχεδὸν καὶ μὴ θέλοντα αὐτὸν ἐβιασάμεθα, τοσοῦτον ὅτι ὑπέκυψε τῷ ἡμε-
10 τέρῳ προστάγματι. ἔνθεν τοι καὶ ἀποστέλλομεν τοῦτον τὸν ἱερώτατον μητροπολίτην Εὐρίπου κῦρ Ἰωάσαφ, ὑπέρτιμον καὶ ἔξαρχον πάσης Εὐβοίας καὶ τὸν τόπον ἐπέχοντα τοῦ Κυζίκου, τὸν ἐν ἁγίῳ πνεύματι ἀγαπητὸν ἀδελφὸν τῆς ἡμῶν μετριότητος καὶ συλλειτουργόν, καὶ τὸν τιμιώτατον ἄρχοντα κῦρ Μιχαήλ, τὸν ἡμέτερον οἰκειακὸν καὶ
15 γνήσιον, ἐξάρχους καὶ ἐπιτρόπους καθολικοὺς ἡμετέρους καὶ τῆς καθ᾽ ἡμᾶς ταύτης μεγάλης καὶ καθολικῆς ἐκκλησίας πρεσβείαν ἄγοντας πρὸς τὴν σὴν κραταιὰν βασιλείαν καὶ ὅλως πρόσωπον φέροντας ἡμέτερον. διόπερ ἀπόδεξαι καὶ δεξίωθητι αὐτοὺς εὐσπλάγχνως καὶ ἱλαρῶς, ὡς ὑπάρχει σύνηθες καὶ ὡς πρέπει τῷ κράτει τῆς βασιλείας σου.
20 ὧνπερ τοὺς λόγους ἄκουσον, εἴ τι ἂν λαλήσωσι πρὸς τὴν βασιλείαν σου πνευματικώτερον καὶ ψυχωφελέστερον, οἷα λόγους ἡμετέρους καὶ ἐκ τοῦ στόματος ἡμῶν προερχομένους, καὶ καθάπερ εἰ καὶ αὐτοὶ παρῆμεν σωματικῶς· καὶ ὅσην ἂν ἐλεημοσύνην ὁδηγηθεὶς ἐκ θεοῦ ἐπεῖδες πρὸς ἡμᾶς, ὥστε δι᾽ αὐτῆς γενέσθαι καὶ τελειωθῆναι ἃ εἴπομεν ψυχω-
25 φελῆ καὶ σωτήρια κτίριά τε καὶ διδασκαλεῖα, εἰς ἐπίδοσιν καὶ συμφέρον τοῦ χριστιανισμοῦ καὶ εἰς μνημόσυνον διηνεκὲς τῆς βασιλείας σου.

Οἶδε καὶ γὰρ φιλαλήθως ἡ βασιλεία σου, ὅτι καὶ πρότερον ἐν τῷ καιρῷ τῶν πρὸ ἡμῶν ἀοιδίμων πατριαρχῶν αὕτη ἡ τοῦ Χριστοῦ μεγάλη ἐκκλησία ἀλλεπαλλήλοις δεινοῖς ἐτρικυμίζετο μὲν καὶ ἐκλυδωνίζετο
30 καὶ δαπάνης πολλῆς ἐδεῖτο, ὥστε ἀνθίστασθαι τῇ τῶν καιρῶν ἀνωμαλίᾳ καὶ ταῖς ἐπερχομέναις ἐφόδοις καὶ πειρασμοῖς, ἀλλὰ νῦν πολλῷ

---

20 λαλήσουσι | 22 προσερχομένους | 23 ἐπίδες | 25 κτήριά | 31 ἐπερχομένοις

πλείονος δήπου δεῖται τῆς δαπάνης, ὅσῳπερ οὐ μόνον στενοχωρούμεθα ἐκ τοῦ βάρους τοῦ ἐτησίου αὐθεντικοῦ χαρατζίου, οὐ μόνον πιεζόμεθα τῷ βάρει τῶν πεσκεσίων πρὸς τοὺς ἔξω καὶ τῷ βάρει τῶν πολλῶν ὧν ἔχομεν λοιπῶν ἐξόδων, ἀλλ' ὅτι νῦν ἐν τῷ ἡμετέρῳ καιρῷ ηὐξύνθησαν τά τε νέα κτίρια καὶ αἱ ἀναγκαῖαι οἰκοδομαὶ ὡς εἴπομεν καὶ περισσοτέρως τὰ διδασκαλεῖα, ὡς ἔνι φανερὸν τοῖς πᾶσι. ταῦτα γοῦν καὶ τὰ τοιαῦτα δεῖται πόρου πολλῶν χρημάτων, ἅτε νῦν μόνον καὶ οὐδέπω πρότερον ἐνταῦθα γεγονότα, τὸ δὲ ἡμέτερον οἰκτρὸν γένος τοσοῦτον ἐταπεινώθη καὶ ἐδουλώθη ὑπὸ τῶν ἀλλοπίστων τῶν ἐξουσιαζόντων ἡμῶν, ὡς ὑστερεῖσθαι πολλοὺς καὶ αὐτῆς τῆς ἀναγκαίας τροφῆς. διὸ γοῦν οὐκ ἔχομεν ἄλλοθί που καταφυγεῖν μετὰ θεὸν καὶ ἀναδραμεῖν, εἰ μὴ πάλιν πρὸς τὸ κράτος τῆς βασιλείας σου, ὅτι ἡμεῖς μόνοι χωρὶς τῆς σῆς βοηθείας καὶ ἐλεημοσύνης οὐδὲν ἀνύσαι δυνάμεθα. φάνηθι οὖν πρὸς ταῦτα, βασιλεῦ μέγιστε, νέος κτήτωρ ταύτης τῆς καθ' ἡμᾶς μεγάλης ἐκκλησίας μετὰ τὸν πρῶτον καὶ ἀληθῆ κτήτορα, τὸν ἐν βασιλεῦσιν ἀοίδιμον ἐκεῖνον τὸν Κομνηνὸν αὐτοκράτορα καὶ βασιλέα, ὅπως ἐκ μὲν τοῦ κόσμου καὶ παρὰ ἀνθρώπων κλέος καὶ δόξαν ἀείμνηστον ἔχοις, ἐκ δὲ θεοῦ τὸν μισθὸν πολλαπλασίονα καὶ τὴν ἀντάμειψιν πλουσίαν καὶ δαψιλῆ ἀπολάβοις ἔν τε τῷ νῦν αἰῶνι καὶ ἐν τῷ μέλλοντι, καὶ ὅπως καὶ ἡ μετριότης ἡμῶν νυκτὸς καὶ ἡμέρας πρὸς θεὸν χεῖρας ἐκτείνῃ ἱκεσίους καὶ διὰ παντὸς μεσιτεύῃ ὑπὲρ διαμονῆς, κράτους, νίκης, σωτηρίσεως καὶ αὐξήσεως τῆς βασιλείας σου. καθὰ δὴ καὶ ποιοῦμεν διηνεκῶς καὶ οὐδέποτε παυσόμεθα δεόμενοι ὑπὲρ σοῦ τοῦ θεοῦ καὶ ὑπὲρ τῆς δεσποίνης τῆς βασιλίσσης καὶ ὧν εἴπομεν φιλτάτων σου κλάδων. πρὸς τούτοις δὲ ἔσται ἐπωφελὲς καὶ πάνυ σωτήριον, ἐὰν διὰ προστάγματος τῆς βασιλείας σου καὶ μετὰ γνώμης τοῦ αὐτόθι ἱερωτάτου μητροπολίτου κῦρ Μακαρίου ἱερουργήσῃ καὶ τελέσῃ τὴν θείαν μυσταγωγίαν καὶ εὐλογήσῃ τὴν βασιλείαν σου, ὡς ἐξ ἡμῶν, ἐπεὶ ἐξ ἡμῶν ἐξουσίαν ἔχει τοῦ ποιῆσαι πάντα τὰ ἀρχιερατικὰ ἀκωλύτερα, ὡς ἔξαρχος πατριαρχικὸς καθολικός, ὅπου ἂν πορευθῇ.

---

3 an μπεκεσίων? | 5 κτήρια | 7 δεῖται δεῖται | 22 σωτηρήσεως | 28 ζελέση | 30 an ἀκωλύτως? | 31 πορεύθη

Καὶ ταῦτα μὲν οὕτως. ἡ δὲ χάρις τοῦ θεοῦ καὶ τὸ ἄπειρον ἔλεος καὶ ἡ εὐχὴ καὶ εὐλογία τῆς ἡμῶν μετριότητος εἴη μετὰ τῆς σῆς βασιλείας —

— Ἰωάσαφ ἐλέῳ θεοῦ ἀρχιεπίσκοπος Κωνσταντινουπόλεως νέας Ῥώμης καὶ οἰκουμενικὸς πατριάρχης: —

(L. S.)

4.

Litterae Ioasaph patriarchae Constantinopolitani.

Mense Decembri a. 1561.

— Τῷ ἐν βασιλεῦσιν εὐσεβεστάτῳ καὶ θεοστέπτῳ βασιλεῖ Ἰωάννῃ πάσης γῆς Ῥωσίας, Μοσκοβίου, Νοβογράδου, Καζανίου, Νογαίου καὶ πάσης τῆς οἰκουμένης τῶν ὀρθοδόξων χριστιανῶν εἰς τὰς τιμίας χεῖρας αὐτοῦ εὐλαβῶς καὶ 10 ἐντίμως δοθείη: —

— Ἰωάσαφ ἐλέῳ θεοῦ ἀρχιεπίσκοπος Κωνσταντινουπόλεως νέας Ῥώμης καὶ οἰκουμενικὸς πατριάρχης: —

— Ὦ ἐν βασιλεῦσιν ἀοίδιμε, ἄριστε, κράτιστε καὶ εὐσεβέστατε, νικητά, τροπαιοῦχε, ἅγιε δέσποτα καὶ αὐθέντα, θεόστεπτε βασιλεῦ 15 πάσης γῆς Ῥωσίας καὶ καύχημα καὶ ἔπαινος πάντων τῶν ὀρθοδόξων χριστιανῶν τῶν ἐν τοῖς ἔθεσι τῶν Γραικῶν ἀνατεθραμμένων τε καὶ πολιτευομένων, κύρ[ιε] Ἰωάννη, καὶ τῆς μεγάλης ἐκκλησίας δοτὴρ καὶ εὐεργέτα καὶ κτήτωρ, χάρις εἴη σοι καὶ εἰρήνη καὶ ἔλεος ἀπὸ θεοῦ παντοκράτορος καὶ κυρίου ἡμῶν Ἰησοῦ Χριστοῦ, μετὰ καὶ τῶν 20 πανευτυχεστάτων σου υἱῶν, τοῦ τε κυροῦ Ἰωάννου καὶ κυροῦ Θεοδώρου, καὶ σὺν πᾶσι τοῖς συγγενέσι σου καὶ τῷ στρατῷ ἅπαντι τῆς βασιλείας σου. δεόμεθα κυρίῳ τῷ θεῷ, ὅπως δώσει σοι ῥῶσιν ψυχῆς καὶ ῥῶσιν σώματος, καὶ ἀποδώσει σοι ἰσχὺν καὶ δύναμιν τοῦ ἐξιλεώ-

---

6 βασιλεῦσι | 13 Ὦ] Ὁ | 14 νικητῇ] 16 ἀνατεθραμένων | 17 δοτῆρα. | 18 ἐβεργέτα | 21 παντὶ τοὺς συγγενεῖς | ἄπαν

σαι και ελευθερώσαι πάντας τους ευσεβείς χριστιανούς υπό την δουλείαν της αιχμαλωσίας των ασεβών, και φαν[είη]ς άλλος Μωϋσης νέος, ός ελυτρώσατο εκ δουλείας Φαραώ το γένος των Εβραίων.

Γνώθι, ευσεβέστατε, ότι την ελεημοσύνην, ην απέστειλας μετά της αγαθής σου προαιρέσεως, μετά του ιερωτάτου μητροπολίτου Ευρίπου κυρού Ιωάσαφ, ελάβαμεν σώαν και ανελλιπή· τά τε χίλια ρούμπλια της βασιλείας σου, και πάλιν τα διακόσια ρούμπλια, ά έδωσες προς τον αυτόν μητροπολίτην, και τα διακόσια ρούμπλια, ά απέδωσες διά τον αυτάδελφόν σου τον κνέζη κύριν Γεώργιον, και του ευγενεστάτου κυρού Βολοντήμυρου τα εκατόν ρούμπλια, και του ιερωτάτου μητροπολίτου κυρού Μακαρίου τα εκατόν, και το σαμούριον, και τον πετεινόν, και το βελούδο, τα πάντα εν τη μεγάλη εκκλησία εκατήντησαν, ομοίως και του μητροπολίτου το σαμούρι και το βελούδο, και του κνέζη Βολοντήμυρου, και του τζάρη Συμεών, και του κνέζη Ιωάννου, και του πάπα κυρού Σιλβέστρου, και της αγίας τριάδος το εί τι απέστειλαν, και άπαξ απάντων των τε μοναστηρίων και ηγουμένων εί τι ευεργέτησαν ο καθ' εις ελάβαμεν, και έχουσιν οι πάντες το μνημόσυνον αεννάως διηνεκές. και ως ενωτίσθημεν υπό τινος, όν απέστειλας ή βασιλεία σου μετά του αυτού μητροπολίτου, ήλθεν αυτόθι και ανέφερεν, ότι ουκ απελαύσαμεν τα όσα απεστείλατε προς ημάς, και κατέκρινεν τον ειρημένον μητροπολίτην, λέγων ως ενοσφίσατο εξ αυτών και ότι ουκ απέδωκεν προς ημάς και φλυαρήσας και έτερά τινα, ως έμαθον, ότι τα ιερά λείψανα, ά εκόμισεν παρά της μεγάλης εκκλησίας, ότι ουκ εισί βέβαια. και ταύτα μη γένοιτο, ευσεβέστατε, αλλά τα όσα εκομίσατο προς την σην ενδοξότητα και προς ετέρους χριστιανούς, τα πάντα βέβαια τυγχάνουσιν και μεμαρτυρημένα, τούτο ομολογώ σοι ενώπιον θεού· αλλ' ούν και τον ρηθέντα μητροπολίτην ως πιστόν και γνήσιον και υπηρέτην της μεγάλης εκκλησίας έχομεν, και οι προ ημών και ημείς και πάντες οι

---

1 χριστιανών | 4 γνώθιτι | 6 σώα | ανελιπές | 9 απόδωσες | 12 βελούδω | 13 εκατήντισαν | σαμούρη | 14 βελούδω | 16 απόστειλαν | 17 οιγουμένων | καθείς | 19 τινων | 20 απολαύσαμεν | αποστείλατε | 22 φλιαρίσας | 23 τινά] τι | 25 ενδοξότητα | 26. 27 μεμαρτηρημένα | 29 έχωμεν

ἀρχιερεῖς, καὶ εἰ ἐφθέγξατο ὁ Θεοδώρητος καὶ ἄλλος τις, οὐκ ἀληθὲς ἐφθέγξαντο.

Καὶ ταῦτα μὲν περὶ τούτου. περί τινος ἀναγκαίας χρείας τῆς μεγάλης ἐκκλησίας, συνόδου γεναμένης μετὰ τῶν κρειττοτέρων
5 ἀρχιερέων καὶ τῆς ἐλεημοσύνης τῆς σῆς βασιλείας, ἀνήγγειλεν ὁ ῥηθεὶς μητροπολίτης συνοδικῶς, περὶ τῆς αὐτῆς ἐλεημοσύνης, ἐν ποίᾳ δαπάναι γεγόνασιν, καὶ ἐλογαριάσαμεν ἐνώπιον πάντων τῶν ἀρχιερέων εἰς τί καὶ ποῦ γεγόνασιν, καὶ ἐσημειώσαμεν αὐτὰ ἐν καταστίχῳ βουλομένῳ, καὶ ὑπογεγραμμένοι οἱ εὑρισκόμενοι, οὓς ἄνωθεν
10 εἰρήκαμεν· καὶ τὰ ὅσα λείψανα στέλλω σοι ἔσωθεν τοῦ βουλομένου πουγγίου, ὡς εἶναι γεγραμμένα εἰς τὸ καθ᾽ ἓν ἄνωθεν, καὶ δέξαι αὐτὰ μετ᾽ εὐλαβείας τῆς προσηκούσης ὡς βεβαιωμένα καὶ πιστά.

Καὶ ταῦτα μὲν οὕτως. ἡ δὲ τοῦ θεοῦ χάρις καὶ τὸ ἄπειρον ἔλεος καὶ ἡ εὐχὴ καὶ ἡ εὐλογία τῆς ἡμῶν μετριότητος ἔστω μετὰ τῆς
15 βασιλείας σου: ✠

✠ Μηνὶ Δεκεμβρίῳ, ἰνδικτιῶνος δ΄: ✠

5:

Litterae Ieremiae patriarchae Constantinopolitani et synodi ecclesiae orientalis constituentes in Russia patriarchatum.

Mense Maio a. 1590.

✠ Ἱερεμίας ἐλέῳ θεοῦ ἀρχιεπίσκοπος Κωνσταντινουπόλεως νέας Ῥώμης καὶ οἰκουμενικὸς πατριάρχης:—

✠ Ἐπειδὴ ὁ εὐσεβέστατος καὶ γαληνότατος κράτιστος βασιλεὺς
20 πάσης γῆς Ῥωσίας καὶ Μοσκοβίου, Καζανίου, Ἀστραχανίου, Νοβογράδου καὶ τῶν λοιπῶν ὀρθοδόξων χριστιανῶν κῦρ Θεόδωρος Γιοβανοβίτζης, ὑποδεξά(2)μενος τὴν ἡμῶν μετριότητα σωματικῶς κά[κ]εῖσε παραγενομένην, καὶ διὰ τὴν πρὸς ἡμᾶς φιλοφροσύνην καὶ δεξίωσιν, ὅσην ἔχει περὶ τὸν θεὸν εὐσέβειαν, καὶ περὶ τὴν ἐκκλησίαν τοῦ Χρι-

---

1 θεοδώριτος | 7 δαπάνη | 8 ἐγεγόνασιν | σεσειμιώσαμεν | 9 ὑπογεγραμένοι | 10 στέλω | 11 καθὲν

στοῦ ἀγάπην (3) ἐπιδειξάμενος, ἐζήτησε καὶ ἠξίωσ[εν] ἡμᾶς, ἵνα μετὰ
σκέψεως συνοδικῆς τὲ καὶ κανονικῆς χειροτονήσωμεν τὸν ἀρχιεπί-
σκοπον Μοσκοβίου, καὶ ὀνομάσωμεν καὶ αὐτὸν πατριάρχην, καθὼς
καὶ (4) οἱ λοιποὶ ἐκλήθησαν καὶ ὠνομάσθησαν, π[ρ]ῶτος μὲν ὁ Κων-
σταντινουπόλεως οἰκουμενικὸς πατριάρχης παρὰ τῆς ἁγίας οἰκουμε-
νικῆς πρώτης συνόδου τιμηθείς, ἀξιώσει τοῦ μακαρίου καὶ ἰσαπο-
στόλου βασιλέως (5) μεγάλου Κωνσταντίνου, καὶ ὕστερον ὁ Ἀλε-
ξανδρ[είας,] καὶ ὁ Ἀντιοχείας, καὶ Ἱεροσολύμων, οἱ ὀρθόδοξοι πα-
τριάρχαι, τούτου χάριν ἡ μετριότης ἡμῶν οἰκείοις ὀφθαλμοῖς ἰδοῦσα
καὶ πληροφορηθεῖσα τὸ δεδο(6)μένον παρὰ θεοῦ τῇ βασιλείᾳ αὐτοῦ
τα[ύτῃ] πλάτος καὶ μεγαλεῖον, καὶ ὅτι μόνος αὐτός ἐστι σήμερον ἐπὶ
τῆς γῆς βασιλεὺς μέγας ὁμοῦ καὶ ὀρθόδοξος, οὐ δίκαιον ἔκρινε παρι-
δεῖν τὴν αἴτησιν αὐτοῦ, ἀλλ' ἀ(7)πεδέξατο τὴν γνώμην αὐτοῦ, καὶ
πατριάρ[χ]ην ἐχειροτόνησε Μοσκοβίου τὸν κύριον Ἰώβ, τῇ ἐπικλήσει
καὶ χάριτι τοῦ παναγίου πνεύματος, καὶ γράμμα αὐτῷ δέδωκε χρυ-
σόβουλλον πατριαρχικόν, καὶ (8) δι' αὐτοῦ τοῦ χρυσοβούλλου ὥρισε
καὶ ἀπ[ε]φήνατο, ἵνα ὁ αὐτὸς ἀρχιεπίσκοπος Μοσκοβίου κῦρ Ἰὼβ
ὑπάρχῃ πέμπτος πατριάρχης, καὶ ἔχῃ τὴν πατριαρχικὴν ἀξίαν τὲ
καὶ τιμήν, καὶ συναριθμῆται (9) καὶ μετρῆται μετὰ τῶν λοιπῶν πα-
τριαρχῶν, εἰς τὸν μετὰ ταῦτα αἰῶνα τὸν ἅπαντα. ἀλλὰ ταῦτα μὲν
ἐποιήσαμεν ἐκεῖ κατὰ τόπον. ἐπειδὴ δὲ θεοῦ χάριτι ἦλθεν ἡ μετριό-
της ἡμῶν καὶ εἰς τὸν θρόνον αὐτῆς (10) Κωνσταντινουπόλεως, καὶ
ἐδηλοποίησε τὸ γεγον[ὸς ἐ]ν Μοσκοβίᾳ παρ' αὐτῆς νεύσει καὶ ἀξιώσει
τοῦ δηλωθέντος εὐσεβεστάτου βασιλέως, καὶ ἔμαθον καὶ ἤκουσαν
τὴν ἀξίωσιν αὐτοῦ καὶ τὸ πρᾶγμα οἵ τε λοιποὶ ἁγιώτατοι (11) πα-
τριάρχαι, ὁ Ἀλεξανδρείας, Ἀντιοχείας καὶ Ἱεροσολύμων, καὶ συνή-
ναισαν καὶ ἔστερξαν εἰς τοῦτο, καὶ ἐφάνη αὐτοῖς ἀρεστὸν καὶ εὔλογον
καὶ ἀναγκαῖον καὶ προσῆκον, ἰδοὺ καὶ πάλιν ἡ μετριότης ἡμῶν μετὰ
τῶν (12) πατριαρχῶν τούτων, καὶ τῆς οἰκουμενικῆς ταύτης συνόδου,
μιᾷ γνώμῃ καὶ ὁμονοίᾳ καὶ θελήσει, ἐν ἁγίῳ πνεύματι γράφομεν
καὶ ἀποφαινόμεθα διὰ τοῦ παρόντος συνοδικοῦ γράμματος, καὶ πρῶ-
τον μὲν ἐπικυροῦμεν καὶ (13) ἐπιβεβαιοῦμεν τὴν κατὰ τόπον ἐν

---

2 rectius τε | 18 rectius τε | 26. 27 rectius συνῄνεσαν

Μοσκοβίῳ χειροτονίαν καὶ πατριαρχικὴν ὀνομασίαν τοῦ δηλωθέντος πατριάρχου κῦρ Ἰώβ, ἔπειτα δὲ ἐπιβεβαιοῦμεν καὶ τὸ ἕνεκεν τούτου γεγονὸς πατριαρχικὸν (14) χρυσόβουλλον, ἐν ᾧ τὰ περὶ τούτου πάντα ἐγρά[φη] πλατύτερον, ἀποφαινόμενοι συνοδικῶς, ἵνα ὁ χειροτονηθεὶς
5 Μοσκοβίου πρὸ ὀλίγου κύριος [Ἰὼβ πατριάρχης] καὶ ὀνομάζηται πατριάρχης, καὶ συναριθμῆται τοῖς (15) λοιποῖς πατριάρχαις, καὶ ἔχῃ τὴν τάξιν καὶ τὸ μνη[μό]συνον μετὰ τὸν πατριάρχην Ἱεροσολύμων, χρεωστῶν μνημονεύειν ἡμῶν τοῦ ὀνόματος καὶ τῶν λοιπῶν, καὶ κεφαλὴν αὐτοῦ καὶ πρῶτον ἔχειν καὶ νομίζειν τὸν ἀποστολικὸν (16) θρό-
10 νον Κωνσταντινουπόλεως, ὡς καὶ οἱ λοιποὶ ἔχουσι [πατρι]άρχαι· ταύτην δὲ τὴν εὐεργεσίαν καὶ τὴν πατριαρχικὴν τιμὴν καὶ τὸ ὄνομα, οὐ μόνον πρὸς τὸν [πατριάρχην Μοσκοβίου κύριον Ἰὼβ] ἐπιδοθὲν τανῦν, βέβαιον καὶ ἀμετάτρε(17)πτον εἶναι ὁρίζομεν καὶ ἀποφαινόμεθα, ἀλλὰ καὶ τοὺς μετὰ τοῦτον ὕστερον χειροτονηθησομένους παρὰ
15 τῆς ἐν Μοσκοβίῳ συνόδου πρ[ώτους ἀρχιερεῖς πατριάρχας] ὀνομάζεσθαι ἐντελλόμεθα, κατὰ τὸν (18) κανόνα καὶ τύπον τὸν γεγονότα καὶ ἀρξάμενον ἀπὸ τοῦ πατριάρχου τούτου Μοσκοβίου κυρίου Ἰὼβ τοῦ ἐν ἁγίῳ πνεύματι ἀγαπητοῦ ἀδελφοῦ καὶ συλ[λειτουργοῦ] ἡμῶν. ἐπὶ γὰρ τούτῳ καὶ ὁ παρὼν συνοδικὸς τόμος (19) ἐγένετο εἰς μόνημον καὶ
20 διηνεκῆ τὴν [ἐγκ]ράτειαν, κατὰ τὸ ζϟη͞ ἔτος, ἐν μηνὶ Μαΐῳ, ἰνδικτιῶνος ϛ′: —+

—+ Ἱερεμίας ἐλέῳ θεοῦ ἀρχιεπίσκοπος Κωνσταντινουπόλεως νέας Ῥώμης καὶ οἰκουμενικὸς πατριάρχης: —+
—+ Ἰωακεὶμ ἐλέῳ θεοῦ πατριάρχης τῆς μεγάλης πόλεως
25 Ἀντιοχείας καὶ πάσης ἀνατολῆς:

---

5 Ἰὼβ πατριάρχης] Ἰὼβ οὐ πατριάρχει litt., hic locus aqua corruptus esse videtur et posteriore manu falso refectus | 8. 9 καὶ κεφαλὴν αὐτοῦ litt., hic locus aqua corruptus esse videtur et posteriore manu falso refectus | 12 πατριάρχην Μοσκοβίαν κίριο Ἰὸβ litt., hic locus aqua corruptus esse videtur et posteriore manu falso refectus | 13 rectius τὰ νῦν | 15 πρώτους ἀρχιερεῖς πατριάρχας ἐποὶ καὶ litt., hic locus aqua corruptus esse videtur et posteriore manu falso refectus | 18 συλλοιτουργοῦ litt., hic locus aqua corruptus esse videtur et posteriore manu falso refectus | 19 rectius μόνιμον

✝ Σωφρόνιος ἐλέῳ θεοῦ πατριάρχης τῆς ἁγίας πόλεως Ἱερουσαλίμ: ✝

✝ Ὁ ταπεινὸς μητροπολίτης Καισαρείας Εὐθύμιος: ✝
✝ Ὁ Ἐφέσου μητροπολίτης Σωφρόνιος —: ✝
✝ Ὁ Ἡρακλείας Γεράσιμος ✝ ✝ 5
✝ Ὁ Κυζίκου, Ἀχίλλειος ✝ ✝
✝ Ὁ Νικομηδείας Σισίνιος ✝
✝ Ὁ Ἰωανίνων, Μα[τθα]ῖος: — ✝·
✝ Ὁ Νικαίας, Κύριλλος ✝ ✝
✝ Ὁ Τερνόβου, Διονύσιος: — 10
✝ Ὁ Θεσσαλονίκης Μητροφάνης ✝
✝ Ὁ Ἀδριανουπόλεως Κάλλιστος: — ✝
✝ Ὁ Φιλαδελφίας Παρθένιος: ✝ ✝
✝ Ὁ Χαλκηδόνος ✝ Δωρόθεος ✝ ✝
✝ Ὁ Ἀγγύρας, Ματθαῖος: ✝ — 15
✝ Ὁ ταπεινὸς μητροπολίτης Νικομηδείας Σισίνιος ✝
✝ Ὁ Μονεμβασίας Ἱερόθεος: ✝
✝ Ὁ Λαρίσσης Ἰωάσαφ: ✝ ✝
✝ Ὁ ταπεινὸς μητροπολίτης πρῴην Παλαιῶν Πατρῶν Ἀρσένιος ✝ ✝ 20
✝ Ὁ Ῥόδου Κάλλιστος: ✝
✝ Ὁ Τραπεζοῦντος καὶ Λαζικῆς Θεοφάνης ✝ ✝
✝ Ὁ Ἰβερίας Ἀρσένιος ✝
✝ Ὁ Ἀθηνῶν Νικάνωρ: — ✝
✝ μητροπολίτης: ✝ — 25
✝ Ὁ Φιλίππων Νεκτάριος ✝ ✝
✝ Ὁ Ναυπάκτου καὶ Ἄρτης Μακάριος: ✝
✝ Ὁ Μεσημβρίας Ἰγνάτιος μητροπολίτης ✝
✝ Ὁ Λακεδαιμονίας Θεοδόσιος: —
✝ Ὁ Χριστιανουπόλεως Θεόληπτος: ✝ ✝ 30

---

2 rectius Ἱερουσαλήμ | 8 rectius Ἰωαννίνων | 13 rectius Φιλαδελφείας | 14 rectius Δωρόθεος | 15 rectius Ἀγκύρας | 22 καὶ Λαζικῆς dubium | 23 rectius Ἰβηρίας

╋ Ὁ Νεοχαισαρίας Κύριλλος: ╋
╋ Ὁ ταπεινὸς μητροπολίτης Σερῶν Ἀνανίας ╋ : ╋
╋ Ὁ Σάμου ἀρχιεπίσκοπος Συμειών ╋ ╋
╋ Ὁ Διδυμοτείχου Παφνούτιος ╋ :
5 ╋ Ὁ Σηλυβρίας Ἀθανάσιος: ╋
╋ Ὁ μητροπολίτης Φιλιππουπόλεως Θεοφάνης: ╋ ╋ ╋
╋ Ὁ ταπεινὸς μητροπολίτης Σοφίας Γρηγόριος ╋ ╋
╋ Ὁ Δρύστρας Γρηγόριος: — ╋
╋ Ὁ Ναυπλίου καὶ Ἄ[ργους] Διονύσιος: ╋
10 ╋ Ὁ Δημονίκου καὶ Ἐλασσῶνος Γαυριὴλ: ╋
╋ Ὁ Λαοδικίας Μάξιμος: — ╋
╋ Ὁ Πισιδίας Νεκτάριος: — ╋
╋ Ὁ Μητιλίνης Γρηγόριος: ╋
╋ Ὁ Μηθούμνης Νεκτάριος: ╋
15 ╋ Ὁ Ἀμασίας Ἄνθυμος: ╋
╋ Ὁ Θηβῶν Λαυρέντιος: — ╋
╋ Ὁ ταπεινὸς μητροπολίτης Ζειχνῶν: ╋
╋ Ὁ ταπεινὸς μητροπολίτης Σωζοπόλεως Εὐθύμιος ╋
╋ Ὁ Ἀγχιάλου Θεόληπτος:·
20 ╋ Ὁ Βάρνης Ἀκάκιος:·
╋ Ὁ Σμύρνης Μακάριος:·
╋ Ὁ ἀρχιεπίσκοπος Νικαρίας Μεθόδδιος ╋
╋ Ὁ Καμαχίου Μεθόδιος:· ╋
╋ Ὁ Περιθεορίου Παρθένιος:
25 ╋ Ὁ Γάνου Κύριλλος: ╋
╋ Ὁ Καρπάθου Θεόδουλος: ╋
╋ Ὁ Σίδης Παφνούτιος: ╋
╋ Ὁ Καφᾶς Ἰωάσαφ: ╋
╋ Ὁ Βρίσης Ἀντόνιος: ╋ ╋

---

1 rectius Νεοχαισαρείας | 2 rectius Σερρῶν | 3 rectius Συμεών | 8 rectius Δρίστρας | 10 rectius Ἐλασσῶνος Γαβριὴλ | 11 rectius Λαοδικείας | 13 rectius Μυτιλήνης | 14 rectius Μηθύμνης | 15 rectius Ἀμασείας Ἄνθιμος | 17 rectius Ζιχνῶν | 22 rectius Μεθόδιος | 24 rectius Περιθεωρίου | 29 rectius Βρύσεως Ἀντώνιος

+ Ὁ Πραϊλόβου Ἄνθυμος: +
+ Ὁ Νεβρεκόπου Δανιήλ: +
+ Ὁ Χίου Μητροφάνης: +
+ Ὁ Πραϊλόβου πρῴην Νεκτάριος: + +
+ Ὁ Λευκάδος Νεόφιτος: +   5
+ Ὁ Βιδίνης Ἀνθύμιος: +
+ Ὁ Ῥιζέου Μεθόδιος: +
+ Ὁ Μηδίας Δορόθεος: — +
+ Ὁ Εἰσχανίου Ἀρσένιος: +
+ Ὁ Ἀλανίας Παχόμιος: +   10
+ Ὁ Παρ[οναξ]ίας Ἰωάσαφ: +
+ Ὁ Λήμνου Μητροφάνης: +
+ Ὁ Κόου Διονίσιος: +
+ Ὁ Αἴνου Παχόμιος: +
+ Ὁ Νέον Πατρῶν Γαυριήλ: + +   15
+ Ὁ Πογωνιανῆς Ἀρσένιος: +
+ Ὁ Κερασοῦντος, Εὐθύμιος: +
+ Ὁ Φαναρίου Ἰγνάτιος: +
+ Ὁ Κορήνθου, Λαυρέντιος +
+ Ὁ ἐπίσκοπος Χερρονήσου καὶ Πανίου, Διονύσιος + 20
+ Ὁ Εὐρίππου, Λαυρέντιος +
+ Ὁ Κυθήρων Μάξιμος: +
+ Ὁ Πρεσλάβας Σπυρίδων: +
+ Ὁ Τζερβενοῦ Ἱερεμίας: +
+ Ὁ Λοφσοῦ Θεοφάνης +   25
+ Ὁ Ἀγαθοπόλεως Ἀντώνιος +
+ Ὁ Ἱερισσοῦ καὶ ἁγίου ὄρους Μακάριος +
+ Ὁ Μετρῶν καὶ Ἀθύρων Θεωνᾶς +

---

1 rectius Ἄνθιμος | 5 rectius Νεόφυτος | 6 rectius Ἀνθίμιος | 7 rectius videtur Ῥιζαίου | 8 rectius Μηδείας Δωρόθεος | 9 rectius Ἰσχανίου | 10 rectius Παχώμιος | 13 rectius Κώου Διονύσιος | 14 rectius Παχώμιος | 15 rectius Νέων et Γαβριήλ | 16 rectius Πωγωνιανῆς | 19 rectius Κορίνθου | 20 ἐπίσκοπος Χερρονήσου καὶ Πανίου dubium | 21 rectius Εὐρίπου | 27 hic locus aqua valde corruptus est, ita ut nomen subscriptum lectu difficile sit

+ Ὁ Ῥοδεστοῦ Ἰγνάτιος: +
+ Ὁ Μυριοφύτου Εὐθύμιος +
+ Ὁ Δαμαλῶν Σίλβεστρος +
+ Ὁ Μεθόνης Ἀρσένιος +
5 + Ὁ Αἴλους Ἰωάσαφ +
+ Ὁ Σ................
.....................+
+ Ὁ Κύτρου Ζωσιμᾶς + +
+ Ὁ Καμπανίας Ἀκάκιος +
10 + Ὁ Διαυλείας Σωφρόνιος +
+.........
.... мѡдѡскоѝ геѡгіи: + +
[+ за д]рамского архїепкпⷭ михаѝ мпропⷭ[лни] ср[ⷭц]кнa
н ......+

15 + Ἱέραξ ὁ μέγας λογοθέτης τῆς μεγάλης ἐκκλησίας καὶ τοποτηρητὴς τῶν δύο ἁγιωτάτων πατριαρχῶν τοῦ Ἀντιοχείας, καὶ τοῦ Ἱεροσολύμων: —
+ Ὁ μέγας σακελλάριος τῆς μεγάλης ἐκκλησίας:+ +
+ Γαβρᾶς ὁ μέγας σκευοφύλαξ τῆς μεγάλης ἐκκλη-
20 σίας: + +
+ Ὁ δικαιοφύλαξ τῆς μεγάλης ἐκκλησίας Γεώργιος:˙ — + +
+ Ὁ πρωτονοτάριος Θεοδόσιος: — +
+
25 + Ὁ ῥήτωρ τῆς μεγάλης ἐκκλησίας Ἀδριανός: +
+ Ὁ λογοθέτης τῆς μεγάλης ἐκκλησίας Ἀλέξανδρος:˙ + + +
(L. S.)

---

3 rectius Δαμαλῶν | 4 rectius Μεθώνης | 6. 7 duo nomina subscripta omnino deleta sunt | 8 et 10 versus aqua corrupti sunt, ita ut nomina subscripta haud facile agnoscantur | 8 rectius Κίτρους | 11 nomen subscriptum omnino deletum est | 12 initium nominis subscripti deletum est | 13. 14 nomen subscriptum est dubium, finis omnino desideratur

6.
Epistolae Meletii Pegae patriarchae Alexandrini.
Ab a. 1583 ad a. 1597.

Τοῦ σοφωτάτου πάππα καὶ πατριάρχου τῆς μεγάλης πόλεως Ἀλεξανδρείας, Λιβύης, Πενταπόλεως, Αἰθιοπίας καὶ πάσης γῆς Αἰγύπτου, πατρὸς πατέρων, ποιμένος ποιμένων, ἀρχιερέως ἀρχιερέων, τρίτου καὶ δεκάτου τῶν ἀποστόλων καὶ κριτοῦ τῆς οἰκουμένης, κυρίου κυρίου Μελετίου Πηγᾶ 5 ἐπιστολαί.

α΄.

Die 12 Septembris a. 1593.

(P fol. 23 v.—24 r.; S pag. 262—264).

Ἐπιστολὴ κβ΄. Θεοδώρῳ τῷ εὐσεβεστάτῳ καὶ ὀρθοδοξοτάτῳ βασιλεῖ Μοσκόβου καὶ αὐτοκράτορι πάσης Ῥωσίας, νικητῇ τροπαιούχῳ, ἀεὶ αὐγούστῳ, υἱῷ καὶ δεσπότῃ ποθεινοτάτῳ ἐν κυρίῳ, χάριν. 10

Χειμάζεται καθάπερ καὶ κεχείμασται πολυτρόπως ἡ ἐκκλησία, εὐσεβέστατε αὐτοκράτωρ, τοτὲ μὲν πολεμουμένη τὰ δόγματα, τοτὲ δὲ τὰς παραδόσεις τῶν πατέρων τὰς εἰς εὐσέβειαν συμβαλλούσας. τοῦτο δὲ ἴσα τῷ πρώτῳ τὴν ἐκκλησίαν κλονεῖ, ἀμφότερα δὲ ἐνεργεῖ ὁ ἐχθρὸς τῆς ἀληθείας, ὁ ἀκορέστως ἔχων πρὸς ἐπήρειαν καὶ τὴν εἰρήνην τῆς 15 ἐκκλησίας παντοιοτρόπως μηχανώμενος διασπᾶν· δεῖ δὲ διὰ τοῦτο τοὺς ποιμένας ἀγρυπνεῖν ἀντιπαραταττομένους ταῖς τῶν κακῶν ἐπιφοραῖς. οἱ οὖν ἀνατολικοὶ πατέρες σύνοδον ἐν Κωνσταντινουπόλει συγκροτήσαντες, ὅτε πρῶτον ἐξεφωνήθη ἡ τοῦ πάσχα παρὰ τῆς Ῥωμαϊκῆς ἐκκλησίας ἐξερευνηθεῖσα λεγομένη διόρθωσις, τὸν ἐνόντα 20 γε τρόπον, τὴν τῶν πατέρων παράδοσιν διωρίσαντο κρατεῖν· ἐπεδήμει

---

7 θεωδώρῳ P | 7. 8 ὀρθοδοξωτάτῳ S | 8 αὐτοκράτωρι S | 13 παρὰ δώσεις S | συμβαλνούσας S | 15 ὁ ἀκόρεστως P, ἀκόρεστως S | ἐπήρεισαν P | 16 μηχανόμενος S | 20 ἐξερευνηθεῖσαι S | 21 παράδωσιν διωρίσατο PS

δὲ ἐν Κωνσταντινουπόλει ὁ ἀοίδιμος πρώην Ἀλεξανδρείας Σίλβεστρος ἡμᾶς τοῦ θρόνου καταλιπὼν κυβερνήτας, ἐκεῖθεν δὲ εἰς ἡμᾶς ἀναζεύξας ἠξίωσε καὶ παρ' ἡμῶν περὶ τούτου τι γραφῆναι· ὑπήρχομεν δὲ ἡμεῖς καὶ πρὶν εἰς Ῥώμην ἐπιστείλαντες, δεικνύντες μὲν ὑγιῶς ἔχειν
5 τελούμενον τὸ πάσχα κατὰ τὸ τῶν πατέρων κανόνιον, παρακαλοῦντες δὲ μὴ αὔξειν τὰς τῶν ἐκκλησιῶν διαφωνίας. ἐπειδὴ δὲ ἀντεπέστειλαν μὲν ἐκεῖθεν ὡς οὐκ ἀσυνέτως διεσκέψαντο Ῥωμαῖοι περὶ τοῦ πάσχα, καὶ οἷον ἀπόδειξιν ἀναντίρρητον τὸ οὐκ ἀσυνέτως ἐσκέψαντο Ῥωμαῖοι περὶ τοῦ πάσχα προτείνοντες, ὁ δὲ γέρων ἔγγραφον ἐζήτει
10 παρ' ἡμῶν τῆς ὑποθέσεως ἔνδειξιν, ὑπηκούσαμεν εἰκότως καὶ τόμον ἐγράψαμεν Ἀλεξανδρεινὸν ἐπωνυμίαν εἰς ἀντιδιαστολὴν τοῦ ἐν Κωνσταντινουπόλει περὶ τῆς αὐτῆς ὑποθέσεως συντεθέντος τόμου συνοδικοῦ, ὃν, ἐπειδὴ τότε καίπερ πολλὰ σπουδάσαντες οὐκ ἠδυνήθημεν τῇ σῇ βασιλείᾳ προσφέρειν, αὐτοὶ μετὰ καί τινων ἄλλων περὶ ὀρθο-
15 δοξίας ὑπομνημάτων νῦν ἐκ τοῦ θρόνου τούτου πέμπομεν τοῦ ἀποστολικοῦ. καὶ ἡμεῖς μὲν δίκαια πράττομεν σοὶ τῷ παρὰ θεῷ προβεβλημένῳ τῆς εὐσεβείας αὐτοκράτορι ὀρθοδόξῳ τὰ τῆς ὀρθοδοξίας καὶ εὐσεβείας ἀπονέμοντες, σὺ δὲ πάλιν, αὐτοκράτωρ, τὰ τῆς ὀρθοδοξίας καὶ εὐσεβείας κρατύνων θεῷ τῷ μεγάλῳ καὶ παμβασιλεῖ προαιρού-
20 μενος εὐαρεστῆσαι, οὗ ἡ θεία χάρις καὶ τὸ ἔλεος σοῦ διαφυλάττειεν εὐσεβοῦσαν καὶ εὐημεροῦσαν τὴν βασιλείαν. ἀμήν.

Ἐν Αἰγύπτῳ, ζρβ κοσμογονίας, Σεπτεμβρίου ιβ.

β'.

A. 1592.

(P fol. 24 r.—25 r.; S pag. 264—267).

Ἐπιστολὴ κγ'. Τῷ αὐτῷ.

Ἡμεῖς, εὐσεβέστατε βασιλεῦ, καὶ πρὶν κατασταθῆναι παρὰ τοῦ
25 φιλανθρώπου θεοῦ ἐν τούτῳ τῷ ἀποστολικῷ θρόνῳ τοῦ ἁγίου,

---

1 ἀοίδημος PS | 2 καταλοιπῶν P | 5 τὸ τῶν] τῷ τῶν S | 6. 7 ἀντεπεστείλαμεν ἐκεῖθεν S | 11 ἐπονυμίας P | 17 αὐτοκράτωρι P | 20 θεία om. P | 21 εὐημερεύουσαν PS | 22 κοσμ. Σεπτ. ιβ om. P | κοσμογενείας S | 25 τῷ θρόνῳ τῷ ἀποστολικῷ P

ἐνδόξου καὶ πανευφήμου ἀποστόλου καὶ εὐαγγελιστοῦ Μάρκου, εἴχομεν καὶ πόθον πολὺν καὶ εὐλάβειαν πρὸς τὴν σὴν βασιλείαν, καὶ πρίν σε στεφθῆναι παρὰ θεοῦ βασιλέα, διὰ τὴν εὐσέβειαν καὶ τὸν φόβον τοῦ θεοῦ καὶ τὴν μεγάλην φιλανθρωπίαν, ἣν ἠκούομεν περὶ σοῦ, καὶ διὰ τοῦτο ἐκινήθημεν ἐλθεῖν πρὸς ὑμᾶς, αὐτοῦ συνευδοκοῦντος καὶ τοῦ μακαριωτάτου πρώην Ἀλεξανδρείας κῦρ Σιλβέστρου τοῦ πατρὸς ἡμῶν. ἠκούσαμεν γὰρ τότε, ὅτε καὶ ὁ τίμιος κῦρ Τρύφων ἦλθε φέρων τὴν ἐλεημοσύνην τοῦ ἀοιδίμου πατρὸς τῆς σῆς βασιλείας καὶ εἰς μνημόσυνον τοῦ τρισμάκαρος κνέζη Ἰωάννου τοῦ ἀδελφοῦ σου, ὅτι ἔστειλαν αὐτοῦ ἀπὸ Ῥώμης βιβλίον, καὶ ἐζήτει ὁ ἀοίδιμος πατήρ σου ἄνθρωπον ὀρθόδοξον καὶ ἐπιστήμονα τῆς γλώσσης τῆς Λατινικῆς· καὶ ἐπειδὴ ἐχαρίσατο ἡμῖν ὁ πλουσιόδωρος θεὸς καὶ γλωσσῶν χαρίσματα καὶ μικράν τινα τῆς ἀληθοῦς θεολογίας γνῶσιν, ἐσπεύδομεν ἐλθεῖν εἰς Μοσκόβειαν, πλὴν κατηντήσαμεν εἰς Κωνσταντινούπολιν καὶ εὑρόντες τὸν θρόνον ἐκεῖνον καὶ τὸν λαὸν τοῦ θεοῦ ἐν πολλῇ ζάλῃ, παρακληθέντες παρὰ τῶν ἀρχόντων, ἀλλὰ καὶ βιασθέντες, προσεμείναμεν κηρύττοντες τὸ εὐαγγέλιον τοῦ Χριστοῦ ὅλην τριετίαν καὶ στηρίζοντες τοὺς ὀρθοδόξους ἐναντίον τῶν τε ἀσεβῶν καὶ τῶν αἱρετικῶν. μετέπειτα ἐκάλεσεν ἡμᾶς ἐκεῖθεν ὁ ῥηθεὶς μακαριώτατος κῦρ Σίλβεστρος καὶ παρεβιάσατο, ἵνα δεχθῶμεν τὸν θρόνον τοῦτον τοῦ πατριαρχείου τῆς Ἀλεξανδρείας. ἡμεῖς τοίνυν διὰ τὰ δάκρυα τοῦ γέροντος ὑπηκούσαμεν· καὶ μετὰ τὴν κοίμησιν αὐτοῦ ἐλθὼν ὁ παναγιώτατος πατριάρχης Ἀντιοχείας δεῦρο εἰς Αἴγυπτον μετὰ καὶ τῶν ἄλλων ἀρχιερέων ἐχειροτόνησεν ἡμᾶς. ἔπειτα ἐπορεύθημεν ἅπαντες εἰς τὸ ἅγιον ὄρος Σινᾶ καὶ ἐποιήσαμεν ἱκανὰς καὶ λειτουργίας καὶ ἀγρυπνίας περὶ τῆς σῆς βασιλείας, ἵνα ὁ κύριος ἡμῶν Ἰησοῦς Χριστὸς βοηθήσῃ καὶ αὔξῃ καὶ δοξάσῃ.

Οὕτως ἔτι νῦν καὶ οὕτω πάντοτε ποιοῦμεν ἀδιαλείπτως δεόμενοι ὑπὲρ τῆς σῆς βασιλείας, ὅτι ἡ ἀνατολικὴ ἐκκλησία καὶ τὰ

---

1 ἐνδόξου καί] καί om. P | 5 πρὸς ὑμᾶς ἐλθεῖν P | 8 ἀοιδήμου PS | 9 κνέζη S | 10 ἀοίδημος PS | 11 γλώττης S | 14 κατηντίσαμεν S | 16 παρεκληθέντες P | 18 καὶ τῶν] τῶν om. S | 20 δεχθῶμεν S | 21 πατριαρχίου S | 25 ἱκανὰς καί] καί om. S | 26 βοηθείη P, βοηθείη S | 27 δοξάζῃ P, δοξάζῃ S

τέσσαρα πατριαρχεῖα τῶν ὀρθοδόξων οὐκ ἔχουσιν εἰ μὴ τὴν βασιλείαν σου ὥσπερ ἄλλον νέον μέγαν Κωνσταντῖνον, καὶ διὰ τοῦτο καὶ ἡμεῖς ἐν ταῖς ἀνάγκαις ἡμῶν μετὰ θεοῦ πρὸς σὲ ἀποβλέπομεν· καὶ εἰ μὴ ἦν ἡ βοήθεια τῆς σῆς βασιλείας, πίστευσον, βασιλεῦ ὀρθοδο-
5 ξότατε, ὅτι ἡ ὀρθοδοξία ἐκινδύνευε τὰ ἔσχατα, καθὼς καὶ τοῦτο τὸ πατριαρχεῖον, ὅπερ ἐβουλήθησαν οἱ ἀσεβεῖς ἀπᾶραι ἀφ' ἡμῶν, ὥσπερ καὶ τὸ τῆς Κωνσταντινουπόλεως, καὶ ἐποίησαν εἰς ἡμᾶς πολλὰς βασάνους καὶ κινδύνους μεγάλους· καὶ ἐβοήθησεν ὁ θεὸς καὶ ἔμεινεν εἰς τὰς χεῖρας ἡμῶν, πλὴν ἐχρεώθημεν περισσὰ καὶ ἔχοντες θάρρος
10 εἰς τὴν βασιλείαν σου, καθὼς ἀπ' ἀρχῆς παρακαλοῦμεν τὴν σὴν βασιλείαν, βοήθησον ἡμῖν, καθὼς καὶ πάντοτε καὶ οἱ εὐσεβέστατοί σου πρόγονοι καὶ αὐτός, ὧν τὸ μνημόσυνον ἐν οὐρανοῖς καὶ παρ' ἡμῖν ἐν τοῖς ἁγίοις θυσιαστηρίοις καὶ ἐν ταῖς ἱεραῖς προθέσεσι νυκτὸς καὶ ἡμέρας· ἔρχονται αὐτόθι οἱ πατέρες οἱ Σιναΐται, ὧν καὶ αὐτῶν
15 ἐπηρεάζουσιν οἱ ἀσεβεῖς τὸ ἅγιον μοναστήριον, ἵνα ζητήσωσι βοήθειαν καὶ κρατύνωσι τὸν ἅγιον ἐκεῖνον τόπον καὶ θεοβάδιστον, καὶ παρακαλοῦμεν τὴν σὴν βασιλείαν, βοήθησον αὐτοῖς καὶ σὺν αὐτοῖς πέμψον καὶ ἡμῖν βοήθειαν, ἵνα λυτρώσωμεν τὸν θρόνον τοῦτον, τὸν ἀποστολικόν. μνήσθητι, βασιλεύς, καὶ τῶν πτωχῶν τῶν παρ' ἡμῖν
20 καὶ τοῦ μοναστηρίου τῶν μοναστηρίων ἐν Αἰγύπτῳ, τοῦ μεγάλου Γεωργίου· μιμοῦ τὸν ἐλεήμονα θεόν, τὸν θέλοντα ἔλεον καὶ οὐ θυσίαν.

Πέμπομεν τῇ σῇ βασιλείᾳ βιβλίον μικρὸν περὶ τοῦ πάσχα, ἵνα γνωρίσῃ ἡ σὴ βασιλεία τὸ σφάλμα τοῦ νεωτερισμοῦ, ὃν ἐποίησεν ἡ ἐκκλησία τῆς παλαιᾶς Ῥώμης, καὶ τὴν ἀλήθειαν καὶ τὸ ὑγιὲς τοῦ
25 κανονίου τῶν πατέρων ἡμῶν, τῶν τριακοσίων δέκα καὶ ὀκτὼ θεοφόρων τῶν ἐν Νικαίᾳ, καθὼς καὶ ἐν τῇ ἐπιστολῇ τοῦ βιβλίου γράφομεν Ἑλληνιστὶ καὶ Ῥωμαϊστί. παρακαλοῦμεν τὴν σὴν βασιλείαν, ἵνα ὑπερμάχηται ὑπὲρ τῆς ὀρθοδόξου πίστεως τοῦ σωτῆρος ἡμῶν Ἰησοῦ Χριστοῦ, ὃς διὰ τοῦτό σε κρατύνει βασιλέα ὀρθόδοξον, ἀλλὰ καὶ τὰς

1 ἔχωσιν S | 2 νέον om. P | 4 βασιλεὺς S | 6 ἐπᾶραι PS | 7 τὸ om. S | 10 τὴν β. σ., κ. ἀπ' ἀρχ. παρακαλοῦμεν om. P | 12 ὦν] καὶ add. P | 14 σαυμῖται P | 15 ζητήσωσι S | 19 πτοχῶν S | 20 μοναστηριῶν PS | 23 βασιλείᾳ P | νεοτερισμοῦ PS | 28. 29 τοῦ σ. ἡμ. Ἰησ. Χρ., ὃς δ. τ. σ. κ. β. ὀρθόδοξον om. P

ἐκκλησιαστικὰς διατυπώσεις, ἃς ἡ πρώτη μὲν ἁγία καὶ οἰκουμενικὴ σύνοδος διωρίσατο, ἡ δὲ δευτέρα ἐσφραγίσατο, ἡ δὲ τρίτη καὶ καθεξῆς ἕως τῆς ἑβδόμης διεφυλάξατο, ἐκεῖθεν δὲ ἕως νῦν θεοῦ χάριτι ἡ ἐκκλησία τῶν ὀρθοδόξων ἀπαρασαλεύτους διαφυλάττει. ἡ οὖν βασιλεία ἡ σὴ ἔστω κοινὸς ἔφορος καὶ προστάτης καὶ βοηθὸς τῆς ἐκκλησίας Χριστοῦ καὶ τῶν θεοφόρων πατέρων διατυπώσεων, ἵνα αὐτῶν αἱ εὐχαὶ καὶ ἐν πρώτοις τῆς παναγίας δεσποίνης ἡμῶν θεοτόκου καὶ ἀειπαρθένου Μαρίας, τοῦ ἁγίου, ἐνδόξου καὶ πανευφήμου ἀποστόλου καὶ εὐαγγελιστοῦ Μάρκου, τῶν ἐν ἁγίοις πατέρων ἡμῶν Ἀθανασίου τοῦ μεγάλου, Κυρίλλου καὶ Ἰωάννου τοῦ ἐλεήμονος, πατριαρχῶν Ἀλεξανδρείας εἴησαν πάντοτε μετὰ τῆς σῆς βασιλείας. ἀμήν.

αφϟβ.

γ'.

A. 1593.

(P fol. 28 r.—29 r.; S pag. 256—258).

Ἐπιστολὴ λ'. Ἰὼβ πατριάρχῃ Μοσκόβου καὶ πάσης Ῥωσίας καὶ τῶν ὑπερβορείων μερῶν.

Παναγιώτατε δέσποτα, ἀδελφὲ καὶ συλλειτουργὲ τῆς ἡμῶν μετριότητος, χάρις εἴη σοι καὶ εἰρήνη καὶ ἔλεος παρὰ τοῦ κυρίου καὶ θεοῦ καὶ σωτῆρος ἡμῶν Ἰησοῦ Χριστοῦ, σὺν τοῖς λοιποῖς ὑπερτίμοις καὶ θεοφιλεστάτοις ἀρχιερεῦσι καὶ ἱερεῦσι καὶ ἄρχουσι καὶ παντὶ τῷ χριστωνύμῳ λαῷ τῆς ὑμετέρας ἁγιωτάτης ἐκκλησίας, τῆς εὐσεβείᾳ καὶ ὀρθοδοξίᾳ θεοῦ χάριτι λελαμπρυσμένης. χαρὰν ἡγούμεθα μεγάλην, ἀδελφοί, ἐπὶ τῇ αὐξήσει τῆς εὐσεβεστάτης βασιλείας τοῦ θεοστέπτου αὐτοκράτορος Θεοδώρου καὶ Εἰρήνης τῆς εὐσεβεστάτης αὐγούστης, οἷς ὁ θεὸς ὑπέταξεν ἔθνη πολλὰ καὶ λαούς, οἷς καὶ τὴν ἐπίγνωσιν τῆς ἀληθοῦς θεογνωσίας μεταδιδόντες ἐν τῇ δυνάμει τοῦ παναγίου καὶ ζωοποιοῦ πνεύματος ἕξετε καὶ ὑμεῖς τὸν ἀποκείμενον μισθὸν τοῖς πιστοῖς καὶ φρονίμοις οἰκονόμοις τῆς χάριτος. διὰ τοῦτο καὶ τοῖς πατράσιν ἡμῶν κέκριται τὰ τῆς ἐκκλησίας μεγαλύνεσθαι

---

2 ἐσφαλίσατο P | 3 εὐδόμης P | ἐκεῖ S | 4. 5 βασιλείᾳ P | 12 αφϟβ om. P | 15 συλειτουργὲ S | 19 ἁγιοτάτης P | 20 λελαμπριμένης S

πράγματα αυξομένων των πολιτικών, ίνα συναγωνιστάς έχη το της βασιλείας κράτος τους της εκκλησίας εις ευεργεσίαν και βελτίωσιν του υπηκόου, και δικαίως θεόθεν κινηθείς ο ευσεβέστατος βασιλεύς Θεόδωρος Ιωάννης συν τω παναγιωτάτω αδελφώ και συλλειτουργώ ημών κυρ Ιερεμία τω αρχιεπισκόπω Κωνσταντινουπόλεως νέας Ρώμης και οικουμενικώ πατριάρχη, συγκροτήσαντες σύνοδον την καλήν και θεάρεστον οικοδομήν του υψηλοτάτου θρόνου Μοσκοβείας ήρξαντο, ην και ημείς κελευσθέντες τοις ιεροίς γράμμασι του ευσεβεστάτου βασιλέως δοκιμάσαι, επί τελεία συνόδω παραγενόμενοι ούν εις Κωνσταντινούπολιν εν τω νυνί πατριαρχείω τω της παναγίας δεσποίνης ημών της θεοτόκου θεραπείας, ησφαλίσαμεν κρίναντες άξιον είναι το βασίλειον της ορθοδόξου των πόλεων Μοσκοβείας και εν τοις εκκλησιαστικοίς μεγαλύνεσθαι πράγμασι νείμαντες αυτώ και την προσήκουσαν πατριαρχικώ θρόνω αξίαν και την ακόλουθον τάξιν, ομοταγή δηλονότι των επιλοίπων πατριαρχικών ⟨θρόνων⟩ των ορθοδόξων, καθάπερ ευρήσετε εν τω τόμω της συνοδικής πράξεως εσφραγισμένης ταις ημετέραις αυτοχείροις υπογραφαίς και σφραγίσι και τινων των μητροπολιτών και αρχιεπισκόπων και επισκόπων. σον δ' αν είη και των καθεξής τον πατριαρχικόν υψηλότατον θρόνον διαδεξαμένων αδελφών όλη δυνάμει εν τη ισχύι του πνεύματος συναντιλαμβάνεσθαι των ευσεβεστάτων βασιλέων, τούτο μεν ευχαίς και δεήσεσι, τούτο δε υπομνήσεσι και βουλή, εί γε δεήσειέ ποτε, ώστε αιχμαλωτίζεσθαι μεν τα της ασεβείας και ασεβών ύψη και θράση, ρώννυσθαι δε τα της ευσεβείας και ευσεβών, μνήμην και επίσκεψιν ποιούμενοι διακαή και της μητρός ημών ανατολικής των ορθοδόξων εκκλησίας, όθεν εις πάσαν την υφήλιον θεού χάριτι διεχύθη ο φωτισμός του σωτηρίου κηρύγματος, η και τα έσχατα πάσχει και κινδυνεύει εν απορία και στενο-

---

4 συλειτουργώ S | 8 γράμμασιν S | 10 πατριαρχίω S | 11 ημών δεσποίνης P | 12 μοσκόβειας S | 13 πράγμα . . . . . . νείμαντες (recentiore manu insertum est σιν από) P, πράγμασι. νείμαντες S | 15 οματαγή P | επιλείπων PS | θρόνων om. PS | 16 ευρίσετε P | 16. 17 εσφραγισμέναις P, εσφιγμένης S | 22 αιχμαλοτίζεσθαι S | 23 ευσεβείας cod., in margine manu recentiore scriptum est ασεβείας P | ρώνυσθαι P | 25 εκκλησίας ορθοδόξων P, των ορθοδόξων εκκλησίας S | 26. 27 κηρήγματος P

χωρία παντοδαπῇ. ἡμεῖς δὲ καίπερ θλιβόμενοι καὶ στενοχωρούμενοι εἴπερ ἄλλοι ποτὲ ἢ ἄλλοτέ ποτε, εὐχόμεθα ἀδιαλείπτως ὑπὲρ τῆς ὑμετέρας αὐξήσεώς τε καὶ σωτηρίας, εἰς τοῦτο γὰρ κατεπείγει τὸ τῆς ἀγάπης εἰλικρινές. δῶρον δὲ ἕξει παρ' ἡμῶν ὁ ὑψηλότατός σου καὶ πατριαρχικὸς θρόνος τὴν βακτηρίαν ταύτην, ἣν οὐχ ἡ πολυτελὴς ὕλη, ἀλλὰ τὸ τοῦ χρόνου αἰδέσιμον πολύτιμον παρ' ἡμῖν ἄχρι σήμερον ἔσχεν, ἕξει δὲ καὶ παρὰ τῇ ὑμετέρᾳ εὐλαβείᾳ, ἣν ὁ κύριος διαφυλάττειεν ὑγιᾶ σώματι καὶ ψυχῇ εἰς καταρτισμὸν τῆς ἐκκλησίας τῆς καθολικῆς. ἀμήν.

Ἐν Κωνσταντινουπόλει, ἔτει σωτηρίῳ αφϟγ.

Ἔστι δὲ ἡ βακτηρία τοῦ τρισμάκαρος κυροῦ Ἰωακεὶμ Ἀλεξανδρείας, ὃς πέρα που τῶν ἑβδομήκοντα ἐτῶν ἐπατριάρχευσε ζήσας πέρα τῶν ἑκατὸν ἐτῶν, ὃς καὶ πέπωκεν ἀβλαβὴς Χριστοῦ χάριτι τὸ δηλητήριον, ὃν διεδέξατο ὁ ἀοίδιμος κῦρ Σίλβεστρος, οὗπερ ἡμεῖς οἱ ἁμαρτωλοί ἐσμεν διάδοχοι.

δ'.

A. 1593.

(P fol. 29 r.—30 v.; S pag. 250—253).

Ἐπιστολὴ λα'. Τῷ Θεοδώρῳ βασιλεῖ Μοσκόβου.

Θειοτέραν τινὰ θεοῦ σε εἰκόνα τὸν ἐπὶ γῆς βασιλεύοντα εὖ ἔγνωμεν, κράτιστε Θεόδωρε, τοῦ πρωτοτύπου γνησίως τὸ ἀρχέτυπον κάλλος δι' ὧν πράττεις καὶ ἐν οἷς βασιλεύεις διασώζοντα· πρὸς θεοῦ γὰρ δεδεγμένος τὰς τῆς εὐσεβείας λαμπηδόνας ζώσῃ τε πίστει τῷ θείῳ ἀνακραθεὶς ἱερῶν χαρισμάτων καὶ τῷ ὄντι θείων δωρεῶν ἀκτῖσι τὴν ὑφήλιον ἅπασαν καταλάμπεις. ἀλλά σου τῆς τρισολβίου ψυχῆς τὰ λοιπὰ σιγῇ τιμάσθω, ἱερὸν γὰρ σιγὴ καταπέτασμα τῶν θειοτέρων τοῖς εὐσεβεστέροις ἐπινενόηται, ἄλλως τε καὶ παρὰ πάντων ἑκασταχοῦ διαβοώμενα τῆς ἡμετέρας οὐ δεῖται φωνῆς· ἀλλ' οὐδ' ἂν δυνη-

---

1 στενοχορούμενοι S | 2 ἀδιαλήπτως S | 9 ἀμήν om. P | 10 ἔτει σωτηρίῳ om. P | 11 κυροῦ om. S | 13 ἑκατῶν PS | 14 δηλιτήριον PS | ἀοίδημος PS | 15 οἱ ἁμαρτωλοί om. S | 19 κάλος S | βασιλεύῃ PS

θείημεν ῥᾳδίως τῶν νύκτωρ τε καὶ μεθ' ἡμέραν θεαρέστων πράξεων διηγήσασθαί σου τὰς λογικὰς λατρείας, αἷς εὐαρεστεῖται θεός· οὕτως οἱ περιζωσάμενοι δύναμιν ἐξ ὕψους ἀνταποκρίνονται τῷ παμβασιλεῖ θεῷ. ἐκεῖνο δὲ οὐδὲ βουλομένοις δυνατόν ἐστι σιγῆσαι, ἀλλ' οὐδὲ 5 σιγᾶσθαι δίκαιον.

Τοὺς ἀποστολικοὺς γὰρ θρόνους τῶν πατριαρχικῶν ἀξιωμάτων διὰ φροντίδος ἔχων καὶ ἀγάπης ἀεί, καὶ οἷον ἀεννάους τὰς τοῦ σωτηρίου κηρύγματος πηγὰς καὶ ἀμαράντους διακρατῶν, οὐ χεῖρα τούτοις καὶ πορρωτάτω ἀπῳκισμένοις ὀρέγεις μόνον, ἀλλὰ καὶ τὸν 10 κατὰ τὴν σὴν βασιλείαν ἐκκλησιαστικὸν θρόνον ἔσπευσας εἰς πατριαρχεῖον ἀναγαγεῖν, ἵνα ὁ τὴν βασιλείαν αὔξων τὴν σὴν Χριστὸς ὁ θεὸς ἔχῃ παρὰ σοῦ τὴν ἑαυτοῦ βασιλείαν αὐξανομένην· Χριστοῦ γὰρ βασιλεία ἡ ἐκκλησία καθέστηκε. καὶ σοῦ ταῖς ἐφέσεσιν ἐπινεύσας θεὸς σύνεργόν τε παραστήσας τῇ σῇ βασιλείᾳ Ἱερεμίαν τὸν παναγιώ-15 τατον ἀρχιεπίσκοπον Κωνσταντινουπόλεως νέας Ῥώμης καὶ οἰκουμενικὸν πατριάρχην, τὸν ἡμέτερον ἀδελφὸν καὶ συλλειτουργόν, τηλικούτου πράγματος καταβολὴν κοινῇ σκέψει προκατεβάλετο, καθὰ δὴ τὰ τῆς σῆς βασιλείας μηνύουσι γράμματα ἀξιοῦντα καὶ ἡμᾶς ψηφίσασθαι περὶ τούτου. ἡμεῖς οὖν σου τὴν ἱερὰν βασιλείαν προευ-20 τρεπισθεῖσαν ἐπιστάμενοι τῇ προγνώσει τοῦ παντεπόπτου τῶν ὅλων θεοῦ καὶ σὲ βασιλέα γνωρίζοντες βίβλῳ ζώντων ἐγγεγραμμένον οὐ μέλανι, ἀλλὰ δακτύλῳ θεοῦ ὑψίστου, τὴν δὲ καθ' ἡμᾶς ἐκκλησίαν ἐκλελεγμένην ἐν Χριστῷ πρὸ καταβολῆς κόσμου εἰς κλῆρον ἁγίων ἐν φωτί, καὶ ταῦτα, δόξαν οὕτω θεῷ, ἐν τοῖς καθ' ἡμᾶς αἰῶσιν εἰς 25 ἐμφάνειαν καὶ δόξης ὕψος ἀρθέντα καταμανθάνοντες, περιττὸν ἂν ἡγοίμεθα ψήφοις ἡμετέραις δοκιμάζειν, εἰ μὴ καὶ τοῦτο θείας ἤρτητο διατάξεως τοὺς τὰ θεῖα λόγια ἐμπιστευθέντας ἡμᾶς τῶν θείων εἶναι δικαιωμάτων ἐκφάντορας καὶ ὑποφήτας. τούτου γὰρ χάριν καὶ τὸ

---

1 ῥωδίως P | 7 ἔχον S | 9 πορρωτάτῳ P | ἀποκισμένοις S | 10 ἔσπεσας S | 12 ἔχει S | 16 συλειτουργόν S | 16. 17 τηλοικούτου P | 17 πρὸ κατεβάλλετο S | 18 μεινύουσι P | 19. 20 προευπρεπισθεῖσαν P, προπισθεῖσαν S | 21 ζόντων S | ἐγγεγραμένον P, ἐγγεγραμένων S | 22 ὑμᾶς P | 23 ἐλελεγμένην P | 25 περὶ τόν P | 26 ἡμετέρης P | 27 ἡμᾶς om. P

θεῖον ὕψος τῆς σῆς βασιλείας, θεόθεν ἔχον τὴν τούτων καὶ τῶν τοιούτων ἁπάντων γνῶσιν, αἰτεῖταί γ' ὅμως καὶ παρ' ἡμῶν πληροφορίαν.

Ἡμεῖς τοιγαροῦν θεοσόφων πατέρων κανόσιν ἐπερειδόμενοι καὶ σύνοδον ὁλόκληρον συγκροτήσαντες, παραγεγονότες ἐς Κωνσταντινούπολιν, εἰς κοινήν τε προθέντες ἐξέτασιν τὴν ἡμῶν δόξαν, στοιχοῦσάν τε ἀποδείξαντες τοῖς τῶν ἁγίων πατέρων πεπραγμένοις, συμψήφους τε λαβόντες τοὺς παναγιωτάτους τῶν πατριαρχῶν καὶ τοὺς συνεδρεύοντας ἱερωτάτους ἀρχιερεῖς περὶ τοῦ παναγιωτάτου καὶ πατριαρχικοῦ θρόνου Μοσκοβείας τῆς ὀρθοδόξου πόλεως, ὅσα τῷ ἁγίῳ πνεύματι τῇ τε ἱερᾷ συνόδῳ καὶ ἡμῖν ἔδοξεν ἐξεθέμεθα, τὴν βασιλείαν δηλαδὴ κεκοσμημένην Μοσκόβου πόλιν θεοῦ φιλανθρωπίᾳ καὶ χάριτι καὶ ἐν τοῖς ἐκκλησιαστικοῖς μεγαλύνεσθαι πράγμασι· τῷ αὐτῷ γὰρ λόγῳ οἱ θεῖοι πατέρες κινηθέντες καὶ Ῥώμην τὴν πρεσβυτέραν καὶ τὴν νεωτέραν μετ' ἐκείνην ἐτίμησαν. ἀλλὰ τούτων πέρι πλατύτερον ἐπὶ συνόδῳ διαλεχθέντες ἡμεῖς, τόμον τε συντεθεικότες ἐκεῖνον τῷ σῷ κράτει ταῖς ἡμετέραις ἠσφαλισμένον χερσὶ καὶ σφραγῖσιν, οἷόν τινα στήλην τοῦ πατριαρχικοῦ θρόνου τῆς ὀρθοδοξοτάτης σου βασιλείας πέμπομεν. ἐμπεριείληπται δέ τινα τῷ τόμῳ, ὧν δεόντως τὸ τηνικαῦτα τὴν ἐκκλησίαν ὑπομεμνήκαμεν. ἔχεις, εὐσεβέστατε βασιλεύς, περὶ ὧν παρ' ἡμῶν ζητεῖς, τὴν ἀπόκρισιν ὁλοτελοῦς συνόδου ψήφῳ κεκυρωμένην. ἐπειδὴ δὲ τοῖς ἀγῶσι τὰ τῆς εὐσεβείας κρατύνεται, διαδεδομένου καὶ τοῦ τῆς βασιλείας κράτους ἐπὶ τὸ μήκιστον καὶ τοῦ τῆς ἐκκλησίας κάλλους ἐπὶ τὸ κάλλιστον, δεῖ σε καὶ διττοῖς στέφεσθαι διαδήμασιν, ὧν θάτερον μὲν ἀπὸ προγόνων ἄνωθεν ἔχεις καὶ ἔχοις γε συναιρομένου Χριστοῦ τοῦ θεοῦ καὶ σωτῆρος ἡμῶν υἱέσι καὶ υἱωνοῖς καὶ τοῖς καθεξῆς ἐκγόνοις εἰς αἰῶνας ἀλήκτως παραπεμψόμενος, θάτερον δὲ τὸν ἀπὸ τῆς ἐν Ἐφέσῳ ἱερᾶς δευτέρας συνόδου

---

5. 6 ἐν κωνσταντινουπόλει S | 7. 8 ψήφους S | 12 κεκοσμημένην ἐν χάριτι S | καὶ] κε P | 14 πατέρες om. S | 15 νοετέραν P, νεοτέραν S | περὶ PS | 16 διαλεγχθέντες P | συντεθηκότες P | 17 ἠσφαλισμέναις P, ἠσφαλισμένων S | 18 ὀρθοδοξωτάτης S | 19 δεόντες PS | 20 τοτινικαῦτα S | 22 τοῖς] σοῖς S | 24 τοῦ τῆς om. S | κάλιστον S | 26 ἔχοι οἱ PS | 27 υἱωνοῖς] θυγατράσι manu recentiore P

ἐπὶ τοῦ ἀοιδίμου αὐτοκράτορος Ἰουστινιανοῦ τῷ ἀποστολικῷ θρόνῳ
τῆς Ἀλεξανδρέων ἐκκλησίας χορηγηθέντα, ᾧ μόνοι οἱ Ἀλεξανδρείας
προϊστάμενοι μετὰ τὸν τῆς πρεσβυτέρας Ῥώμης παναγιώτατον πά-
παν καὶ σὺν αὐτῷ κατακοσμεῖσθαι εἰώθασιν· αὐτοί σοι παρέξομεν
5 ἐρχόμενοι εὐλογίας, θησαυρὸν ἐσόμενον τοῖς βασιλικοῖς σου κειμηλίοις
καὶ μυστικὸν κόσμον, τῇ θεσπεσίᾳ σου ψυχῇ τιμαλφέστατον χρῆμα,
οὐ ταῖς τῶν λίθων διαυγείαις καὶ τῇ λοιπῇ ὕλῃ τοσοῦτον (οὐδὲ γὰρ
ἀπαράλλακτα, νομίζω, κατείασαν τὰ πράγματα αἱ τῶν χρόνων με-
ταβολαί), ὅσον τῷ τοῦ χρόνου αἰδεσίμῳ καὶ τῇ λαμπρότητι.
10 Δεδέγμεθα τὰ παρὰ τῆς σῆς βασιλείας καὶ τῆς ἐνδοξοτάτης κνεῒ-
νῆς Εἰρήνης δῶρά τε καὶ ἱερὰ ἀναθήματα σταλέντα διὰ τοῦ ἱερωτάτου
μητροπολίτου Τουρνόβου Διονυσίου τοῦ Ῥάλλη, καὶ ὑπερευχαριστοῦμεν
τῇ ὑμετέρᾳ φιλανθρωπίᾳ ταῖς ἡμῶν ἀνάγκαις ἀντιλαμβανομένῃ. δώῃ
κύριος ὑμῖν τὴν βασιλείαν ταύτην ἀστασίαστον, τροπαιοφόρον, ἀεὶ δια-
15 μένουσαν, καὶ ἐκγόνους τῆς ὑμετέρας ὀσφύος τὴν βασιλείαν διαδεξομέ-
νους ἄχρις αἰῶνος, ἵνα καὶ ἡ τοῦ Χριστοῦ ἐκκλησία τῶν ὀρθοδόξων, ἡ
μήτηρ τοῦ σωτηρίου κηρύγματος, ἡ πηγὴ τῶν τοῦ κόσμου φωτισμῶν,
ἔχῃ τὸ προσῆκον παραμύθιον, ἣν αἰχμάλωτον οὖσαν, βασιλεύς, καὶ
Ἀσσυρίοις καὶ Βαβυλωνίοις καὶ Αἰγυπτίοις δουλεύουσαν περίεπε θερ-
20 μότατα, ἵνα μὴ ἐκλείψῃ τελέως ταῖς ὑπερβολαῖς τῶν ταλαιπωριῶν
καὶ ἀναγκῶν ἐκτριβεῖσα. ὑμεῖς δέ, οἱ τὰ Χριστοῦ μέλη, θεραπεύοντες
τὴν πτωχείαν τῆς ἐκκλησίας, τὴν ἀσθένειαν, τὴν ξενίαν, τὴν ἀπορίαν,
λάβοιτε παρὰ Χριστοῦ ἐν ἡμέρᾳ κρίσεως τὴν ἡτοιμασμένην ὑμῖν βα-
σιλείαν πρὸ τῆς τοῦ κόσμου καταβολῆς. κατάστησον παρὰ σοί, βα-
25 σιλεύς, φροντιστήριον μαθημάτων Ἑλληνικῶν, ζώπυρον τῆς σοφίας
τῆς ἱερᾶς, ὅτι παρ' ἡμῖν ἐκ βάθρων κινδυνεύει ἀφανισθῆναι ἡ τῆς
σοφίας πηγή.
αφΔγ, ἐν Κωνσταντινουπόλει.

---

1 ἀοιδήμου PS | ἱστινιανοῦ P | 6 κόσμον om. S | 7 διαυγίαις PS |
8 ἀπαράλακτα S [. 9 τῷ] τὸ S | λαμπρώτητι S | 11 δῶρά τε] δώρατα P |
12 ράλη PS | 15. 16 διαδεξαμένους S | 18 ἔχει S | 19 ἀσυρίοις S | 19. 20 πε-
ριέπεθερμωτατα S | 20 ἐκλείψει S | ταλαιποριῶν S | 24 τοῦ om. S |
28 αφγ S

ε'.

A. 1593.

(P fol. 30 v.)

Ἐπιστολὴ λβ'. Τῷ Παρίσῃ ὑπάτῳ Μοσκόβου.

Ὁ εὐσεβέστατος βασιλεὺς ἔγραψε πρὸς ἡμᾶς αἰτῶν καὶ παρ' ἡμῶν καὶ γνώμην καὶ γράμματα περὶ τοῦ πατριαρχείου τῆς ὑψηλοτάτης βασιλείας Μοσκόβου. ἐλθόντες οὖν ἡμεῖς εἰς Κωνσταντινούπολιν καὶ συνοδικῶς διασκεψάμενοι καὶ δείξαντες καὶ τὸ εἰκὸς καὶ τὸ 5 δίκαιον κατὰ τοὺς ἱεροὺς νόμους πρᾶξίν τε συνοδικὴν συγγραψάμενοι, πέμπομεν τῷ μεγάλῳ κράτει τῆς βασιλείας αὐτοῦ, παρακαλοῦντες τὸν κύριον αὐξῆσαι, στερεῶσαι, ὑψῶσαι τὸν εὐσεβέστατον βασιλέα Θεόδωρον καὶ τὴν αὐγοῦσταν Εἰρήνην, τὴν τρισόλβιον καὶ εὐλαβεστάτην. τοῦτο δὲ ἔγνωμεν σημειῶσαι καὶ πρὸς τὴν σὴν εὐγένειαν 10 μετὰ τῆς παρούσης εὐχῆς καὶ εὐλογίας, ἵνα, καθάπερ τῶν φροντίδων μετέχεις καὶ τῶν πόνων, οὕτω μέτοχος καὶ τῶν ἀγαθῶν εἴης.

Ἐν Κωνσταντινουπόλει, αφϟη.

ϛ'.

A. 1593.

(Chalky).

Ἐπιστολὴ λγ'. Μελέτιος ἐλέῳ θεοῦ τῷ εὐλαβεστάτῳ καὶ λαμπροτάτῳ ἄρχοντι κυρίῳ Ἀνδρέᾳ υἱῷ ἐν Χριστῷ Ἰησοῦ 15 χάριν, ἔλεος καὶ εἰρήνην παρὰ τοῦ κυρίου καὶ σωτῆρος ἡμῶν Ἰησοῦ Χριστοῦ.

Ἡ μετριότης ἡμῶν εὔχεται καὶ εὐλογεῖ τὴν σὴν λαμπρότητα καὶ παρακαλεῖ τὸν φιλάνθρωπον θεὸν ἀξιῶσαί σε τῆς βασιλείας αὐτοῦ σὺν τοῖς γονεῦσι τοῖς σοῖς ἐν τῷ χορῷ τῶν εὐαρεστησάντων τῷ 20 μεγάλῳ θεῷ καὶ σωτῆρι ἡμῶν. καθὼς πάντοτε μετὰ πάσης εὐλαβείας καὶ ἀγάπης ἐφρόντισας οὐ μόνον τὰ τῆς βασιλείας τῆς μεγάλης, ἀλλὰ καὶ πάσης τῆς ἐκκλησίας Χριστοῦ, οὕτω πάλιν καὶ νῦν ἐν τῷ καιρῷ τοῦ γήρως, ἐπειδὴ πλησιάζουσιν αἱ ἀμοιβαὶ τῶν καμάτων,

---

5 διασκεψόμενοι

ἃς ἀποδώσει ὁ δίκαιος κριτής· μόνον μὴ ἀποκάμῃ κοπιῶν ὑπὲρ τῆς
εὐσεβεστάτης ὑμῶν βασιλείας καὶ ὑπὲρ τῆς ἐκκλησίας τοῦ Χριστοῦ,
ἐκεῖ μὲν ὁ εὐσεβέστατος βασιλεύς, ἐνταῦθα δὲ ὁ τῆς δόξης κύριος
ἀμείψουσιν ἔν τε τῷ νῦν αἰῶνι καὶ ἐν τῷ μέλλοντι τοὺς σοὺς καμά-
5 τους· μνημόνευε καὶ ὑπομίμνησκε ἡμῶν, τῶν ἀεί σε μνημονευόντων ἐν
ταῖς ἱεραῖς τελεταῖς, καὶ νῦν γραφόντων πρὸς τὸν εὐσεβέστατον βα-
σιλέα Θεόδωρον ὑπὲρ τῆς ὑποθέσεως τοῦ θρόνου τῆς Μοσκοβίας, καὶ
ὑποσημαινόντων τοῦτο καὶ τῇ σῇ ἀξίᾳ μετὰ τῆς εὐχῆς καὶ εὐλογίας
τῶνδε τῶν γραμμάτων· ὁ κύριος διαφυλάττοι τὴν σὴν λαμπρότητα.
10 ἀμήν.

Ἀπὸ Κωνσταντινουπόλεως.

ζ'.

29 die Aprilis a. 1593.

(P fol. 31 r.—31 v.; S pag. 254—255).

Ἐπιστολὴ λδ'. Εἰρήνη τῇ βασιλίσσῃ Μοσκόβου.

Πᾶσαν ἡγούμεθα χαράν, ὅταν τὰς σὰς θεαρέστους πράξεις
παρὰ τῶν αὐτόθεν ὡς ἡμᾶς ἐρχομένων μανθάνωμεν, οὓς πάσης δε-
15 ξιώσεως ἀξιοῖ σου ἡ βασιλεία· βλέπομεν δὲ καὶ τοῖς ἔργοις τὴν ὑμε-
τέραν πρὸς τὸ θεῖον εὐλάβειαν καὶ πρὸς τὸ τοῦ Χριστοῦ σῶμα, ὅπερ
ἐστὶν ἡ ἐκκλησία, ἀγάπην. διὰ τοῦτο καὶ ἡμεῖς διακαῶς ἐκλιπαροῦ-
μεν ἀδιαλείπτως ὑπὲρ τῆς ὑμετέρας ὑγείας τε καὶ σωτηρίας καὶ
μακρᾶς ζωῆς, καὶ ἵνα ὁ κύριος δώῃ καρπὸν κοιλίας εἰς διαδοχὴν τοῦ
20 γένους καὶ τῆς βασιλείας. πέρυσι μέντοι τὴν ἑορτὴν τῆς κοιμήσεως
τῆς παναγίας ἐν τῷ ἡμετέρῳ θρόνῳ λειτουργήσαντες ἐν τῷ ναῷ τῆς
παναγίας εἰς τὸ Μισῖρι, ὑψώσαμεν ὡς ἁμαρτωλοὶ παναγίαν εἰς ὑγείαν
τοῦ εὐσεβεστάτου βασιλέως Θεοδώρου καὶ τῆς σῆς εὐσεβείας, ἵνα ὁ
κύριος δώῃ ὑμῖν καρπὸν κοιλίας. νῦν οὖν αὐτὴν στέλλομεν τῇ σῇ
25 βασιλείᾳ σὺν τῷ τόμῳ τῆς συνοδικῆς πράξεως, ὃν πέμπομεν τῷ
εὐσεβεστάτῳ βασιλεῖ καθὼς ᾐτήσατο. ἐδεξάμεθα τὰ πρὸς ἡμᾶς στα-

12 βασιλίσῃ PS | 13 σὰς om. S | 14 μανθάνομεν PS | 15 ἀξιεῖ S |
18 ἀδιαλήπτως S | ὑγίας S | 20 ἑωρτὴν S | 22 μησῖρι P | ἁμαρτολοὶ
παναγίας P | ὑγείας S | 23 ὁ om. P | 24 αὐτὴν obscurum

λέντα δῶρα καὶ ἐθεασάμεθα καὶ τὰ πρός τε τὸν παναγιώτατον τὸν οἰκουμενικὸν πεμφθέντα καὶ πρὸς τοὺς λοιποὺς ὀρθοδόξους πατριάρχας· καὶ κύριος ὁ θεὸς δώῃ σοι βίον καὶ πολυχρόνιον καὶ καλὸν μετὰ τῶν ὅσα βούλεται ἡ σὴ καρδία, ἵνα καὶ τῆς ἀνατολικῆς ἐκκλησίας φροντίζῃς, αἰχμαλώτου οὔσης καὶ ἐν ἀπορίᾳ καὶ κινδύνοις διαγούσης, ἵνα μετὰ τῶν μακαρίων βασιλισσῶν Ἑλένης τε καὶ Εἰρήνης ἀξιωθεὶς ἐν οὐρανοῖς τῆς ἀθανάτου βασιλείας, παραδιδοῦσα τὴν διαδοχὴν μετὰ πολυχρόνιον βιοτὴν υἱοῖς καὶ θυγατράσι τῆς σῆς φιλοκαγαθίας καὶ φιλανθρωπίας διαδόχοις μετὰ τῆς ἀρχῆς τοῦ κράτους. ἀμήν.

Ἐν Κωνσταντινουπόλει, κθ Ἀπριλίου, αφϟγ.

η'.

21 die Iulii a. 1593.

(P fol. 23 v.—35 v.).

Ἐπιστολὴ μζ'. Θεοδώρῳ βασιλεῖ Μοσκόβου.

Κοινόν σε κατέστησεν ὀφθαλμὸν τῆς οἰκουμένης ὁ παμβασιλεὺς θεός, κράτιστε βασιλεῦ, ἥλιόν τινα λογικὸν οὐκ ἀκτῖσι φωτὸς τὴν οἰκουμένην αὐγάζοντα, ἀλλὰ φιλάνθρωπον προνοίας πυρσοῖς ζωογονοῦντα καὶ θάλποντα. καθάπερ γὰρ ἐκεῖνος εὐθὺς ἀνατείλας ὅλην διατελεῖ φωτίζων καὶ θερμαίνων τὴν κτίσιν, καὶ οὐκ ἔστι, κατὰ Δαβὶδ τὸν θεοπάτορα, ὅστις ἀποκρυβήσεται τῆς θέρμης αὐτοῦ [a]), τὸν αὐτὸν καὶ αὐτὸς τρόπον τῷ οὐρανομήκει τῆς ὀρθοδοξοτάτης Μοσκοβείας θρόνῳ ὡς ἐπὶ μετεωροτάτης λυχνίας ἐνιδρυνθέντος σου, οὐδὲν ὅλως ἐστὶν ἀμοιροῦν τῆς σῆς προνοίας, οὐ θρόνος, οὐ μοναστήριον, οὐ μονή, οὐκ ἀδελφῶν σύστημα εἰς δόξαν συγκροτηθὲν τοῦ μεγάλου θεοῦ καὶ σωτῆρος ἡμῶν Ἰησοῦ Χριστοῦ, οἷον καὶ αὐτὴ ἡ κατὰ Λεόπολιν θεοῦ χάριτι συναχθεῖσα τῶν ὀρθοδόξων ὁμήγυρις κοινὸν ὄφελος τῆς ὀρθοδοξίας πάνδημον πτωχοτροφεῖον τῶν ἐνοικούντων ἢ ἐπιδημούντων πτωχῶν, οὐκ εὐκαταφρόνητος σπινθὴρ θεοῦ προνοίᾳ ἀναφ-

---

5 φροντίζεις αἰχμαλότου S | 6 βασιλισῶν PS | 8 θυγατράσιν S | an καλοκαγαθίας? | 10 κθ Ἀπρ. om. P | 17 ἀποκρυβήσεται | 19 λιχνίας | 22 αὐτὴ] ἂν τῆ

a) Psalm. XVIII, 7.

θείς εκείσε εις ανάκτησιν της κατά πάσαν ανατολήν κινδυνευούσης ευσεβείας, εις ορθοδοξίας στήριγμα και παιδείας Ελληνικής, της άρδην των τήδε αφανισθείσης, αναζωπύρησιν, ων απάντων μάρτυρες οι και αυτόπται και αι των αγαθών πράξεων μεταδόσεις.

5 Τούτο δε και ημείς ηλπικότες ποτέ εν υποδεεστέρω ιερωσύνης διάγοντες βαθμώ συνηγωνίσμεθα και γράμματα συνεγράψαμεν, άπερ ο παναγιώτατος ο κύρ Ιερεμίας σφραγίσας εξέδωκεν εις εκείνων των αδελφών ασφάλειάν τε και βοήθειαν. νυνί δε βλέπομεν και ημείς τον υπέρ της ευσεβείας υπερασπισμόν· την γαρ χαλκογραφίαν πολλή δαπάνη
10 οι αδελφοί κτησάμενοι τάς τε ιεράς βίβλους εκτυπούσι και τα παιδείας της χθαμαλωτέρας γράμματα. εν έστι των πόνων αυτών βλάστημα και το ημέτερον τουτί υπόμνημα το κατά Ιουδαίων, όπερ αυτοί λαβόντες κατά των της πίστεως της ορθοδόξου εδημοσιεύσαντο. νυνί δε και εκκλησίαν οικοδομούντες και παρά της σης βασιλείας υποσχέ-
15 σεως τετευχότες και ελεημοσύνης τύχωσι και νυν και εις το εξής, κράτιστε αυτοκράτωρ, και παρακαλούντων ημών, ίνα δοξάζηται πανταχού ο θεός και ζη και σώζηται πανταχού και το σον μνημόσυνον· θησαύριζε θησαυρούς ανεκλείπτους εν ουρανοίς, βασιλεύς, έχων εις τούτο ουχί ημάς παρακαλούντας, αλλά τον αιτούντα ταύτα διά των
20 δεομένων Χριστόν, τον και μέλλοντα κρίναι ζώντας και νεκρούς, και το φιλάνθρωπον και μεταδοτικόν αμειβόμενον μισθοίς ουρανίοις, ως επαγγέλεται, ων τύχοιμεν άπαντες, Χριστέ βασιλεύς.

Τύχοι δε και σου το κράτος, και της ευσεβεστάτης αυγούστης Ειρήνης, και της θεοσδότου Θεοδοσίας μετά πολλών ετών καλούς περιό-
25 δους, και δώη κύριος εκ της οσφύος σου επί τον θρόνον σου και της σης βασιλείας και της σης ευλαβείας και της άλλης διάδοχον αρετής. τους αυτόθι ημετέρους αδελφούς τόν τε ημέτερον πνευματικόν και λογοθέτην κύρ Νεόφυτον σύν τω αναγνώστη κύρ Ιωάσαφ παράπεμψον προς ημάς και ταχέως και ασφαλώς, ίνα γνώμεν τί και ημίν πρακτέον. διαφυλάτ-
30 τειε κύριος την σην βασιλείαν ακατάλυτον, αμάραντον, διαιωνίζουσαν

---

1 κατά] μετά | 4 οι και] και del.? | 5 ιερωσύνης | 6 γράμμα | 10 τά] της cod., supra scriptum est τά | 12 και τό] και τί | 18 ανεκλήπτους | 20 Χριστόν] χυ | 30 διαινίζουσαν

ὡς ἄμπελον εὐκληματοῦσαν, ὡς ἐλαίαν κατάκαρπον, κατὰ τὰ ἱερὰ λόγια. ἀμήν.

κα Ἑκατομβαιῶνος, αφ϶γ.

θ'.

(P fol. 49 v.—50 v.)

Ἐπιστολὴ οη'.

Τῷ εὐσεβεστάτῳ καὶ ὀρθοδοξοτάτῳ θεοστέπτῳ ἁγίῳ βασιλεῖ καὶ αὐτοκράτορι, νικητῇ, τροπαιούχῳ, ἀεὶ αὐγούστῳ Θεοδώρῳ βίτζη Ἰωάννου, μεγάλῳ βασιλεῖ πάσης Ῥωσίας, αὐτοκράτορι Βλαδημοιρίας, Μοσκοβίας, Νοβγραδίας, βασιλεῖ Καζανίου, βασιλεῖ Ἀστραχανίου, αὐθέντῃ Ἐπισκοβίου, μεγάλῳ κνέζῃ Σμαλέντζικας καὶ Φτερίας καὶ τῆς Γιούρτζικης καὶ Περέμτζικης, Βέτζικης, Μπουλχάρτζικης καὶ τῶν λοιπῶν αὐθεντιῶν, μεγάλῳ κνέζῃ Νοβογραδίου τῆς χθαμαλωτέρας γῆς, Τζερνιχοβίου, Νετζέρντζικι, Πολούτζικι, Ὀμπτόρτζικι, Κατίτζικι καὶ πάσης Συμπηρίας, καὶ Συβερνίας γῆς, τῶν μερῶν κυβερνήτῃ, αὐθέντῃ γῆς Ἰ[β]ηρίας καὶ τῶν βασιλέων Γουργίας, καὶ τοῦ τόπου Καμπαρδίας, καὶ Κερκασίας, καὶ τῆς Ἰχορίας τῶν κνεζῶν, ἔτι τε αὐθέντῃ καὶ κυβερνήτῃ τῶν ἐκεῖσε αὐθεντῶν, υἱῷ ἐν Χριστῷ Ἰησοῦ καὶ δεσπότῃ ποθεινοτάτῳ χάριν, ἔλεος, εἰρήνην καὶ κατ' ἐχθρῶν νίκην εἰς σύστασιν τῆς ὀρθοδόξου πίστεως τοῦ μεγάλου θεοῦ καὶ σωτῆρος ἡμῶν Ἰησοῦ Χριστοῦ, εὐφροσύνην τε καὶ βοήθειαν τῆς ἐκκλησίας Χριστοῦ παρὰ πατρὸς καὶ υἱοῦ καὶ ἁγίου πνεύματος τῆς μιᾶς καὶ ἀληθοῦς θεότητος, ἣν προσκυνοῦμεν καὶ λατρεύομεν οἱ ὀρθόδοξοι πάντες, καθὼς ἐδιδάχθημεν παρὰ τοῦ σωτῆρος ἡμῶν Χριστοῦ διὰ τῶν ἱερῶν ἀποστόλων καὶ ἁγίων πατέρων ἀνατολικῶν τε καὶ δυτικῶν, τῶν πάλαι διαπρεψάντων ἐν τῇ καθολικῇ ἐκκλησίᾳ, ἀφ' ἧς διασπασθέντες καὶ οἷον νοσφίσαντες ἑαυτοὺς νεωτερισμοῖς τισι καὶ καινοτομίαις οἱ λοιποὶ πάντες κατέλιπον ἡμᾶς, τοὺς τῆς ἀνατολικῆς ἐκκλησίας τροφί-

---

1 ἔλαιαν | 7. 8 μοσκοβίας cod., supra eadem manu scriptum est ἐπι | 11 κινέζῃ | χθαμαλοτερίας | 12 Νετζέρντζικι] Ῥετζάντζικι in litt. 179 (p. 114, 6) | 13 κυβερνιτῇ | 15 αὐθέντι | 15. 16 κυβερνίτη | 25 νεοτεροις cod., supra eadem manu emendatur ισμ

μους, μόνους κατέχοντας ἀπαράτρωτον, ἀμείωτον, ἀναύξητον, ἀπαρασάλευτον τὴν τῶν ἁγίων πατέρων πίστιν ἑπτὰ ὅλαις οἰκουμενικαῖς συνόδοις ἱερωτάταις δοκιμασθεῖσαν, ἐν ᾗ καὶ ἱστάμενοι θεοῦ φιλανθρωπίᾳ καὶ χάριτι καυχώμεθα ἐν ταῖς θλίψεσιν ἡμῶν καὶ κακῶν
5 παντοίων ἐπαγωγαῖς, αἰχμαλωσίαις, ὀνειδισμοῖς, διωγμοῖς, θανάτοις, οὐ μόνον παρὰ τῶν ἀσεβῶν ἐπιφερομένοις ἡμῖν, ἀλλὰ καὶ παρὰ τῶν ψευδαδέλφων ἐπεγειρομένοις ἐπεμβαινόντων ταῖς ἡμετέραις ταλαιπωρίαις, ἃς ὁ φιλάνθρωπος θεὸς παραμυθεῖται διὰ τοῦ σοῦ ἐνθέου κράτους, τοῦ εὐσεβεστάτου καὶ ὀρθοδόξου καὶ φιλοχρίστου βασιλέως,
10 ὃν ἡμῖν νέον μέγαν Κωνσταντῖνον ἐχαρίσατο ὁ φιλόδωρος θεὸς εἰς ἀναψυχὴν τῶν τοσούτων καὶ τηλικούτων κακῶν, περὶ ὧν ἠλπίζομεν παραγενόμενοι πρὸς τὸ σὸν κράτος κοινολογῆσαι εἰς ἀνάρρωσιν τῆς πολλὰ κινδυνευούσης ὀρθοδοξίας.

Ἐπειδὴ δὲ ἀδύνατον κατέστησεν ἡμῶν τὴν ἄφιξιν ἡ τῶν ἀσεβῶν
15 ἐπικράτεια αὐξομένη ταῖς τοῦ πολέμου τούτου τοῦ Γερμανικοῦ χαλεπότησιν, ἀλλὰ καὶ τοῦ θρόνου τούτου τοῦ ἀποστολικοῦ οἱ κίνδυνοι ἀνατρέχειν εἰς Αἴγυπτον ὅσον τάχος ἠνάγκασαν ἀναμένοντας καιρὸν εὐκαιρέστερον καὶ σὴν τυχὸν νεῦσιν, ἅγιε βασιλεῦ, πέμπομεν τὸ στέμμα τὸ παλαιὸν εἰς δῶρον τῆς σῆς βασιλείας ὑπὲρ τῆς εὐσεβοῦς
20 καὶ ὀρθοδόξου πίστεως, ὑπὲρ ἧς ἀγωνίζεταί σου τὸ ἔνθεον κράτος. ἐκεῖ γὰρ δίκαιον εἶναι τὰ τῶν ὀρθοδόξων κειμήλια, ἔνθα καὶ ἡ ὀρθόδοξος βασιλεία λαμπρῶς ἀναθάλλει, καὶ ἐκεῖθεν προσήκει ἀνὰ πᾶσαν τὴν ὑφήλιον ἀνατέλλειν τῆς εὐσεβείας τὰς αὐγάς, ἔνθα ἡ εὐσέβεια βασιλεύει. καὶ οὐκ ἀτιμάζομεν τούτους τοὺς τόπους τοὺς ἁγίους, οὓς
25 αὐτὸς ὁ σωτὴρ ἐτίμησέ τε καὶ ἐδόξασε τῇ σωματικῇ αὐτοῦ παρουσίᾳ καὶ πολιτείᾳ, ἀλλὰ καὶ αὐτοὺς ἀσπαζόμεθα καὶ τὴν σὴν βασιλείαν ἀγάμεθα, ἐν ᾗ πνευματικῶς ἀναστρέφεταί τε καὶ κατοικεῖ ὁ σωτὴρ ἡμῶν· αὐτοῦ χρεών ἐστι καὶ ἡμᾶς τοὺς θεοῦ χάριτι ὀρθοδόξους ἔχειν τὸν ἀρραβῶνα καὶ τὰ τεκμήρια τῆς ἡμῶν ἀγάπης, ἔνθα ἔχομεν καὶ
30 τῆς ἀγάπης αὐτῆς τὸν θησαυρόν, ὑπὲρ οὗ καὶ δεόμεθα ἀδιαλείπτως, οἶδε τὸ παντέφορον ὄμμα, μετὰ στεναγμῶν καὶ δακρύων, ἵνα ὁ πατὴρ

---

12 τό] τόν | κοινωλογῆσαι | 15 αὐξουμένη | 28 χρεὸν ἐστιν ἔχειν καὶ | 31 παντεφόρον | πατήρ] σωτήρ

τοῦ κυρίου ἡμῶν Ἰησοῦ Χριστοῦ διαφυλάττειέ σου τὴν εὐσεβεστάτην βασιλείαν ὑψοῦσθαι, κρατύνεσθαι, μεγαλύνεσθαι, κραταιοῦσθαι εἰς σύστασιν τῶν ἁγίων τοῦ Χριστοῦ ἐκκλησιῶν. ἐχέτω δὲ ταῦτα τὰ ἱερὰ κειμήλια ἡ σὴ βασιλεία καὶ ἅ ποτε εὐδοκήσοι ὁ θεός, αὐτοὶ παραγενόμενοι αὐτοχείρως παρέξομεν τῷ σῷ κράτει. ὁ κύριος ὁ θεὸς διατηροίη ⟨σε⟩ μνημονεύοντα καὶ τῆς τῶν ὀρθοδόξων ἡμῶν ἀνάγκης τε καὶ στενοχωρίας. ἀμήν.

ί.

A. 1597.
(P fol. 101 r.—102 r.).

Ἐπιστολὴ ρμθ'. Τῷ κρατίστῳ βασιλεῖ Μοσκόβου.

Τὸν ἕνα θεὸν τὸν τρισυπόστατον, τὸν ἐν ἀληθείᾳ πιστευόμενόν τε καὶ προσκυνούμενον, ἀδιαλείπτως παρακαλοῦμεν, ἵνα σου τὸ κράτος διαφυλάττῃ ἀήττητον, νίκην κατ' ἐχθρῶν, ζωὴν ἔνδοξον, γένους τε εὐκλεεστάτην διαδοχὴν παράσχῃ εἰς στερέωσιν τῆς τῶν ὀρθοδόξων εὐσεβείας καὶ εἰς ἡμετέραν εὐφροσύνην.

Οὐ διηγούμεθα πρὸς τὸ νῦν εἶναι τὰς ἡμετέρας καὶ πάσης τῆς ἐκκλησίας θλίψεις καὶ στενοχωρίας καὶ διωγμοὺς καὶ καθημερινοὺς θανάτους, τὰς ἐνδείας καὶ στερήσεις καὶ τὴν πάνδημον αἰχμαλωσίαν, ἅπερ πάσχομεν καὶ φέρομεν διὰ τὴν ἀγάπην τοῦ σωτῆρος Χριστοῦ, τοῦτο δὲ μόνον ἀναφέρομεν πρὸς τὸ σὸν κράτος. ἔγραψας ἡμῖν πρὸ πολλοῦ περὶ τοῦ παναγιωτάτου θρόνου τοῦ πατριαρχείου τῆς ὀρθοδόξου μεγάλης Θεοδωρουπόλεως τῆς Μοσκοβείας, καὶ ἡμεῖς ἤλθομεν ἐξ Αἰγύπτου καταλιπόντες τὴν Ἀλεξάνδρειαν, καταφρονήσαντες πελάγους μετὰ πολλῶν μόχθων, κινδύνων καὶ δαπάνης, οἶδεν ὁ θεός· καὶ φθάσαντες ἐς Κωνσταντινούπολιν συνεκροτήσαμεν σύνοδον ὑπερτελῆ ἐν τῇ οἰκίᾳ τοῦ Βλάτου, ὅπου τότε ᾤκει ὁ μακαρίτης κῦρ Ἱερεμίας ἐν τῷ ναῷ τῆς παναγίας τῆς παραμυθίας, καὶ μονώτατος συνέθηκα τὸν τόμον ἐκεῖνον, ἐν ᾧ στερεοῦται ὁ θρόνος ὁ πατριαρχικὸς τῆς ὀρθοδόξου βασιλείας σου, μετὰ ἀποδείξεων νομίμων καὶ κανονικῶν.

---

6 διατηρείη | σε om. | 14 διηγόμεθα | 15 διεγμοὺς | 19 πολοῦ | 20 θεοδωροπόλεως | 24 οἰκείᾳ | 25 μοκώτατος

ἀπέστειλα δὲ τὸν τόμον ἐκεῖνον μετὰ τοῦ ὁσιωτάτου ἀρχιμανδρίτου ἡμῶν Νεοφύτου καὶ κῦρ Ἰωάσαφ ἀναγνώστου παραδοὺς αὐτούς τε καὶ τὸν τόμον τῷ τιμίῳ κῦρ Γρηγορίῳ τότε πρέσβει τῆς σῆς βασιλείας, ἵνα καὶ τὴν σὴν ἐκτελέσω αἴτησιν, ἣν ἡμᾶς ᾔτησω, κράτιστε
5 βασιλεύς, τελέσω δὲ μετὰ πλείστης δόξης τοῦ τε σοῦ κράτους καὶ τοῦ θρόνου. καὶ νῦν ἐκδεχόμενος τὸν προρρηθέντα ἀρχιμανδρίτην μετὰ τριετίαν, προσδεχόμενος δὲ μετ' αὐτοῦ καὶ βοήθειάν τινα ταῖς τηλικαύταις ἀνάγκαις τῆς ἐκκλησίας οὐ πολεμουμένης, ἀλλὰ καταπολεμηθείσης παρὰ τῶν ἐχθρῶν τοῦ σταυροῦ τοῦ κυρίου, ἀντὶ τούτων
10 ἁπάντων ἦλθε μόνος ὁ ἀναγνώστης πτωχός, κατάχρεως, μηνῶν, ὅτι ὁ ἀρχιμανδρίτης γέγονεν αὐτόθι ἐξόριστος. τί τοσοῦτον ἐπλημμέλησε, κράτιστε βασιλεῦ, ὁ ἐμὸς ἀρχιμανδρίτης, ὁ ἐμὸς υἱός, ὁ διὰ τὴν ὑπηρεσίαν τῆς σῆς βασιλείας διὰ πολλῶν πόνων καὶ μόχθων καὶ κινδύνων ἐλθὼν αὐτόθι; τί τοσοῦτον ἐπλημμέλησε κατὰ τοῦ σοῦ
15 κράτους, ὥστε καταφρονηθῆναι οὐ τὴν ἡμετέραν ἀγάπην, μικροῦ ὄντος καὶ ἁμαρτωλοῦ, ἀλλὰ τὸν ἀποστολικὸν θρόνον τοῦ εὐαγγελιστοῦ Μάρκου καὶ ἐξορισθῆναι; οἱ βασιλεῖς ὅλοι καὶ ἄρχοντες τῶν ἐθνῶν καὶ δὴ καὶ οὗτοι οἱ νῦν κρατοῦντες τῆς ὅλης Ἀσίας τε καὶ Ἀφρικῆς ἔχουσιν ἡμᾶς καὶ τοὺς ἐμοὺς διὰ τιμῆς, καὶ ἡ σὴ βασιλεία
20 ἡ ὀρθοδοξοτάτη, ἡ εὐσεβεστάτη, ὑπὲρ ἧς ἡμεῖς νυκτὸς καὶ ἡμέρας ἱκετεύομεν καὶ παρακαλοῦμεν τὸν κύριον, ὑπὲρ ἧς ἑτοίμως ἔχομεν καὶ τὸ αἷμα ἐκχέαι καὶ τὴν ψυχὴν θεῖναι, ἣν μόνην ἔχομεν ἐπὶ γῆς κλέος, δόξαν, καύχημα, παραμυθίαν, βοήθειαν, ἐξώρισε τὸν ἐμὸν υἱόν. θέλω εἰπεῖν καὶ ἁμαρτήσαντα, ἀλλὰ καὶ τί ἥμαρτεν; ἀλλὰ καὶ
25 εἰ ἥμαρτεν (ἄνθρωπος γάρ), οὐ φιλανθρωπεύῃ τῇ ἡμετέρᾳ πολιᾷ; τί ἀποκριθήσομαι τοῖς δάκρυσι τῆς αὐτοῦ γηραιᾶς καὶ πτωχῆς μητρός, ἧς αὐτὸς μονώτατος παραμύθιον; λῦσον, κράτιστε βασιλεῦ, τὸν ἐμὸν υἱὸν καὶ σύλλυσον σὺν αὐτῷ καὶ τὴν ἐμὴν ψυχὴν ἀθυμοῦσαν καὶ ἀγανακτοῦσαν. οὐ φέρω τὸ ὄνειδος Μελετίου τοῦ παρὰ πᾶσιν οὐκ
30 εὐκαταφρονήτου καὶ παρὰ τοῖς ἀλλοτρίοις καὶ ἀντιπάλοις. καταπεφρόνηται ἀρχιμανδρίτης παρὰ τῇ σῇ βασιλείᾳ, καὶ ταῦτα μὴ εἰδότος σου, βασιλεύς· πιστεύω γὰρ τοῦτο βεβαίως· ἀλλότριον γὰρ τῆς σῆς βασι-

---

6 προρηθέντα | 10 κατάχρωος | 22 θεῖναι] an ἀφεῖναι?

λείας πᾶσα πρᾶξις ἀπάνθρωπος. ποίησον ἔλεος, βασιλεῦ κράτιστε, εἰς μνημόσυνον τοῦ μακαρίου πατρός σου καὶ τῆς μακαρίας θυγατρός σου Θεοδοσίας, χάρισαι ταῖς ὁσίαις ἐκείναις ψυχαῖς τὸν ὁσιώτατον ἐμὸν υἱόν, καὶ ἕξεις εὐχέτας ἀκαμάτους πάντας ἡμᾶς· ἀλλὰ πέμψον ἀξίως τῆς σῆς φιλανθρωπίας, ἣν ὁ κύριος διαφυλάττειεν ἀμάραντον. 5
Ἐν Κωνσταντινουπόλει, ζρε.

ια'.
Α. 1597.
(P fol. 102 r.—102 v.).

Ἐπιστολὴ ρν'. Τῷ αὐτῷ βασιλεῖ.

Περὶ μὲν ἄλλων ὑποθέσεων, κράτιστε βασιλεῦς, γράψομεν σὺν θεῷ ἁγίῳ, ἐὰν συγχωρῶσιν ἡμῖν καὶ τὸ γράφειν αἱ τῆς ἐκκλησίας πολλαὶ καὶ μεγάλαι ἀνάγκαι, καὶ τῆς ἡμετέρας τῆς ἐν Αἰγύπτῳ 10 καὶ τῆς ἐν Κωνσταντινουπόλει, ἣν παρὰ πάντων ἀρχιερέων, κληρικῶν, ἀρχόντων καὶ παντὸς τοῦ λαοῦ, ἔτι δὲ καὶ παρ' αὐτῆς τῆς βασιλείας ἀναγκαζόμεθα κυβερνᾶν, ἣν καὶ κυβερνῶμεν σὺν θεῷ μετὰ πολλῶν καμάτων καὶ πόνων καὶ κινδύνων ἐν μέσῳ πάσης ταλαιπωρίας καὶ χρεῶν ἀπείρων, ἀγωνιζόμεθά τε καὶ περὶ πολλῶν 15 ἀναγκαίων εἰς φύλαξιν τῆς ὀρθοδόξου πίστεως. ἀλλὰ περὶ τούτων ἄλλοτέ ποτε γράψομεν σὺν θεῷ καὶ ἄλλων, ὧν ἂν ἔσται χρεία· τὸ δὲ νῦν ἔχον πέμπομεν πρὸς τὴν σὴν γαληνότητα τὸν ὁσιώτατον κῦρ Ἰωάσαφ τὸν ἡμέτερον, ὅστις μετὰ τοῦ ἡμετέρου ἀρχιμανδρίτου κῦρ Νεοφύτου ἐκόμισε καὶ τὸν τόμον τὸν περὶ τοῦ πατριαρχικοῦ θρόνου 20 τῆς εὐσεβεστάτης Μοσκοβείας Θεοδωρουπόλεως καὶ πάσης Ῥωσίας, ὃν ἡμεῖς ἐλθόντες ἀπὸ Ἀλεξανδρείας καὶ συγκροτήσαντες σύνοδον εἰς δόξαν τοῦ μεγάλου θεοῦ καὶ σωτῆρος ἡμῶν, εἰς τιμὴν τοῦ σοῦ κράτους, ὃς ἐν ταῖς ἡμέραις ἡμῶν οἷον νέος τις Κωνσταντῖνος τῷ ζήλῳ καὶ βασιλείας ἀνιστᾷς καὶ θρόνους ἀξίους τῶν βασιλειῶν. παρα- 25 καλοῦμεν δὲ τὴν σὴν βασιλείαν, ἵνα δεξαμένη ἀσπασίως τὸν αὐτὸν ὁσιώτατον κῦρ Ἰωάσαφ ἀναγνώστην δώσῃ ἐλεημοσύνην διὰ τὸν θρόνον τῆς Ἀλεξανδρείας καὶ διὰ τὸ μοναστήριον τοῦ Μεγάλου Γεωργίου,

---

9. συγχώρησιν | 11 ἣν] ἀναγκαζόμεθα add.. | 13 κυβερνοῦμεν

ὅτι αἱ ἀβανίαι ἐπηρεάζουσι πολλὰ καὶ ὁ κόσμος ἐπτώχευε τοιοῦτον χαλεπῶς, ὥστε μὴ δύνασθαι ἡμᾶς πλέον οὔτε ζῆν οὔτε ἐκκλησίας ἢ μοναστήρια κρατεῖν· καὶ κινδυνεύει ἡ πίστις τοῦ Χριστοῦ, ἧς ἡμεῖς ὑπερμαχοῦμεν μέν, ἀποροῦντες δὲ καὶ δαπάνης καὶ χρημάτων κινδυ-
5 νεύομεν καὶ αὐτοὶ καθ' ἡμέραν ἀποθνήσκοντες, οἶδεν ὁ θεός, θανάτους πολλοὺς καὶ αἰσχρούς. ἐπικάμφθητι οὖν, εὐσεβέστατε βασιλεύς, ταῖς ἡμετέραις τῶν ὀρθοδόξων μελῶν τοῦ σωτῆρος Χριστοῦ ταλαιπωρίαις καὶ αὐτός, ὡς ἀδιαλείπτως καὶ ἡμεῖς οἱ αἰχμάλωτοι παρακαλοῦμεν καὶ δεόμεθα τὸν κύριον ἀποδοῦναι τῇ σῇ βασιλείᾳ καὶ κράτος ἀήττη-
10 τον καὶ βίον εἰρηνικὸν καὶ νίκας κατ' ἐχθρῶν καὶ γένους διαδοχὴν καὶ κληρουχίαν ὑπέρλαμπρον ἐν τῇ βασιλείᾳ τῶν οὐρανῶν. ἀμήν.

Ὁ κύριος διαφυλάττοιέ σου καὶ τὴν βασιλείαν καὶ τὴν εὐσεβεστάτην αὐγοῦσταν Εἰρήνην ἀχωρίστους καὶ ἀξιώσῃ τέκνων καὶ τέκνων τέκνων τῆς βασιλείας διαδόχους καὶ τῆς ὑμετέρας ἀρετῆς, φιλανθρω-
15 πίας καὶ εὐσεβείας.

ζρε.

ιβ'.

A. 1597.

(P fol. 102 v.—103 r.).

Ἐπιστολὴ ρνα'. Τῷ λαμπροτάτῳ καὶ ὑπερφυεστάτῳ καὶ ὀρθοδοξοτάτῳ ἄρχοντι κῦρι Παρίσῃ, ὑπάτῳ τῆς ὀρθοδοξοτάτης βασιλείας Μοσχόβου καὶ πάσης Ῥωσίας, υἱῷ ἐν κυρίῳ
20 περιποθήτῳ, χάριν, ἔλεος καὶ εἰρήνην παρὰ τοῦ κυρίου.

Παρακαλοῦμεν τὴν σὴν φιλανθρωπίαν, ἵνα δέξηται τὸν ἡμέτερον ὁσιώτατον ἀναγνώστην Ἰωάσαφ, ὃς καὶ ἐκόμισε τὸν τόμον περὶ τοῦ θρόνου τοῦ πατριαρχικοῦ τῆς εὐσεβεστάτης βασιλείας Μοσχόβου, ὃν ἡμεῖς ἐλθόντες ἀπὸ Αἰγύπτου μετὰ πολλῶν μόχθων, κιν-
25 δύνων καὶ δαπάνης, συγκροτήσαντες σύνοδον ἐν Κωνσταντινουπόλει, συνεγραψάμεθα. τοῦτον οὖν τὸ νῦν ἔχον δεξάμενοι, λαμπρότατε καὶ ὑπερηγαπημένε υἱέ, ποίησον εὑρεῖν ἔλεος, ὥστε τυχεῖν ἐλεημοσύνης παρὰ τοῦ εὐσεβεστάτου βασιλέως διὰ τὸν θρόνον τῆς Ἀλεξανδρείας

---

6 ἐπικάμφητι | 8 ἀδιαλήπτως | 10 εἰρινικὸν | 21 δέξηται] δεξαμένην | 22 ἐκόσμησε

καὶ τὸ ἐκεῖσε μοναστήριον· πολλαῖς γὰρ ἀνάγκαις περιέπεσε καὶ καθ' ἑκάστην περιπίπτει διὰ τὰς ἀβανίας τῶν ἑτεροπίστων. ταύτην δὲ τὴν ἐλεημοσύνην ποίησον ἵνα μετὰ τοῦ ἀρχιμανδρίτου κομίσῃ ἐλευθερωθέντος τῆς ἐξορίας διὰ τὴν ἡμῶν ἀγάπην. ἔχει γὰρ μητέρα γηραιάν, καὶ αὕτη παρ' ἐμοῦ τὸν υἱὸν ἀπαιτεῖ μετὰ δακρύων, καὶ δίκαιόν ἐστιν 5 ἐλεηθῆναι γυναῖκα χήραν γηραιὰν δεσμένην. ποίησον τοῦτο τὸ ἔλεος μετὰ καὶ τῆς ἄλλης φιλανθρωπίας, ἵνα σου τὸ μνημόσυνον παρ' ἡμῖν καθὼς μέχρι τοῦ σήμερον, οὕτω καὶ μέχρι παντὸς διαφυλάττηται μετὰ εὐχῆς καὶ εὐλογίας. βοηθήσατε οὖν ἡμῖν καὶ ποιήσατε ἐλεημοσύνην καὶ εἰς τὸν θρόνον ἐκεῖνον καὶ τὸ ἅγιον μοναστήριον, ἵνα 10 δυνηθῇ καὶ ἐκ τῆς ἀνάγκης τῶν ἀβανιῶν καὶ ἐκ τῆς τοῦ χρόνου φθορᾶς καὶ ἐρημίας ἀνακτισθῆναι. γίνεσθε κτήτορες τῶν ἀνατολικῶν ἐκκλησιῶν, ὅθεν ἐξῆλθε τὸ φῶς τοῦ κόσμου καὶ ἔνθα ἐγεννήθη ὁ Χριστός, οὗ τὸ ἔλεος καὶ ἡ χάρις μετὰ πάντων ὑμῶν.

ιγ'.

A. 1597.

(P fol. 103 r.—103 v.).

Ἐπιστολὴ ρνβ'. Τῷ μεγαλοπρεπεστάτῳ καὶ φρονιμω-15 τάτῳ καὶ θεοφιλεῖ ἄρχοντι κῦρι Βασιλείῳ τῷ ἐπὶ τοῦ ταμιείου τῆς ὀρθοδοξοτάτης βασιλείας Μοσκόβου, υἱῷ ἐν κυρίῳ πάνυ ἠγαπημένῳ, χάριν, ἔλεος καὶ εἰρήνην παρὰ τοῦ κυρίου καὶ θεοῦ.

Παρὰ τοῦ ἡμετέρου ἀναγνώστου Ἰωάσαφ ἐμάθαμεν περὶ τοῦ 20 ἡμετέρου ἀρχιμανδρίτου καὶ ὅτι μετὰ τῆς σῆς τιμιότητος φιλονεικήσας ἐξωρίσθη. ἔπρεπεν οὖν ἐκεῖνον μὲν τῆς ἐπαγγελίας ὄντα ταπεινότερον πορευθῆναι καὶ διὰ τιμῆς ἄγειν, οὓς ἡμεῖς αὐτοὶ τιμῶμεν καὶ ἀγαπῶμεν ὡς μέλη μεγάλα καὶ λαμπρὰ τῆς τοῦ Χριστοῦ ἐκκλησίας καὶ ἄρχοντας τῆς εὐσεβεστάτης βασιλείας Μοσκόβου, ὑπὲρ ἧς, οἶδεν ὁ 25 θεός, ὡς ἀεί ποτε δεόμεθα καὶ παρακαλοῦμεν εὐχόμενοι πάντοτε τὰ ἀγαθά. ἔχομεν γὰρ ὑμᾶς ὡς λιμένας καὶ καταφύγιον ἡμῶν. ἔπρεπε

---

1 τὸ] τοῦ | μοναστηρίου | 5 αὐτῇ | 15. 16 φρονιμοτάτῳ | 22 ἐξορίσθη

δὲ καὶ τῇ σῇ τιμιότητι ἕνεκεν τοῦ θρόνου τοῦ πατριαρχικοῦ, τοῦ ἁγίου ἐνδόξου πανευφήμου ἀποστόλου καὶ εὐαγγελιστοῦ Μάρκου, καὶ διὰ τὴν ἡμετέραν ἀγάπην, ἵνα μὴ ἔχωμεν ἡμεῖς τὴν αἰσχύνην, ἣν ἔχομεν τούτου ἕνεκεν. καταφρονηθέντες, μὴ προσέχειν τῇ ἐκείνου
5 ἀδολεσχίᾳ· καὶ γὰρ καὶ αὐτός, εἰ καὶ μοναχός, ἄνθρωπος, εἰ καὶ ἀρχιμανδρίτης, ἀλλ' ἀσθενὴς ὅμως, ἐπειδὴ συνήργησεν ὁ διάβολος, καὶ ἡμεῖς ἀποστείλαντες αὐτοῦ ἀδελφοὺς καλοὺς καὶ τιμίους διὰ ὑπηρεσίαν τῆς μεγάλης βασιλείας. διὰ γὰρ τὸν τόμον τοῦ πατριαρχικοῦ θρόνου Μοσκοβείας ἀπεστάλκαμεν αὐτούς, ὃν ἡμεῖς μετὰ πολ-
10 λῶν καμάτων καὶ κινδύνων καὶ δαπάνης ἐποιήσαμεν, ἀντὶ τιμῆς ἔσχομεν λύπην καὶ ζημίαν. παρακαλοῦμεν νῦν τὴν σὴν ἀγάπην, ἵνα βοηθήσῃ νῦν, ὥστε τὸν ἐρχόμενον κῦρ Ἰωάσαφ ἀναγνώστην λαβεῖν ἐλεημοσύνην παρὰ τοῦ εὐσεβεστάτου βασιλέως διὰ βοήθειαν τοῦ θρόνου τῆς Ἀλεξανδρείας καὶ τοῦ ἐκεῖσε μεγάλου μοναστηρίου τοῦ
15 ἁγίου μεγαλομάρτυρος Γεωργίου, ἣν ἐλεημοσύνην ποίησον, ἵνα κομίσῃ πρὸς ἡμᾶς μετὰ τοῦ ῥηθέντος ἀρχιμανδρίτου, ὃν ἡ μήτηρ αὐτοῦ ἀπαιτοῦσα παρ' ἡμῶν μετὰ δακρύων ἀναγκάζει με ἐλθεῖν αὐτόθι καὶ ὑμῶν ἀπολαῦσαι τῆς ἀγάπης καὶ τὸν ἀρχιμανδρίτην κομίσασθαι. τοῦτο οὖν αὐτὸς διὰ τὴν ἐμὴν ἀγάπην καὶ εὐχὴν ποίησον, ἵνα, ὅταν
20 ἔλθω, ἐλεύσομαι γὰρ πάντως εὐθύς, ὡς ποιήσομεν, ὡς ἠρξάμεθα, τὴν ἀγάπην τοῦ μεγάλου αὐθέντου μετὰ τοῦ Μιχαὴλ βοϊβόδα, ἔλθω μετὰ ἀγαλλιάσεως ψυχῆς καὶ περισσοτέρας χαρᾶς, ἔχων ὑμᾶς ὡς υἱοὺς ὑπηκόους, καθὼς καὶ πρέπει τῇ ὑμετέρᾳ ἐπιεικείᾳ, οὓς ὁ κύριος διαφυλάττειεν ἀτρώτους παντὸς κακοῦ ἕως τέλους. ἀμήν.
25 Ἐν Κωνσταντινουπόλει.

ιδ'.

(P fol. 123 r.—123 v.).

Ἐπιστολὴ ροθ'. Τῷ βασιλεῖ Μοσκόβου.

Τῷ εὐσεβεστάτῳ καὶ ὀρθοδοξοτάτῳ θεοστέπτῳ μεγάλῳ βασιλεῖ καὶ αὐτοκράτορι, νικητῇ τροπαιούχῳ, ἀεὶ αὐγούστῳ, μεγάλῳ

---

1 ἕνεκε | 11 νῦν] an οὖν? | 23 πέρπει cod., in margine emendatur πρέπει | 24 ἀτρότους

βασιλεῖ πάσης Ῥωσίας, αὐτοκράτορι Βλαδημηρίας, Μοσκοβίας, Νοβογραδίας, βασιλεῖ Καζανίου, βασιλεῖ Ἀστραχανίου, αὐθέντῃ Ἐπισκοβίου, μεγάλῳ κνέζῃ Σμαλέντζικας καὶ Φτερίας καὶ τῆς Γιούρτζικις καὶ Παρέμτζικις, Βάτζικις, Μπολχάρτζικις καὶ τῶν λοιπῶν αὐθεντιῶν, μεγάλῳ κνέζῃ Νοβογραδίου τῆς χθαμαλωτέρας γῆς, Τζενιχοβίου, Ῥετζάντζικι, Πολόντζικι, Ῥωστόισκι, Γεροσλάφσκι, Μπελσεζέρχικι, Βιβλέτζικι, Οὐντόρτζικι, Ὀμπτόρτζικι, Κατάτζικι, καὶ πάσης Συμπηρίας καὶ Συβερνίας γῆς τῶν μερῶν κυβερνήτῃ, αὐθέντῃ γῆς Ἰβηρίας καὶ τῶν βασιλέων Γουργίας καὶ τοῦ τόπου Καμπαρδίας καὶ Κερκασίας καὶ τῆς Ἰχορίας τῶν κνεζῶν, ἔτι τε αὐθέντῃ καὶ κυβερνήτῃ τῶν ἐκεῖσε αὐθεντῶν, υἱῷ καὶ δεσπότῃ ἐν Χριστῷ Ἰησοῦ ποθεινοτάτῳ, χάριν, ἔλεος καὶ εἰρήνην, ὑγείαν, εὐημερίαν, κατ' ἐχθρῶν νίκην παρὰ τοῦ μεγάλου θεοῦ καὶ σωτῆρος ἡμῶν Ἰησοῦ Χριστοῦ.

ιε'.

Die 10 Iulii a. 1583 (?).

(P fol. 209 v.—210 r.).

Ἐπιστολὴ τιη'. Θεοδώρῳ τῷ εὐσεβεστάτῳ καὶ ὀρθοδοξοτάτῳ Μοσκόβου βασιλεῖ καὶ αὐτοκράτορι πάσης Ῥωσίας καὶ ὑπερβορείων μερῶν, νικητῇ τροπαιούχῳ, ἀεὶ αὐγούστῳ, κράτος ἀμάραντον παρὰ Χριστοῦ θεοῦ σωτῆρος· Μελέτιος μέγας πρωτοσύγκελλος καὶ ἀρχιμανδρίτης ἐν Ἀλεξανδρείᾳ.

Νόμος κεῖται παρὰ Πέρσαις, κράτιστε βασιλεῦ καὶ αὐτοκράτωρ Θεόδωρε, καλῶς ἔχων· βούλεται γὰρ ὁ νόμος μετὰ δώρων τοῖς βασιλεῦσι προσαπαντᾶν, ἐκεῖνο, ἐγῷμαι, μιμούμενος, ὃ διὰ Μωσέως κεκέλευκεν ὁ θεός, «οὐκ ὀφθήσῃ »φάσκων« ἐνώπιον θεοῦ σου κενός» [a]). οὕτω δ' ἀκριβῶς ἐσπούδασται Πέρσαις ὁ νόμος οὗτος ὁ Περσικός, ὥστε τινὰ διιππεύοντι Ἀρταξέρξῃ ποτὲ αὐτοσχέδια, τὸ τηνικαῦτά γε ἐγχωροῦν ὑπ' ἀπορίας, προσενηνοχέναι νάματα Κύρου ποταμοῦ. καὶ

---

2 αὐθέντι | 5 χθαμαλωτερίας | 8 κυβερνητῇ | 11 κυβερνίτῃ | 13 ipsae litterae desiderantur | 16 ὑπέρβρίων | 19 γνόμος | 21 ἀγῷμαι

a) Exod. XXIII, 15.

Περσῶν δὲ βασιλεῖς δωροφοροῦντες προσεκύνησαν ἐν Βηθλεὲμ τῆς Ἰουδαίας τῷ διὰ τοὺς γηγενεῖς νεογενεῖ παμβασιλεῖ τῷ παλαιῷ τῶν ἡμερῶν, ὁ δὲ καὶ θεὸς ὢν ἥσθη γ' ὅμως ὑπ' ἀνθρώπων φθαρταῖς δωροφορούμενος ὕλαις, εἰ καὶ ταῖς τιμαλφεστάταις τε καὶ μυστικόν 5 τι παρασημαινούσαις. ἐγὼ δέ σου τῷ βασιλικῷ κράτει τὴν ἀνωτάτω δωροφορίαν προσκομίζων οἶδα εὖ μάλα τὰ μέγιστα χαριζόμενος· θείους γὰρ θησαυροὺς τῆς καθ' ἡμᾶς εὐσεβείας ἀναπετάσας θεοῦ χάριτι, τῷ τῆς εὐσεβείας προμάχῳ καὶ ὀρθοδοξοτάτῳ σοι αὐτοκράτορι προσφέρω, ἵν', ὃν ἔχεις ἐν στήθεσι πολύτιμον μαργαρίτην, ἐν τοῖς 10 ἡμετέροις γράμμασιν ἀστράπτοντα βλέπων ἡδυνθείης μὲν αὐτός, παρέξεις δὲ τῷ λόγῳ σχολὴν ἀφειδέστερον φαίνειν, αὐγάζοντα, διὰ τοῦ σοῦ κράτους, τοὺς δεομένους, οἵτινες ἂν ὦσιν ἔτι καὶ τήμερον ἢ τῆς ἀληθείας ἀμοιροῦντες ἢ τῇ ἀληθείᾳ μαχόμενοι, ὁ αὐτὸς καὶ ὅπλοις ἀηττήτοις καὶ ἀκαταμάχῳ λόγῳ τῆς ὀρθοδοξίας ὑπερμαχόμενος. 15 γενήσεται δέ, εἰ τύποις ἐκτυπωθῆναι κάλλιστά τε καὶ ὀρθότατα κελεύσας οὕτω παρασκευάσῃς τοῦ λόγου κοινότερον. πολλὰ δὲ ὄντα παρ' ἡμῶν συγγραφέντα συντάγματα ὑπέρ τε δογμάτων τῆς εὐσεβείας καὶ κατὰ αἱρέσεων τῶν περὶ ἐκκλησίας, τό γε νῦν ἔχον πεπόμφαμεν στρωματέα σπεύδοντες τὰς ἀπαρχάς σου τῆς ἀρχῆς μὴ ἀγε-
20 ράστως ἀσπάσασθαι, ἃς ὁ τῶν ὅλων θεὸς καὶ δεσπότης ἀτελευτήτοις αἰῶσι συνεπεκτεινομένας εὐθύνειε· ἐρρώσθω ἐν κυρίῳ τὸ θεῖόν σου κράτος.

Σκιροφοριῶνος ῑ, ἔτει σωτηρίῳ αφπγ' ἐξ Αἰγύπτου.

---

2 γεγενεῖς | 10 ἡδηνθείης | 10. 11 an παρέξοις? | 12. 13 τῇ ἀληθείᾳ | 18 τῶν] τὸν | νῦν] κυρίου | 19 στρωματέα | 20. 21 ἀτελεστάτοις | 21 εὐθύνεις

7.

Litterae Ioachim patriarchae Antiocheni et synodi ecclesiae Antiochenae.

18 die Aprilis a. 1594.

☩ Ἰωακεὶμ γιεροθύτης καὶ πατριάρχης τῆς μεγάλης πόλεως Ἀντιοχείας καὶ πάσης ἀνατολῆς: —

☩ Εὐσεβέστατε, ὀρθόδοξε, φιλόχριστε, γαληνότατε, θεόστεπτε, θεοφρούρητε μέγα αὐθέντα καὶ βασιλεῦ πάσης γῆς Ῥωσίας καὶ Μοσχόβου, Καζανίου, Νοβογράδου, Ἀστραχανίου καὶ τῶν πέριξ αὐτῶν καὶ τῶν λοιπῶν βορείων μερῶν, κύριε Θεόδωρε Ἰωαννοβίτζη, ἐν ἁγίῳ πνεύματι ποθεινότατε καὶ ἀγαπητὲ υἱὲ τῆς ἡμῶν μετριότητος, χάρις, εἰρήνη εἴη σοι καὶ ἔλεος παρὰ θεοῦ παντοκράτορος καὶ παρὰ τῆς ἡμῶν μετριότητος. εὐχὴν καὶ εὐλογίαν καὶ συγχώρησιν, ῥῶσιν ψυχῆς τε καὶ σώματος, νίκην κατὰ βαρβάρων ἐχθρῶν ὁρατῶν καὶ ἀοράτων ἡ μετριότης ἡμῶν εὔχεται καὶ εὐλογεῖ τὴν θεοφρούρητον καὶ ἁγίαν βασιλείαν σου, σὺν τῇ εὐσεβεστάτῃ βασιλίσσῃ κυρίᾳ Εἰρήνῃ, μετὰ καὶ τοῦ φιλτάτου σου τέκνου τῆς νέας Θεοδοσίας ὅπερ σοι ἐχάρισεν ὁ θεός, σὺν τῷ φιλοχρίστῳ στρατῷ τῆς βασιλείας σου καὶ τοῖς ἄρχουσι καὶ πᾶσι τοῖς ἐν τῷ παλατίῳ σου γνωστὸν ἔστω σοι, μέγιστε καὶ φιλόχριστε βασι-

---

116,1—119,4 ☩ ιωάκυμ γιεροθυτης (dubium) καὶ πατριάρχης τῆς μέγάλης | πώλεως ἀντιωχίας καὶ πάσης ανατολης: — |

☩ ευσεβεστατε ορθωδοξε φιλωχρυστε γαληνοτατε θεωστεπτε | θεοφρουρητε μεγα αὐθεντα καὶ βασιλευ πασης γῆς ρωσιας καὶ μο|σχοβου καζανιου νοβογραδου στραχαννιου καὶ τῶν περιξ αυτῶν· καὶ | τῶν λοιπῶν βορεων μερῶν κυριε θεοδορε ιωανοβητζη εν αγιω πνευ|ματι ποθυνοτατε καὶ αγαπητε νε τυς ημον μετριοτητος. χαρις ειρηνη | εἰ σοι καὶ ελεος παρα θεοῦ παντοκρατορος καὶ παρα τῆς ημῶν με|τριοτιτος εχην καὶ ελογιαν καὶ συγχωρυσιν ροσιν ψυχης τε καὶ | σωματος νικην κατα βαρβαρων εχθρον ραυτῶν καὶ αορατον η μετριοτο|της ημων ευχεται καὶ ελογεῖ την θεοφρουρητον καὶ αγιο βασιλναν | σου στην τη ευσεβεστατο βασιλησην κυρια ειρηνη μετα καὶ του φιλ|τατου σου τεχνου τῆς νεας θεοδοσιας οπερ σοι εχαρσε ο θεος στην τω | φιλοχριστω στρατω τῆς βασιλειας σου, καὶ της αρχουσι· καὶ πᾶσι τοῖς | εν τω παλατιω σου γνωστον εστο σοι μεγιστε καὶ φιλοχριστε λεῦ, ὅτι ἐνθάδε εἰς τοὺς ἁγίους τόπους Δαμασκοῦ καὶ Ἀντιοχείας δόξαν ἔχεις ἡ βασιλεία σου.

Ἐπεριλάβαμεν ἀποῦ τὸν κῦρ Τρύφων καὶ κῦρ Μιχαγήλη φλουριὰ εἰς τὸ χέρι μου, ἐμοῦ πατριάρχη Ἀντιοχείας, τριακόσια χρυσᾶ καὶ
5 δύο σούρουκα σαμούρια· ἔλαβον καὶ οἱ μητροπολιτάδες καὶ ἐπίσκοποι ἡμῶν φλουριὰ χρυσᾶ τριακόσια ἐνενήκοντα· ἔτι δὲ καὶ ⟨ὁ⟩ ἡμῶν ἀρχιμανδρίτης εἰς τὸ μοναστήριον τῆς Παναγίας, εἰς τὸ μοναστήριον τῆς Σανταννάγιας, φλουριὰ χρυσᾶ ἑκατὸν εἴκοσι· γιοῦντα πάντα ὁλότης φλουριὰ χρυσᾶ ἐννεακόσια δέκα καὶ τὰ σαμούρια. καὶ τόρα, βα-
10 σιλεῦ ἅγιε, νὰ γεῖσαι εὐλογημένος καὶ συγχωρημένος ἀποῦ πατρὸς Ἰησοῦ καὶ ἁγίου πνεύματος, πῶς καὶ ἀποῦ ἐμένα τὸν ἀδελφό σου καὶ μητροπολίτας καὶ ἐπισκόπους εἰς τὴν βασιλείαν σου μετάνοιαν, καὶ ἀποῦ ἐμᾶς τὶς φτοχιὲς, τὲς ἀνήμπορες μετάνοιαν καὶ συγχώρησιν· καὶ ἡ ἡμέρα σου νὰ γίνῃ ἑκατὸν σὺν τῇ εὐσεβεστάτῃ βασιλίσσῃ τῇ
15 κυρᾷ Εἰρήνῃ, μετὰ καὶ τοῦ φιλτάτου σου τέκνου τῆς νέας Θεοδοσίας ὅπερ σοι ἐχάρισεν ὁ θεός, σὺν τῷ φιλοχρίστῳ στρατῷ τῆς βασιλείας σου καὶ τοῖς ἄρχουσι καὶ πᾶσι τοῖς ἐν τῷ παλατίῳ σου.

Ναί, βασιλεῦ αὐτοκράτορ, μὴ περιίδῃς ἡμᾶς, ἀλλὰ δέξου ἡμᾶς ὡς τὸ γυμέτερον πρόσωπον καὶ δώρησαι ἡμᾶς ἐλεγημοσύνη παρὰ τῆς

βασι|λευ οτι ενθαθε εις του αγιους τοπου δαμασκου και αντιοχιας | δοξαν ναχυς η βασυλια σου· | επεριλαβαμεν απου τον κυρ τριφων και κυρ μυχαγυλη φρουλρια | υστω χερυμμου εμου πατριαρχυ αντιοχυας τριακοσια
5 χρυσα και | δυο σουρουκα σαμουρια ελαβων και η μυτροπολιταδες και επισκοπυ | υμον φρλουρια χρυσα τριακοσια ενενικοντα ετι δε και υμον | αρχημανδρητης ιστο μοναστηριον ης παναγιας ηστο μοναστηριων | της σανταννάγιας φρλουρια χρυσα εκατον ικοσι γιουντα παντα ολο|τυς φλου-
10 ρια χρυσα ενεακοσια δεκα και τα σαμουριά και τορα βα|σιλευ αγιε να γισε ευλογιμενος και συχορυμενος απου πατρος | ιησου και αγιου πνευματι πως και απου εμενα τον αδελφο σοῦ καὶ | μυτροπολιτας και επισκοπους υστιν βασυλησου σου μετανηᾶν και | απου εμας της φτοχιες τες ανιμπορες μετανιαναν και συχορυσιν | και υμερα σου να γινε εκατων σιν τυς ευσεβε-
15 στατυς βασιλης στη | κυρα ειρινη μετα καὶ του φιλτατου σου τεκνου της νεας θεωδοσιας | οπερ σοι εχαριστιαν ο θεος, σιν το φυλοχριστο στρατῶ της βασιληας|σου και τυς αρχουσι και πασι τοις εν τῷ παλατιο σου | νε βασιλε αυτοκρατωρ μυ περιδυς ημας αλλα δεξου υμας | οστ στω γυμετερον

φιλοχρίστου βασιλείας σου. αυτός γάρ γινώσκεις, φιλευσεβέστατε αυτοκράτορ, τὸ καθ' ἡμέραν· ἀμέτρους ἔξοδον καὶ ἀβανίας καὶ ἀδικίας πάσχομεν, καὶ οὐκ ἔχομεν ποῦ τὴν κεφαλὴν κλίνωμεν, μόνε εἰς τὴν ἁγίαν σου βασιλείαν. καὶ ἡμεῖς θαρροῦμεν πάντοτες εἰς τὴν ἁγιωτάτην σου βασιλείαν, ὑπερίδης αὐτοῦ, ἵνα μὴ χαλάσουν τὰ ἅγια 5 μοναστήρια καὶ οἱ ἐκκλησιὲς, νὰ γίνης βοηθὸς καὶ προστάτης ἐν τῇ δευτέρᾳ καὶ φρικτῇ παρουσίᾳ, σὺν τῇ παναγίᾳ δεσποίνῃ ἡμῶν θεοτόκῳ καὶ ἁγίᾳ παρθένῳ Μαρίᾳ, σὺν καὶ τῷ ἀποστόλῳ Πέτρῳ πρωτοκορυφαίῳ, καὶ παρὰ τῆς ἡμῶν μετριότητος εὐχὴν καὶ εὐλογίαν καὶ συγχώρησιν. ἀμήν. 10

Ἔρχεται ὁ ὁσιώτατος ἱερομόναχος καὶ πνευματικὸς ⟨ἐν⟩ πατράσι παπᾶ κῦρ Γησάγια καὶ διάκος τοῦ ἀρχιστρατήγου Μιχαγὴλ ἀρχαγγέλου, σὺν τῷ ὁσιωτάτῳ ἐν μοναχοῖς κῦρ Δαμασκηνῷ καὶ μέγα κελλάρι λαύρης τοῦ ὁσίου καὶ θεοφόρου πατρὸς ἡμῶν Σάββα τοῦ ἁγιασμένου καὶ κατοίκου τῆς ἐρήμου, καὶ ἔχομέν τους ἐμπιστευμέ- 15 νους. καὶ ὅτι εἶναι ἡ δωρεά σου, δὼς τὸ εἰς τὸ χέρι τους, 'ς τ' εἶναι σίγουρο, καθὼς νὰ γεῖναι εἰς τὸ χέρι μας· καὶ καθὼς τους ἔχει ὁ κῦρ Σωφρόνιος ἐπίτροπος τοῦ ἁγίου τάφου, ἔχω τους καὶ ἐγὼ ἐμπιστευ-

---

προσοπων και δορυσε υμας ελεγυμοσινι παρα της | φυλοχρυστου βασιληας σου αυτος γαρ γινοσκης φιλεσεβεστατε | αυτοκρατορ τω καθημεραν αμετρους εξοδον και αβαννειας και αδι | κειας πασχομεν και ου και εχωμεν που την κεφαλην κληνωμεν μωνε υς | τιν αγιανν σου βασυλιάν και υμης θαρουμεν παντοτες ιστην | αγιωτι σου βασυλιαν υπεριδυς αυτου ινα μη χαλασου 5 τα αγια | μοναστηρια και η εκλησιες να γινε βοηθον και προστατην εν τη | δευτεραν και φρηκτη παρουσια σιν τυς παναγιας δεσσπινις ιμων θεο | τοκε και αγι παρθενου μαριας σιν και του αποστολου πετρου προ | τον κορινφον και παρα τιν ημων μετριοτητος εχην και ελογιαν και | συγχορησιν αμην | 10 ερ και τε οσιοτατου γιερομοναχου και μπεματικος πατρασι | παπα κυρ γυσαγιαν και δικεωστου αχυστρατηου μηχαγυλ αρχανκι | γιελου σιν του οσιωτατου εν μωναχυ κιρ δαμασκινος και μεας | καιλλαρυς λαυρης του οσιου και θεοφορου πατρος υμον σαβα του | γιυασμενου και κατικης της 15 ερυμου και εχωμεν τον εμπεστεμε | νους και οτι ηνε γι δορεα σου δοστο ηστο χερυ τους στηνε | σιουρου καθος να γινε ηστο χερυ μας και καθος τον εχη ο κυρ | σοφρονιως επιτροπος του αγιου ταφου εχω τους και εγο εμπηστε | μενους και το μοναστηριων η παναγια της σαντανναγιας και |

μένους καὶ τὸ μοναστήριον ἡ Παναγία τῆς Σαντανναγίας καὶ ⟨οἱ⟩ μητροπολιτάδες καὶ ἐπίσκοποι, καὶ ἀπὸ ὅλους εὐλογίαν καὶ εὐχὴν καὶ συγχώρησιν. ἀμήν.

͵ζρβ΄, Ἀπρίλιος ιη΄, ζ΄ ἰνδικτιῶνος.

5   ✝ Ἰωακεὶμ ἐλέῳ θεοῦ πατριάρχης τῆς μεγάλης πόλεως Ἀντιοχείας καὶ πάσης ἀνατολῆς ✝

Ω ταπινος μητροπωλητης ευφακιρι ᵃ) Γληορηως μυτοπολητυς Εμεσινω

. . . .

10   ✝ Μακάριος μητροπολίτης Λαοδικίας: —
Ο επισκοπος ταπινος Μυτροφανως Σχάπιτυς
✝ . . . .

. . . .

15   . . . .

Μαχουμιῳς ταπινως μιτροπωλητυς Χαμας

. . . .

Ταπινος Συμεως μιτροπολητυς Σαφιτυς
Ταπινως Σιμεων επισχοπις Μαρμενιθᾶν
20   Ταπινως μητροπολητης Μπισιρι
✝ Ταπεινὸς Ἰωακειμ μητροπολίτης . . . .

8.
Litterae Sophronii patriarchae Hierosolymitani.
6 die Septembris a. 1603.

✝ Τῷ εὐσεβεστάτῳ, ὑψηλοτάτῳ καὶ θεοφρουρήτῳ βασιλεῖ κυρίῳ Μπαρίσι Θεοδωροβήτζῃ καὶ μέγα κνέζῃ τῆς

μιτροπολιταδες και επισκοπους και απο ωλους εβλογιαν και εχην και | σιχορυσιν αμην | ͵ζρβ΄ απριλληος ιη ζ ινδικτιωνος.

5. 6 subscriptio legi vix potest | 9 subscriptio arabica | 12. 13 duae subscriptiones ignotae | 14. 15 duae subscriptiones arabicae | 17 subscriptio arabica | 21 nomen subscriptum legi non potest | 22 θεοφρουρήτο.

a) el-fakir, devotus, vox arabica.

ὀρθοδόξου μεγάλης Ῥωσίας ὑγιῶς, ἐντίμως, εὐλαβῶς ἀνὰ χεῖρας ἁγίας δεξιωθείη ἐξ Ἱερουσαλὴμ εἰς Μοσχοβείαν: —

+ + +

+ Σωφρόνιος ἐλέῳ θεοῦ πατριάρχης τῆς ἁγίας πόλεως Ἱερουσαλὴμ καὶ πάσης Παλαιστίνης: —

+ Εὐσεβέστατε, ὀρθοδοξότατε, φιλόχριστε, γαληνότατε, θεόστεπτε, θεοδόξαστε καὶ θεοφρούρητε μέγιστε βασιλεῦ καὶ αὐτοκράτωρ πάσης τῆς ὀρθοδόξου μεγάλης Ῥωσίας καὶ Μοσκοβίου, Καζανίου, Νοβογράδου, Ἀστραχανοίας καὶ Σεμπυρίου, Πισκοβίου καὶ πάσης τῶν πέριξ αὐτῶν καὶ ὑπερβορείων μερῶν, κύριε Μπαρίσι Θεοδωροβήτζη καὶ αὐτοκράτωρ, ἐν ἁγίῳ πνεύματι υἱὲ ποθεινότατε καὶ ἀγαπητὲ τῆς ἡμῶν μετριότητος, χάρις, ἔλεος, εἰρήνη καὶ εὐλογία εἴη σοι καὶ ἁγιασμὸς ἀπὸ θεοῦ παντοκράτορος καὶ κυρίου ἡμῶν Ἰησοῦ Χριστοῦ, καὶ πᾶν εἴ τι ἀγαθὸν καὶ σωτήριον παρὰ τοῦ ἁγίου καὶ ζωοδόχου τάφου ἡ μετριότης ἡμῶν εὔχεται περιτειχισθῆναί σοι, σὺν τῇ πανευγενεστάτῃ καὶ ἐνδοξοτάτῃ συζύγῳ κυρίᾳ Μαρίᾳ τῇ ὀρθοδοξοτάτῃ βασιλίσσῃ, ἅμα δὲ καὶ σὺν τοῖς φιλτάτοις ἡμῶν τέκνοις τοῖς νέοις ἡμῶν βασιλεῦσιν κῦρ Θεοδώρῳ Μπαρισοβήτζη καὶ Αὐξεντίᾳ. δεόμεθα οὖν πάντοτε καὶ εὐχαριστοῦμεν τῷ παμβασιλεῖ ἡμῶν θεῷ τῷ σὲ ἀξιώσαντι καὶ ἀναβιβάσαντι εἰς τὸ ὕψος τοῦ βασιλείου κράτους τοῦ αὐτόθι χριστωνύμου λαοῦ, ὃς καὶ στηρίξαι σου τὴν ἁγίαν βασιλείαν αἰώνιον, ὑγιᾶ, μακρόβιον, εἰρηνικὴν καὶ ἀκαταμάχητον, ῥῶσίν τε ψυχῆς τε καὶ σώματος, νίκην καὶ δύναμιν κατὰ βαρβάρων ἐχθρῶν ὁρατῶν καὶ ἀοράτων, καὶ ὑποτάξαι ὑπὸ τοὺς πόδας σου πάντα δυνάστην καὶ πολέμιον τῆς ἡμῶν πίστεως τῇ παντοδυνάμῳ ἰσχύι αὐτοῦ, εἰς καύχημα καὶ στή[ριξιν καὶ] ἔπαινον πάντων τῶν ὀρθοδόξων καὶ εἰς ἡμετέραν ἐλπίδα καὶ μετὰ θεὸν προμήθειαν καὶ εἰς στερέωσιν καὶ

---

1 ἐντιμῶς | 2 διξιῶθήή | μοσχοβεία | 6 ὁρθοδοξώτατε | γαλινότατε | 7 θεοφρούριτε | 9 ἀστραχανοία | 10 πέρυξ | ὑπερβορίων | 11 ποθηνότατε | 15 περιτειχισθεῖναι | σὰν | 16 κυκυρία | 18 θεοδώρου μπαρίσω βήτζη | αὐξεντίας | 20 ὕψως | 21 χριστονύμου | 22 ἀκαταμάχιτων | 23 βαρβάρον | 24 πάσαν | 24. 25 δυνάστιν | 25 ἰσχύη | 27 προμηθείαν

ἀνακαίνισιν τοῦ ἁ[γί]ου [καὶ ζωο]δόχου τάφου, ἵνα καὶ τῆς οὐρανῶν βασιλείας ἀξιωθείης τῆς αἰωνίου καὶ κρείττονος.

Γίνωσκε οὖν, κράτιστε βασιλεῦ, ὅπως αὐτόθ[ι] πέ[μπομε]ν πρὸς τὴν ἁγίαν σου βασιλείαν τοὺς ἡμετέρους μοναχούς, καὶ δούλους καὶ 5 ὑπηρέτας τοῦ ἁγίου καὶ ζωοδόχου τάφου, καὶ τέκνα μου ἐν Χ[ριστῷ ἀγα]πητὰ τῆς ἡμῶν μετριότητος, τὸν ὁσιώτατον ἐν ἱερομονάχοις καὶ πνευματικοῖς πατράσιν κῦρ Θεοφάνην καὶ μέγαν ἀρχιμανδρίτην τε πατριά[ρχην ἡμ]ῶν· σὺν ᾧ ἀρχιδιάκονος Θεοδόσι, σὺν τῷ ὁσίῳ γέροντι καὶ κελλάρι ἡμῶν κῦρ Ἰωακεὶμ μοναχῷ· καὶ ὑποδέξου οὖν 10 αὐτοὺς ἀσπασίως ὡ[ς τὸ ἡμέτερον π]ρόσωπον, καὶ δώρησαι ἡμῖν τὴν εἰς ὄνομα τοῦ ἁγίου τάφου συνήθη διδομένην ἐλεημοσύνην παρὰ τῆς φιλοχρίστου βασιλείας ἡμῶν [, ὥσ]περ ἐδωροῦντο καὶ οἱ πρὸ σοῦ μακάριοι καὶ ὀρθοδοξότατοι βασιλεῖς, ὧν καὶ τὰ ὀνόματα αὐτῶν μνημονεύονται διηνεκῶς παρ' ἡμῶν.

15 Γινώσκεις καὶ γάρ, φιλευσεβέστατε βασιλεῦ, ὅτι πρὸς τὰς καθημερινὰς ἡμῶν ἀμέτρους ἐξόδους καὶ ἐπιβουλὰς καὶ συκοφαντίας τῶν Ἀγαρηνῶν καὶ ἀδικίας, ἃς πάσχομεν καὶ ὑπομένομεν ὑπ' αὐτῶν ἐνταῦθα εἰς τοὺς ἁγίους τόπους διὰ τὸν Χριστόν, οὐδὲν ἄλλο μετὰ θεὸν ἔχομεν βοηθὸν καὶ ἀντιλήπτορα καὶ σκέπην ⟨καὶ⟩ καταφύγιον, εἰ μὴ μό-20 νον τὴν ἁγίαν ὑμῶν βασιλείαν τὴν σήμερον, καὶ εἰς αὐτὴν θαρροῦμεν ἔτι καὶ ἐλπίζομεν καὶ καταφεύγομεν. καὶ μάλιστα εἰς τὸν παρόντα ἔσχατον αἰῶνα, ὃν ἐσώσαμεν, ἐμφύλιοι πόλεμοι καὶ ἀλλεπάλληλοι γίνονται πανταχοῦ, καὶ διὰ τοῦτο εἰσὶ τὴν σήμερον ἐνιαυτοὶ δέκα καὶ ἐπέκεινα, ὅπου οὐδὲν ἦλθεν ποθὲν παραμικρὸν εἰσόδημα εἰς ἡμᾶς 25 οὔτε πολὺ οὔτε ὀλίγον, καὶ ἐχρεώθη ὁ ἅγιος τάφος πλέον παρὰ τὰς δέκα χιλιάδας χρυσᾶ· καὶ εἰς τόσην μεγάλην πτωχείαν καὶ ἔνδειαν πενιχρὰν ἐκατηντήσαμεν, ὡς καὶ τῶν ἀναγκαίων χρειῶν καὶ τροφῶν πολλάκις ὑστερεῖσθαι, κύριος γινώσκει, πλὴν ἅπαντα ταῦτα ὑπομέ-

---

2 κρείττωνος | 3 ὅπως] τὴν add. | 5 μου del.? | 7 Θεοφάνης | 8 Θεοδώσι | 9 κελλάρει | 11 διδωμένην | 13 ὀρθοδοξώτατοι | 13. 14 μνημονεῦντε | 17 ἀγαρινῶν | 19 καὶ om. | 20 θαρῶμεν | 21 μάλιστα | 22 ἀλεπάληλοι | 23 εἰσὶν. ἐνοιαυτοὶ | 24 εἰσόδιμα | 25 πολλὺ | ὀλίγο | 27 πενηχρὰν ἐκαταντήσαμεν | 28 πολάκις ἡστερεῖσθαι

νομεν δι' ἀγάπην Χριστοῦ· ἀλλὰ τοσοῦτον ὑπομένομεν ὡσὰν οἱ παλαιοὶ μάρτυρες ἐκεῖνοι μίαν ἡμέραν, δύο καὶ τρεῖς, ἀλλ' ἡμεῖς καθ' ἑκάστην ἡμέραν τυραννούμεθα διὰ τὸν ἅγιον τόπον.

Γίνωσκε οὖν, φιλόχριστε βασιλεῦ, ὅτι πρὸ ὀκτὼ χρόνους καὶ ἐπέκεινα ἔπεμψα αὐτόθι τοὺς ἡμετέρους μοναχούς, ζῶντος ἔτι τοῦ μα- 5
καρίτου βασιλέως κυρίου Θεοδώρου, ἵνα λάβωσιν τὴν ἁγίαν ὑμῶν ἐλεημοσύνην τὴν εἰς ὄνομα τοῦ ἁγίου τάφου διδομένην κατὰ τὴν συνήθειαν· καὶ τὰ νῦν δὲ οὐ γινώσκω τί εἶναι ἡ αἰτία καὶ τὸ ἐμπόδιον, ὅτι ἔμειναν τοὺς τοσούτους καιροὺς αὐτόθι ἀποκλεισμένοι, καὶ δὲν οἴδαμεν, ἐάν τε ζῶσιν ἢ ἀπέθανον, καὶ ὑπάρχομεν εἰς πολλὴν θλίψιν 10
καὶ στενοχωρίαν ἀπὸ τὸ βάρος τοῦ πολλοῦ χρέους, ὅπου ἐκατήντησεν ὁ ἅγιος τάφος. ἔστειλα καὶ δεύτερον τὸν Καισαρείας τῆς Φιλίππου τόρα δ' χρόνους καὶ οὔτε αὐτός. λοιπὸν ἠναγκάσθημεν ἀπὸ πολλῆς ἐνδείας τῶν ἀναγκαίων ἐξόδων, καὶ ἀποστέλλομεν ἔτι τὰ νῦν αὐτόθι εἰς τὴν ἁγίαν σου βασλείαν τοὺς ἄνωθεν εἰρημένους, καὶ γράφομεν 15
διὰ τὸν ἀρχιμανδρίτην παπᾶ κῦρ Δαμασκηνὸν τὸν ἡμέτερον, ἐὰν μὲν θελήσῃ, νὰ ἔλθῃ μὲ τοὺς εὑρισκομένους αὐτόθι ἡμετέρους δύο μοναχοὺς Παχώμιον καὶ Συμεών, ἵνα φέρωσιν τὴν ἐλεημοσύνην τοῦ ἁγίου τάφου, ἐλθέτωσαν ὅλοι ὁμοῦ πάντες καὶ πρῶτοι καὶ δεύτεροι· εἰ δὲ λαχόντας καὶ ἀπαντήσ[ει]ν αὐτοὺς εἰς τὴν στράταν, ἐλθέτωσαν οὗτοι 20
πρὸς τὴν ἁγίαν σου βασιλείαν μὲ τὴν εὐχὴν καὶ εὐλογίαν τοῦ ἁγίου τάφου, καὶ δέξου αὐτοὺς ἀσπασίως καὶ φιλοφρόνως ὡς ἡμέτερο[υς] κ[αὶ πιστοὺς] δούλους τοῦ ἁγίου τάφου. ἀλλὰ τὸ ἀναγκαιότερον ὑπάρχῃ, ἵνα μὴ κινδυνεύσῃ ὁ ἅγιος τάφος καὶ κυριευθῇ παντελῶς ὑπὸ τῶν δυστήνων αἱρετικῶν εἰς τὰς ἡμέρας ἡμῶν καὶ [γελάσ]ῃ ὁ ἐχθρὸς τῆς 25
ἀμωμήτου ἡμῶν πίστεως καὶ γενώμεθα ὄνειδος καὶ γέλως αὐτῶν,

---

1 ἀλὰ | 1. 2 ὁσὰν τοὺς παλαιοῦς μάρτηρες ἐκείνη μία ἡμέρα | 2 τρίς, ἀλὰ ἐμῆς | 3 ἡμέρα τυραννιώμενστε | 4 ὠκτὼ | 6 λάβοσιν | 7 ἐλεημοσύνη | 8 ἐτία | 9 ἔμηναν | 10 ἀπέθανων | πολὴν | 11 στενοχορίαν | πολοῦ | ὁποῦ | 12 ἐστιλα | καὶ σαρίαν | 13 τόρη | ἠναγάσθημεν | 14 ἀναγγαίων | ἀποστέλλωμεν | 15 γράφωμεν | 17 ἔλθην | 18. παχουμίου | 19 ἐλθέτοσαν | 20 λαχῶντας | ἀπαντίσ..ν | ἐλθέτοσαν | 21 εὐχὴ | εὐλογία | 22 φιλοφρόνος | 23 ἀλὰ | ἀναγγαιώτερον | 24 κινδυνεύσει | κυριευθεῖ | 25 διστίνων | [γελάσ]ει | 26 ἀμωμίτου | γενόμεθα | γέλος

διὰ τοῦτο πάσχομεν καὶ ὑπομένομεν μέχρι θανάτου εἰς τὸν αἰῶνα. διὸ ἀντιβολοῦμεν τῇ ἁγίᾳ σου βασιλείᾳ, ἀντιλαβοῦ ἡμῖν καὶ αὐτὸς καὶ συμπάσχησον καὶ βοήθησον ἤτοι σοι φωτίσει ἡ χάρις τοῦ παναγίου πνεύματος, γενοῦ καὶ ἡ βασιλεία σου νέος κτήτωρ τοῦ ζωοδόχου τά-
5 φου, καθὼς ὁ ἀοίδιμος μέγας Κωνσταντῖνος, καταφρόνησον ἀργυρίου φθαρτοῦ καὶ ἀπολλυμένου ἕνεκεν τῆς αἰωνίου ζωῆς, ἵνα ἀπολάβῃς ἑκατονταπλασίονα ἐν τῇ ἄνω Ἰερουσαλήμ, ἐν τῇ αἰωνίῳ καὶ ἀδιαδόχῳ βασιλείᾳ τῶν οὐρανῶν.

Καὶ γὰρ ⟨γίνωσκε⟩, ὅτι πέντε κανδήλια ἄσβεστα καὶ ἀκοίμητα
10 ἀνάπτουσι νύκτα καὶ ἡμέραν εἰς τιμὴν τοῦ ὀνόματος τῆς θεοφυλάκτου σου βασιλείας καὶ εἰς μνημόσυνον αἰώνιον τῶν μακαρίων καὶ ἀειμνήστων βασιλέων Ἰωάννου καὶ Θεοδώρου καὶ τῶν λοιπῶν· ὧν καὶ τὰ ὀνόματα αὐτῶν καὶ τὸ σὸν μνημονεύονται διηνεκῶς ἐν πάσαις ταῖς πρὸς θεὸν ἡμῶν λιταῖς καὶ δεήσεσιν, ἃς συχνάκις ποιοῦμεν πρὸς θεόν,
15 ὅπως σου φυλάττει τὴν ἁγίαν βασιλείαν ἄνοσον, εἰρηνικήν, μακρόβιον καὶ ἐκτὸς παντὸς ἀνιαροῦ συναντήματος. καὶ δῶσον καὶ δι' ἀμπέλιον, ἵνα ἀγοράσωμεν τοῦ ἁγίου τάφου μὲ τὲς ἐλιὲς διὰ νᾶμα καὶ λάδι, νὰ καίουν τὰ κανδήλια, φιλευσεβέστατε βασιλεῦ, οὗ ἡ χάρις καὶ τὸ ἄπειρον αὐτοῦ ἔλεος, καὶ ἡ παρὰ τῆς ἡμῶν μετριότητος εὐχὴ
20 καὶ εὐλογία καὶ συγχώρησις εἴη μετὰ τῆς ἱερᾶς καὶ ἁγίας σου βασιλείας. ἀμήν: — Ἔρρωσο ἐν κυρίῳ, κράτιστε βασιλεῦ: —

Ἐν ἔτει ͵ϛρια', ἰνδικτιῶνος ιε': — Μηνὶ Σεπτεμβρίῳ ϛ'.

+ Σωφρόνιος ἐλέῳ θεοῦ πατριάρχης τῆς ἁγίας πόλεως Ἱερουσαλύμ: + + : —

---

3 συμπάσχυσον | ἤτι | 4 κτήτορ | 5 ἀήδημος | 6 ἀπολυμένου | 7 ἑκατονταπλασίωνα | 9 γίνωσκε om. | ἀκοίμιτα | 10 ἡμέρα | τιμῖν | 11. 12 ἀοιμνήσθων | 16. 17 διὰ μπαίλιον | 17 ἀγωράσομεν | ταῖς ἐλαῖς | 18 κανδίλια | 20 εἴη] εἰ | 22 ἔτι | σεπτευρίω | 24 rectius Ἱερουσαλήμ

9.

Litterae Sophronii patriarchae Hierosolymitani.

A. 1605.

✝ Τῷ θεοσεβεστάτῳ καὶ ἐνδοξοτάτῳ καὶ ὑψηλοτάτῳ καὶ ἁγιωτάτῳ καὶ ὀρθοδοξοτάτῳ, θεοφρουρήτῳ βασιλοπούλῳ καὶ μεγάλῳ κνέζῃ τῆς μεγάλης Ῥωσίας καὶ Μοσκοβίας Δημήτρι Γιοβαννοβήτζῃ, ἀεὶ ἀγαπητῷ ⟨υἱῷ⟩ τῆς ἡμῶν μετριότητος, ἐντίμως καὶ εὐλαβῶς δοθήτω εἰς τὰς ἁγίας αὐτοῦ χεῖρας ἐξ Ἱερουσαλήμ: —

✝ Σωφρόνιος ἐλέῳ θεοῦ πατριάρχης τῆς ἁγίας πόλεως Ἱερουσαλὴμ καὶ πάσης Παλαιστίνης: —

✝ Θεοσεβέστατε, ἐνδοξότατε, ὑψηλότατε, ὀρθοδοξότατε, θεοφρούρητε, ἁγιώτατε βασιλόπουλο καὶ μέγα κνέζη Δημήτρι Γιοβαννοβήτζη, υἱὲ κατὰ σάρκα τοῦ μακαρίτου καὶ ἀειμνήστου βασιλέως Γιοβάννη Βασιλόβητζη πάσης τῆς μεγάλης Ῥωσίας καὶ Μοσκοβίας καὶ τῶν πέριξ αὐτῆς πόλεων Βλατιμερίου, Νοβογράδου, Καζανίου, Ἀστραχανίου, καὶ πάσης τοῦ βορείου μέρους, υἱὲ κατὰ πνεῦμα ἀγαπητὲ τῆς ἡμῶν μετριότητος, χάρις εἴη ὑμῖν καὶ εἰρήνη καὶ ἔλεος ἀπὸ θεοῦ παντοκράτορος καὶ παρὰ τοῦ ἁγίου καὶ ζωοδόχου τάφου τοῦ κυρίου ἡμῶν Ἰησοῦ Χριστοῦ. ἡ μετριότης ἡμῶν ἀπὸ τῆς χάριτος τοῦ παναγίου καὶ ζωαρχικοῦ πνεύματος εὔχεται καὶ εὐλογεῖ τὸ μέγιστον ὕψος τῆς βασιλείας σου, καὶ δεόμεθα κύριον τὸν θεὸν καὶ τὸν ἅγιον καὶ ζωοδόχον τάφον τοῦ Χριστοῦ, ὅπως ὑψώσῃ τὴν βασιλείαν σου ἀπὸ δόξης εἰς δόξαν καὶ ἀπὸ ὕψους εἰς ὕψος, καὶ ἵνα ὑγιαίνῃ ἡ βασιλεία σου ψυχῆς τε καὶ σώματος, καὶ νίκην κατὰ τῶν ἐχθρῶν σου, καὶ πᾶν εἴ τι ἀγαθὸν καὶ

---

1 ἐνδοξωτάτω | ὑψιλοτάτω | 2 ὀρθοδοξωτάτω | 4 διμήτρι γιοβανοβήτζη | υἱῷ om. | 6 ἱερουσαλῦμ. | 8 πάσις | 9 ἐδοξῶτα ὑψυλότατε ὀρθοδοξῶτατε | 9. 10 θεοφρούριτε | 10 ἁγιότατε βασιλόπουλω | 10. 11 διμήτρι γιόβανοβήτζη | 11 υἱὲ] εἰὲ | 12 γιοβάνι | πάσις | 14 πάσις | βορίου μέρος | υἱὲ] εἰὲ | 15 εἴη | εἰρήνην | ἔλεως | 18 εὔχετε | εὐλογεῖν | 19 δέομεν | τὸν θεόν] τῶν θεὸν | 20 ὑψῶσι τῇ βασιλείᾳ | 21 ὕψους] ὕψος | ὑγιαίνει | τε] ται | 22 σόματος | τὸν ἐχθρὸν | ἀγαθῶν

σωτήριον. πέποιθα γὰρ ἐπὶ κύριον τὸν θεὸν καὶ τὸν ἅγιον καὶ ζωοδόχον τάφον τοῦ Χριστοῦ καὶ τῆς θεοτόκου, ὅπως διατηρεῖν καὶ διαφυλάττειν καὶ διασκέπειν τὸ ὕψος τῆς βασιλείας σου εἰς ἐτῶν πολλῶν περιόδους, καὶ ἵνα τάχιον δωρήσηταί σοι ὁ θεὸς τὸν θρόνον τοῦ πατρός σου.

5   Ἐλυπήθημεν δὲ τὰ μέγιστα περὶ τοῦ θανάτου τοῦ μακαρίτου καὶ ἀειμνήστου Θεοδώρου βασιλέως τοῦ ἀδελφοῦ σου καὶ ἐποιήσαμεν μέγαν θρῆνον καὶ μέγαν κοπετόν, ἀλλ' ὅταν ἠκούσαμεν πάλιν τῆς εὑρέσεως καὶ φανερώσεως τῆς βασιλείας σου, ἐλησμονήσαμεν ὅλες τὲς λύπες. καὶ ἄρα γε τίς διηγήσεται ἢ τίς ἀναγγελεῖ τὴν χαρὰν
10 καὶ τὴν εὐφροσύνην καὶ τὴν ἀγαλλίασιν, ὅπου ἔγινεν εἰς ὅλην τὴν Παλαιστίνην, ὅλοι δὲ ὁμοθυμαδὸν μικροί τε καὶ μεγάλοι, νέοι καὶ γέροντες, ἄνδρες τε καὶ γυναῖκες ἐδώκαμεν δοξολογίαν καὶ εὐχαριστίαν τῷ θεῷ καὶ ἐποιήσαμεν πολλὲς ἀγρυπνίες καὶ λιτανείες καὶ παρακλήσες, ὅτι εὑρέθης ὥσπερ θησαυρὸς καὶ μαργαρίτης [πολύ]τι-
15 μος κεκριμένος. διὰ τοῦτο δεόμεθα, ἐγώ τε καὶ οἱ ἐμοὶ ἀρχιερεῖς, ἱερομόναχοί τε καὶ ἱερεῖς, μοναχοί τε καὶ διάκονοι καὶ ὅλος ὁ λαός, ἵνα δώσῃ κύριος ὁ θεὸς καὶ ὁ ἅγιος καὶ ζωοδόχος τάφος τοῦ κυρίου ἡμῶν Ἰησοῦ Χριστοῦ ταχέως, νὰ κληρονομήσῃς τὸν θρόνον τοῦ πατρός σου, τοῦ μακαρίτου καὶ ἀειμνήστου βασιλέως Γιοβάννη Βασιλοβητζη, ἵνα
20 ἔλθῃ πάλαι ἡ προπατορικὴ βασιλεία καὶ γενεαλογία εἰς τὸν τόπον αὐτῆς καὶ βασιλεύῃ εἰς αἰῶνα αἰώνων. οὕτως δὲ ἡμεῖς δεόμεθα καὶ οὕτως ἱκετεύομεν καὶ παρακαλοῦμεν κύριον τὸν θεὸν νύκτα καὶ ἡμέραν. ὁ δὲ θεὸς τῆς εἰρήνης, ὁ ἐτάζων καρδίας καὶ νεφρούς [a]), ὁ ἀνάγων καὶ κατάγων, ὁ ἀνυψῶν καὶ ταπεινῶν, ὁ ἀγαπῶν τὴν δικαιοσύνην, αὐτὸς

---

2 διατιρεῖν | 4 δορίσετέ σει | θρώνον | 5 ἐλυπήθειμεν | μέγνιστα | 6 βασιλέω | 7 ἀλλῶταν | πάλην | 8 βασιλεία | ἐλισμονήσαμεν ὅλαις | 9 ταῖς λύπαις | τίς] τῆς | ἢ τίς].ήτης | 10 εὐφροσήνην | ἀγαλίασιν, ὁποῦ ἔγηνεν | 11 ὁμοθημαδῶν μικρί | 12 γηνέκαις | δοξωλογίαν | 13 ἐπιήσαμεν πολλαῖς ἀγριπνίαις | λιτανίαις | 14 παράκλησαις | εὑρέθεις | θυσαυρός | 14. 15 μαργατρίτης [πολύ]τιμως | 15 τοῦτω | ἀρχιεροῖς | 16 ἰερομονάχοι | ἰεροῖς μοναχοί ται | 17 δόσι | 18 θρώνον | 19 ἀειμνήσθου | γιοβάνι | 20 ἔθει πάλαι προπατορικεῖ | γενεολογίαν | 21 βασιλεύει | οὗτος | οὔτος | 22 ἠκετεύωμεν | τῶν | 23 ἀγάγον | 24 κατάγον | ἀνιψόν | τάπηνόν | ἀγαπῶν | δικαιοσήνην

a) Ps. VII, 10.

γὰρ δίκαιός ἐστιν, ἵνα δώσῃ τὸν θρόνον τοῦ πατρός σου, τῆς βασιλείας σου, χωρὶς πολέμους καὶ αἱματοχυσίες.

Ἀλλ' ὅταν εὐδοκήσῃ ὁ θεὸς καὶ ὁ ἅγιος καὶ ζωοδόχος τάφος τοῦ κυρίου ἡμῶν Ἰησοῦ Χριστοῦ, καὶ γένῃς διάδοχος τῶν πατρικῶν σου θρόνων, μὴ ἐπιλάθῃς τὸν ἅγιον τάφον τοῦ Χριστοῦ καὶ τὴν ἁγίαν Γεθσημανεῖ καὶ τοὺς λοιποὺς ἁγίους καὶ θεοβαδίστους τόπους, τὴν ἐλεημοσύνην καὶ τὴν πολλὴν εὐσπλαγχνίαν, ὅπου εἶχεν ὁ μακαρίτης πατήρ σου Γιοβάννη Βασιλοβήτζης καὶ ὁ ἀείμνηστος ἀδελφός σου βασιλεὺς Θεόδωρος εἰς τὸν ἅγιον καὶ ζωοδόχον τάφον τοῦ κυρίου ἡμῶν Ἰησοῦ Χριστοῦ· ἀλλ' ὥσπερ ὁ μακαρίτης καὶ ἀείμνηστος βασιλεὺς Θεόδωρος ὁ ἀδελφός σου ἐξεχρέωσεν καὶ ἠλευθέρωσεν τὸ πατριαρχεῖον τῆς Ἀντιοχείας πρῶτον, ἔπειτα τῆς Κωνσταντινουπόλεως, ἔτζι καὶ ἡ βασιλεία σου, ἐὰν δώσῃ κύριος ὁ θεὸς καὶ ἀκούσῃ τὰς δεήσεις καὶ τὰς προσευχὰς ἡμῶν τῶν ἁμαρτωλῶν, καὶ καθίσῃς εἰς τὸν θρόνον τοῦ πατρός σου, νὰ ἐλευθερώσῃς τὸν ἅγιον τάφον τοῦ Χριστοῦ ἀπὸ τὸ βαρὺ χρέος ἐκ τῶν Ἀγαρηνῶν τῶν χειρῶν. ⟨γίνωσκε⟩, ὅτι χρεωστοῦμεν πέντε χιλιάδας φλωρία χρυσᾶ καὶ πληρόνομεν κάματον τῷ χρόνῳ εἰς τὰ δέκα δεκατέσσαρα. διὰ τοῦτο αὐτόθι ἕως τὰ σύνορα τῆς μεγάλης Μοσκοβίας καὶ τῆς Λεχίας, εἰς κάστρον λεγόμενον Πραΐνα, διὰ κάποιαν ζημίαν καὶ ἀδικίαν ὅπου ἔκαμεν εἰς τὸν ἅγιον τάφον τοῦ Χριστοῦ, ὁ κνέζης Ἀδὰμ Βησηνοβέτζηκεις, γίνωσκε δὲ ἡ βασιλεία σου, ὅτι ἐπῆρεν ὁ κνέζης Ἀδὰμ δύο ἄλογα τοῦ ἁγίου τάφου Ἀραβικά, ἐκλεκτὰ καὶ ἐξαίρετα διὰ χίλια φλωρία χρυσᾶ· τὰ ὁποῖα ἄλογα τὰ ἐπῆρεν ὁ καλόγερός μου ὁ Συμεὼς εἰς τὴν Νοστροβίαν

---

1 δίκαιος] δεκατὸς | ἐστὴν | δόσι | θρώνον | 2 χορὶς | ἐματὀχισίαις | 3 ἀλλώταν | 4 γένεις διάδωχος τὸν πατριχὸν | 5 ἐπηλάθεις | 6 γεθσιμανῆ | λυπούς | 7 πολῆν | ὁποῦ | 8 πατήρ] ὁ πρά litt. | γιοβάνι | 11 ἀδελφό | ἐξεχρέοσεν | ἐλευθέρωσεν | 11. 12 πατριάρχιον | 12 ἀντιοχίας | ἔπιτα | 13 ἔτζη | βασιλείας | δόσι | ακοῦσι | 14 δεήσης | τὸν ἁμαρτολὸν | καθῆσης | 15 ἐλευθερόσης | 16 βαρεῖν χρέως | ἀγαρινῶν τὰς χεῖρας | γίνωσκε om. | 17 χρεστούμεν | χιλιάδες φλορία | πλερόνομεν | 18 δεκατέσαρα | διὰ τοῦτο] an πρὸς τούτοις? | αὐτόθει | 19 σίνορα | 20 κάπιαν | ἀδικήαν ὁποῦ | 21 ἅγίων | κνέζη | γίνος | 22 κνέζη | 23 ἀρράβηκα | ἐξέρετα | φλορία | ὁπία

κατέμπροσθεν τοῦ κνέζη Βασίλη ἀπὸ τὸν πραγματευτὴν ὀνόματι Βασίλειον, διὰ τὰ χίλια φλωρία ὅπου ἐχρεώστα τοῦ ἁγίου τάφου· ὁ δὲ κνέζης Ἀδάμ, μὴ ἠξεύροντας ὅτι εἶναι τοῦ ἁγίου τάφου, ἐπῆρεν αὐτὰ καὶ ἐζημίωσεν τὸν ἅγιον τάφον τοῦ Χριστοῦ καὶ ἡμᾶς.

5 Ἐδῶ, κύριος ὁ θεὸς γινώσκῃ, ὅτι μᾶς μαρτυροῦν οἱ Τοῦρκοι καθ᾽ ἑκάστην ἡμέραν διὰ τοὺς ἁγίους καὶ σεβασμίους τόπους. διὰ ταύτην δὲ τὴν ζημίαν πέμπω τοὺς ἡμετέρους ἐν Χριστῷ ἀδελφοὺς καὶ πιστὰ τέκνα τῆς ἡμῶν μετριότητος, τὸν ὁσιώτατον ἐν ἱερομονάχοις παπᾶ κῦρ Δαμασκηνὸν ἀρχιμανδρίτην καὶ ὑποψήφιον τοῦ ἁγιωτάτου θρόνου 10 τῆς ἁγίας πόλεως Ἱερουσαλήμ, μετὰ τοῦ ὁσιωτάτου γέροντος Συμεοῦ μοναχοῦ καὶ κελλάρι τοῦ ἁγίου τάφου καὶ Ἰωάσαφ ἀρχιδιακόνου, ἵνα ἀποδώσῃ ὁ κνέζης Ἀδὰμ τὸ δίκαιον τοῦ ἁγίου τάφου· ἐὰν δὲ εἰσακούσῃ κύριος ὁ θεὸς τὰς παρακλήσεις καὶ λιτανείας καὶ δεήσεις ἡμῶν, καὶ καταξιώσει σε ταχέως, ἵνα καθίσῃς εἰς τὸν θρόνον τοῦ 15 πατρός σου. ἔρχονται καὶ ἕως εἰς τὴν μεγάλην Μοσκοβίαν πρὸς τὴν βασιλείαν σου, διὸ δέομαι, ἐὰν ἔλθουν αὐτόθι, δέξου αὐτοὺς ἱλαρῶς καὶ χαριέντως ὡς τὸ ἡμέτερον πρόσωπον καὶ βοήθησον αὐτοὺς ἐν λόγῳ καὶ ἔργῳ· καὶ ἐλεημοσύνην, ὅτι σε φωτίσει τὸ πνεῦμα τὸ ἅγιον, μετ᾽ αὐτοὺς ἀπόστειλον εἰς τὸν ἅγιον τάφον τοῦ Χριστοῦ, ἵνα ἐλευ- 20 θερώσωμεν τὸν ἅγιον τάφον ἐκ τοῦ βαρέος χρέους, ἡ δὲ βασιλεία σου ἐκ θεοῦ λάβῃς τὸν ἄξιον μισθὸν ἑκατονταπλασίονα, καὶ ζωὴν τὴν αἰώνιον ἐν τῇ βασιλείᾳ τῶν οὐρανῶν κληρονομήσῃς τῇ βοηθείᾳ καὶ χάριτι τοῦ ἁγίου τάφου.

Δηλοποιοῦμεν τὴν βασιλείαν σου, ὅταν ἠκούσαμεν περὶ τῆς φανε- 25 ρώσεως τῆς βασιλείας σου, ἐν τῷ ἅμα ἐκρεμάσαμεν τρία κανδήλια

---

1 βασίλει | πραγματευθεῖν | 2 φλορίαν ὁποῦ ἐχρεόστα | 3 ἐπεῖρεν | 4 ἐζεμίωσεν | ἁγίων | 5. 6 καθεκάστιν | 6. 7 ταύτην δὲ] τοῦ· τὴν litt., emendatum esse videtur τοῦ δέ | 9 ὑπόψίφιον | ἁγιοτάτου | 10 ωσιοτάτου | σιμεοῦ | 11 κὲ κελάρι | ἀρχιδιάκον | 12 ἀπόδωσι | κνέζη | 13 ἠσακουσι | παρακλήσης | λυτανίας | δεήσεως | 14 καταξιόσι | ταχέος | καθήσης | 16 αὐτόθει | ἠλαρός | 17 χαριέντος | πρόσωπῶν | 18 φοτίσι τῶ | ἁγίων | 19 ἀπόστιλον | τάφων | 19. 20 ἐλευθερόσωμεν | 20 ἁγίων | βαρεῖν χρέος | ἡ δὲ ἡ βασιλειαν | 22 τι βασιλείαν | οὐρανὸν κληρωνομήσης | 24 διλοπηοῦμεν | βασιλεία | 24. 25 φανερόσεως | 25 βασιλεία | τῷ] τὸ | κανδίλια

ἐπάνωθεν τοῦ ἁγίου τάφου, καὶ καίουν ἀειτίμητα νύκτα καὶ ἡμέραν
ὑπὲρ τοῦ ὀνόματος τῆς βασιλείας σου· ἀλλὰ καὶ τὸ μνημόσυνον τῶν
μακαρίων πάππων καὶ προπάππων καὶ τῶν γονέων σου καὶ τοῦ ἀδελ-
φοῦ σου ᾄδεται καθ'ἑκάστην ἡμέραν ἐν ἑσπέρᾳ καὶ πρωὶ καὶ μεσημβρίᾳ
καὶ ἐν παντὶ καιρῷ ἐν ταῖς θείαις καὶ ἱεραῖς λειτουργίαις ἡμῶν μετὰ 5
τῶν πρώην φιλοχρίστων βασιλέων, ὧν ἐπακούσῃ κύριος ὁ θεὸς τῆς
δεήσεως ἡμῶν, στηρίξῃ καὶ διαφυλάττῃ καὶ διασκέπῃ καὶ κατευοδώσῃ
τὴν βασιλείαν σου ταχέως ἐπὶ τὸν θρόνον σου. δέομαι δέ, ὅπως
ποιήσῃ σε κύριος ὁ θεὸς ἰσχυρὸν καὶ δυνατὸν καὶ φοβερὸν κατὰ τῶν
ἐχθρῶν σου, ἐπιβήσῃς δὲ ἐπὶ ἀσπίδα καὶ βασιλίσκον καὶ καταπατή- 10
σῃς λέοντα καὶ δράκοντα ᵃ), ἵνα γένουν πάντα τὰ βασίλεια τῆς οἰκου-
μένης γῆς καὶ σ... δῶς ὡς ἀράχνη ὑποκάτωθεν τῶν ποδῶν σου·
τὴν δὲ βασιλείαν σου ὑπερα[σ]πίσηται κύριος ὁ θεὸς ἡμῶν, μήποτε
προσκόψῃς πρὸς λίθον [τὸν πόδα σου ᵇ), μη]δ' ἐπιλάθου τὸν ἅγιον
τάφον τ[οῦ Χριστοῦ] καὶ τὸν σὸν εὐεργέτην, οὗ ἡ θεία χά[ρις καὶ] τὸ 15
ἄπειρον αὐτοῦ ἔλεος καὶ [ἡ] εὐχὴ καὶ ἡ εὐλογία τῆς ἡμῶν μετρ[ιό-
τητος εἴη π]άντοτε μετὰ τῆς βασιλείας σου. ἀμήν:—

✝ Σωφρόνιος ἐλέῳ θεοῦ πατριάρχῃ Ἱερουσαλίμ:—

---

1 κέουν ἀητίμητα | ἡμέρα | 2 βασιλεία | 2. 3 τὸν μακαρίον πά-
πων | 3 προπάπων | γωνέον | 4 ᾄδετε καθεκάστιν | μεσυμβρίαν | 5 λυτοῦρ-
γίαις | 6 φυλοχρύστον | ἐπακοῦσι | 7 στηρίξει | διαφιλάττειν | διασκέ-
πειν | κατέβοδόσι | 8 βασιλεία | τάχεος | θρώνον | 9 ποιῆσι | δηνατόν |
τὸν | 10 ἐπηβήσης | 10. 11 καταπατίσης λέωντα | 11. 12 ἠκουμένης γῆν |
12 ἀράχνην ὑποκάτοθεν | 13 βασιλεία | ὑπερασπίσει σε | 14 προσκόψεις |
ἁγίων | 15 οὗ | ὃν | θῆα | 16 ἔλεως | εὐχὴν | εὐλογίαν | 17 βασιλεία |
18 rectius πατριάρχης Ἱερουσαλήμ

a) Ps. 91, 13.
b) Ps. 91, 12.

INDEX.

INDEX NOMINUM ET RERUM MEMORABILIUM.

Ἀβραάμ:
1. Père du peuple juif. Comme lui l'impératrice Théodora reçoit la sainte Trinité 16, 18.
2. Hiéromonaque. 1332 candidat à l'épiscopat de Tchernigov 54, 5.

Ἀγαθόπολις: Ville de la Thrace sur la Mer Noire. 1590 archevêque Antoine 90, 26.

Ἀγαρηνοί 9, 2; 11, 12; 45, 8; 121, 17; 126, 16. V. Ἄραβες.

Ἄγγελος: Andronic III Ducas Ange Comnène Paléologue, empereur de Constantinople (1328—41) 58, 14.

Ἅγιον Ὄρος: Mont Athos, appartenant à la métropolie d'Érissos. 1561 métropolitain David 78, 17. 1590 métropolitain Macaire 90, 27.

Ἄγκυρα: Ancyre, ville de la Galatie en Asie Mineure. 1561 métropolitain Gérasimus 77, 2⁹. 1590 métropolitain Mathieu 88, 15.

Ἀγρός: Monastère τοῦ Μεγάλου Ἀγροῦ τῆς Σιγριανῆς en Asie Mineure, sur la Mer Marmara, les ruines duquel se trouvent entre l'embouchure du Rhyndacus et la ville de Panderma, près du village Kourchounlou. Théophane, abbé du monastère († 818), iconolâtre 8, 5; 31, 31.

Ἀγχίαλος: Anchialos, ville de la Thrace sur la Mer Noire. 1561 métropolitain Acacius 79, 3. 1590 métropolitain Théolepte 89, 19.

Ἀδάμ: Prince Adam Wiszneweçky 126, 21. 22; 127, 3. 12. V. Βησηνοβέτζηκεις.

Ἀδριανούπολις: Andrinople. 1561 métropolitain Arsène 78, 4. 1590 métropolitain Calliste 88, 12.

Ἀθανάσιος:
1. Ἀθανάσιος ὁ μέγας, patriarche d'Alexandrie (328—373), père de l'église. On supplie sa bénédiction 96, 9.
2. (Méthode) apôtre des Slaves. Envoyé par l'empereur Basile I à convertir les Russes 50, 5.
3. Hiéromonaque, évêque de Vladimir. 1328 candidat à l'épiscopat de Vladimir 52, 6. Élu évêque 52, 8. 1331 (Août) prend part à l'élection de l'archevêque à Novgorod 56, 8. Prend part à l'élection des évêques: 1331 (Décembre) à Louzk 53, 14; 1332 à Tchernigov 54, 1; 1335 à Tchernigov 56, 17.
4. Hiéromonaque, évêque de Saraïsk. 1334 candidat à l'épiscopat de Saraïsk 54, 13. 14. Élu évêque 54, 15.
5. Métropolitain de Sélymbrie. 1590 signe les lettres synodiques instituant le patriarcat en Russie 89, 5.

Ἀθηνᾶ: Minerve avec les Muses 67, 32.

Ἀθῆναι: Athènes. 1561 métropolitain Calliste 78, 23. 1590 métropolitain Nicanor 88, 24.

Ἀθηναῖοι: Athéniens. Leur langue 68, 18. Leurs orateurs 68, 21.

Ἀθηναῖος: Athénée, écrivain grec du II et III siècle après J.-C. Ses oeuvres 60, 26.

Ἀθύρα: Athyra, aujourd'hui la ville Bouyouk-Tchekmedjé en Thrace sur la Mer Marmara. 1590 archevêque Théophane 91, 1.

Αἰγύπτιοι 101, 19. V. Ἄραβες.

Αἴγυπτος: 1293—1341 Sultan Nassir 57, 1. ὁ πλατύνας τὴν αὐθεντίαν τῆς Αἰγύπτου, titre du sultan Nassir 57, 9. πατριάρχης πάσης γῆς Αἰγύπτου, titre du patriarche d'Alexandrie Méletius Pégas 92, 3. 1584—90 lettre de Méletius Pégas de l'Égypte au tsar Fédor 115, 23. 1590 voyage de Méletius Pégas de l'Égypte à Constantinople 108, 21; 111, 24. Retour de Méletius Pégas en Égypte 107, 17. 1593 lettre de Méletius Pégas de l'Égypte au tsar Fédor 93, 22. 1590 voyage du patriarche d'Antioche Ioachim en Égypte 94, 23. 1597 position difficile de l'église chrétienne en Égypte 110, 10.

Μοναστήριον: τοῦ μεγάλου Γεωργίου, τοῦ ἁγίου μεγαλομάρτυρος Γεωργίου. 1595 et 1597 le patriarche Méletius Pégas prie le tsar Fédor d'envoyer des subventions au monastère 95, 20. 21; 110, 28; 113, 15.

Αἰθιοπία: πατριάρχης Αἰθιοπίας, titre du patriarche d'Alexandrie Méletius Pégas 92, 2.

Αἶλος: Ville du Péloponnèse. 1590 archevêque Ioasaphe 91, 6.

Αἶνος: Énos, ville de la Thrace à l'embouchure de la Maritza. 1590 métropolitain Pachomius 90, 14.

Ἀκάκιος:
 1. Métropolitain d'Anchialos. 1561 signe les lettres synodiques adjugeant à Ivan IV le titre tsar 79, 3.
 2. Métropolitain de Varna. 1590 signe les lettres synodiques instituant le patriarcat en Russie 89, 20.
 3. Évêque de Campanie. 1590 signe les lettres synodiques instituant le patriarcat en Russie 91, 10.

Ἀκουηλία: Aquilée, ville de l'Italie sur le golfe Adriatique. L'humaniste Guarin s'y rend 60, 8.

Ἀλανία: Alanie au Caucase. βασιλεὺς τῆς Ἀλανίας, titre de l'empereur de Constantinople Andronic III 58, 11. 1590 métropolitain Pachomius 90, 10.

Ἀλασσών, Ἐλασσών: Aujourd'hui Alassona, ville de la Thessalie. 1561 métropolitain Ioasaphe 79, 7. 1590 métropolitain Gabriel 89, 10.

Ἀλεξάνδρεια: Alexandrie en Égypte. Le patriarcat d'Alexandrie occupe la 2-me place parmi les patriarcats de l'église orthodoxe 86, 7. Diadème des patriarches 101, 2. 328—373 Athanase le Grand évêque, père de l'église 96, 11. 412—444 Cyrille patriarche, père de l'église 96, 11. 609—620 Jean II ὁ ἐλεήμων patriarche, père de l'église 96, 11. 1486—1566 Ioachim patriarche 98, 11. 1566—90 Sylvestre patriarche 93, 1; 94, 6. Sylvestre mande Méletius Pégas comme successeur 94, 21. 1584—90 Méletius Pégas archimandrit et grand protosyncelle du patriarcat 114, 18. 1590—1601 Méletius Pégas patriarche 92, 2. Voyage de Méletius à Constantinople au synode 108, 21; 110, 22. 1590 Méletius confirme au synode le nouveau patriarcat de Moscou 86, 26. 1597 Méletius prie le tsar Fédor d'envoyer des subventions à l'église orthodoxe 110, 28; 111, 28; 113, 14.

Ἀλεξανδρεινός: τόμος Ἀλεξανδρεινός, écrit du patriarche Méletius Pégas sur la fête de Pâques 93, 11.

Ἀλέξανδρος: Titre du sultan d'Égypte Nassir 57, 12.

Ἄλπεις: Comparaison aux Alpes 64, 3.

Ἀμάσεια: Amasie, ville en Asie Mineure. 1561 métropolitain Gennadius 78, 13. 1590 métropolitain Anthime 89, 15.

Ἀμαυριανός: ἔμβολος τοῦ Ἀμαυριανοῦ 41, 13. V. Κωνσταντινούπολις, ἔμβολοι.

Ἀμμώριον (aussi Ἀμώριον). Amorium, ville de la Phrygie en Asie Mineure. 838 prise par les Arabes 9, 3.

Ἀνανίας: Métropolitain de Serrès. 1590 signe les lettres synodiques instituant le patriarcat en Russie 89, 2.

Ἀναστασία:
 1. Fille de l'empereur Théophile et de Théodora. Exilée par son frère Michel au monastère de Cariana 15, 4.
 2. Épouse du tsar Ivan IV. Prières pour elle dans l'église grecque 74, 13. 1561 bénédiction du patriarche de Constantinople Ioasaphe II 79, 15.

Ἀνδρέας:
 1. Hiéromonaque, archimandrit. 1329 candidat à l'épiscopat de Rostov 53, 9. 1330 candidat à l'épiscopat de Souzdal 55, 18. 1332 candidat à l'épiscopat de Tchernigov 54, 4. 1334 candidat à l'épiscopat de Saraïsk 54, 12.
 2. Andrée Stchelkalov à la cour du tsar Fédor à Moscou. 1593 lettre du patriarche Méletius Pégas 102, 15.

Ἀνδρόνικος: Andronic III empereur de Constantinople (1328—1341). 1340 lettre du sultan d'Égypte Nassir 57, 1; 58, 6.

Ἀνθίμιος: Métropolitain de Viddin. 1590 signe les lettres synodiques instituant le patriarcat en Russie 90, 6.

Ἄνθιμος:
 1. Métropolitain d'Amasie. 1590 signe les lettres synodiques instituant le patriarcat en Russie 89, 15.
 2. Archevêque de Braïla. 1590 signe les lettres synodiques instituant le patriarcat en Russie 90, 1.

Ἄννα:
 1. Fille de l'empereur Théophile et de Théodora. Exilée par son frère Michel au monastère de Cariana 15, 5.
 2. Sœur des empereurs de Constantinople Basile II et Constantin VIII, épouse du grand-duc de Russie Vla-

dimir. Aïeule de la dynastie russe 75, 15.

Ἀντιόχεια: Antioche en Syrie. L'éparque d'Antioche envoyé par les empereurs Basile II et Constantin VIII en Russie pour couronner le grand-duc Vladimir 75, 19. Le patriarcat d'Antioche occupe la 3-me place parmi les patriarcats de l'église orthodoxe 86, 8. 1590 patriarche Ioachim VI 87, 25. 1590 Ioachim confirme le nouveau patriarcat de Russie 86, 26. 1590 son représentant à Constantinople le grand logothète Hiérax 91, 18. 1590 Ioachim vient à Alexandrie pour consacrer le patriarche Mélétius Pégas 94, 23. 1594 le patriarche Ioachim VII reçoit du tsar Fédor des dons et des subventions 117, 4. Le tsar Fédor envoie des subventions au patriarcat 126, 12. La gloire du tsar Fédor s'étend jusqu'à Antioche 117, 1. 1594 lettres synodiques du patriarche Ioachim VII au tsar Fédor 116, 2.
Μοναστήριον: ἡ Παναγία τῆς Σανταννατίας. 1594 reçoit du tsar Fédor 120 pièces d'or 117, 7. 1594 envoie des ambassadeurs à Moscou au tsar Fédor 119, 1.

Ἀντώνιος:
1. Patriarche de Constantinople (821—832). Bénit le mariage de l'empereur Théophile avec Théodora 5, 14.
2. Hiéromonaque, évêque de Rostov. 1328 candidat à l'épiscopat de Galitch 53, 2. 1329 candidat à l'épiscopat de Rostov 53, 8. Élu évêque de Rostov 53, 10. Prend part à l'élection des évêques: 1330 à Souzdal 55, 15; 1330 à Tver 56, 1; 1334 à Saraïsk 54, 9.
3. Hiéromonaque. 1331 candidat à l'épiscopat de Louzk 53, 17.
4. Archevêque de Vrysis. 1590 signe les lettres synodiques instituant le patriarcat en Russie 89, 29.
5. Archevêque d'Agathopolis. 1590 signe les lettres synodiques instituant le patriarcat en Russie 90, 26.

Ἀποδινάρ: Abou-Dinar, émir arabe. Envahit l'empire byzantin 11, 12.

Ἀπολλώνιος: Apollonius de Tyane, philosophe néopythagoricien du I siècle après J.-C. Représentant d'une tendance maudite 6, 14.

Ἄραβες, Ἀγαρηνοί, Αἰγύπτιοι, Σαρακηνοί: 838 invasion en Asie Mineure 9, 2. Invasion d'une flotte d'Arabes sous Abou-Dinar à l'empire byzantin pour prendre Constantinople 11, 12. Les Russes confessent leur foi 45, 8. Σουλτάνος τῶν Σαρακηνῶν, Σουλτάνος τῶν Ἀράβων, titre du sultan d'Égypte Nassir 57, 6. 8. Oppriment l'église chrétienne en Terre Sainte 101, 19; 121, 17; 126, 16.

Ἀραβικός: ἄλογα Ἀραβικά, appartiennent au patriarcat de Jérusalem (1605) 126, 23.

Ἀργανθώνιος: Roi de Tartesse au VI siècle avant J.-C. Célèbre par son grand âge de 120 ans 69, 12.

Ἄργος: Argos, ville du Péloponnèse. 1590 métropolitain Dionyse 89, 9.

Ἀριστείδης: Aristide, orateur grec du II siècle après J.-C. Comparaison à lui 62, 5. 68, 3.

Ἀρίστων: Ariston, père du philosophe Platon 68, 17.

Ἀρμένιοι: διώκτης τῶν Ἀρμενίων, titre du sultan d'Égypte Nassir 57, 12.

Ἀρσάκιος: Saiut, moine de Bithynie en Asie Mineure au IX siècle, iconolâtre. Se réunit à l'Olympe de Bithynie au moine Arsacius 24, 21. Se rend avec Arsacius au patriarche Méthode pour rétablir le culte des images 26, 7. Avec son aide le culte des images rétabli 12, 28. Prie pour l'absolution de l'empereur Théophile 32, 3.

Ἀρσένιος:
1. Hiéromonaque. 1331 candidat à l'épiscopat de Novgorod 56, 11.
2. Métropolitain d'Andrinople. 1561 signe les lettres synodiques adjugeant à Ivan IV le titre tsar 78, 4.
3. Métropolitain de Philippople. 1561 signe les lettres synodiques adjugeant à Ivan IV le titre tsar 78, 28.
4. Métropolitain de Paléo-Patras. 1590 signe les lettres synodiques instituant le patriarcat en Russie 88, 20.
5. Métropolitain d'Ibérie. 1590 signe les lettres synodiques instituant le patriarcat en Russie 88, 23.
6. Archevêque d'Ischanium. 1590 signe les lettres synodiques instituant le patriarcat en Russie 90, 9.
7. Métropolitain de Pogoniana. 1590 signe les lettres synodiques instituant le patriarcat en Russie 90, 16.
8. Évêque de Méthone. 1590 signe les lettres synodiques instituant le patriarcat en Russie 91, 5.

Ἀρταξέρξης: Artaxerxe, roi de Perse. Traverse à cheval le fleuve Cyrus 114, 24.

Ἄρτη: Aujourd'hui Arta, ville au sud de

l'Épire. 1561 métropolitain Gabriel 79, 1. 1590 métropolitain Macaire 88, 27.

Ἀσία: 1597 les souverains de l'Asie respectent le patriarcat d'Alexandrie 109, 18.

Ἀσπρόκαστρον: Belgorod, ville du gouvernement Koursk en Russie. 1345 évêque Cyrille 55, 5.

Ἀσσύριοι 101, 19. V. Τοῦρκοι.

Ἀστραχάνιον, Ἀστραχανοία: Astrakhan, ville de la Russie. βασιλεὺς Ἀστραχανίου, titre des tsar: Ivan IV 72, 4. 11; 75, 12; Fédor 85, 20; 106, 8; 114, 2; 116, 5; Pseudo-Démétrius I 124, 14. αὐτοκράτωρ Ἀστραχανίου, titre du tsar Ivan IV 79, 11. βασιλεὺς καὶ αὐτοκράτωρ Ἀστραχανοίας, titre du tsar Boris Godounov 120, 9.

Ἀτλαντικός: Autre nom du dialogue de Platon Κριτίας 68, 25.

Ἀττικός: Ἀττικὴ ἀκοή, connaissances grecques de l'humaniste Guarin 62, 15. Aussi du hiéromonaque Isidore 64, 29; 65, 9.

Αὐξεντία: Fille du tsar Boris Godounov. 1608 bénédiction du patriarche de Jérusalem Sophronius V 120, 18.

Ἀφρική: 1597 les souverains de l'Afrique respectent le patriarcat d'Alexandrie 109, 19.

Ἀχίλλειος: Métropolitain de Cyzique. 1590 signe les lettres synodiques instituant le patriarcat en Russie 88, 6.

Βαβυλώνιοι 101, 19. V. Τοῦρκοι.

Βαλαάμ: Balaam ou Biléam, célèbre mage à Péthor sur l'Euphrate en Mésopotamie (v. 4 Mos. 22—24). Représentant d'une tendance maudite 6, 15.

Βάρδας: César, frère de l'impératrice Théodora. Fait tuer le logothète et caniclée Théoctiste 14, 20. Devient ennemi de l'impératrice Théodora 14, 29.

Βαρλαάμ: Le grand-duc de Russie Basile III en 1593 devenu moine sous le nom Barlaam 74, 3.

Βάρνα: Varna, ville de la Bulgarie sur la Mer Noire. 1590 métropolitain Acacius 89, 20.

Βασίλειος:
1. Basile I le Macédonien empereur de Constantinople (867—886). Tue l'empereur Michel III 15, 12. Ambassade russe se rend à lui pour embrasser le christianisme 47, 14. Envoie des prêtres en Russie pour y répandre le christianisme 50, 1.
2. Basile II empereur de Constantinople (976—1025). Sa soeur Anne mariée au grand-duc de Russie Vladimir 75, 15. Fait couronner Vladimir et lui envoie la couronne et les autres insignes 75, 16.
3. Basile III grand-duc de Russie (1505—33). Envoie à l'église orthodoxe orientale des subventions 74, 1.
4. (Βασίλη) Basile Constantinovitch, prince d'Ostrog en Volhynie. Le moine Syméon de Jérusalem achète en sa présence des chevaux 127, 1.
5. Hiéromonaque, archevêque de Novgorod. 1381 candidat à l'archevêché de Novgorod 56, 11. 13. Élu archevêque 56, 13. 1384 prend part à l'élection de l'évêque à Saraïsk 54, 9.
6. Métropolitain d'Iconium. 1561 signe les lettres synodiques adjugeant à Ivan IV le titre tsar 78, 9.
7. Basile Stchelkalov, trésorier de la cour du tsar Fédor à Moscou. 1597 lettre du patriarche Mélétius Pégas 112, 16.
8. Marchand de chevaux à Ostrog. 1605 vend des chevaux au moine Syméon de Jérusalem 127, 1.

Βασιλοβήτζης: Tsar de Russie Ivan IV, fils de Basile III 124, 12; 125, 19; 126, 8. V. Ἰωάννης.

Βάτζικι, Βέτζικη, Βήττιτζικι: Viatka, ville en Russie. μέγας κνέζης Β., titre des tsars: Ivan IV 72, 12; Fédor 106, 10; 114, 4.

Βενιαμήν: Métropolitain de la Pisidie. 1561 signe les lettres synodiques adjugeant à Ivan IV le titre tsar 78, 8.

Βέτζικη 106, 10. V. Βάτζικι.

Βηθλεέμ: Bethléem en Terre Sainte. Les étoiles y montrent le chemin aux mages 4, 26. Ils y rendent hommage à l'enfant Jésus 115, 1.

Βησηνοβέτζηχεις: Prince Adam Wisznewecky en Volhynie. Prend deux chevaux appartenant au patriarcat de Jérusalem 126, 21. 22. 127, 3. 1605 le patriarche de Jérusalem Sophronius V envoie en cette affaire des ambassadeurs au tsar Pseudo-Démétrius I 127, 12.

Βήττιτζικι 72, 12. V. Βάτζικι.

Βιβλέτζικι: Vitebsk, ville en Russie. μέγας κνέζης Βιβλέτζικι, titre du tsar Fédor 114, 7.

Βιδίνη, Βινιδίνη: Aujourd'hui Viddin, ville en Bulgarie sur le Danube. 1561 métropolitain Néophyte 78, 14. 1590 métropolitain Anthimius 90, 6.

Βιτυλαῖοι: Bityla ou Oetylos, port de mer en Laconie au Péloponnèse, aujourd'hui le village Vitylo. Le hiéromonaque Isidore le visite 65, 22.

Βλαδημηρία, Βλαδημοιρία. Βλαδίμηρον, Βλαντίμηρον, Βλατιμέριον, Βολεδίμοιρον, Βολοδήμηρον, Βολοδίμερον: Vladimir, ville du gouvernement de Volhynie en Russie. 1328 élection d'un évêque 52, 2. Le hiéromonaque Athanase élu évêque 52, 9. Évêque Athanase (1331) 53, 14; 56, 8; (1332) 54, 1; (1335) 56, 17. βασιλεύς B., titre des tsars: Ivan IV 72, 10; Pseudo-Démétrius I 124, 13. αὐτοκράτωρ B., titre du tsar Fédor 106, 7; 114, 1.

Βλαντίμηρος, Βολοντήμυρος, Βολοντίμοιρος:
1. Saint Vladimir, grand-duc de Kiev (980—1015). Se prépare à introduire le christianisme en Russie 45, 1. Couronné par l'ordre des empereurs Basile II et Constantin VIII 76, 1.
2. Vladimir Andréevitch, cousin du tsar Ivan IV. 1561 envoie des subventions à l'église grecque de Constantinople 84, 10. 14.

Βλάτον 108, 24. V. Κωνσταντινούπολις.

Βλαχέρναι:
1. Église de la Vierge 40, 10. V. Κωνσταντινούπολις, ἐκκλησίαι.
2. Palais 41, 18. V. Κωνσταντινούπολις, παλάτια.

Βλαχία: βασιλεύς τῆς Βλαχίας, titre de l'empereur de Constantinople Andronic III 58, 11.

Βουλγαρία, Μπολγάρισκη, Μπολχάρτσικι, Μπουλχάρτζικη:
1. (Βουλγαρία) Bulgarie sur le Danube. βασιλεύς τῆς B., titre de l'empereur de Constantinople Andronic III 58, 10.
2. (Μπολγάρισκη, Μπολχάρτσικι, Μπουλχάρτζικη) Bulgarie sur la Kama en Russie. μέγας κνέζης Μπ., titre des tsars: Ivan IV 72, 13; Fédor 106, 10; 114, 4.

Βρύσις: Aujourd'hui Bounar-Hissar, ville en Thrace. 1580 archevêque Antoine 89, 29.

Γαβρᾶς: Grand sacristain (σκευοφύλαξ) du patriarcat à Constantinople. 1590 signe les lettres synodiques instituant le patriarcat en Russie 91, 20.

Γαβριήλ:
1. Hiéromonaque. 1329 candidat à l'épiscopat de Rostov 53, 9.
2. Évêque de Rostov. 1343 prend part à l'élection de l'évêque à Saraïsk 54, 18.
3. Métropolitain de Philadelphie. 1561 signe les lettres synodiques adjugeant à Ivan IV le titre tsar 78, 2.

4. Métropolitain de Naupacte et Arta. 1561 signe les lettres synodiques adjugeant à Ivan IV le titre tsar 79, 1.
5. Métropolitain de Démonique et Alasson. 1590 signe les lettres synodiques instituant en Russie le patriarcat 89, 10.
6. Métropolitain de Naupacte. 1590 signe les lettres synodiques instituant en Russie le patriarcat 90, 15.

Γαζῆς: Personnage inconnu du commencement du XV s. Présent à la métropolie de Sparte (Lacédémone) 67, 14.

Γαλατᾶ 73, 12. V. Κωνσταντινούπολις.

Γαλήτζη, Γαλίτζη, Γάλιτζον: Galitch, ville russe, aujourd'hui Halicz en Galicie. 1328 élection de l'évêque 52, 11. Élu le hiéromonaque Théodore 53, 3. Évêque Théodore (1329) 53, 6; (1331) 53, 14; 56, 9; (1332) 54, 1; (1335) 56, 18.

Γάνος: Ville en Thrace sur la Mer Marmara. 1561 métropolitain Théophane 78, 16. 1590 métropolitain Cyrille 89, 25.

Γάστρια 6, 2; 15, 3. 9. V. Κωνσταντινούπολις, μοναί.

Γεθσημανεῖ: Gethsémani, village près de Jérusalem. 1605 le patriarche de Jérusalem Sophronius V prie le tsar Pseudo-Démétrius I d'envoyer des subventions aux saints lieux 126, 6.

Γεννάδιος: Métropolitain d'Amasie. 1561 signe les lettres synodiques adjugeant à Ivan IV le titre tsar 78, 13.

Γεράσιμος:
1. Métropolitain d'Ancyre. 1561 signe les lettres synodiques adjugeant à Ivan IV le titre tsar 77, 28.
2. Métropolitain d'Héraclée. 1590 signe les lettres synodiques instituant le patriarcat en Russie 88, 5.

Γερμανικός: Γ. πόλεμος (1593—95) empêche le patriarche Méletius Pégas d'aller à Moscou 107, 15.

Γερμανός: Métropolitain de Paléo-Patras. 1561 signe les lettres synodiques adjugeant à Ivan IV le titre tsar 78, 29.

Γεροσλάφσκι: Jaroslav, ville en Russie. μέγας κνέζης Γεροσλάφσκι, titre du tsar Fédor 114, 6.

Γεώργιος:
1. Saint-Georges. Monastère τοῦ μεγάλου Γεωργίου en Égypte 95, 21; 110, 28; 113, 15. V. Αἴγυπτος.
2. Frère cadet du tsar Ivan IV. Ivan envoie en son nom des subventions à l'église grecque de Constantinople 84, 9.
3. Métropolitain de la Moldavie. 1590 signe en slave les lettres synodiques

instituant le patriarcat en Russie 91, 13.
4. Officier de justice (δικαιοφύλαξ) du patriarcat à Constantinople. 1590 signe les lettres synodiques instituant le patriarcat en Russie 91, 22.

Γησάγια 118, 12. V. Ἡσαΐας.

Γιοβάννης: 124, 12; 125, 19; 126, 8. V. Ἰωάννης.

Γιοβαννοβήτζης, Γιοβαννοβίτζης 124, 4. 10. V. Ἰωαννοβίτζης.

Γιόρτζικη, Γιούρτζικη, Γιούρτζικι: Jougra, pays de l'Oural septentrional aux embouchures de l'Ob en Sibérie. μέγας κνέζης Γ., titre des tsars: Ivan IV 72, 12; Fédor 106, 9; 114, 3.

Γουαρῖνος: Humaniste italien. Lettres du hiéromonaque Isidore 59, 2. Répand les sciences helléniques en Italie 61, 22.

Γουργία: Géorgie au Caucase. αὐθέντης τῶν βασιλέων Γουργίας, titre du tsar Fédor 106, 14; 114, 9.

Γραικοί: Les chrétiens orthodoxes élevés dans les moeurs grecques 83, 16.

Γρηγόριος:
1. Évêque de Kholm en Russie. Prend part à l'élection des évêques: 1328 à Vladimir 52, 3; 1328 à Galitch 52, 12; 1331 à Louzk 53, 14; 1331 à Novgorod 56, 9; 1332 à Tchernigov 54, 1; 1335 à Tchernigov 56, 18.
2. Évêque de Riasan en Russie. Prend part à l'élection des évêques: 1329 à Rostov 53, 6; 1330 à Souzdal 55, 15; 1334 à Saraïsk 54, 10.
3. Métropolitain de Brousse. 1561 signe les lettres synodiques adjugeant à Ivan IV le titre tsar 78, 15.
4. Évêque de Polyana. 1561 signe les lettres synodiques adjugeant à Ivan IV le titre tsar 79, 6.
5. Métropolitain de Sofia. 1590 signe les lettres synodiques instituant le patriarcat en Russie 89, 7.
6. Métropolitain de Dristra. 1590 signe les lettres synodiques instituant le patriarcat en Russie 89, 8.
7. Métropolitain de Mytilène. 1590 signe les lettres synodiques instituant le patriarcat en Russie 89, 13.
8. (Γληόρηως) Métropolitain d'Émèse. 1594 signe les lettres synodiques du patriarcat d'Antioche au tsar Fédor 119, 7.
9. Ambassadeur du tsar Fédor à Constantinople. 1590 renvoyé à Moscou par le patriarche Mélétius Pégas 109, 3.

Δαβίδ:
1. Roi des juifs. Comme lui l'impératrice Théodora glorifie Dieu 16, 21. Un de ses psaumes 104, 17.
2. Métropolitain d'Érissos et du mont Athos. 1561 signe les lettres synodiques adjugeant à Ivan IV le titre tsar 78, 18.

Δαίδαλος: Dédale, architecte grec. Comparaison à lui 63, 12.

Δαμαλᾶ: Damala, ville au Peloponnèse. 1590 archevêque Sylvestre 91, 4.

Δαμασκηνός:
1. Évêque de Citrus. 1561 signe les lettres synodiques adjugeant à Ivan IV le titre tsar 79, 4.
2. Moine, cellérier du monastère de Saint Sabbas près de Jérusalem, confident des patriarches de Jérusalem Sophronius V et d'Antioche Ioachim VII. 1594 envoyé à Moscou au tsar Fédor 118, 13.
3. Archimandrit. 1595 envoyé par le patriarche de Jérusalem Sophronius V à Moscou au tsar Fédor 122, 16. 1605 envoyé à Moscou au tsar Pseudo-Démétrius I 127, 9.

Δαμασκός: Damas en Syrie. La gloire du tsar Fédor s'étend jusqu'à Damas 117, 1.

Δανιήλ:
1. Hiéromonaque, évêque de Souzdal. 1330 candidat à l'épiscopat de Souzdal 55, 18. Élu évêque 55, 19; 1330 prend part à l'élection de l'évêque à Tver 56, 1.
2. Archevêque de Nevrekop. 1590 signe les lettres synodiques instituant le patriarcat en Russie 90, 2.

Δάφνη:
1. Église du Saint Protomartyr Étienne 5, 19. V. Κωνσταντινούπολις, ἐκκλησίαι.
2. Palais 41, 16. V. Κωνσταντινούπολις, παλάτια.

Δημήτρι: Pseudo-Démétrius I, tsar de Russie (1605—1606). 1605 lettre du patriarche de Jérusalem Sophronius V 124, 4. 10.

Δημόνικον: Aujourd'hui Domenek en Thessalie. 1590 métropolitain Gabriel 89, 10.

Δημοσθένης: Démosthène, orateur grec du IV s. avant J.-C. Comparaison à lui 62, 6; 65, 9; 68, 3.

Διαυλεία: Daulie, ville du Péloponnèse. 1590 évêque Sophronius 91, 11.

Διδυμότειχος: Aujourd'hui Démotika, ville en Thrace. 1590 métropolitain Paphnoutius 89, 4.

Διομήδης: Saint. Tour portant son nom à Nicomédie 25, 2.
Διονύσιος:
1. Dionyse II, patriarche de Constantinople (1545—1555). Après sa mort élection d'Ioasaphe 73, 8.
2. Métropolitain de Nicomédie. 1561 signe les lettres synodiques adjugeant à Ivan IV le titre tsar 78, 10.
3. Dionyse Rhallès (ὁ Ῥάλλης), métropolitain de Tyrnovo. 1590 signe les lettres synodiques instituant le patriarcat en Russie 88, 10. 1593 envoyé par le tsar Fédor au patriarche Méletius Pégas 101, 12.
4. Métropolitain de Nauplie et Argos. 1590 signe les lettres synodiques instituant le patriarcat en Russie 89, 9.
5. Archevêque de Cos. 1590 signe les lettres synodiques instituant le patriarcat en Russie 90, 13.
6. Évêque de Chersonèse et Panion. 1590 signe les lettres synodiques instituant le patriarcat en Russie 90, 20.
Δούκας: Andronic III Ducas, empereur de Constantinople (1328—40) 58, 14.
Δρύστρα: Aujourd'hui Silistria, ville en Bulgarie sur le Danube. 1590 métropolitain Grégoire 89, 8.
Δωρόθεος:
1. Métropolitain de Lacédémone. 1561 signe les lettres synodiques adjugeant à Ivan IV le titre tsar 78, 30.
2. Métropolitain de Chalcédon. 1590 signe les lettres synodiques instituant le patriarcat en Russie 88, 14.
3. Archevêque de Midia. 1590 signe les lettres synodiques instituant le patriarcat en Russie 90, 8.
Ἑβραῖοι, Ἰουδαῖοι: Moïse les délivre de la servitude de Pharaon 84, 3. Les Russes confessent leur foi 45, 6. Lettre du patriarche Méletius Pégas contre eux 105, 12.
Εἰρήνη:
1. Épouse de l'empereur Constantin V Copronyme, impératrice 797—802. Admise au royaume des cieux en récompense de ses vertus 104, 6.
2. Épouse du tsar Fédor. Sa puissance s'étend 96, 22. 1593 subventions à l'église d'Alexandrie 101, 11. 1593 et 1597 bénédiction du patriarche Méletius Pégas 102, 9; 105, 23; 111, 13. 1593 lettre du patriarche Méletius Pégas 103, 12. 1594 bénédiction du patriarche d'Antioche Ioachim VII 116, 12; 117, 15.

Ἐλασσών 89, 10. V. Ἀλασσών.
Ἑλένη:
1. Mère de l'empereur Constantin le Grand. Admise au royaume des cieux en récompense de ses vertus 104, 6.
2. Épouse du tsar de Russie Basile III. Envoie des subventions à l'église orientale orthodoxe 74, 4.
Ἑλλάς: Les sciences helléniques répandues en Italie 61, 24. L'humaniste Guarin se rend en Grèce 62, 2.
Ἕλλην, Ἑλληνίς: Alphabet grec 50, 12. ἀνδρειότης τῆς βασιλείας τῶν Ἑλλήνων, titre de l'empereur de Constantinople Andronic III 58, 10. Sciences grecques 61, 24. Connaissances grecques de l'humaniste Guarin 62, 3. Nom grec de la ville Bityla 65, 24. Population non grecque de cette ville 65, 26.
Ἑλληνικός: φροντιστήριον μαθημάτων Ἑλληνικῶν, proposé à Moscou au tsar Fédor 101, 25. παιδεία Ἑλληνική de la congrégation orthodoxe à Lemberg en Pologne 105, 2.
Ἑλληνιστί: Le patriarche Méletius Pégas envoie au tsar de Russie Fédor un livre grec sur la fête de Pâques 95, 26.
Ἐμεσίνω: Ville Émèse en Syrie. 1594 métropolitain Grégoire 119, 8.
Ἐπίδαυρος: Épidaure, ville au Péloponnèse. Le hiéromonaque Isidore s'y rend 64, 20.
Ἐπισκόβιον 106, 9; 114, 2. V. Πισκόβιον.
Ἐρισσός, Ἱερισσός: Ancienne ville Apollonie en Macédoine, formant une métropolie avec le Mont Athos. 1561 métropolitain David 78, 17. 1590 métropolitain Macaire 90, 27.
Εὔβοια: Île Eubée. 1561 ἔξαρχος πάσης Εὐβοίας Ioasaphe, métropolitain d'Euripe 81, 12.
Εὐδοκία: Fille du tsar de Russie Ivan IV 74, 15.
Εὐθύμιος:
1. Hiéromonaque, évêque de Smolensk. 1345 élu évêque 55, 8.
2. Métropolitain de Chalcédon. 1561 signe les lettres synodiques adjugeant à Ivan IV le titre tsar 78, 11.
3. Métropolitain de Césarée. 1590 signe les lettres synodiques instituant le patriarcat en Russie 88, 3.
4. Métropolitain de Sozopolis. 1590 signe les lettres synodiques instituant le patriarcat en Russie 89, 18.
5. Métropolitain de Cérasonte. 1590 signe les lettres synodiques instituant le patriarcat en Russie 90, 17.

6. Archevêque de Myriophyte. 1590 signe les lettres synodiques instituant le patriarcat en Russie 91, 8.

Εὔριπος, Εὐριπούπολις: Ville sur l'île Eubée ou Euripe. 1556 et 1561 métropolitain Ioasaphe 73, 20; 78, 6; 79, 23; 81, 3. 11; 84; 6. 1590 métropolitain Laurent 90, 21.

Εὐφροσύνη: Mère de l'empereur Théophile(829—842).Reçoit Théodora, fiancée de son fils Théophile 5, 10. Se retire au monastère Gastria 5, 27.

Ἔφεσος: 431 2 (3)-me concile oecuménique 100, 28. Le métropolitain d'Éphèse envoyé par les empereurs Basile II et Constantin VIII en Russie pour couronner le grand-duc Vladimir 75, 19. 1561 métropolitain Luc 77, 30. 1590 métropolitain Sophronius 88, 4.

Ἐφρέμ: Hiéromonaque. Candidat aux épiscopats: 1330 à Souzdal 55, 18; 1330 à Tver 56, 4.

Ζεύς: Aigle de Jupiter 60, 11.

Ζήνων: Philosophe stoïcien du IV siècle avant J.-C. Comparaison à lui 61, 27.

Ζίχναι: Zikhna, ville près de Serrès. 1501 métropolitain Calliste 78, 19. 1590 métropolitain sans nom 89, 17.

Ζωσιμᾶς: Évêque de Citrus. 1590 signe les lettres synodiques instituant le patriarcat en Russie 91, 9.

Ἠλίας: Prophète juif. Envoyé par Dieu au peuple Israel 24, 26.

Ἡράκλεια: Héraclée, aujourd'hui Éregli, ville en Thrace sur la Mer Marmara. 1561 métropolitain Cyrille 77, 29. 1590 métropolitain Gérasime 88, 5.

Ἡρακλῆς: Hercule. Comparaison à lui 68 1. 2.

Ἡσαΐας:
1. Prophète juif. Par lui Dieu annonce sa volonté au peuple 43, 14.
2. Saint du IX siècle, iconolâtre. Se trouve dans la tour de Nicomédie 25, 4. Visité par Ioannicius et Arsacius 25, 19. 22. Leur annonce le rétablissement du culte des images 25, 28; 26, 16. A son ordre ils se rendent à Constantinople chez le patriarche Méthode 26, 22. Avec son aide le culte des images rétabli 12, 28.
3. (Γησάγια) Hiéromonaque, diacre de l'église de l'archange Michel à Jérusalem et confident des patriarches de Jérusalem Sophronicus V et d'Antioche Ioachim VII. 1594 envoyé à Moscou au tsar Fédor 118, 12.

Θέκλα: Fille de l'empereur Théophile (829—842) et de Théodora. Exilée par son frère Michel au monastère Cariana 15, 4.

Θεμιστοκλῆς: Thémistocle, athénien. Comparaison à lui 66, 19.

Θεοδοσία: Fille du tsar de Russie Fédor. 1593 bénédiction du patriarche Méletius Pégas 105, 24. 1594 bénédiction du patriarche d'Antioche Ioachim VII 116, 13; 117, 15. 1597 le tsar Fédor prié de donner des subventions à l'église orientale à sa mémoire 110, 3.

Θεοδόσιος:
1. Évêque de Louzk. Prend part à l'élection des évêques 1328 à Vladimir 52, 3; 1328 à Galitch 52, 12.
2. Métropolitain de Lacédémone. 1590 signe les lettres synodiques instituant le patriarcat en Russie 88, 29.
3. Protonotaire du patriarcat à Constantinople. 1590 signe les lettres synodiques instituant le patriarcat en Russie 91, 24.
4. Archidiacre à Jérusalem. 1603 envoyé par le patriarche Sophronius V à Moscou au tsar Boris Godounov 121, 8.

Θεόδουλος: Archevêque de Carpathos. 1590 signe les lettres synodiques instituant le patriarcat en Russie 89, 26.

Θεοδώρα: Épouse de l'empereur Théophile, impératrice (842—856). Sa vie 1, 2. Son éloge 1, 4. Sa patrie Paphlagonie 2, 7. Ses parents Marin et Théoctiste aident les iconolâtres persécutés 3, 4. 17. Son éducation 3, 20. Une des filles destinées au mariage avec l'empereur Théophile 4, 7. Ses fiançailles avec Théophile 5, 7. Son mariage avec Théophile 5, 13. Favorise secrètement le culte des images 8, 14. Théophile mourant, elle confesse ouvertement le culte orthodoxe 20, 21. 22. Engage Théophile à honorer aussi les images 21, 7. 12. Théophile mourant, elle voit un miracle 9, 25. Théophile mort, elle règne avec son fils Michel III 11, 11; 21, 14. Son frère le césar Bardas 14, 21. Fait patriarche Méthode 13, 27. Délivre tous les iconolâtres persécutés 21, 17. Par Saint Isaïe elle doit apprendre les ordres de Dieu 25, 10. Délibération du patriarche Méthode et du clergé sur le rétablissement du culte des images 26, 28; 27, 5. Ils viennent au palais de l'impératrice 27, 6. 12. Le patriarche Méthode l'engage à rétablir le culte des images 28, 10. Rétablit avec son fils Michel le culte des images 11, 27; 12, 5; 38, 14. Supplie l'absolution de Théophile 33,

1. 11. Voit Théophile dans un songe 34, 6. 17. Obtient l'absolution de Théophile 19, 19; 37, 19. 24. Contente du rétablissement du culte des images 14, 15. Elle est très-bienfaisante 14, 22. Exilée avec ses filles au monastère Gastria 14, 27; 15, 8.

Θεοδώρητος: Hiéromonaque. 1556 envoyé par le tsar Ivan IV à Constantinople au patriarche Ioasaphe II 73, 22. 1557 renvoyé par le patriarche Ioasaphe II à Ivan IV 74, 20. Avertit Ivan IV des fraudes des ambassadeurs grecs 85, 1.

Θεοδωροβήτζης: Boris Godounov, fils de Fédor 119, 23; 120, 10. V. Παρίσης.

Θεόδωρος:
1. Fédor, tsar de Russie (1584—1598). 1561 bénédiction du patriarche de Constantinople Ioasaphe II 79, 16; 83, 20. (1584—90) Lettre du patriarche d'Alexandrie Méletius Pégas 114, 14. 20. 1589 prie le patriarche de Constantinople Jérémie II à instituer en Russie le patriarcat 85, 21. 1590 convoque un synode à Moscou pour instituer le patriarcat 97, 4. 1593 lettres du patriarche Méletius Pégas 92, 7; 98, 16; 103, 7; 104, 11. Sa domination s'étend 96, 22. Bénédiction du patriarche Méletius Pégas 102, 9; 103, 23. (1593—95) Lettre du patriarche Méletius Pégas 106, 6. 1594 lettres synodiques du patriarche d'Antioche Ioachim VII 116, 6. (1595) Le patriarche de Jérusalem Sophronius V prie d'envoyer des subventions à l'église 122, 6. Subventions à l'église de Jérusalem 126, 9. Subventions aux églises de Constantinople et d'Antioche 126, 11. 1598 sa mort 125, 6. 1603 sa mémoire à Jérusalem 123, 12.
2. Fédor, fils du tsar de Russie Boris Godounov (1598—1605). 1603 bénédiction du patriarche de Jérusalem Sophronius V 120, 18.
3. Ὁ ὁμολογητής, abbé du monastère de Saint Jean Stoudios à Constantinople, mort en 826. Iconolâtre 8, 1. Supplie l'absolution de l'empereur Théophile 31, 27; 32, 3.
4. Ὁμολογητής ὁ γραπτός, moine, saint, frère du Saint Théophane, mort environs 840 à Apamée de Syrie. Iconolâtre 8, 5. Supplie l'absolution de l'empereur Théophile 32, 4. 8.
5. Hiéromonaque, évêque de Galitch. 1328 candidat à l'épiscopat de Vladimir 52, 7. 1328 candidat à l'épiscopat de Galitch 53, 1. Élu évêque 53, 2. Prend part à l'élection des évêques: 1329 à Rostov 53, 6; 1331 à Louzk 53, 14; 1331 à Novgorod 56, 8; 1332 à Tchernigov 54, 1; 1335 à Tchernigov 56, 18.
6. Hiéromonaque, évêque de Tver. 1330 candidat à l'épiscopat de Tver 56, 4. Élu évêque 56, 5. Prend part à l'élection des évêques: 1334 à Saraïsk 54, 10; 1347 à Souzdal 55, 12.
7. Θ. ὁ Μαλαμάχος. Envoyé par le tsar Ivan IV à Constantinople pour apprendre la langue grecque 74, 27.

Θεοδωρούπολις: Moscou, ville du tsar Fédor (1584—98) 108, 20; 110, 21.

Θεοκτίστη: Théoctiste, mère de l'impératrice Théodora (842—856) 2, 11.

Θεόκτιστος: Logothète et canicléе. Témoin d'un miracle après la mort de l'empereur Théophile 10, 9. Aide l'impératrice Théodora à rétablir le culte des images 14, 18. Tué par l'ordre du césar Bardas 15, 2.

Θεόληπτος:
1. Métropolitain de Christianople. 1590 signe les lettres synodiques instituant le patriarcat en Russie 88, 30.
2. Métropolitain d'Anchialos. 1590 signe les lettres synodiques instituant le patriarcat en Russie 89, 19.

Θεοφάνης:
1. Ὁ ποιητής καὶ γραπτός, métropolitain de Nicée, frère du Saint Théodore, mort environs 847. Adhérant du culte des images 8, 5. Supplie l'absolution de l'empereur Théophile 32, 6. 13.
2. Ὁ ὁμολογητής, abbé du monastère τοῦ Μεγάλου Ἀγροῦ en Asie Mineure, mort environs 818. Iconolâtre 8, 4. Supplie l'absolution de l'empereur Théophile 31, 29; 32, 5.
3. Métropolitain de Ganos. 1561 signe les lettres synodiques adjugeant à Ivan IV le titre tsar 78, 16.
4. Métropolitain de Trébisonde et de la Lasie. 1590 signe les lettres synodiques instituant le patriarcat en Russie 88, 22.
5. Métropolitain de Philippople. 1590 signe les lettres synodiques instituant le patriarcat en Russie 89, 6.
6. Archevêque de Mètres et Athyra. 1590 signe les lettres synodiques instituant le patriarcat en Russie 91, 1.
7. Évêque de Lovetch. 1590 signe les lettres synodiques instituant le patriarcat en Russie 90, 25.

8. Hiéromonaque et archimandrit à Jérusalem. 1603 envoyé par le patriarche Sophronius V à Moscou au tsar Boris Godounov 121, 7.

Θεόφιλος: Empereur de Constantinople (829—842). 838 invasion des Arabes en Asie Mineure 9, 1. Veut se marier 3, 26; 4, 2. Parmi les filles élues Théodora seule soutient l'épreuve 4, 9. Ses fiançailles avec Théodora 5, 6. Son mariage avec Théodora 5, 14. Sa mère Euphrosyne se rend au monastère Gastria 5, 27. Protège les iconoclastes 6, 3. Influence du patriarche Jean 6, 21. Persécute les iconolâtres 7, 18; 14, 10. Persécute Méthode après patriarche 13, 16; 23, 19. Ses bienfaisances 40, 1. Il ne mérite pas d'être blâmé 40, 3. Se rend le matin au tribunal 42, 6. Fait bâtir l'église de la Vierge des Blachernes 40, 10. Mourant il confesse la foi orthodoxe 20, 20. Théodora l'engage à honorer les images 21, 7. 12. Sa mort 9, 21. Miracle quand il meurt 10, 3. Son successeur Michel III 11, 9. Tous les iconolâtres délivrés 21, 24. Raconte comment après sa mort il reçoit l'absolution 19, 8. 21. Dieu avait destiné Théodora à le sauver 27, 10. Théodora prie pour son absolution 30, 6. 10. Théodora est aidée des autres iconolâtres 32, 20; 33, 3. Théodora le voit maltraité dans le songe 34, 4. 15. 18. 29. Théodora voit dans le songe son absolution 35, 12. 19. Intercession du patriarche Méthode pour lui 36, 2. 6. 9. 11. 14. Reçoit l'absolution 36, 23; 37, 1. 4. 14.

Θερσίτης: Thersite, Grec devant Troie, type de la lâcheté insolente. Comparaison à lui 64, 29.

Θεσσαλονίκη: Aujourd'hui Salonique. 1561 métropolitain Théonas 78, 3. 1590 métropolitain Métrophane 88, 1.

Θεωνᾶς: Métropolitain de Thessalonique. 1561 signe les lettres synodiques adjugeant à Ivan IV le titre tsar 78, 3.

Θῆβαι: Thèbes, ville en Béotie. 1561 métropolitain Ioasaphe 78, 25. 1590 métropolitain Laurent 89, 16.

Ἰβερία, Ἰβηρία: Ibérie au Caucase. αὐθέντης τῆς Ἰβερίας, titre de l'empereur de Constantinople Andronic III 58, 12. αὐθέντης γῆς Ἰβηρίας, titre du tsar de Russie Fédor 106, 14; 114, 9. 1590 métropolitain Arsène 88, 23.

Ἰγνάτιος:
1. Métropolitain de Mésembrie. 1590 signe les lettres synodiques instituant le patriarcat en Russie 88, 28.

2. Évêque de Fanari. 1590 signe les lettres synodiques instituant le patriarcat en Russie 90, 18.

3. Archevêque de Rodosto. 1590 signe les lettres synodiques instituant le patriarcat en Russie 91, 2.

Ἱέραξ: Grand logothète du patriarcat à Constantinople et représentant des patriarcats d'Antioche et de Jérusalem. 1590 signe les lettres synodiques instituant le patriarcat en Russie 91, 16.

Ἱερεμίας:
1. Jérémie II patriarche de Constantinople (1572—1595). 1589 assiste le tsar Fédor à instituer le patriarcat à Moscou 99, 14. 1589 convoque un concile à Moscou 97, 5. 1590 institue le patriarcat en Russie et confirme Job premier patriarche 85, 17; 87, 22. 1590 demeure au Balat à Constantinople 108, 24. Lettre à la congrégation orthodoxe à Lemberg en Galicie 105, 7.

2. Métropolitain de Monembasie. 1561 signe les lettres synodiques adjugeant à Ivan IV le titre tsar 78, 20.

3. Évêque de Tcherven. 1590 signe les lettres synodiques instituant le patriarcat en Russie 90, 24.

Ἱερισσός 90, 27. V. Ἐρισσός.

Ἱερόθεος: Métropolitain de Monembasie. 1590 signe les lettres synodiques instituant le patriarcat en Russie 88, 17.

Ἱεροσόλυμα, Ἱερουσαλήμ: πατριάρχης τῆς ἁγίας πόλεως Ἱερουσαλήμ, titre des patriarches de Jérusalem 120, 5; 123, 24; 124, 8. Le patriarcat de Jérusalem occupe la 4-me place parmi les patriarcats de l'église orthodoxe 86, 8. Après le patriarcat de Jérusalem suit le patriarcat de Moscou 87, 7. (1340—1350) Patriarche Lazare. 1340 lettre au sujet de lui du sultan d'Égypte Nassir 58, 19. 1579—1607 Sophronius V patriarche: 1590 Sophronius confirme le nouveau patriarcat en Russie 86, 26; 88, 2. 1603 lettre de Sophronius de Jérusalem à Moscou au tsar Boris Godounov 120, 2. 5; 123, 24. 1605 lettre de Sophronius de Jérusalem à Moscou au tsar Pseudo-Démétrius I 124, 6; 128, 18. 1590 grand logothète Hiérax, représentant du patriarche de Jérusalem à Constantinople 91, 18. 1605 archimandrit Damascène, ὑποψήφιος τοῦ ἁγιωτάτου θρόνου τῆς ἁγίας πόλεως Ἱερουσαλήμ 127, 10. ἡ ἄνω Ἱερουσαλήμ, royaume des cieux 123, 7.

Ἐκκλησία: τοῦ ἀρχιστρατήγου Μιχαὴλ

ἀρχαγγέλου. 1590 le hiéromonaque Isaïe diacre 118, 12.

Μονή: Λαύρη τοῦ ὁσίου καὶ θεοφόρου πατρὸς Σάββα. Monastère à 18 kilomètres de Jérusalem. fondé par Saint Sabbas († 582). 1594 le moine Damascène cellérier 118, 14.

Ἱέρων: Hiéron, tyran de Syracuse (478—467 avant J.-C.). Ouvrage de Xénophon sur lui 60, 21.

Ἰκόνιον: Iconium, aujourd'hui Konieh en Asie Mineure. 1561 métropolitain Basile 78, 9.

Ἰουδαία: Bethléem en Judée. Les trois rois perses rendent hommage à l'enfant Jésus 115, 2.

Ἰουδαῖοι 105, 12. V. Ἑβραῖοι.

Ἰουστιανός: Justinien I, empereur de l'Orient (527—565). Pendant son règne le 2-me concile écouménique à Ephèse (c'est à dire le 3-me concile sous Théodose II en 431) 101, 1.

Ἱπποδρόμιον 41, 17. V. Κωνσταντινούπολις.

Ἰσαάκ: Hiéromonaque, évêque de Saraïsk. 1343 élu évêque 55, 1.

Ἰσίδωρος: Hiéromonaque, métropolitain de Kiev (1437—42). Ses lettres 59, 1.

Ἰσραήλ: Peuple Israel. Comme lui l'impératrice Théodora aperçoit Dieu 16, 12. Le prophète Élie envoyé à lui par Dieu 24, 27.

Ἰσχάνιον: 1590 métropolitain Arsène 90, 9.

Ἰταλία: Sciences helléniques répandues par l'humaniste Guarin 61, 23.

Ἰταλοί: Admirent les sciences helléniques 62, 1.

Ἰχορία: Ἰχορίας οἱ κνέζεις, les princes des montagnes Caucases (Горскіе князья). Ἰχορίας τῶν κνεζῶν αὐθέντης καὶ κυβερνήτης, titre du tsar Fédor 106, 15; 114, 10.

Ἰωακείμ:
1. Patriarche d'Alexandrie (1486—1566). 1593 son sceptre envoyé au patriarche de Russie 98, 11.
2. Ioachim VI, patriarche d'Antioche. 1590 signe les lettres synodiques instituant le patriarcat en Russie 87, 2.
3. Ioachim VII, patriarche d'Antioche. 1594 lettres synodiques au tsar Fédor 116, 1; 119, 5.
4. Métropolitain de Tyrnovo. 1561 signe les lettres synodiques adjugeant à Ivan IV le titre tsar 79, 2.
5. Métropolitain au patriarcat d'Antioche. 1594 signe les lettres synodiques au tsar Fédor 119, 21.

6. Moine et cellérier à Jérusalem. 1603 envoyé par le patriarche Sophronius V au tsar Boris Godounov 121, 11.

Ἰωάννης:
1. (Ἰωάννης, Γιοβάννης) Ivan IV le Terrible tsar de Russie (1533—84). Descendant d'Anne, épouse du grand-duc Vladimir 75, 13. 1557 lettre du patriarche de Constantinople Ioasaphe II 72, 4; 73, 2. 1561 le patriarcat de Constantinople lui donne le titre tsar 76, 15; 77, 3. 1561 lettres du patriarche Ioasaphe II 79, 12; 83, 7.17. Subventions à l'église chrétienne en Terre Sainte 126, 8. Son fils, le tsar Pseudo-Démétrius I 124, 12; 125, 19. 1603 sa mémoire à Jérusalem 123, 12.
2. Fils du tsar de Russie Ivan IV. 1557 prières pour lui dans l'église de Constantinople 74, 14. 1561 bénédiction du patriarche de Constantinople Ioasaphe II 79, 16. Subventions envoyées à sa mémoire à l'église d'Alexandrie 94, 9.
3. Jean II ὁ ἐλεήμων, patriarche d'Alexandrie (609—620), père de l'église. On supplie sa bénédiction 96, 10.
4. Jean III patriarche de Constantinople (832—842). Iconoclaste 6, 13. Relégué au commencement du règne de Théodora et Michel III 13, 2; 22, 12.
5. Hiéromonaque, évêque de Briansk. 1335 candidat à l'épiscopat de Briansk 56, 21. Élu évêque 56, 23. 1345 prend part à l'élection de l'évêque à Smolensk 55, 5.
6. Évêque de Rostov. 1347 prend part à l'élection de l'évêque à Souzdal 55, 12.
7. Évêque de Smolensk. Prend part à l'élection de l'évêque à Tchernigov 56, 19.

Ἰωάννης, βίτζης Ἰωάννου, Ἰωαννοβίτζης, Γιοβαννοβήτζης, Γιοβαννοβίτζης:
1. Tsar de Russie Fédor, fils du tsar Ivan IV 85, 21; 97, 4; 106, 6; 116, 6. V. Θεόδωρος.
2. Tsar de Russie Pseudo-Démétrius I, pris pour le fils du tsar Ivan IV 124, 4. 10. V. Δημήτρι.

Ἰωαννίκιος: ὁ ὅσιος καὶ μέγας, ὁ μέγας θαυματουργός, ὁ μέγας σημειοφόρος, moine de l'Olympe en Bithynie, mort en 846. Iconolâtre 7, 25. Se réunit sur l'Olympe au moine Arsacius 24, 18. Se rend avec Arsacius au patriarche

Méthode pour rétablir le culte des images 26, 7. Avec son aide le culte des images rétabli 12, 27. Prie pour l'absolution de l'empereur Théophile 31, 26; 32, 1.

'Ιωάννινα: Aujourd'hui Janina, ville de l'Épire. 1590 métropolitain Mathieu 88, 8.

'Ιωάσαφ:
1. Ioasaphe II, patriarche de Constantinople (1655—65). 1557 lettre au tsar Ivan IV 72, 7; 75, 5. 1561 confirme les lettres synodiques adjugeant à Ivan IV le titre tsar 75, 7; 77, 24. 1561 deux lettres au tsar Ivan IV 79, 8; 83, 4. 11.
2. Métropolitain d'Euripe et de Cyzique. 1556 envoyé par le patriarche de Constantinople Ioasaphe II au tsar Ivan IV 73, 20; 74, 18; 79, 23. 1561 signe les lettres synodiques adjugeant à Ivan IV le titre tsar 78, 6. 1561 envoyé par le patriarche Ioasaphe II au tsar Ivan IV 81, 11. 1561 renvoyé par Ivan IV à Constantinople avec des subventions pour l'église 84, 6.
3. Métropolitain de Thèbes. 1561 signe les lettres synodiques adjugeant à Ivan IV le titre tsar 78, 25.
4. Métropolitain d'Alasson. 1561 signe les lettres synodiques adjugeant à Ivan IV le titre tsar 79, 7.
5. Métropolitain de Larisse. 1590 signe les lettres synodiques instituant le patriarcat en Russie 88, 18.
6. Évêque de Caffa. 1590 signe les lettres synodiques instituant le patriarcat en Russie 89, 28.
7. Métropolitain de Paronaxie. 1590 signe les lettres synodiques instituant le patriarcat en Russie 90, 11.
8. Archevêque d'Élos. 1590 signe les lettres synodiques instituant le patriarcat en Russie 91, 6.
9. Ἀναγνώστης du patriarche d'Alexandrie. 1590 envoyé par le patriarche Méletius Pégas à Moscou au tsar Fédor 109, 2; 110, 19; 111, 22; 112, 20. 1593 se trouve à Moscou près du tsar Fédor 105, 28. 1597 envoyé par Méletius Pégas la 2-me fois à Moscou au tsar Fédor 110, 19. 27; 111, 22; 113, 12.
10. Archidiacre à Jérusalem. 1605 envoyé par le patriarche Sophronius V au tsar Pseudo-Démétrius I 127, 11.

'Ιώβ:
1. Personnage biblique. Comparaison à lui 16, 19.

2. Métropolitain de Moscou (1586—1605). 1589 nommé patriarche comme 5-me patriarche de l'église orthodoxe 86, 14. 17. 1590 confirmé par un synode à Constantinople 87, 2. 5. 12. Mode de son investiture 87, 17. 1593 lettre du patriarche Méletius Pégas 96, 13.

'Ιωσήφ: Joseph, fils de Jacob. Comme lui l'impératrice Théodore distribue du blé 16, 17.

Καζάνιον: Kazan, ville de la Russie. βασιλεὺς Καζανίου, titre des tsar de Russie: Ivan IV 72, 3. 11; 75, 12; 83, 8; Fédor 85, 20; 106, 8; 114, 2; 116, 5; Pseudo-Démétrius I 124, 13. αὐτοκράτωρ Καζανίου. titre du tsar Ivan IV 79, 11. βασιλεὺς καὶ αὐτοκράτωρ Καζανίου, titre du tsar Boris Godounov 120, 8.

Καισάρεια:
1. Césarée, ville de la Cappadoce en Asie Mineure. 1561 métropolitain Macaire 77, 26. 1590 métropolitain Euthyme 88, 3.
2. Καισάρεια ἡ Φιλίππου: Césarée, ville en Palestine. 1599 l'évêque de Césarée envoyé par le patriarche de Jérusalem Sophronius V à Moscou au tsar Boris Godounov 122, 12.
3. Néo Césarée 89, 1. V. Νεοκαισάρεια.

Καλαοῦ: Kilavoun, sultan d'Égypte (1279—1290), père du sultan Nassir 58, 2.

Κάλλιστος:
1. Métropolitain de Zikhna. 1561 signe les lettres synodiques adjugeant à Ivan IV le titre tsar 78, 19.
2. Métropolitain d'Athènes. 1561 signe les lettres synodiques adjugeant à Ivan IV le titre tsar 78, 23.
3. Métropolitain d'Andrinople. 1590 signe les lettres synodiques instituant le patriarcat en Russie 88, 12.
4. Métropolitain de Rhodes. 1590 signe les lettres synodiques instituant le patriarcat en Russie 88, 21.

Καμάχιον: Kamakh, ville de l'Arménie. 1590 métropolitain Méthode 89, 23.

Καμπανία: Ville en Macédoine. 1590 métropolitain Acacius 91, 10.

Καμπαρδία: Cabarda au Caucase. αὐθέντης τοῦ τόπου Καμπαρδίας, titre du tsar de Russie Fédor 106, 14; 114, 9.

Καππαδοκία: Pays de l'Asie Mineure. 1561 métropolitain Macaire 77, 26.

Καριανός: Monastère τῶν Καριανοῦ 15, 7. V. Κωνσταντινούπολις, μοναί.

Καρμήλιον: Montagne Carmel en Palestine, au sud de Jérusalem. Le prophète Élie envoyé de là aux Israélites 24, 24.

Κάρπαθος: Carpathos, île de la mer de Crète. 1590 métropolitain Théodoule 89, 26.

Κατάτζικι, Κατίτζικι: Condy en Sibérie sur l'Ob inférieur. μέγας κνέζης Κ., titre du tsar Fédor 106, 12; 114, 7.

Καφᾶς: Caffa, aujourd'hui Féodosie, ville de la Crimée. 1590 évêque Ioasaphe 89, 28.

Κερασοῦς: Cérasonte, ville de l'Asie Mineure sur la Mer Noire. 1590 métropolitain Euthyme 90, 17.

Κερκασία: Circassie au Caucase. Κερκασίας τῶν κνεζῶν αὐθέντης καὶ κυβερνήτης, titre du tsar Fédor 106, 15; 114, 10.

Κιβαιρυῶται (ordinairement Κιβυραιῶται): Thème au sud-ouest de l'Asie Mineure. Au promontoire Khélidonie la flotte des Arabes sous Abou-Dinar fait naufrage 11, 22.

Κικέρων: Cicéron. Comparaison à lui 62, 5.

Κίτρος: Citrus, ville en Macédoine. 1561 évêque Damascène 79, 4. 1590 évêque Zosime 91, 9.

Κομνηνός:
1. Alexis I Comnène, empereur de Constantinople (1081—1118). Fondateur et protecteur de l'église orthodoxe 82, 16.
2. Andronic III Ducas Ange Comnène Paléologue, empereur de Constantinople (1328—40) 58, 14.

Κοπρώνυμος: Constantin V Copronyme, empereur de Constantinople (741—775). Iconoclaste 6, 4. Ses forfaits contre le culte des images 9, 19.

Κόρινθος: 1561 métropolitain Sophronius 78, 24. 1590 métropolitain Laurent 90, 19.

Κρήτη: Île Crète. Prise par les Arabes 9, 11.

Κριτίας: Dialogue de Platon 68, 24.

Κροῖσος: Crésus, roi de Lydie, célèbre par ses richesses. Comparaison à lui 69, 5.

Κτενάριος: Κτενάριαι πύλαι dans l'église St. Sophie 38, 23. 24. V. Κωνσταντινούπολις, ἐκκλησίαι, πύλαι.

Κύζικος: Cyzique, ville de l'Hellespont en Asie Mineure sur la Mer Marmara. 1561 appartient à la métropolie d'Euripe 78, 7; 81, 12. 1590 métropolitain Achille 88, 6.

Κύθηρα: Cythère, aujourd'hui Cérigo,

île de la mer de Crète. 1590 archevêque Maxime 90, 22.

Κυκλάδες: Cyclades, îles de l'Archipel. 829 dévastées par les Arabes 9, 11.

Κύριλλος:
1. Patriarche d'Alexandrie (412—444), père de l'église. On supplie sa bénédiction 96, 10.
2. Apôtre des Slaves, mort en 868. Envoyé par l'empereur Basile I pour convertir les Russes 50, 5.
3. Évêque de Riasan. 1343 prend part à l'élection de l'évêque à Saraïsk 54, 18.
4. Évêque de Belgorod. 1345 prend part à l'élection de l'évêque à Smolensk 55, 5.
5. Métropolitain d'Héraclée. 1561 signe les lettres synodiques adjugeant à Ivan IV le titre tsar 77, 29.
6. Métropolitain de Nicée. 1561 signe les lettres synodiques adjugeant à Ivan IV le titre tsar 78, 1.
7. Métropolitain de Nicée. 1590 signe les lettres synodiques instituant le patriarcat en Russie 88, 9.
8. Métropolitain de Néo-Césarée. 1590 signe les lettres synodiques instituant le patriarcat en Russie 89, 1.
9. Métropolitain de Ganos. 1590 signe les lettres synodiques instituant le patriarcat en Russie 89, 25.

Κῦρος:
1. Cyrus le Jeune, frère du roi de Perse Artaxerxes II, mort en 401 av. J.-C. Ouvrage de Xénophon Κύρου ἀνάβασις 60, 20.
2. Fleuve en Perse. Le roi Artaxerxes le traverse à cheval 114, 25.

Κωνσταντῖνος:
1. Constantin I le Grand (306—337). Confirme le premier patriarche à Constantinople 86, 7. Fondateur de l'église à Jérusalem 123, 5. Sa colonne à Constantinople 33, 20; 34, 1 (v. Κωνσταντινούπολις, κίων). Le tsar Ivan IV un nouveau Constantin pour l'église orthodoxe orientale 95, 2. Le tsar Fédor un nouveau Constantin pour l'église orthodoxe orientale 107, 10; 110, 24.
2. Constantin VIII, empereur de Constantinople (976—1028). Envoie au grand-duc de Russie Vladimir un diadème et le fait couronner 75, 16.

Κωνσταντινούπολις: Constantinople. Aux temps de l'empereur Théophile beaucoup d'épreuves 9, 12. Menacé par une flotte des Arabes sous Abou-

Dinar 11, 15. Centre de la réligion orthodoxe 45, 23. Le patriarcat de Constantinople occupe la première place parmi les patriarcats de l'église orthodoxe 86, 4; 87, 10. Le patriarche a le droit de couronner 76, 11. Les Russes s'y rendent pour embrasser le christianisme 47, 4. Une ambassade russe y arrive 47, 11. Elle est enthousiasmée du rite orthodoxe 49, 22. Les Russes demandent des prêtres pour baptiser le peuple 49, 27. (1555—65) Ioasaphe II patriarche: (1557) 72, 7; 75, 5; (1561) 75, 7; 77, 24; 79, 8; 83, 4. 11. (1572—96) Jérémie II patriarche: (1589) 97, 5; 99, 15; (1590) 85, 17; 87, 22. 1590 synode pour confirmer le nouveau patriarcat en Russie 86, 22; 97, 10. Synode sur la question de la fête de Pâques 92, 18. Écrit du patriarcat sur la fête de Pâques 93, 11. Séjour à Constantinople de Sylvestre autrefois patriarche d'Alexandrie 93, 1. 1590 voyage à Constantinople du patriarche d'Alexandrie Méletius Pégas 100, 5; 102, 4; 108, 23; 111, 25. Méletius Pégas y administre le patriarcat 94, 14. 1593 lettres de Méletius Pégas de Constantinople à Moscou: au patriarche Job 98, 10; à Boris Godounov 102, 13; à Andréc Stchelkalov 103, 11; à la tsarine Irène 104, 10. 1597 lettres de Méletius Pégas de Constantinople à Moscou: au tsar Fédor 110, 6; à Basile Stchelkalov 113, 25. Position difficile de l'église à Constantinople 110, 11. Les musulmans y veulent supprimer le patriarcat 95, 7. Le tsar Fédor envoie des subventions au patriarcat 126, 12. Constantinople νέα Ῥώμη, v. Ῥώμη.

Βλάτον: οἰκία τοῦ Βλάτου, Balat, quartier au nord-ouest de Constantinople près des Blachernes. 1590 habitation du patriarche Jérémie II 108, 24.

Γαλατᾶ: Galata, quartier des étrangers, au côté septentrional de la Corne d'or 73, 12.

Ἐκκλησίαι:
  τῆς ὑπεραγίας θεοτόκου τῶν Βλαχερνῶν, près du palais des Blachernes. Bâtie par l'empereur Théophile 40. 10.
  τοῦ ἁγίου πρωτομάρτυρος Στεφάνου τῆς Δάφνης, près du palais de Daphné, où se célébraient ordinairement les cérémonies nuptiales des empereurs (v. Const. Porph. éd. Bonn. I, 196). Noces de l'empereur Théophile avec Théodora 5, 19.
  τῆς Παναγίας τῆς Παραμυθίας, au quartier Balat. 1590 le synode y convoqué 108, 25.
  τῆς τοῦ θεοῦ Σοφίας, église Sainte Sophie. L'ambassade russe arrivée à Constantinople pour embrasser le christianisme y est ammenée 47, 21. Κτεναρίαι πύλαι, la porte occidentale de l'église 38, 23. 24.
  τῶν ἁγίων Τεσσαράκοντα, bâtie par Tibère et Maurice. Mentionnée sous l'empereur Théophile 42, 3.

Ἔμβολοι:
  τοῦ Ἀμαυριανοῦ, entre le palais Daphné et les Blachernes. Visité chaque jour par l'empereur Théophile 41, 13.
  τοῦ Φόρου, le forum de Saint Constantin. Visité chaque jour par l'empereur Théophile 41, 17.

Ἱπποδρόμιον: Hippodrome. Visité chaque jour par l'empereur Théophile 41, 17.

Κίων: τοῦ μεγάλου Κωνσταντίνου ou colonne de porphyre, aujourd'hui la colonne brûlée. Dans son voisinage le forum 33, 20; 34, 1.

Μαγναύρα: Palais bâti par Constantin le Grand et agrandi par Théophile. μέγα τρικλίνιον au palais, où l'empereur Théophile faisait justice 42, 8.

Μεγαλόπολις: Grand quartier de Constantinople, aujourd'hui Stamboul, par opposition au quartier des étrangers, Galata, de l'autre côté de la Corne d'or 73, 12.

Μοναί:
  τῶν Γαστρίων, bâti ou par la mère de l'empereur Théophile Euphrosyne ou par Théoctiste mère de son épouse Théodora. L'impératrice Euphrosyne s'y retire 6, 2. L'impératrice Théodora s'y retire avec sa fille Pulchérie 15. 3, 9.
  τῶν Καριανοῦ, près des Blachernes. Fondé par l'empereur Maurice. Trois filles de l'empereur Théophile et de Théodora, Thècle, Anastasie et Anne exilées au monastère par son frère Michel III 15, 7.
  τῶν Στουδίου, près du château des 7 tours, fondé sous l'empereur Léon I par Jean Stoudios. Théodore, abbé du monastère († 826), iconolâtre 8, 1; 31, 28; 32, 5.

Παλάτια:
  τῶν Βλαχερνῶν, palais des Blachernes. Visité chaque jour par l'empereur Théophile 41, 18.

τῆς Δάφνης, partie du grand palais. L'empereur Théophile y habite 41, 16.
τοῦ ἁγίου Μάμαντος, palais suburbain, au voisinage des Blachernes et de la Corne d'or. L'empereur Michel III y assassiné par le patricien Basile 15, 12.
Πύλαι: Κτεναρίαι πύλαι dans l'église Sainte Sophie 38, 23. 24. V. ἐκκλησίαι.
Φόρος: Forum de St. Constantin avec un portique. Visité chaque jour par l'empereur Théophile 41, 17. Les magazins s'y trouvaient 42, 15.
Κῶς: Cos, île de l'Archipel. 1590 archevêque Dionyse 90, 13.
Λάζαρος: Patriarche de Jérusalem (environs 1340—50). 1340 lettre sur lui du sultan d'Egypte Nassir 58, 19.
Λαζική: Lasie, pays au nord-est de l'Asie Mineure. 1590 métropolitain Théophane 88, 22.
Λακεδαιμονία, Σπάρτη: Lacédémone ou Sparte au Péloponnèse. Le hiéromouaque Isidore s'y rend 64, 20. 1561 métropolitain Dorothée 78, 30. 1590 métropolitain Théodose 88, 29. V. aussi Σπαρτιᾶται.
Λαοδίκεια:
1. Laodicée, ville de la Phrygie en Asie Mineure. 1590 métropolitan Maxime 89, 11.
2. Laodicée, aujourd'hui Lakatieh, en Syrie. 1594 métropolitain Macaire 119, 10.
Λάρισσα: Larisse, ville en Thessalie. 1561 métropolitain Néophyte. 78, 26. 1590 métropolitain Ioasaphe 88, 18.
Λατινική: γλῶσσα Λατινική, en Russie inconnue 94, 11.
Λαυρέντιος:
1. Hiéromonaque, archimandrite. Candidat aux épiscopats: 1330 à Tver 56, 3; 1331 à Novgorod 56, 12.
2. Métropolitain de Thèbes. 1590 signe les lettres synodiques instituant le patriarcat en Russie 89, 16.
3. Métropolitain de Corinthe. 1590 signe les lettres synodiques instituant le patriarcat en Russie 90, 19.
4. Métropolitain d'Euripe. 1590 signe les lettres synodiques instituant le patriarcat en Russie 90, 21.
Λεόπολις: Lemberg, ville en Galicie. 1593 congrégation orthodoxe 104, 22.
Λευκάς: Leucade, île Ionienne. 1590 archevêque Néophyte 90, 5.
Λεχία: Pologne. Sur la frontière de la Pologne et de la Russie le bourg Braghina 126, 19.

Λῆμνος: Lemnos, île de la mer Égée. 1590 archevêque Métrophane 90, 12.
Λιβύη: Libye. πατριάρχης Λιβύης, titre du patriarche d'Alexandrie Méletius Pégas 92, 2.
Λουκᾶς: Métropolitain d'Éphèse. 1561 signe les lettres synodiques adjugeant à Ivan IV le titre tsar 77, 30.
Λούτζηκον, Λουτζικοί, Λουτζικόν. Louzk, ville du gouv. Volhynie en Russie. 1328 évêque Théodose 52, 4. 12. 1331 élection d'évêque 53, 13. Le hiéromonaque Tryphon élu évêque 53, 19. 1335 évêque Tryphon 56, 19.
Λοφσόν: Lovetch, ville de la Bulgarie. 1590 évêque Théophane 90, 25.
Μαγναύρα: Palais de justice 42, 8. V. Κωνσταντινούπολις.
Μακάριος:
1. Personnage inconnu du commencement du XV siècle. Lettres du hiéromonaque Isidore 64, 16.
2. Métropolitain de Russie (1543—64). 1557 bénédiction du patriarche de Constantinople Ioasaphe II 74, 24. 1561 couronne le tsar Ivan IV 76, 4. 8. 1561 permet au métropolitain d'Euripe Ioasaphe de célébrer à Moscou la liturgie 82, 28. 1561 envoie des subventions à l'église grecque de Constantinople 84, 11.
3. Métropolitain de Césarée et de la Cappadoce. 1561 signe les lettres synodiques adjugeant à Ivan IV le titre tsar 77, 27.
4. Évêque de Serbie. 1561 signe les lettres synodiques adjugeant à Ivan IV le titre tsar 79, 5.
5. Métropolitain de Naupacte et Arta. 1590 signe les lettres synodiques instituant le patriarcat en Russie 88, 27.
6. Métropolitain de Smyrne. 1590 signe les lettres synodiques instituant le patriarcat en Russie 89, 21.
7. Métropolitain d'Erissos et du Mont Athos. 1590 signe les lettres synodiques instituant le patriarcat en Russie 90, 27.
8. Métropolitain de Laodicée en Syrie. 1594 signe les lettres synodiques du patriarcat d'Antioche au tsar Fédor 119, 10.
Μάκε: Mecque, ville en Arabie. προσκυνητής τοῦ Μάκε, titre du sultan d'Égypte Nassir 57, 13.
Μακεδόνες: σπάθη τῆς βασιλείας τῶν Μακεδόνων, titre de l'empereur de Constantinople Andronic III 58, 9.

Μακεδονία: Basile I, empereur de Constantinople (867—881), est d'origine macédonienne 47, 14; 50, 1.

Μαμαλάχος: Θεόδωρος ὁ Μαμαλάχος, envoyé par le tsar Ivan IV à Constantinople pour étudier la langue grecque 74, 27.

Μάμας: Palais de Saint Mamas 15, 12. V. Κωνσταντινούπολις, παλάτια.

Μανουήλ: Manuel II, empereur de Constantinople (1391—1425). Lettre à lui du hiéromonaque Isidore 65, 1.

Μανσούρ: Mélik Nassir (ou Manssour) Mohammet, sultan d'Égypte (1293—1341). 1340 lettre à l'empereur de Constantinople Andronic III 58, 1.

Μάξιμος:
1. Archimandrite du monastère Petchersk près de Kiev. 1335 candidat à l'épiscopat de Briansk 56, 21.
2. Métropolitain de Néo-Patras. 1561 signe les lettres synodiques adjugeant à Ivan IV le titre tsar 78, 27.
3. Métropolitain de Laodicée. 1590 signe les lettres synodiques instituant en Russie le patriarcat 89, 11.
4. Métropolitain de Cythère. 1590 signe les lettres synodiques instituant en Russie le patriarcat 90, 22.

Μαρία:
1. Sainte Vierge. Son intercession lors du jugement dernier 118, 8. Par son aide la flotte des Arabes sous Abou-Dinar fait naufrage 11, 20. On supplie sa bénédiction 96, 8.
2. Épouse du tsar de Russie Boris Godounov. 1603 bénédiction du patriarche de Jérusalem Sophronius V 120, 16.

Μαρῖνος: Père de l'impératrice Théodora 2, 10.

Μάρκος:
1. Apôtre et évangéliste. Patron du patriarcat d'Alexandrie 94, 1; 109, 17; 113, 2. On supplie sa bénédiction 96, 9.
2. Évêque de Pérémychl. Prend part à l'élection des évêques: 1328 à Vladimir 52, 3; 1328 à Galitch 52, 12; 1331 à Novgorod 56, 9; 1332 à Tchernigov 54, 2.

Μαρμενιθάν: Épiscopat sous le patriarcat d'Antioche. 1594 évêque Syméon 119, 19.

Μαρτύριος: Évêque de Christianople. 1561 signe les lettres synodiques adjugeant à Ivan IV le titre tsar 78, 21.

Ματθαῖος:
1. 1556 ambassadeur du tsar de Russie Ivan IV à Constantinople au patriarche Ioasaphe II 73, 23.
2. Métropolitain de Janina. 1590 signe les lettres synodiques instituant le patriarcat en Russie 88, 8.
3. Métropolitain d'Ancyre. 1590 signe les lettres synodiques instituant le patriarcat en Russie 88, 15.

Μαχούμετ: Mahomet. Titre du sultan d'Égypte Nassir 57, 16.

Μαχούμιος: Métropolitain de Hamah en Syrie. 1594 signe les lettres synodiques du patriarcat d'Antioche au tsar Fédor 119, 16.

Μεγάλον Νοβογόροδον 56, 7. V. Νοβογόροδον.

Μεγαλόπολις 73, 12. V. Κωνσταντινούπολις.

Μεθόδιος:
1. Patriarche de Constantinople (842—846). Représentant du culte des images 8, 2. Nommé patriarche 13, 7. 25; 22, 25. Informé par Saint Isaïe en Nicomédie sur le rétablissement du culte des images 25, 10. Ioannicius et Arsacius se rendent chez lui 26, 8. Délibération avec le clergé 26, 19. 23. Rétablissement du culte des images 12, 28; 27, 14. 21; 37, 26. Fête annuelle du rétablissement du culte orthodoxe 39, 11. Assiste Théodora à obtenir l'absolution de Théophile 30, 19. 22; 31, 10. 12. Assisté par les autres iconolâtres 32, 27; 33, 9. Ses efforts 35, 25; 36, 1. Théophile reçoit l'absolution 19, 13.
2. Archevêque de Nicarie. 1590 signe les lettres synodiques instituant le patriarcat en Russie 89, 22.
3. Métropolitain de Kamakh. 1590 signe les lettres synodiques instituant le patriarcat en Russie 89, 23.
4. Archevêque de Rhiza. 1590 signe les lettres synodiques instituant le patriarcat en Russie 90, 7.

Μεθώνη: Méthone, aujourd'hui Modon, ville du Péloponnèse. 1590 évêque Arsène 91, 5.

Μελέτιος: Méletius Pégas, 1584—90 protosyncelle et archimandrite du patriarcat en Alexandrie, 1590—1601 patriarche d'Alexandrie. (1584—1590) Lettre au tsar Fédor 114, 17. (1593—1597) Lettres à Moscou 92, 5; 102, 14; 109, 29.

Μενέξενος: Dialogue de Platon 68, 19.

Μεσημβρία: Mésembrie, ville en Thrace sur la Mer Noire. 1590 métropolitain Ignace 88, 28.

Μέτραι: Aujourd'hui Tchataldja, ville en Thrace. 1590 archevêque Théophane 91, 1.

Μήδεια: Ancien Salmydessos, aujourd'hui Midia, ville en Thrace sur la Mer Noire. Lettre du hiéromonaque Isidore au métropolitain de Midia 63, 1. 19. 1590 archevêque Dorothée 90, 8.

Μήθυμνα (Μίθυμνα): Ville de l'île Lesbos. 1590 métropolitain Nectarius 89, 14.

Μητροφάνης:
1. Métropolitain de Thessalonique. 1590 signe les lettres synodiques instituant le patriarcat en Russie 88, 11.
2. Archevêque de Chios. 1590 signe les lettres synodiques instituant le patriarcat en Russie 90, 3.
3. Archevêque de Lemnos. 1590 signe les lettres synodiques instituant le patriarcat en Russie 90, 12.
4. (Μυτοφάνυς) Évêque de Σχαπιτυς du patriarcat d'Antioche. 1594 signe les lettres synodiques du patriarcat au tsar Fédor 119, 11.

Μιλτιάδης: Miltiade, Athénien. Comparaison à lui 66, 19.

Μισῖρι: Le Caire en Égypte 103, 22.
'Εκκλησία: τῆς Παναγίας. 1592 Méletius Pégas y célèbre la liturgie 103, 22.

Μιχαήλ:
1. Michel III, empereur de Constantinople (842—867). Règne ensemble avec sa mère Théodora (842—856) 11, 10; 14, 28; 21, 12. Rétablit le culte des images 11, 26; 12, 6; 38, 11. 13. 856 exile sa mère Théodora et ses 4 soeurs aux monastères Gastria et Cariana 15, 6. Reçoit la bénédiction de Théodora 18, 19. Invasion d'une flotte des Arabes sous Abou-Dinar 11, 12. 867 assassiné par Basile I 15, 11.
2. (Μιχαήλ) Archange Michel 118, 12. V. Ἱεροσόλυμα, ἐκκλησία.
3. 'Ο μέγας ὁμολογητής καί σύγκελλος. Saint, évêque de Synnade en Asie Mineure, mort en 818. Iconolâtre 8, 3. Supplie l'absolution de Théophile 32, 1.
4. Évêque à Constantinople. 1561 envoyé par le patriarche Ioasaphe II à Moscou au tsar Ivan IV 81, 14.
5. Archevêque d'une métropolie inconnue. 1590 signe les lettres synodiques instituant le patriarcat en Russie 91, 14.
6. Prince (βοϊβόδα) de Vallachie. 1597 ses rapports avec Méletius Pégas 113, 21.
7. (Μιχαγήλης) 1594 apporte au patriarche d'Antioche Ioachim des dons du tsar Fédor 117, 3.

Μολδαβία: 1590 métropolitain Georges 91, 13.

Μονεμβασία: Monembasie, ville du Péloponnèse. 1561 métropolitain Jérémie 78, 20. 1590 métropolitain Hiérothée 88, 17.

Μοσχοβεία, Μοσχοβία, Μοσχόβιον, Μοσχόβον, Μοσχοβεία, Μοσχοβίον, Μοσχόβον: βασιλεύς M., titre des tsars: Ivan IV 72, 3. 10; 75, 11; 76, 15; 83, 7; Fédor 85, 20; 92, 8; 98, 16; 104, 11; 108, 8; 113, 26; 114, 15; Pseudo-Démétrius I 124, 12. μέγας κνέζης M., titre du grand-duc Basile III 74, 2; du tsar Pseudo-Démétrius I 124, 3. αὐτοκράτωρ M., titre des tsars: Ivan IV 79, 10; Fédor 106, 7; 114, 1. βασιλεύς καί αὐτοκράτωρ M., titre du tsar Boris Godounov 120, 8. 1543—1564 métropolitain Macaire 76, 4. 8. 1589 institution du patriarcat, le métropolitain Iob nommé patriarche comme 5-e patriarche de l'église orthodoxe 86, 3. 14. 17. 23; 97, 7. 12; 100, 10. 12; 108, 20. Lettre du tsar Fédor au patriarche Méletius Pégas au sujet du patriarcat 102, 4. 1590 le patriarcat confirmé par le synode à Constantinople 87, 1. 5. 12; 110, 21; 113, 9. Le synode de Moscou a le droit d'élire le patriarche 87, 15. Mode d'ordination du patriarche 87, 17. 1586 (1589)—1605 Iob patriarche 96, 13. 1584—1598 Boris Godounov ὕπατος Μοσχόβου 102, 1; 111, 19. 1586—98 Irène tsarine 103, 12. Le tsar Fédor—le soleil de Moscou 104, 18. 1597 Basile Stchelkalov trésorier 112, 17. 1597 les dignitaires de Moscou 112, 25. Méletius Pégas patriarche d'Alexandrie en voyage à Moscou 94, 14. 1603 lettre du patriarche de Jérusalem Sophronius V à Moscou 120, 2. 1605 le patriarche de Jérusalem Sophronius V y envoie des ambassadeurs 127, 15. Le bourg Braghina en Volhynie sur la frontière de Moscou et de la Pologne 126, 19.

Μπαρίσι 119, 23; 120, 10. V. Παρίσης.

Μπαρισοβήτζης: Fédor, fils de Boris Godounov 120, 18. V. Θεόδωρος.

Μπελοεζέρχικι: Belosersk, ville du gouv. Koursk en Russie. μέγας κνέζης Μπελοεζέρχικι, titre du tsar Fédor 114, 7.

Μπισῖρι: Métropolie du patriarcat d'Antioche. 1594 le métropolitain signe les lettres synodiques du patriarcat au tsar Fédor 119, 20.

Μπολγάρισκη, Μπολχάρτσικι, Μπουλχάρτζικη 72, 13; 106, 10; 114, 4. V. Βουλγαρία.

Μυριόφυτον: Ville de la Thrace sur la Mer Marmara. 1590 archevêque Euthyme 91, 3.

Μυτιλήνη: Mytilène, ville de l'île Lesbos. 1590 métropolitain Grégoire 89, 13.

Μωσῆς, Μωϋσῆς: Moïse, législateur des Israélites. Amène les Israélites de l'Égypte 84, 2. Par lui Dieu fait apprendre sa volonté aux Israélites 114, 21.

Ναθαναήλ: Hiéromonaque, évêque de Souzdal. 1347 élu évêque 55, 10.

Νάξος 90, 11. V. Παροναξία.

Νάσαρ: Melik Nassir Mohammed, sultan de l'Égypte (1293—1341). 1340 lettre à l'empereur de Constantinople Andronic III 57, 4.

Ναύπακτος: Naupacte, aujourd'hui Lépante sur le golfe de Corinthe. 1561 métropolitain Gabriel 79, 1. 1590 métropolitain Macaire 88, 27.

Ναύπλιον: Nauplie, ville au Péloponnèse. 1590 métropolitain Dionyse 89, 9.

Νέαι Πάτραι: Néo-Patras, ville de l'Hellade. 1561 métropolitain Maxime 78, 27. 1590 métropolitain Gabriel 90, 15.

Νεβρεκόπ: Nevrepok, ville en Macédoine. 1590 archevêque Daniel 90, 2.

Νεκτάριος:
1. Métropolitain de Philippi. 1590 signe les lettres synodiques instituant le patriarcat en Russie 88, 26.
2. Métropolitain de Pisidie. 1590 signe les lettres synodiques instituant le patriarcat en Russie 89, 12.
3. Métropolitain de Méthymne. 1590 signe les lettres synodiques instituant le patriarcat en Russie 89, 14.
4. Métropolitain de Braïla. 1590 signe les lettres synodiques instituant le patriarcat en Russie 90, 4.

Νεοκαισάρεια: Néo-Césarée, aujourd'hui Niksar, ville au nord de l'Asie Mineure. 1590 métropolitain Cyrille 89, 1.

Νεόφυτος:
1. Métropolitain de Viddin. 1561 signe les lettres synodiques adjugeant à Ivan IV le titre tsar 78, 14.
2. Métropolitain de Larisse. 1561 signe les lettres synodiques adjugeant à Ivan IV le titre tsar 78, 26.
3. Archevêque de Leucade. 1590 signe les lettres synodiques instituant le patriarcat en Russie 90, 5.
4. Archimandrite et logothète près du patriarche Méletius Pégas. 1590 envoyé par Méletius Pégas de Constantinople au tsar Fédor 109, 2; 110, 20; 112, 21. 1593 se trouve à Moscou auprès du tsar Fédor 105, 28.

Νετζέρντζικι 106, 12. V. 'Ραζάνιον.

Νίκαια: Nicée, aujourd'hui Isnik, ville de la Bithynie en Asie Mineure. 418 concile des pères de l'église 95, 26. Métropolitain Théophane, iconolâtre 32, 7. 13. 1561 métropolitain Cyrille 78, 1. 1590 métropolitain Cyrille 88, 9.

Νικάνωρ: Métropolitain d'Athènes. 1590 signe les lettres synodiques instituant le patriarcat en Russie 88, 24.

Νικάρια: Aujourd'hui Icarie, île de l'Archipel. 1590 archevêque Méthode 89, 22.

Νικηφόρος: Nicéphore I, patriarche de Constantinople (806—815). Iconolâtre 7, 30.

Νικομήδεια: Nicomédie, aujourd'hui Ismid, ville de la Bithynie en Asie Mineure. Dans la tour vit Saint Isaïe 4, 23. Ioannicius et Arsacius s'y rendent par l'ordre de Dieu 25, 1. 17. 1561 métropolitain Dionyse 78, 10. 1590 métropolitain Sisinius 88, 7. 16.

Πύργος τοῦ ἁγίου Διομήδους. Séjour du Saint Isaïe 25, 1.

Νοβογόροδον, Νοβογραδία, Νοβογράδον, Μεγάλον Νοβγόροδον: Novgorod, ville en Russie. βασιλεύς Ν., titre des tsars: Ivan IV 72, 4. 11; 75, 12; 83, 7; Fédor 85, 20; 116, 5; Pseudo-Démétrius I 124, 13. αὐτοκράτωρ Ν., titre des tsars: Ivan IV 79, 11; Fédor 106, 8; 114, 1. βασιλεὺς καὶ αὐτοκράτωρ Νοβογράδου, titre du tsar Boris Godounov 120, 9. 1331 élection de l'archevêque, élu Basile 56, 7. 1334 archevêque Basile 54, 9.

Νοβογράδιον τῆς χθαμαλωτέρας γῆς: Nijni-Novgorod, ville en Russie. μέγας κνέζης Ν. τ. χ. γ., titre du tsar Fédor 106, 11; 114, 5.

Νογαΐ: Nogaï, pays entre le Caucase et la Mer d'Asov en Russie. βασιλεύς Νογαι, titre du tsar Ivan IV 75, 12; 83, 8.

Νοστροβία: Ostrog, ville du gouvernement Volhynie en Russie. Le moine Syméon de Jérusalem y achète des chevaux 126, 24.

Ξενοφῶν: Xénophon, historien grec. Ses oeuvres 60, 20.

'Οδυσσεύς: Ulysse. Attiré par les Sirènes 61, 11.

'Ολύμπια: Olympie, ville du Péloponnèse. Combats 67, 7.

"Ολυμπος: Montagne de la Bithynie en

Asie Mineure. Patrie du moine Ioannicius 31, 26; 32, 2. Les moines Ioannicius et Arsacius iconolâtres s'y rencontrent 24, 20.

Ὅμηρος: Homère. Comparaison à lui 63, 20.

Ὀμπτόρτζικι: Obdorsk, ville sur l'Ob inférieur en Sibérie. μέγας κνέζης Ὀμπτόρτζικι, titre du tsar Fédor 106, 12; 114, 7.

Ὄρος: Mont Athos 78, 17; 90, 27. V. Ἅγιον Ὄρος.

Οὐντόρτζικι: Oudorsk en Sibérie. μέγας κνέζης Οὐντόρτζικι, titre du tsar Fédor 114, 7.

Ὀψίκιον: Thème au nord-ouest de l'Asie Mineure. Il y a plusieurs petits bourgs 41, 3.

Παλαιαὶ Πάτραι: Aujourd'hui Patras, ville du Péloponnèse sur le golfe de Corinthe. 1561 métropolitain Germain 78, 29. 1590 Arsène autrefois métropolitain 88, 19.

Παλαιολόγος: Andronic III Ducas Ange Comnène Paléologue, empereur de Constantinople (1328—40) 58, 14.

Παλαιστίνη: πατριάρχης πάσης Παλαιστίνης, titre du patriarche de Jérusalem Sophronius V 120, 5; 124, 8. 1605 joie en Terre Sainte sur l'avènement au trone du tsar Pseudo-Démétrius I 125, 11.

Πανελλήνιος: L'humaniste Guarin nommé Panhellène à cause de sa connaissance de la langue grecque 62, 4.

Πάνιον: Ancienne ville Bisanthe, aujourd'hui le village Panidon près de Rodosto en Thrace sur la Mer Marmara. 1590 évêque Dionyse 90, 20.

Παραμουσθλίον 52, 3. 12. V. Περιμουσθλίον.

Παρέμτζικι 114, 4. V. Περέμτζικι.

Παρθένιος:
1. Métropolitain de Philadelphie. 1590 signe les lettres synodiques instituant le patriarcat en Russie 88, 13.
2. Métropolitain de Périthéorion. 1590 signe les lettres synodiques instituant le patriarcat en Russie 89, 24.

Παρίσης, Μπαρίσι: Boris Godounov, ὕπατος de Moscou sous le règne de Fédor (1586—98), tsar de Russie (1598—1605). Lettres du patriarche d'Alexandrie Méletius Pégas (1593) 102, 1; (1597) 111, 18. 1603 lettres du patriarche de Jérusalem Sophronius V 119, 23; 120, 10.

Παροναξία: Îles Paros et Naxos de l'Archipel. 1590 métropolitain Ioasaphe 90, 11.

Πάτραι 78, 27. 29; 88, 19; 90, 15. V. Νέαι Πάτραι, Παλαιαὶ Πάτραι.

Παῦλος: Hiéromonaque, évêque de Tchernigov. 1532 candidat à l'épiscopat 54, 4. Élu évêque 54, 6.

Παφλαγονία: Paphlagonie, pays de l'Asie Mineure. Patrie de l'impératrice Théodora (842—856) 2, 8.

Παφνούτιος:
1. Métropolitain de Didymotique. 1590 signe les lettres synodiques instituant le patriarcat en Russie 89, 4.
2. Métropolitain de Side. 1590 signe les lettres synodiques instituant le patriarcat en Russie 89, 27.

Παχώμιος:
1. Métropolitain d'Alanie. 1590 signe les lettres synodiques instituant le patriarcat en Russie 90, 10.
2. Métropolitain d'Énos. 1590 signe les lettres synodiques instituant le patriarcat en Russie 90, 14.
3. Moine à Jérusalem. 1595 envoyé par le patriarche Sophronius V au tsar Fédor 122, 18.

Πελοποννήσιοι: Langue grecque 65, 5.

Πελοπόννησος: Séjour au Péloponnèse du hiéromonaque Isidore 64, 2. Son arrivée à la ville Bitylée 65, 22.

Πέλοψ: Pélops, roi d'Élide. Île de Pélops — le Péloponnèse 64, 6; 66, 8; 67, 23.

Πεντάπολις: Cyrénaïque, aujourd'hui Barca en Afrique. πατριάρχης Πενταπόλεως, titre du patriarche d'Alexandrie Méletius Pégas 92, 2.

Περέμτζικι, Περίμισκη, Παρέμτζικι: Perm, ville de Russie. μέγας κνέζης Π., titre de tsars: Ivan IV 72, 12; Fédor 106, 10; 114, 4.

Περιθεώριον: Ville Anastasiople, après nommée Périthéorion, aujourd'hui la ruine Bourou-Kalessi sur le Bourou-Göll en Thrace méridionale. 1590 métropolitain Parthénius 89, 24.

Περίμισκη 72, 12. V. Περέμτζικι.

Περιμουσθλίον, Παραμουσθλίον: Pérémychl, ville de la Russie, aujourd'hui Przemyszl en Galicie. Évêque Marc (1328) 52, 3. 12; (1331) 56, 9; (1332) 54, 2.

Πέρσαι: Usage des Perses 114, 19. 23. Rois des Perses rendent hommage à l'enfant Jésus à Bethléem 115, 1. Les Russes confessent leur foi 45, 7. Σουλτάνος τῶν Περσῶν, titre du sultan d'Égypte Nassir 57, 8.

Περσικός: Περσικὸς νόμος, usage persan 114, 23.

Πετζέριον: Pétchersk, monastère près

de Kiev en Russie. 1335 archimandrite Maxime 56, 22.

Πέτρος:
1. Apôtre. Son intercession lors du jugement dernier 118, 8.
2. Hiéromonaque. Candidat aux épiscopats: 1328 à Vladimir 52, 7; 1328 à Galitch 53, 1; 1329 à Louzk 53, 17; 1335 à Briansk 56, 22.

Πηγᾶς. V. Μελέτιος.

Πισιδία: Pisidie, pays de l'Asie Mineure. 1561 métropolitain Benjamin 78, 8. 1590 métropolitain Nectarius 89, 12.

Πισχόβιον, Ἐπισχόβιον: Pskov, ville de la Russie. αὐθέντης Πισχοβίου, titre des tsars de Russie: Ivan IV 72, 11; Fédor 106, 9; 114, 2. βασιλεὺς καὶ αὐτοκράτωρ Πισχοβίου, titre du tsar Boris Godounov 120, 9.

Πλάτων: Philosophe. Comparaison à lui 65, 9; 68, 2. Son dialogue Μενέξενος 68, 24.

Πλούταρχος: Plutarque. Sa patrie Chéronée en Béotie 68, 28.

Πολόντζικι, Πολούτζικι: Polozk, ville du gouvernement Vitebsk en Russie. μέγας κνέζης Π., titre du tsar Fédor 106, 12; 114, 6.

Πολυανή: Ville de la Macédoine. 1561 évêque Grégoire 79, 6.

Πουλχερία: Fille de l'empereur Théophile et de Théodora. Exilée par son frère Michel au monastère de Gastria 15, 4. 8.

Πραϊλοβον: Aujourd'hui Braïla, ville de la Roumanie sur le Danube. 1590 archevêque Anthime 90, 1. 1590 Nectarius autrefois archevêque 90, 4.

Πραῖνα: Braghina, bourg en Volhynie. Résidence du prince Adam Wisznewecky 126, 20.

Πρεσλάβα: 1590 évêque Spiridon 90, 23.

Πριανίσκον: Briansk, ville du gouvernement Orel en Russie. 1335 Jean élu évêque 56, 24. 1345 Jean évêque 55, 5.

Προῦσα: Aujourd'hui Brousse, ville de la Bithynie en Asie Mineure. 1561 métropolitain Grégoire 78, 15.

Πωγωνιάνα: Ville de l'Épire. 1590 archevêque Arsène 90, 16.

Ῥαζάνιον, Ῥετζάντζικι, Νετζέρντζικι: Riasan, ville de la Russie. Évêque Grégoire (1329) 53, 6; (1330) 55, 16; (1334) 54, 10. 1348 évêque Cyrille 54, 18. μέγας κνέζης Ῥ., titre du tsar Fédor 106, 12; 114, 6.

Ῥαιστόν 56, 1. V. Ῥοστόβιον.

Ῥάλλης 101, 12. V. Διονύσιος ὁ Ῥάλλης.

Ῥετζάντζικι 114, 6. V. Ῥαζάνιον.

Ῥιζαῖον: Ville du Pont en Asie Mineure, aujourd'hui probablement Rize sur la Mer Noire. 1590 archevêque Méthode 90, 7.

Ῥοδεστός: Aujourd'hui Rodosto, ville de la Thrace sur la Mer Marmara. 1590 archevêque Ignace 91, 2.

Ῥόδος: Rhodes, île de l'Archipel. L'humaniste Guarin s'y rend 60, 8. 1590 métropolitain Calliste 88, 21.

Ῥοστόβιον, Ῥοστόν, Ῥωστόισκι, Ῥωστόν, Ῥαιστόν: Rostov, ville du gouvernement Jaroslav en Russie. 1329 élection de l'évêque 53, 5. Antoine élu évêque 53, 11. Évêque Antoine (1330) 55, 15; 56, 1; (1334) 54, 10. 1343 évêque Gabriel 54, 18.

Ῥωμαϊκός: Ῥωμαϊκὴ ἐκκλησία, définition de la fête des Pâques 92, 20.

Ῥωμαῖοι:
1. Romains. Négociations avec le patriarcat d'Alexandrie sur la fête des Pâques 93, 7. 9.
2. Byzantins. Empereur Théophile (829—842) 3, 26. Ils vainquent la flotte des Arabes sous Abou-Dinar 11, 24. Empereur Basile I (867—886) 47, 14; 49, 26; 50, 2. κληρονόμος τῆς βασιλείας τῶν Ῥωμαίων, titre de l'empereur Andronic III 58, 13.

Ῥωμαϊστί: Langue grecque. Méletius Pégas envoie au tsar de Russie Fédor un livre sur la fête des Pâques écrit en grec 95, 27.

Ῥώμη:
1. Πρεσβυτέρα Ῥώμη, Rome. Institution du siège papal 100, 14. Centre de la foi catholique 45, 23. Le pape a le droit de couronner 76, 11. Les papes se décorent du diadème des patriarches d'Alexandrie 101, 3. Les Russes s'y adressent pour embrasser le christianisme 46, 4. Une ambassade russe s'y rend 46, 12. 14; 49, 22. Voyage de l'humaniste Guarin à Rome 60, 9. Hérésie de l'église par rapport à la fête des Pâques, négociations du patriarcat avec Rome 93, 4. Le tsar Ivan IV reçoit un livre latin 94, 10.
2. Νέα Ῥώμη, Constantinople. Institution du patriarcat 100, 14. 1555—1565 Ioasaphe II patriarche: (1557) 72, 8; 75, 6; (1561) 75, 8; 77, 25; 79, 9; 83, 5. 12. 1572—95 Jérémie II patriarche: (1589) 97, 6; 99, 15; (1590) 85, 18; 87, 29.

Ῥῶς: Russes. Embrassent le christianisme 44, 1. 12; 51, 4. Introduisent l'alphabète 50, 19. V. aussi Σαρμάται.

Ῥωσία: Russie. 1328 évêques de la Russie 52, 5. αὐθέντης τῆς Ῥωσίας, titre de l'empereur de Constantinople Andronic III 58, 11. Lettre du hiéromonaque Isidore au métropolitain de Russie (1410—1431 Photius) 69, 6. Titre du grand-duc Basile III:μέγας κνέζης πάσης γῆς Ῥωσίας 74, 2. Titres du tsar Ivan IV: βασιλεὺς πάσης γῆς Ῥωσίας 72, 3; αὐτοκράτωρ πάσης γῆς Ῥωσίας 79, 11. Titres du tsar Fédor: βασιλεὺς πάσης γῆς Ῥωσίας 85, 20; βασιλεὺς πάσης γῆς Ῥωσίας τῆς μεγάλης 72, 10; βασιλεὺς γῆς μεγάλης Ῥωσίας 75, 13; μέγας βασιλεὺς πάσης Ῥωσίας 106, 7; 114, 1; αὐτοκράτωρ πάσης Ῥωσίας 92, 8; 114, 15; μέγας αὐθέντης καὶ βασιλεὺς πάσης γῆς Ῥωσίας 116, 4. Titres du tsar Boris Godounov: (1597) ὕπατος τῆς ὀρθοδοξοτάτης βασιλείας πάσης Ῥωσίας 111, 19; μέγας κνέζης τῆς ὀρθοδόξου μεγάλης Ῥωσίας 120, 1; αὐτοκράτωρ πάσης τῆς ὀρθοδόξου μεγάλης Ῥωσίας 120, 8. Titres du tsar Pseudo-Démétrius I: μέγας κνέζης τῆς μεγάλης Ῥωσίας 124, 3; βασιλεὺς πάσης τῆς μεγάλης Ῥωσίας 124, 12. 1548—64 métropolitain Macaire: (1557) 74, 23; (1561) 76, 4. 1590 nouveau patriarcat de Moscou confirmé 110, 21. 1586 (1589)—1605 patriarche Iob 96, 13.

Ῥωστόισκι, Ῥωστόν 53, 5. 11; 55, 15; 114, 6. V. Ῥοστόβιον.

Σάββας: Saint, mort en 532 118, 14. V. Ἱεροσόλυμα, μονή.

Σάμος: Samos, île de l'Archipel. 1590 métropolitain Syméon 89, 3.

Σαμοσατεύς: ὁ Σύρος Σαμοσατεύς, Lucien, écrivain grec du II siècle après J.-C., de Samosate en Syrie. Ses oeuvres 60, 25.

Σανταννάγια 117, 8; 119, 1. V. Ἀντιόχεια, μοναστήριον.

Σαραΐον: Saraïsk, ville du gouvernement Riasan en Russie. 1330 évêque Sophonius 55, 15. 1334 élection de l'évêque 54, 8. Athanase élu évêque 54, 15. 1343 élection de l'évêque 54, 17. Isaac élu évêque 55, 2.

Σαρακηνοί 57, 6. V. Ἄραβες.

Σαρμάται: Sarmates, probablement les Russes. Leur métropolitain (1410—1431 Photius) 70, 3.

Σάφιτυς: Métropolie du patriarcat d'Antioche. 1594 métropolitain Syméon 119, 18.

Σειρῆνες: Sirènes, trois soeurs. Arrêtent les passants 61, 10.

Σεμπύριον 120, 9. V. Σιμπίριον.

Σέρβιον: Ville de la Macédoine. 1561 évêque Macaire 79, 5.

Σέρραι: Aujourd'hui Serrès, ville en Macédoine. 1590 métropolitain Ananias 89, 2.

Σηλύβρια: Aujourd'hui Silivri, ville de la Thrace sur la Mer Marmara. 1590 métropolitain Athanase 89, 5.

Σίδη: Ville de la Pamphylie en Asie Mineure. 1590 métropolitain Paphnoutius 89, 27.

Σικελία: Sicile. 827 prise par les Arabes 9, 11.

Σίλβεστρος:
1. Patriarche d'Alexandrie (1566—90). Succède au patriarche Ioachim 98, 14. Engage Mélétius Pégas à voyager à Moscou 94, 6. Appelle Mélétius Pégas en Alexandrie comme son successeur 94, 20. Réside à Constantinople après son abdication 93, 1.
2. Évêque de Damala. 1590 signe les lettres synodiques instituant le patriarcat en Russie 91, 4.
3. Clerc et conseiller du tsar Ivan IV. 1561 envoie des subventions à l'église de Constantinople 84, 15.

Σιμπίριον, Σεμπύριον, Συμπηρία: Sibérie. μέγας κνέζης πάσης γῆς Σ., titre du tsar Ivan IV 72, 13. μέγας κνέζης πάσης Σ., titre du tsar Fédor 106, 13; 114, 8. βασιλεὺς καὶ αὐτοκράτωρ Σ., titre du tsar Boris Godounov 120, 9.

Σινᾶ: Sinaï. Voyage au S. du patriarche Mélétius Pégas 94, 25.

Σιναῖται: Moines du Sinaï. Demandent au patriarcat d'Alexandrie de les aider contre les infidèles 95, 14.

Σισίνιος: Métropolitain de Nicomédie. 1590 signe deux fois les lettres synodiques instituant le patriarcat en Russie 88, 7. 16.

Σιών: Colline de Jérusalem, comme synonyme de la ville. Le tsar Ivan IV fondateur du nouveau Sion ou de l'église orthodoxe à Constantinople 80, 9.

Σκύθαι: Scythes, probablement les Tatares au sud-est de la Russie. Rapport avec eux et voyage chez eux du métropolitain de Kiev Photius 70, 4. 9. 11. 19. Les habitants albanais de la ville Bitylée au Péloponnèse les surpassent en férocité 65, 27. V. aussi Τάταροι.

Σμαλέντζικα, Σμολένισκα, Σμολένισκον: Smolensk, ville de la Russie. 1335 évêque Jean 56, 19. 1345 élection d'un évêque, Euthyme élu 55, 4. μέγας κνέζης Σ., titre des tsars: Ivan IV 72, 12; 106, 9; 114, 3.

Σμύρνα: Smyrne, ville de l'Asie Mineure. 1590 métropolitain Macaire 89, 21.

Σόλων: Solon. Sa biographie par Plutarque 68, 29.

Σουσδάλη(τὰ), Σουσδάλη(τὸ), Σουσδάλοι: Souzdal, ville du gouvernement Vladimir en Russie. 1330 élection de l'évêque 55, 14. Daniel élu évêque 55, 19. 1330 évêque Daniel 56, 1. 1347 Nathanael élu évêque 55, 11.

Σοφία:
1. Sofia, ville en Bulgarie. 1590 métropolitain Grégoire 89, 7.
2. Église Sainte Sophie 47, 21. V. Κωνσταντινούπολις, ἐκκλησίαι.

Σοφώνιος: Évêque de Saraïsk. 1330 prend part à l'élection de l'évêque à Souzdal 55, 15.

Σπάρτη 64, 20. V. Λακεδαιμονία.

Σπαρτιᾶται: Le hiéromonaque Isidore visite leur métropole 66, 28. V. aussi Λακεδαιμονία.

Σπυρίδων: Évêque de Preslav. 1590 signe les lettres synodiques instituant le patriarcat en Russie 90, 23.

Στέφανος:
1. Saint Protomartyr. Son église 5, 19. V. Κωνσταντινούπολις, ἐκκλησίαι.
2. Évêque de Tourov. Prend part à l'élection des évêques: 1328 à Vladimir 52, 4; 1328 à Galitch 52, 13.

Στούδιος: Jean Stoudios, patricien à Constantinople sous Léon I, fondateur du monastère des Studites 8, 1; 81, 28; 82, 5. V. Κωνσταντινούπολις, μοναί.

Συβερνία: Συβερνία γῆ, les pays septentrionaux (Сѣверныя страны) de l'empire russe en Sibérie. Συβερνίας γῆς τῶν μερῶν κυβερνήτης, titre du tsar Fédor 106, 13; 114, 8.

Συμεών:
1. Édiguer, tsar de Kazan, 1553 devenu chrétien sous le nom Syméon. 1561 envoie des subventions à l'église de Constantinople 84, 14.
2. Métropolitain de Samos. 1590 signe les lettres synodiques instituant le patriarcat en Russie 89, 8.
3. Métropolitain de Σάφιτυς au patriarcat d'Antioche. 1594 signe les lettres synodiques du patriarcat au tsar Fédor 119, 18.
4. Évêque de Μαρμενιδᾶν au patriarcat d'Antioche. 1594 signe les lettres synodiques du patriarcat au tsar Fédor 119, 19.
5. (Συμεός) Moine et cellérier du Saint-Sépulcre à Jérusalem. 1595 envoyé par le patriarche Sophronius V au tsar Fédor 122, 18. Le prince Adam Wiszniewecky prend ses chevaux 126, 24. 1605 envoyé par le même patriarche au tsar Pseudo-Démétrius I 127, 10.

Συμπηρία 106, 13; 114, 8. V. Σιμπίριον.

Συρία: 838 les Arabes y amènent de nombreux prisonniers chrétiens de l'Asie Mineure 9, 10. Les débris de la flotte des Arabes sous Abou-Dinar s'y sauvent 11, 23.

Σύροι: Les Russes confessent leur foi 45, 8. Le Syre Lucien de Samosata, écrivain grec au II siècle après J.-C. 60, 25.

Σχάπιτυς: Épiscopat au patriarcat d'Antioche. 1594 évêque Métrophane 119, 11.

Σωζόπολις: Ville de la Thrace sur la Mer Noire. 1590 métropolitain Euthyme 89, 18.

Σωκράτης: Socrate dans le dialogue de Platon Μενέξενος 68, 19. 23.

Σωφρόνιος:
1. Sophronius V, patriarche de Jérusalem (1599—1607). 1590 signe les lettres synodiques instituant le patriarcat en Russie 88, 1. 1594 ses confidents et ambassadeurs le hiéromonaque Isaïe et le moine Damascène 118, 18. 1603 lettre au tsar Boris Godounov 120, 4; 123, 23. 1605 lettre au tsar Pseudo-Démétrius I 124, 7; 128, 18.
2. Métropolitain de Corinthe. 1561 signe les lettres synodiques adjugeant à Ivan IV le titre tsar 78, 24.
3. Métropolitain d'Éphèse. 1590 signe les lettres synodiques instituant le patriarcat en Russie 88, 4.
4. Évêque de Daulie. 1590 signe les lettres synodiques instituant le patriarcat en Russie 91, 11.

Τάταροι: Les Tatares. διώκτης τῶν Ταράρων, titre du sultan d'Égypte Nassir 57, 12. V. aussi Σκύθαι.

Τέρνοβον: Aujourd'hui Tyrnovo, ville de la Bulgarie. 1561 métropolitain Ioachim 79, 2. 1590 et 1593 métropolitain Dionyse Rhallès 88, 10; 101, 12.

Τεφερίον 72, 12. V. Τυφερίαν.

Τζέρβεν: Ville de la Bulgarie près de Roustchouk. 1590 évêque Jérémie 90, 24.

Τζερνιχόβιον, Τζερνίχοβον: Tchernigov, ville de la Russie. 1332 élection de l'évêque 53, 21. Le hiéromonaque Paul élu évêque 54, 6. 1335 élection de l'évêque 56, 16. μέγας κνέζης T., titre du tsar Fédor 106, 11; 114, 6.

Τιθωνός: Tithon, frère de Priame et époux de l'Aurore. Célèbre par son grand âge 69, 12.

Τοῦρκοι, Ἀσσύριοι, Βαβυλώνιοι: Σουλτάνος τῶν Τούρκων, titre du sultan d'Égypte Nassir 57, 8. αὐθέντης τῶν Τούρκων, titre de l'empereur de Constantinople Andronic III 58, 12. Oppriment l'église chrétienne en Terre Sainte 101, 19; 127, 5.

Τούρωβοι: Tourov, ville du gouvernement Minsk en Russie. 1328 évêque Étienne 52, 4. 13.

Τραπεζοῦς: Trébisonde, ville de l'Asie Mineure sur la Mer Noire. 1590 métropolitain Théophane 88, 22.

Τρύφων:
1. Hiéromonaque, évêque de Louzk. 1331 candidat à l'épiscopat de Louzk 53, 17. Élu évêque 53, 18. 1335 prend part à l'élection de l'évêque à Tchernigov 56, 18.
2. Envoyé par le tsar de Russie Ivan IV au patriarcat d'Alexandrie 94, 7. 1594 envoyé par te tsar de Russie Fédor au patriarche d'Antioche Ioachim VII 117, 3.

Τυφερίον, Τεφερίον, Φτερία: Tver, ville de la Russie. 1330 élection de l'évêque 55, 21. Théodore élu évêque 56, 5. Théodore évêque (1334) 54, 10; (1347) 55, 12. μέγας κνέζης T., titre des tsars: Ivan IV 72, 12; Fédor 106, 9; 114, 3.

Φανάριον: Ville de la Thessalie. 1590 évêque Ignace 90, 18.

Φαραώ: Moïse délivre les Israélites de la servitude de Pharaon 84, 3.

Φιλαδέλφεια: Philadelphie, aujourd'hui Allah-Cheher, ville de la Lydie en Asie Mineure. 1561 métropolitain Gabriel 78, 2. 1590 métropolitain Parthénius 88, 13.

Φίλιπποι: Philippes, ville de la Macédoine. 1590 métropolitain Nectarius 88, 26.

Φίλιππος 122, 12. V. Καισάρεια ἡ Φιλίππου.

Φιλιππούπολις: Philippople en Thrace. 1561 métropolitain Arsène 78, 28. 1590 métropolitain Théophane 89, 6.

Φλορεντία: Florence. L'humaniste Guarin s'y rend 60, 9.

Φόρος: Forum de Saint Constantin 41, 17. V. Κωνσταντινούπολις.

Φράγκοι: διώκτης τῶν Φραγκῶν, titre du sultan d'Égypte Nassir 57, 12.

Φτερία: 106, 9; 114, 3. V. Τυφερίον.

Χαιρωνεύς: Plutarque, né à Chéronée en Béotie 68, 28.

Χαλκηδών: Chalcédon, ville de la Bithynie en Asie Mineure. 1561 métropolitain Euthyme 78, 11. 1590 métropolitain Dorothée 88, 14.

Χαμᾶς: Hamah, ville de la Syrie. 1594 métropolitain Μαχούμιως 119, 16.

Χελιδόνια: Promontoire de la Lycie en Asie Mineure. La flotte des Arabes sous Abou-Dinar y fait naufrage 11, 22.

Χερρόνησος: Chersonèse de la Thrace. 1590 évêque Dionyse 90, 20.

Χῖος: Chios, île de l'Archipel. Voyage à Chios de l'humaniste Guarin 60, 8. 1590 archevêque Métrophane 90, 3.

Χόλμιον: Kholm, ville du gouvernement Lublin en Russie. Évêque Grégoire (1328) 52, 3. 12; (1331) 53, 15; (1331) 56, 9; (1332) 54, 2; (1335) 56, 18.

Χορτασμένος: Personnage inconnu au commencement du XV siècle. Lettre du hiéromonaque Isidore 64, 1.

Χριστιανούπολις: Ville à l'ouest du Péloponnèse. 1561 métropolitain Macaire 78, 21. 1590 métropolitain Théolepte 88, 30.

ADDENDA ET EMENDANDA.

p.	l.	Scriptum est:	Scribendum est:
LXXIII	13	Chrysophis	Chrysopolis.
6	5	ψυχόλεθρον	ψυχώλεθρον.
—	12	ψυχολέθρου	ψυχωλέθρου.
78	17	Ἐρισοῦ	rectius Ἰερισσοῦ
88	23	Ἰβερίας	Βερροίας.
102	13	͵αφ├γ´	͵αφ├γ´, κθ´ Ἀπριλίου cod. Hieros.
103	11		͵ζρα´, κθ´ Ἀπριλίου cod. Hieros.
104	11	Iulii	Iunii.
111	16	͵ζρε´	Ἐν Κωνσταντινουπόλει, ιζ´ Μαΐου, ͵ζρε´ cod. Hieros.
113	25		Μαΐου ιζ´ cod. Hieros.
114	14	Iulii	Maii.

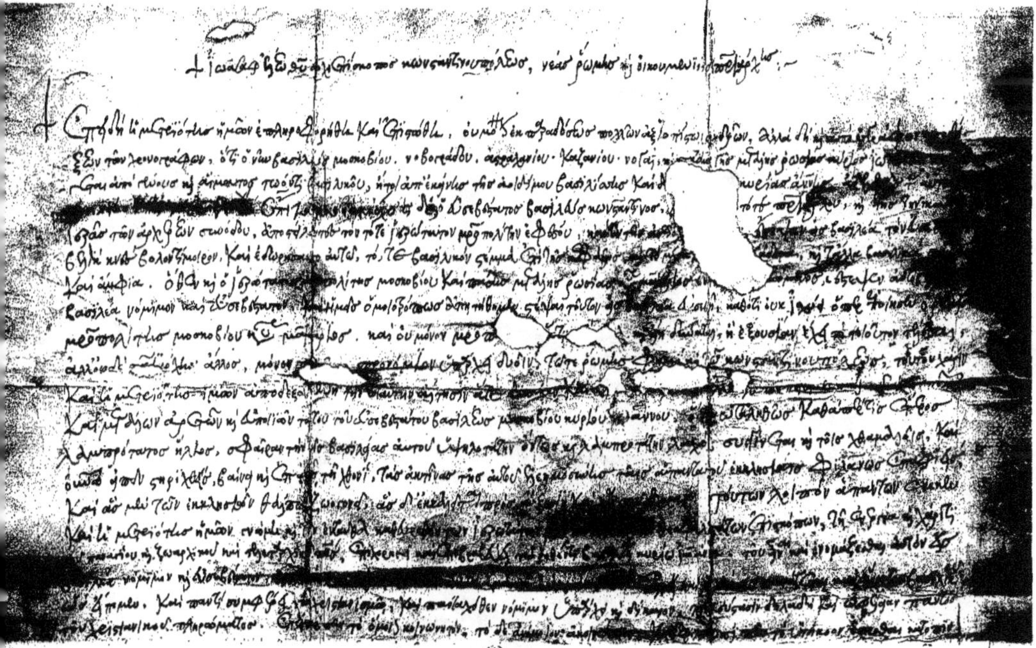

† Ἰωάσαφ ἐλέῳ θεοῦ ἀρχιεπίσκοπος Κωνσταντινουπόλεως, νέας Ῥώμης καὶ οἰκουμενικὸς πατριάρχης

TABULA I. LITTERAE IOASAPH II PATRIARCHAE CONSTANTINOPOLITANI ET SYNODI ECCLESIAE ORIENTALIS A. 1561 (PARS SUPERIOR).

TABULA II. LITTERAE JOASAPH II PATRIARCHAE CONSTANTINOPOLITANI ET SYNODI ECCLESIAE ORIENTALIS 1561 (PARS INFERIOR).

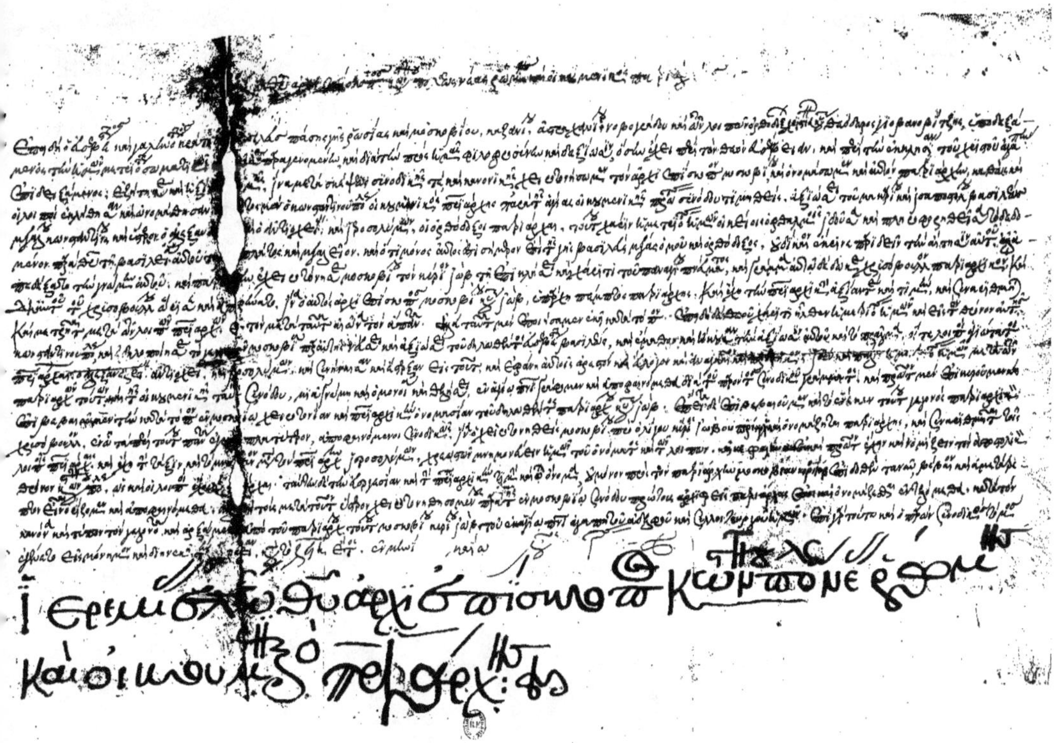

TABULA III. LITTERAE IEREMIAE II PATRIARCHAE CONSTANTINOPOLITANI ET SYNODI ECCLESIAE ORIENTALIS A. 1590 (PARS SUPERIOR).

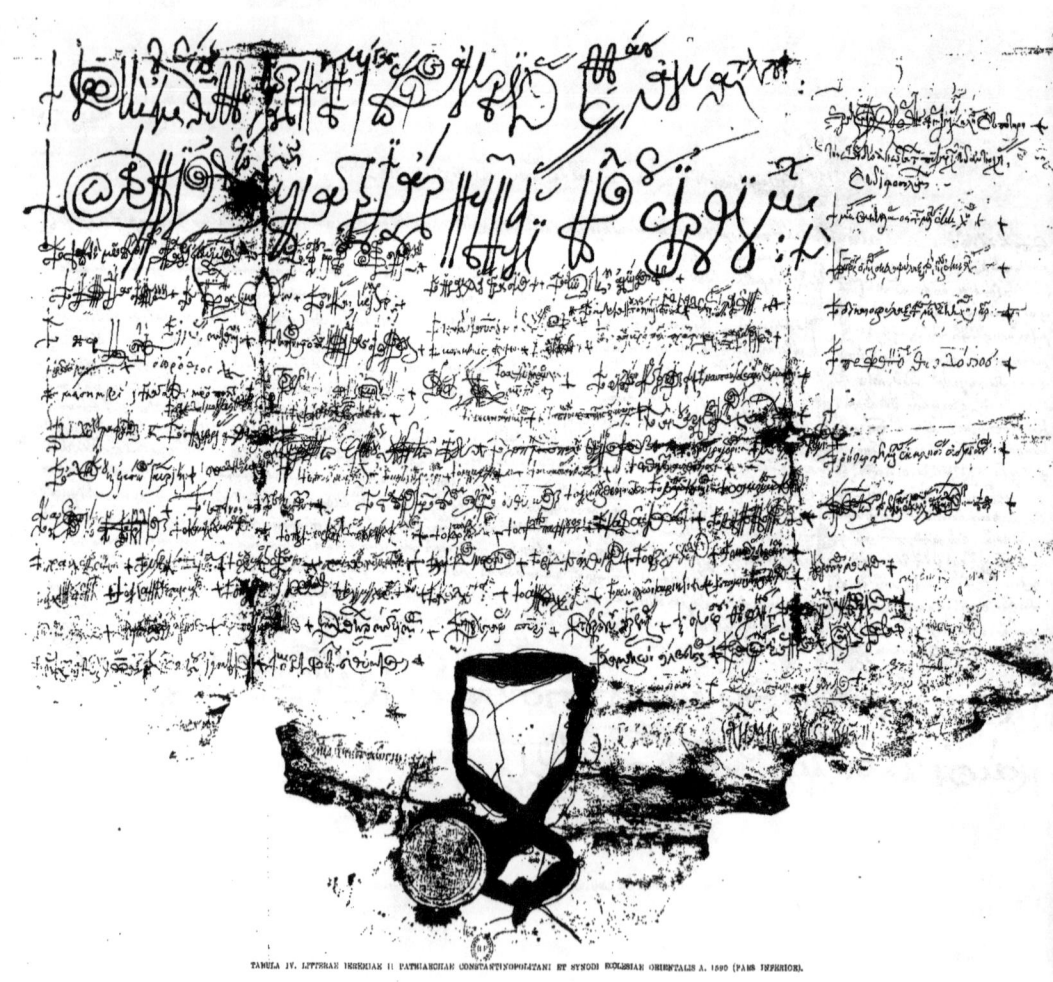

TABULA IV. LITTERAE IEREMIAE II PATRIARCHAE CONSTANTINOPOLITANI ET SYNODI ECCLESIAE ORIENTALIS A. 1590 (PARS INFERIOR).

www.ingramcontent.com/pod-product-compliance
Lightning Source LLC
Chambersburg PA
CBHW071251160426
43196CB00009B/1248